U0113246

"一带一路" 人口与发展

第一辑 非欧美洲篇

中国人口与发展研究中心◎编著

POPULATION AND DEVELOPMENT
ALONG THE BELT AND ROAD

当代世界出版社
THE CONTEMPORARY WORLD PRESS

图书在版编目（CIP）数据

"一带一路"人口与发展. 第一辑. 非欧美洲篇 /
中国人口与发展研究中心编著. — 北京：当代世界出版
社，2022.3
　ISBN 978-7-5090-1569-8

　Ⅰ. ①一… Ⅱ. ①中… Ⅲ. ①人口–发展–研究–世
界 Ⅳ. ①C924.1

中国版本图书馆 CIP 数据核字（2022）第 032778 号

书　　名："一带一路"人口与发展（第一辑）——非欧美洲篇
出 品 人：丁　云
策　　划：刘娟娟
责任编辑：魏银萍　姜松秀　马永一　徐嘉璐
装帧设计：武晓强
版式设计：韩　雪
出版发行：当代世界出版社
地　　址：北京市地安门东大街 70-9 号
邮　　编：100009
邮　　箱：ddsjchubanshe@163.com
编务电话：(010) 83907528
发行电话：(010) 83908410（传真）
　　　　　13601274970
　　　　　18611107149
　　　　　13521909533
经　　销：新华书店
印　　刷：北京新华印刷有限公司
开　　本：710 毫米×1000 毫米　1/16
印　　张：28.25
字　　数：388 千字
版　　次：2022 年 3 月第 1 版
印　　次：2022 年 3 月第 1 次
书　　号：ISBN 978-7-5090-1569-8
定　　价：108.00 元

目录
CONTENTS

1

后记

埃及人口与发展状况报告

刘治东　马　婧　阮张凤禄　米　红*

摘要：本报告主要从人口、经济、社会和文化 4 个角度描述了埃及的人口与发展现状及变迁。埃及人口总量大、人口密度大、人口增长速度快、老龄化程度低，预计未来人口仍将保持高速增长的趋势，不过人口素质水平有待提高，劳动力参与率方面存在性别差异，失业率在近五年有所降低，但仍处于较高水平，且贫困人口占比较高。总体来说，埃及未来的发展是机遇与挑战并存的，针对埃及未来的发展机遇本报告提出了推进中国"一带一路"建设的相关建议，即促进劳动密集型产业发展、注重技能培训、促进基础设施建设与能源合作、开展卫生医疗领域的合作和发展旅游业等。

关键词：埃及；人口与发展；问题与挑战；"一带一路"

埃及位于非洲北部，是非洲东北部人口最多的国家，北濒地中海，在利

* 刘治东，博士研究生，浙江大学民生保障与公共治理研究中心研究助理；马婧，博士研究生，浙江大学民生保障与公共治理研究中心研究助理；阮张凤禄，博士研究生，浙江大学民生保障与公共治理研究中心研究助理；米红，浙江大学民生保障与公共治理研究中心研究员，公共管理学院教授。

比亚和加沙地带之间，包括苏丹北部的红海和亚洲的西奈半岛。埃及的战略位置十分重要，它既是非洲、亚洲和欧洲三大洲的陆上交通要冲，也是大西洋和印度洋两大洋之间的海上交通捷径。埃及的面积大约是 100 万平方千米，大致上可以分为尼罗河谷、西部沙漠、东部沙漠和西奈半岛，其中有 96% 的地区是不适宜居住的沙漠地带，大多数人口都居住在仅占国土面积 4% 的河谷和三角洲地带。埃及仅有北部部分地区年降水量在 400 毫米以上，其余地区大多是热带沙漠气候，年降水量不足 200 毫米，因而埃及的水资源大多来自尼罗河。

埃及拥有相对完整的工业、农业和服务业体系。石油天然气、旅游、侨汇和苏伊士运河是四大外汇收入来源。自从埃及货币浮动以来，外国对埃及高息国库券的投资呈指数增长，这增加了美元的可利用性和中央银行的储备。到目前为止，埃及最大的族裔是埃及人，占该国总人口的 95%。另一方面，柏柏尔人、努比亚人、贝都因人和科普特人等占总人口的小部分。埃及大约 90% 的人口是逊尼派穆斯林，大约 10% 的人口是基督徒，其中大约 90% 的基督徒属于科普特东正教。

一、人口发展现状

（一）人口基本状况

回顾埃及 1990 年以来的人口变化趋势，可以发现埃及的人口总量基本呈现指数型快速增长，如图 1 中的高预测曲线所示，如果按照这个趋势不变，埃及人口总量将在 2050 年达到 1.74 亿人。而联合国的中预测结果显示，埃及人口总量到 2050 年将达到 1.59 亿人，低预测为 1.45 亿人。根据联合国的中预测结果，到 2030 年，埃及人口将达到 1.21 亿，也就是说未来 10 年埃及人口还会增长将近 1800 万人，年平均人口增长率将达到 1.66%，而高预测为 1.23 亿人，低预测为 1.18 亿人，从上述联合国预测结果可以看出，未来10年埃及人口保守估计至少增加1600万人。如果对未来20年的埃及人口进行分析，发现联合国的中预测显示，埃及到了2040年将达到1.40亿人，计算得出埃及未来20年的年平均人口增长率将为1.58%，而从2030年到2040年这10年的年平均人口增长率则为1.50%，相比较于2020年到2030年的1.66%有所降低。高预测和低预测结果显示埃及2040年人口总量分别为1.48亿人、1.33亿人，总之埃及未来20年人口增长仍保持快速增长的态势，后10年的人口增长速度会放缓，不过人口增量仍然很大，埃及未来将面临更严峻的人口挑战。

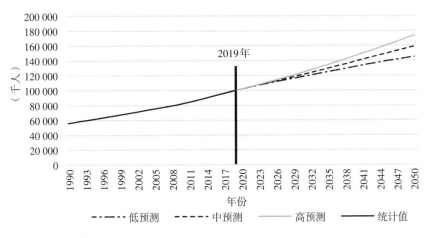

资料来源：联合国人口司。

图1　埃及人口总量变化趋势

图2展示了埃及和中国近30年的年平均人口增长率（5年取平均），从图2可以看出，埃及从1990年以来年平均人口增长率基本维持在2%左右，其中前20年埃及年平均人口增长率呈现缓慢降低的趋势，并从1990—1995年的2.10%降低到2005—2010年的1.83%，而到了2010—2015年，其年平均人口增长率又回升到近30年的最高值2.21%，其后，在2015—2020年，增长率又下降为2.03%。中国在1990—2020年这30年的年平均人口增长率

呈现了先快后慢的下降趋势，从 1990—1995 年的 1.06% 下降到 2015—2020 年的 0.46%。通过图 2 可以很明显看出中国和埃及的人口增长率趋势有着很大的差异，埃及在近 30 年内基本上都处于人口快速增长的阶段，而中国在这段时间已经进入了人口低增长时期，而且年平均人口增长率仍在降低。

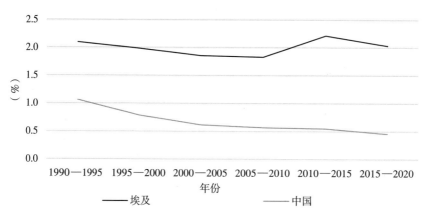

资料来源：联合国人口司。

图 2　中国埃及两国年平均人口增长率比较

埃及人口的快速增长也可以从出生率和死亡率的角度去分析，图 3 展示了埃及过去 30 年的粗出生率和粗死亡率的变化趋势，从图中可以看出埃及人口的粗出生率（每千人中的出生人数）在过去 30 年呈现出先降后增、然后又降低的趋势，先是从 1990—1995 年的 30.4‰ 下降到 2005—2010 年的 25.3‰，然后在 2010—2015 年有所上升，达到 28.9‰，近 5 年又下降到 26.5‰。埃及人口粗死亡率（每千人中的死亡人数）在过去 30 年呈现缓慢降低的趋势，从 1990—1995 年的 7.9‰ 下降到 2015—2020 年的 5.8‰。此外图 3 中还展示了埃及人口自然增长率的变化趋势，其计算方法为：人口自然增长率=粗出生率–粗死亡率，整体是在 20‰ 附近波动。由于 1990 年以来埃及粗死亡率下降趋势已经变得非常平稳，所以这段时期埃及的人口自然增长率主要是由粗出生率来主导的，换句话说，1990 年以来埃及的自然人口增长率和粗出生率变化趋势基本相同。此外，联合国《世界人口展望 2019》的数据显示，2015—2020 年埃及总和生育率为 3.33，而且近 20 年来这一数值均超过 3，所以这进一步表明，埃及人口总量仍处于高增长的阶段。

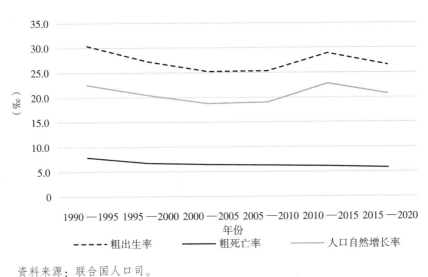

资料来源：联合国人口司。

图 3 埃及粗出生率、粗死亡率及人口自然增长率变化趋势

从图 4 埃及 2019 年人口金字塔分布图中可以看出，0—14 岁男性占男性总人口的比重为 34.48%，15—64 岁男性占比为 60.84%，65 岁及以上男性占比为 4.68%；0—14 岁女性占女性总人口的比重为 33.18%，15—64 岁女性占比为 60.94%，65 岁及以上女性占比为 5.88%。埃及不同年龄层男女分布基本相同，目前没有性别失衡的现象。此外，埃及人口金字塔分布呈现上尖下宽的特征，年龄构成类型属于年轻型，说明未来结婚生育的人数较多，人口呈持续增长趋势。对其具体年龄结构占比进行研究，可以计算得出，埃及 0—14 岁人口占比为 33.83%，15—64 岁人口占比为 60.89%，65 岁以上人口占比为 5.28%，由此可以看出埃及人口以年轻人为主，老年人口所占比例相对较小。但由于埃及青少年儿童数量快速增长，而老年人口增速较慢，因此，劳动人口的抚养负担仍然较重，处于"人口负债"[1] 时期，这样的人口结构不利于埃及的经济发展。

图 5 显示的是埃及 2020—2025 年总抚养比变化趋势，可以看出埃及未来的抚养比会先下降到 56% 以下，随后又有一定程度的反弹。根据联合国预测结果，埃及未来 30 年没有人口红利期，但这是基于目前的情况进行的预测，若埃及能很好地执行计划生育政策，将家庭结构转变为政府呼吁的"四人家庭"，那么埃及未来的抚养比会比预期的数值要低，极有可能会拥有人口红利。

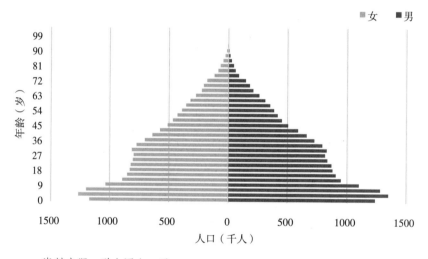

资料来源：联合国人口司。

图 4　埃及 2019 年人口金字塔分布

---

[1]　人口负债是人口转变前期极易出现的阶段，它是未来人口红利产生的前提。

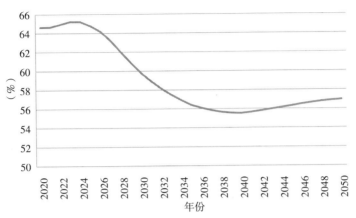

资料来源：联合国人口司。

图 5　埃及 2020—2050 年总抚养比变化趋势

从图 6 中可以看出，过去 30 年埃及的人口净迁移数量都为负值，说明埃及国内迁出人口数量始终多于国外迁入人口数量，且随着时间的变化埃及的人口净迁移数量波动比较大。其中 1990—1995 年人口净迁出数量最大，为

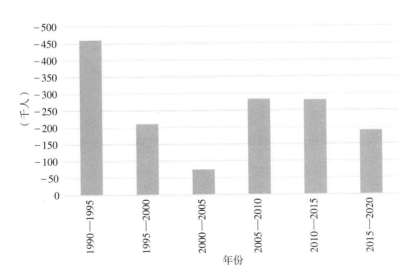

资料来源：联合国人口司。

图 6　埃及 1990—2020 年人口净迁移数量

46万人，2000—2005年人口净迁出数量最小，仅仅只有7.4万人。进入21世纪以后埃及的人口净迁出数量稳定在30万人以下，考虑到埃及本国人口本就处于快增长阶段，人口迁出可以在一定程度上缓解埃及国内的人口压力。

（二）经济状况

1. 埃及经济概况

埃及有较为丰富的石油天然气和旅游资源，农业和服务业基础较好，为经济恢复和发展奠定了良好的基础。近年来受到税收减免和投资政策的影响，财政赤字减少，国内生产总值持续增长，埃及经济呈现出较为良好的发展趋势。埃及经济属于开放型市场经济，拥有相对完整的工业、农业和服务业体系。埃及的经济主要依靠服务业拉动，服务业约占国内生产总值的50%。埃及的工业主要以食品加工和纺织等轻工业为主，约占国内生产总值的16%，工业产品在商品出口中占据较大比例。尽管埃及是较为传统的农业国，农业人口在总人口的占比较大，但埃及的农业仅占国内生产总值的14%，并且随着近年来经济的发展和恢复，埃及农业产值占国内生产总值的比重有所下降。

石油天然气、旅游、侨汇和苏伊士运河是四大外汇收入来源。[1]此外，作为四大文明古国之一，埃及旅游资源丰富，旅游业也已成为经济发展的重要支柱。2019年埃及旅游业收入达130.3亿美元，比2018年增加12亿美元，创造了历史新高，此前最高值为2010年的125亿美元。此外2019年埃及的游客人数达到了1310万人，高于2018年的1130万人，为带动当地服务业发展促进经济增长作出了较大贡献。

2011年年初以来埃及的动荡局势对国民经济造成了严重冲击，埃及的外汇收入和外汇储备日渐下降，失业人员迅速增多，经济面临巨大的压力。

---

〔1〕《埃及总体经济概况》，载《世界热带农业信息》，2019年第12期，第14页。

2013 年 7 月临时政府上台后，在海湾阿拉伯国家的大量财政支持下，经济情况较之前有所好转。此后埃及采取了一系列措施大力发展经济，改善民生。[1] 在联合国大会通过《2030 年可持续发展议程》的背景下，2016 年 5 月 25 日，塞西总统宣布"埃及 2030 愿景"战略。该战略强调将发展与环保、就业与提升劳动力素质相结合，以公平公正、平衡多样的方式全面推进埃及经济和社会同步发展，建成善于创新、注重民生、可持续发展的新埃及。[2] 2017 年 6 月，埃及颁布新《投资法》，在土地出让模式、所得税减免、投资保障、本地雇员数量等方面提供优惠政策，从而吸引投资，改善经济状况，减少财政赤字。

近年来受到一系列恢复生产和吸引投资等措施的影响，埃及的经济状况有所恢复和发展，2019 年埃及的国内生产总值为 3031 亿美元，增长 5.6%，人均国内生产总值为 3020 美元，增长 3.5%。2015—2019 年，埃及的国内生产总值呈现出不断增长的趋势。由于 2016 年年底埃镑大幅贬值，埃及 2016/2017 财年的通货膨胀率由前一财年的 10.3% 上升至 23.4%，到 2018 年又下降到 20.3%，但通货膨胀率仍然较高。[3] 2017/2018 财年埃及外汇储备持续增加，财政赤字占比自 2011 年以来首次低于 10%。经济发展总体呈现出较好的态势。2020 年新冠肺炎疫情的暴发对于世界各国的经济发展都造成了很大的负面影响，但是根据 2021 年 1 月世界银行发布的《全球经济展望报告》预测，埃及 2020 年 GDP 将实际增速 3.6%，疫情影响下埃及经济发展能取得这样的成绩已经很不容易了。正如国际货币基金组织首席经济学家戈皮纳特所言："埃及在应对疫情危机上比其他许多国家做得更好。"

---

〔1〕 王震：《在震荡中前行的埃及经济》，载《世界知识》，2016 年第 24 期，第 60—62 页。

〔2〕 马燕芳：《"2030 愿景"出台后埃及经济状况研究》，载《山西农经》，2019 年第 22 期，第 7—8、24 页。

〔3〕 田丰：《西亚北非主要国家经济走势及投资风险》，载《中国外资》，2018 年第 23 期，第 42—44 页。

2. 埃及的就业状况

2011 年以来埃及政局的持续动荡使国家经济陷入了困境，失业人员持续增加，就业率也受到了巨大的影响，而伴随着经济的恢复发展，近年来埃及的失业率略有下降，就业率有所回升，就业状况也呈现出上升的态势。如图7 所示，埃及劳动年龄人口的失业率在 2013 年达到了最高值，约为 13.4%，此后呈现出下降的趋势，2018 年埃及劳动年龄人口的失业率约为 10%。男性失业率最高为 2014 年的 9.9%，而女性失业率最高为 2015 年的 24.9%。

埃及女性失业率高与倾向选择传统的教育专业，例如教育、艺术和人文学科或社会科学，而不是更适合于私营部门需求的专业领域有关。另一个原因是，大多数就业机会来自非正规部门，这些部门以低质量的工作为主，缺乏保护和福利。劳动力需求下降对男性和女性的影响是不同的。对于妇女而言，这通常会导致整个行业需求的减少，而不仅仅是失业的增加，尤其是受过高等教育的女性。

面对工作机会缺乏和劳动力市场疲软的问题，女性可能不得不选择更早结婚生子，因而总和生育率高跟女性失业率也有一定的关系。

从图 8 中可以看出，2018 年埃及的劳动力参与率约为 43.3%，其中男性劳动力参与率为 67.7%，女性劳动力参与率仅为 18.4%。乡村劳动力参与率为 43.7%，城市劳动力参与率为 42.9%，劳动力参与率在性别、年龄段、受教育程度之间呈现出较大的差异，但在城乡之间差距不大，这可能与城镇化率不高有关。劳动力参与率在男性和女性之间呈现出巨大的差异，埃及男性劳动力参与率超过女性的两倍。在青年就业方面，15—24 岁青年劳动力参与率为 24.5%。青年男性劳动力参与率为 36.2%，青年女性劳动力参与率为 11.4%。青年劳动力参与率也呈现出较低的水平，并且青年男性和青年女性在劳动力参与率方面差距明显。埃及需要深化改革，推进国家的城市化和工业化进程，给众多失业者提供就业岗位。

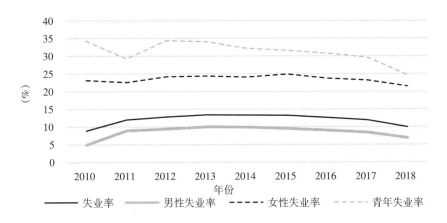

资料来源：国际劳工组织。

图 7　2010—2018 年埃及失业率变化

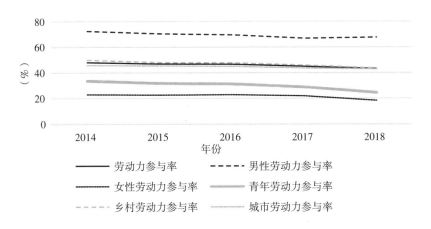

资料来源：国际劳工组织。

图 8　2014—2018 年埃及劳动力参与率变化

3. 埃及的城镇化

据图 9 所示，埃及近 10 年来的城镇人口占总人口的比值长期稳定在 42%—43% 之间。2019 年城镇人口占总人口的比值约为 42.7%，与 2016—2018 年的城镇人口占比持平，但这一数值与 2005 年的 43% 相比甚至还有略微的下降，这说明埃及这些年的城镇化进程缓慢，出现了停滞甚至倒退的现象。尽管埃及的城镇人口占比没有显著的提升，但埃及城镇人口的年增长率在2016—2019年之间稳定在2%，城镇人口数量保持着不断增长的趋势，这可能与埃及较高的人口出生率有关。

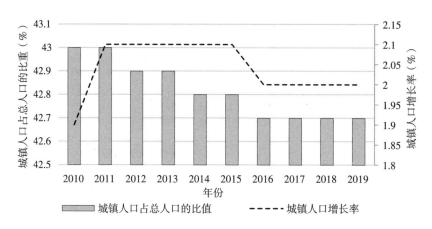

资料来源：联合国人口司。

图9　2010—2019年埃及城镇人口占比及增长率变化

（三）社会状况

1. 埃及的教育状况

在教育方面，埃及以公办教育为主、民办教育为辅，且从小学到大学的所有办学义务由政府承担。2012年，埃及的公共教育支出大约占GDP的3.76%，低于中低收入国家平均值，但埃及的私立教育支出远高于其他国家，总的教育支出接近其他阿拉伯国家的水平。

如图10所示，2018年埃及学前教育净入学率为25.61%，普及率较低。值得注意的是，从2014年开始，埃及的学前教育净入学率就达到了26.86%，随后开始小幅下降，这说明埃及的学前教育发展不足。埃及小学的发展与学前教育相似，2012年埃及小学净入学率达到了98.54%，随后略有下降，到2018年降到97.03%。2018年埃及初中净入学率为87.84%，高中净入学率为 67.50%，与之前相比有小幅增加。埃及重视高等教育的发展，从图 11 可知，埃及的高等教育入学率从 2001 年以来基本稳定在 30% 左右，

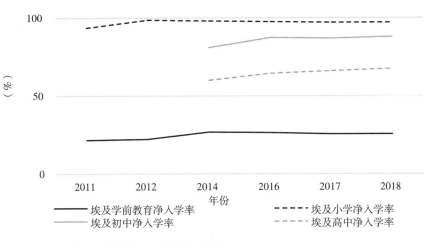

资料来源：联合国教科文组织统计研究所。

图 10　埃及基础教育净入学率

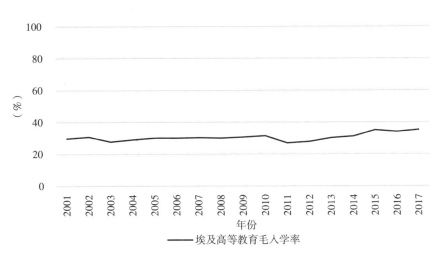

资料来源：世界银行。

图 11　埃及高等教育毛入学率

2011年这一数字急速下降到26.82%，随后开始回升，在2017年达到35.16%。据埃及中央公共动员与统计局表示，2018/2019学年埃及接受高等教育的人数达310万人，较2017/2018学年的299万人增加了34%。

2. 埃及的健康状况

如图12所示，从2000年开始，埃及接受产前检查的孕妇占比不断上升，孕产妇死亡率持续下降，2017年埃及孕产妇死亡率是埃及37/10万，远远低于世界平均水平，这说明埃及较为重视孕产妇的健康，生殖健康意识较高，有采取相关措施来保证孕产妇的安全。

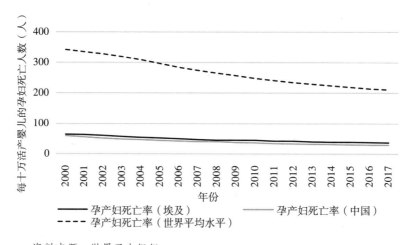

资料来源：世界卫生组织。

图12 埃及、中国与世界孕产妇死亡率比较

在避孕普及率方面，2014年埃及的避孕普及率只有58.5%，其中现代避孕方法普及率为56.9%，虽然较之前有所增长，但总体上仍然是一个很低的水平。此外，埃及未满足的避孕服务需求为12.6%，埃及女性的期望子女数平均为2.8人，而总和生育率却是3.41人，以上反映出埃及在做好避孕普及相关工作方面还不够，有可能会导致人工流产的增长，不仅不利于妇女健康，也不利于埃及人口的长期稳定增长。

由图 13 可知，2018 年埃及婴儿死亡率为 18.10‰，5 岁及以下儿童死亡率为 21.2‰，均低于世界平均水平。埃及和中国的婴幼儿死亡率普遍偏低，这说明两国儿童健康水平相对较高，这可能与人们健康意识的提高有关，但更重要的是国家社会经济的发展促进了卫生健康领域的进步。

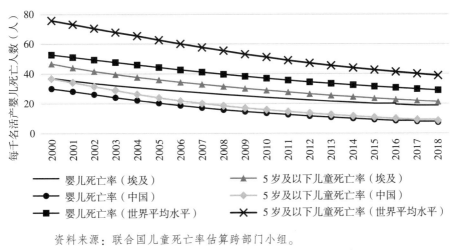

资料来源：联合国儿童死亡率估算跨部门小组。

图 13　埃及、中国与世界婴幼儿死亡率比较

3. 埃及的贫困状况

贫困是影响埃及经济和就业发展的重要因素。根据经济合作与发展组织在 1976 年提出的贫困标准，即以一个国家或地区社会中位收入或平均收入的 50% 作为这个国家或地区的贫困线，埃及中央公共动员与统计局将埃及国家贫困线定为每人每月 735.7 埃及镑（约合 46.93 美元）。世界银行数据显示，埃及国家贫困线的贫困人口在 2015 年约占总人口的 27.8%，到 2017 年贫困人口占比上升至 32.5%，其中家庭成员超过 70% 多于 8 人的家庭中生活在贫困线以下。2017—2018 年埃及居民户年均支出相较 2015 年显著增加，年均收入也呈现出增长的趋势，但增长幅度低于年均支出。在家庭总支出中食品饮料和住房支出有所上升，而医疗和教育支出呈现出下降的趋势。

从贫困人口的地区分布来看，埃及最贫困的省份大多分布在上埃及地区，有超过一半的人无法满足基本生活需求，这些贫困人口大约占上埃及地区总人口的52%、埃及贫困人口的40.3%。2017—2018年除上埃及农村地区外，埃及所有地区的贫困人口都有所增加，年收入低于5890埃镑的极度贫困人口占6.2%。随着经济的发展，埃及的贫困状况在2020年有所改善，埃及官方统计部门的数据显示埃及的贫困率由2017—2018年的32.5%下降到2019—2020年的29.7%，贫困率在1999年之后首次出现下降的趋势。值得一提的是，为了应对新冠肺炎疫情的影响，埃及各政府部门向贫困人口投入大量财力，以减轻疫情对他们造成的影响。人力资源部在2020年9月向393980名工人提供了约6.98亿埃及镑（约合人民币3亿元）的紧急援助，埃及社会保障部还将免除110万困难学生的学费，豁免总额约2.8亿埃及镑（约合人民币1.2亿元）。

4. 埃及的性别平等发展

21世纪初期，埃及女性的政治地位较低，几乎无法参与政治建设，萨达特政府曾经为女性保留的议会席位也被取消。但这一时期，妇女组织的数量急速增长，妇女开始表达自身的利益诉求。不过受父权制和殖民主义的影响，穆巴拉克也只能小幅度、渐进式地推进女性地位改善。[1] 最直观的表现就是2000年埃及议会中妇女席位占比大约是2%，经过小幅上升后于2005年达到2.9%，随后持续下降，并于2010年降到1.8%。2011年后，埃及女性的参政情况有所改善，女性开始发出自己的声音，女性的参政意识和受教育程度有所提高，但女性参政的道路上仍然面临诸多挑战。2011年以来，埃及妇女的社会地位得到了提升，最直观的数据便是2019年埃及妇女在议会中的席位占比达到了14.9%。

消除教育中的性别差异将有助于妇女提高自身的地位和能力，因而性别

---

[1] 牛远：《中东国家妇女政治地位研究》，中国社会科学院研究生院硕士论文，2010年4月。

均等指数也是衡量一个国家性别平等的指标。2018 年埃及小学、中学及高等教育净入学率的性别均等指数分别为 1.00、0.987、1.03，这表明埃及教育几乎不存在性别差异，这种现象有利于埃及实现性别平等。此外，2015—2020 年埃及出生人口性别比为 1.06，而且自 1950 年开始，其出生人口性别比基本都维持在 1.06 左右，这说明埃及的男女性别比例较为均衡。2015—2020 年埃及妇女的平均初育年龄为 27.60 岁，这一数值较过往数据下降了近 1 岁，且埃及 25—29 岁女性的平均初育年龄为 22.7 岁，这说明妇女的生育年龄在往年轻化的方向发展。

（四）文化状况

1. 民族

埃及最大的族裔是埃及人，占该国总人口的 95%，官方语言为埃及阿拉伯语。此外，柏柏尔人、努比亚人、贝都因人和科普特人等占总人口的小部分。

科普特人是埃及最大的少数民族，占该国基督徒的大多数，他们约占该国总人口的 10%。埃及的科普特人有 3 个"集群"：米尼亚-阿西乌特地区（占该地区总人口的 17.6%），艾斯尤特-索哈杰地区（15.1%）和大开罗地区（9.4%）。

贝都因人是起源于阿拉伯半岛的古老民族，部落由埃及许多地区的不同部落组成。贝都因人在半岛的人口估计约为 380 000 人，分布在大约 26 个不同的部落中。

柏柏尔人是居住在北非的一个少数群体部落。在埃及，与其他北部国家相比，他们人口数量很少。柏柏尔人是穆斯林，讲柏柏尔语。

努比亚人主要生活在埃及南部。努比亚原是尼罗河周围的一个古老的非洲王国，从上埃及的尼罗河谷向东延伸到红海沿岸，向南延伸至喀土穆，向西延伸至利比亚沙漠。据美国国会图书馆估计，1990 年埃及约有 16 万努比亚人，2014年国家地理杂志估计努比亚人口约为30万人。[1]

2. 宗教

埃及大约90%的人口为逊尼派穆斯林，大约10%的人口为基督徒，其中大约90%的基督徒属于科普特东正教，其他基督教社区包括英国国教/埃比斯科帕里教派和其他新教教派，亚美尼亚使徒教会，天主教（亚美尼亚、迦勒底、梅尔基特、马龙派、拉丁和叙利亚）和东正教（希腊和叙利亚）。什叶派穆斯林约占埃及总人口的1%，约100万人。[2]

埃及宪法规定伊斯兰教为国教，伊斯兰教法为主要立法依据。宪法禁止以宗教为基础从事政治活动或组建政党。爱资哈尔大学是该国传播伊斯兰教和捍卫伊斯兰教义的主要机构，举行过宗教间对话会议，并发表了谴责极端主义和支持改善穆斯林与基督徒之间关系的声明。

但是，埃及存在宗教歧视和种族歧视的现象，这使得埃及的少数民族和宗教少数群体容易被边缘化。受国家严格监管的主流政治和宗教态度长期以来一直避开多元化，并把逊尼派伊斯兰教的最高观念视为特权。2016年11月，埃及议会通过了一项法案，限制非政府组织的活动，禁止所有未经国家当局授权和密切监督的人权活动。目前，政府正在计划正式承认埃及的不同种族和宗教少数群体，这有利于为正式措施和建设性行动扫除歧视，并有利于公民之间的平等。

（五）中埃对比

中国和埃及同属于发展中国家，对两国国家的人口发展状况进行比较，可以使人们更清晰地了解埃及的状况。

两国都属于人口大国，虽然中国的人口总量要远大于埃及，但是埃及有

---

〔1〕 "A Past Still Present Addressing Discrimination and Inequality in Egypt", http://www. equalrightstrust. org/ertdocumentbank/Egypt_EN_online. pdf.

〔2〕 "2018 Report on International Religious Freedom：Egypt", http://eg. usembassy. gov/2018-report-on-international-religious-freedom-egypt/.

大量的国土面积是沙漠，并不适合人类居住，所以埃及非沙漠地区的人口密度是很大的。中国多数人口分布在东部地区，人口密度可达到 700 人/平方千米以上，而埃及大多数人生活在尼罗河河岸，在许多河流省份，人口密度可达到 2000 人/平方千米。

比较中埃两国水资源的使用情况，埃及前些年人均水资源量大约为 800—900 立方米/人，然而据埃及《金字塔报》2019 年 3 月 29 日的报道，埃及的人均水资源量已经下降到 600 立方米/人。中国人均水资源量在 2000 立方米/人以上，大约是世界平均水平的四分之一，这说明两国都面临水资源稀缺的情况，而埃及的情况更为严重。水资源的短缺可能会带来经济上的连锁反应，因此埃及将水资源视为头等大事之一。埃及主要依赖尼罗河的水资源，人均可再生内陆水资源极低，这就使得埃及需要更加注意水资源的有效利用，以应对水资源严重不足的挑战。

在人均耕地和耕地占比方面，如图 14、图 15 所示，中国耕地占比一直在 12% 上下浮动，略高于世界平均水平，而埃及耕地占比只有不到 3%，远低于世界平均水平的 11.6%。埃及大多地区为热带沙漠气候，降水少，土壤发育程度差，水资源缺乏，没有足够的灌溉水源，不能发展耕作业，所以耕地比重较小。而中国山地所占比例高，西部适宜耕作的地形因气候原因导致其不容易发展耕作业，因而耕地比重也不高。耕地占比更多与国家的气候、资源等相关，而人均耕地面积则关系到一个国家的粮食安全问题，与整个国家的人口生计有着内在联系。中国人均耕地面积大约是 0.08—0.09 公顷/人，埃及人均耕地面积大约是 0.035 公顷/人，两国人均耕地面积都远低于世界平均水平的 0.2 公顷/人。中国目前主粮基本能够满足自给自足，没有出现粮食危机，但比较依赖粮食进口。而埃及已经出现一定的粮食危机，粮食产量无法赶上人口增长的速度，一定程度上导致了埃及政治和社会的动荡。

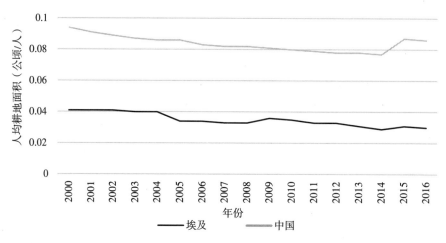

资料来源：世界银行。

图 14　中国和埃及的人均耕地面积

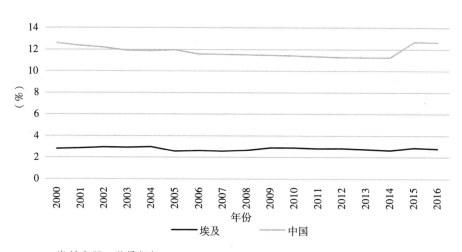

资料来源：世界银行。

图 15　中国和埃及的耕地占比

二、人口发展主要特征

（一）问题与挑战

几十年来，埃及人口一直在以较高的速度增长。2013 年埃及出生人数达到 260 万人，死亡人数约为 50 万人，是近年来人口增长率最高的年份。到 2019 年，埃及人口总量已经达到 1.023 亿人，成为世界上第 14 个人口超过 1 亿人的国家，此外埃及还是人口最多的阿拉伯国家，在非洲范围内人口总量排名第 3。人口增长为埃及带来了一些正面效应，如生产力和社会经济的发展，但是居高不下的人口增长率也给埃及带来了负面影响。过快的人口增长使得当局难以有效应对人口加速增长带来的额外压力。埃及的人口问题不仅体现在人口基数大、增长速度快，还包括难以提供满足人口的基本需求和安全性等方面。

作为世界上人口增长最快的国家之一，埃及的失业率也居高不下。埃及整体劳动力参与率偏低，且受到经济不景气的影响，失业人口过多，失业率较高。较高的失业率给埃及的社会稳定和经济发展带来诸多负面影响。此外，埃及人口与资源之间的矛盾也十分突出。埃及的可居住面积大约只占国土面积的 4%，再加上人口总量较大，因此人地矛盾愈加突出。埃及是水资源极度匮乏的国家，水资源大多从尼罗河中获得，内陆地区几乎没有可再生淡水资源，人与资源的矛盾制约了埃及的经济发展，给埃及带来了很大的挑战。

综上所述，人口增长速度快、失业率高及人口与资源之间的矛盾是埃及目前面临的最为严重的 3 个挑战，其中，人口增长速度过快是首先需要解决的问题。

（二）问题与挑战产生的原因

埃及发展面临的首要大问题是人口的快速增长。愈发膨胀的人口规模给埃及生态环境和经济发展带来了巨大的压力。埃及的人口增长率居高不下的主要原因是埃及人口的婚姻、生育、性别等观念受到宗教、文化等因素的影响，多生多育、多子多福观念深入人心，现代人口观念尚未完全形成，早婚早育现象普遍，认为堕胎是对生命的亵渎。

此外，埃及的性别不平等观念也极大地影响了埃及的人口增长。受父权制和殖民主义的影响，埃及妇女社会和家庭地位不高，再加上早婚行为缩短了女性的受教育年限，更容易导致失业，因而埃及出现了女性失业率大大高于男性失业率的现象。在埃及宗教文化的影响下，受教育程度较低的失业女性更有可能选择早婚早育、多生多育，女性由此陷入低教育水平、低工资水平、高失业率及高生育率的恶性循环。综上所述，女性的受教育程度低和失业率高也是影响埃及人口增长的重要因素。

埃及失业率总体处于较高的水平，而导致埃及失业率高的直接原因便是经济发展的缓慢和人口的快速增长。一方面，埃及的动荡局势对国民经济造成严重冲击，埃及的外汇收入和外汇储备日渐下降，通货膨胀较为严重，经济面临巨大的压力，再加上埃及经济严重依赖外部投资，易受到外部的影响，而相关的经济政策却偏向于劳动密集型、对就业有吸引力的行业，不利于就业的增长。另一方面，人口的快速增长导致大量的人口流入劳动力市场，但是埃及产业结构单一，岗位数量无法满足流入劳动力市场的人口数量，加剧了失业问题。

此外，埃及的教育体制也影响着埃及的就业情况。就埃及教育而言，随着教育人数的激增，公立学校教育质量有所下降，私立学校凭借其较高的教育质量成为埃及富裕阶层的选择，而贫困家庭的孩子只能选择教育质量相对较低的公立学校，考不上大学只能去读职业院校。但是职业院校注重理论教学忽视实践教学，导致学生通常会面临毕业即失业的尴尬局面。此外，高等教育人文学科学生比重大，理工科的学生比重极小，也导致毕业生难以就业。造成这种不合理学科设置的原因主要有三点：一是伊斯兰的意识形态对现代科学有着天然抵触，导致大部分学生不愿意学习理工科；二是埃及对理工科教育不够重视；三是埃及的教育资源有限，缺乏相应的设施和师资。综上所述，不论是不同阶级教育资源分配不平等的现象，还是高等教育学科发展之间的不平衡都使得埃及出现大量的失业人员。

埃及人口与自然资源的矛盾也是由人口增长速度与资源消耗速度不协调造成的。持续增加的人口数量给有限的土地资源和水资源带来了巨大的压力。埃及的农业用地主要集中在狭窄的尼罗河谷和三角洲，仅占埃及总土地面积的4%。在可居住地区，埃及的人口密度极大，是世界上人口密度最高的国家之一，人地之间的矛盾在埃及十分突出。就水资源而言，埃及高度依赖尼罗河的水且用水效率很低，已经面临严重的水资源短缺，人口的快速增长对埃及本已有限的水资源施加了更大的压力。为了应对人口的快速增长，埃及政府开发其他的自然资源，例如加大对石油的开采，用石油收入获取更多的粮食，但对自然资源的过度开发使得人与资源的矛盾更加严重。过度开发资源还对生态环境造成了破坏，引发了人与生态环境之间的矛盾。

（三）埃及为解决人口问题所采取的措施

为解决人口过快增长，埃及政府曾通过减少出生人口和鼓励人口迁出来降低人口的增长率。1965年后埃及开始推行计划生育，设立"家庭生育计划最高理事会"开展家庭计划生育工作，同时加强对计划生育的宣传教育和卫生服务供给。2017年埃及卫生部启动了"生命线行动"，旨在将人口出生率降低至2.4%。根据行动计划，卫生部派遣1.2万名志愿者前往18个农村省份宣传计划生育知识。同时，卫生部在全国6000个计生诊所为女性提供免费检查，并提供几乎免费的计生用品。2018年，政府通过一项名为"两个已足够"的新计划，在全国各地建立计划生育诊所，努力降低出生率。政府还派遣志愿者进行家访，以倡导夫妻不要多生孩子。但是许多医生和激进主义者认为，可提供避孕药具的数量有限，无法扭转人口增长的趋势。"两个已足够"主要由埃及出资，埃及社会团结部提供7500万埃及镑（427万美元），联合国提供 1000 万英镑。[1] 此外，随着埃及 1967 年后取消了对外移民的各项限制，埃及对外移民数量大幅上升，对外输出了大量的国际劳工，对外移民呈现出规模化的增长趋势，这既在一定程度上减轻了埃及人口过快增长的压力，也有利于增加外汇收入，使得侨汇成为埃及的四大外汇收入来源之一。

"两个已足够" 计划在财政资源和实施效果方面都存在一定的问题，缺乏降低出生率的明确战略。迄今为止，部署的财政资源只是先前规划的一小部分。据报道，一些计划生育诊所已经用完了避孕药具。虽然这项运动资助的诊所提供了一些生殖健康教育，但性教育在埃及学校仍然是禁忌，这意味着许多人对避孕方法的了解很少。[2] 另一个问题是缺乏为埃及最脆弱的人群（穷人和养老金领取者）提供足够的社会保障服务。许多埃及父母选择生育更多的孩子，希望这些孩子成年后能照料他们，这在贫穷程度高和社会保障不足的国家很普遍。为此，埃及的几个部委已与联合国人口基金联合发起了 "计划权" 运动，使埃及的农村地区能够获得避孕药具和计划生育服务，此项运动由欧盟提供资金。2020 年 11 月 29 日，埃及内阁审议了埃及 2021—2023 年的人口计划草案。该草案的主要目的是在卫生部等部门的帮助下，降低埃及生育率，控制人口过快增长。卫生部门将继续为广大妇女提供计划生育方面的帮助，保证妇女可以方便地获得生殖健康和计划生育服务。

面对日益严重的水资源短缺问题，埃及政府正在采取政策进行应对。埃及水资源与灌溉部（MIWR）发起有关节约用水和预防水资源短缺的公众宣传运动，号召净化尼罗河水源，同时禁止将废物倾倒入水源。2019 年，埃及水资源与灌溉部又宣布了一项价值 500 亿美元的投资计划，以应对水资源短

---

〔1〕 Lena Masri, "'Two is enough', Egypt tells poor families as population booms", http://www.reuters.com/artide/egypt_population-idUSL5N20F6YI.

〔2〕 Timothy Kaldas, "Egypt's Population Boom Is No Boom", http://www.bloomberg.com/opinion/articles/2020-02-17/egypt-s-population-boom-is-no-boom.

缺问题。该计划将持续 20 年，其中包括采用更为有效的灌溉方式，积极开发对水资源依赖不高的新作物品种及建设海水淡化厂等。在与其他有关部委的共同努力下，埃及住房部宣布建造 39 座海水淡化厂的计划，总产能为每天 140 万立方米。

为缓解就业压力，埃及推出的《2010—2015 年青年就业国家行动计划》，目的在于提高年轻人的就业能力，为新进入劳动力市场的人创造更多的就业机会，进而降低失业率。此外，埃及-青年就业促进论坛就促进青年就业政策的四个优先事项达成了共识：为积极的劳动力市场计划引入监督和评估机制；在国家和地区两级提供劳动力市场信息；将早期的职业指导和咨询制度化；实施公共工程项目促进青年就业。[1]

三、思考与启示

通过对埃及的人口、经济、资源、文化的了解与探究，我们可以得知，当前埃及面临的主要人口问题是人口增长速度快、失业率高及人口与资源环境之间矛盾突出。埃及地跨亚非两洲，是"一带一路"的重要国家，与中国有着长期的经贸合作。在共建"一带一路"的背景下，为实现合作共赢，基于埃及当前面临的人口与发展问题，提出以下建议：

（一）促进劳动密集型产业发展，保障人民就业

近年来，为促进经济发展，提高居民收入，埃及高度重视制造业的发展。2016 年，埃及明确设定到 2030 年，将埃及制造业增加值增长率由 5%提升至 10%，将制造业增加值在国内生产总值中所占比重由 12.5%提高至

---

〔1〕 "Policy and Interventions on Youth Employment in Egypt"，http：//www.etf. europa. eu/sites/default/files/m/8B7FE470410B4DB8C1257E28004C06CA_Employment policies_Egypt. pdf.

18%的制造业发展目标。[1] 当前埃及的青少年和劳动年龄人口所占比重较大，老年人口较少，人口与经济发展呈现出人口数量多、增长速度快、产业结构单一、失业率高和就业岗位不足的问题。这说明当前埃及有着数量众多的劳动年龄人口，可以提供充足的劳动力供给，适合制造业和劳动密集型产业的发展。在这种情况下中国可以通过"一带一路"的建设和投资帮助埃及进行制造业的产能对接和产业合作，帮助埃及解决失业人口较多的问题，促进埃及基础设施的建设与完善。

（二）提供技术培训，注重人才培养

通过对埃及的人口与教育方面的探究，可以看出埃及存在高等教育和基础教育之间发展失衡、国民平均受教育年限偏低、国民识字率下降、教育发展面临停滞和衰退等现象，这在一定程度上影响了埃及劳动力的质量。因此在中国与埃及开展投资和经贸合作的过程中，一方面应重视给当地劳动力提供就业岗位，缓解埃及的失业率问题，增加当地居民的收入；另一方面可以提供一定的技术培训，帮助劳动力掌握一定的技术知识和技能，提高劳动力的素质与水平，从而实现经济的发展与产业的升级。

（三）促进基础设施建设与能源合作，实现人口与资源环境的均衡发展

埃及的能源和矿产资源丰富，石油和天然气探明储量分别位居非洲国家第5位和第4位，是非洲最重要的石油和天然气生产国之一，还富含锰、煤、金、锌、铬、银、钼、铜和滑石等资源。[2] 但埃及出口商品以石油天然气、机电产品、塑料及制品等初级低端产品为主，出口产品工业附加值相对较低。除此之外，埃及的基础设施建设也相对不完善，在电力供应方面存在潜在停电风险及用电成本的不可预期性，这严重影响了埃及的工业发展与

---

〔1〕 刘冬：《埃及制造业发展战略与中埃产能合作》，载《西亚非洲》，2020年第3期，第138—160页。

〔2〕 《埃及国家概况》（最近更新时间：2021年7月），http：//www.fmprc.gov.cn/web/gjhdq_676201/gj_676203/fz_677316/1206_677342/1206xo_677344/。

贸易投资，不利于埃及的经济发展。在共建"一带一路"的过程中，中国应重视与埃及在能源和基础设施建设方面的合作，在油气勘探等领域进行广泛合作。同时还可以通过技术方面的交流与合作改善埃及的资源利用率，从而缓解人口与资源、环境失衡的状况，促进人口与水、土地、粮食资源的协调发展。

（四）开展卫生医疗领域的双边合作，推动贸易发展

埃及的孕产妇死亡率和婴幼儿死亡率呈现出持续下降的趋势，这得益于埃及医疗水平和公共卫生服务水平的提升，但埃及的婴幼儿死亡率仍高于中国，因此在"一带一路"建设发展的过程中，两国应重视开展医疗卫生领域的双边合作，通过医疗和公共卫生领域的交流，推动医疗技术和医疗资源的沟通和流动。

（五）关注旅游资源开发，把握旅游业发展机遇

近年来，中国与埃及的经贸往来和投资合作频繁，双边贸易额持续保持增长态势，2015 年达到 128.7 亿美元的高峰，目前，中国仍是埃及最大的贸易逆差来源国。埃及的旅游业发展迅速，在一些重点旅游区域，中国游客已经成为当地收入的重要来源。在"一带一路"建设发展的过程中，中国应抓住与埃及开展经贸合作的机遇，积极应对可能存在的风险与挑战。作为文明古国，埃及具有较为丰富的旅游资源，旅游业也是埃及重要的经济支柱，因此应推动投资和旅游业的健康规范发展，充分挖掘当地的旅游资源，推动两国在旅游业建设方面的合作，充分满足旅游需求的同时，提高埃及的就业率和居民收入。作为发展中国家，埃及数百万的侨民对埃及的经济发展也起到不可忽视的作用。在推动旅游资源开发和旅游业投资发展的过程中，要重视埃及侨民的作用，鼓励侨民积极参与旅游业的建设和发展过程，把握埃及旅游业的发展机遇。

参考文献：

［1］埃及总体经济概况［J］．世界热带农业信息，2019（12）：14．

［2］王震．在震荡中前行的埃及经济［J］．世界知识，2016（24）：60—62．

［3］马燕芳．"2030 愿景"出台后埃及经济状况研究［J］．山西农经，2019（22）：7—8，24．

［4］田丰．西亚北非主要国家经济走势及投资风险［J］．中国外资，2018（23）：42—44．

［5］毕健康，陈勇．当代埃及教育发展与社会流动问题评析［J］．西亚非洲，2015（05）：114—126．

［6］牛远．中东国家妇女政治地位研究［D］．北京：中国社会科学院研究生院，2010．

［7］A past still present addressing discrimination and inequality in egypt［EB/OL］．http：//www. equalrightstrust. org/ertdocumentbank/Egypt_ EN_ online. pdf.

［8］2018 Report on international religious freedom：Egypt［R/OL］．http：//eg. usembassy. gov/2018-report-on-international-religious-freedom-egypt/.

［9］MASRI L."Two is enough"，Egypt tells poor families as population booms［EB/OL］．http：//www. reuters. com/article egypt_ population-idVSL5N20F6YI.

［10］TIMOTHY K. The Egypt's population is no boon［EB/OL］．http：//www. bloomberg. com/opinion/articles/2020-02-17/egypt-s-population-boom-is-no-boom.

［11］Policy and interventions on youth employment in Egypt［EB/OL］．http：//www. etf. europa. eu/sites/defawlt/files/m/8B7FE470410B4DB8C1257E28004C06CA_ Employment policies_ Egypt. pdf.

［12］刘冬．埃及制造业发展战略与中埃产能合作［J］．西亚非洲，2020（03）：138—160．

［13］王晓红．中国对非洲投资：重点、难点及对策——对尼日利亚、加纳、冈比亚、埃及的调研［J］．全球化，2019（02）：41—51，134—135．

加纳人口与发展状况报告

汤晓彤　苗汇林　米　红[*]

摘要： 加纳位于西非，是"一带一路"伙伴国家，研究加纳的人口与发展现状及变化趋势对于中国在"一带一路"倡议下开展与加纳的交流合作具有重要意义。本报告从人口、经济、社会和文化四个方面描述了加纳的发展状况，梳理总结出当前加纳人口与发展面临的现状、机遇与挑战，并探究人口红利对加纳经济社会发展的促进作用，最后在综合考虑中加两国之前建立的项目合作基础，以及当前加纳的人口与发展情况的基础上，结合"一带一路"背景提出相关的思考和建议。

关键词： 加纳；人口与发展；人口红利；机遇与挑战；"一带一路"

加纳共和国，位于非洲西部、几内亚湾北岸，西邻科特迪瓦，北接布基纳法索，东毗多哥，南濒大西洋，领土呈长方形，海岸线长约 562 千米，国

---

* 汤晓彤，浙江大学民生保障与公共治理研究中心研究助理，公共管理学院人口学专业硕士生；苗汇林，浙江大学民生保障与公共治理研究中心研究助理，外国语言文化与国际交流学院国际组织与国际交流专业硕士生；米红，浙江大学民生保障与公共治理研究中心研究员，公共管理学院教授、博士生导师。

土面积为 238 537 平方千米。加纳的矿产资源相当丰富，有黄金、钻石、铁矿和石油等，水力资源也很丰富。在西非国家中，加纳经济较为发达，以农业为主，黄金、可可和木材三大传统出口产品是加纳的经济支柱。按世界银行标准，加纳自 2010 年起从低收入国家进入中等偏低收入国家行列。

一、加纳人口发展现状

（一）人口基本状况

1. 人口数量

根据联合国《世界人口展望 2019》统计，如图 1 所示，加纳人口总量自 1950 年以来一直呈上升趋势，2019 年，加纳全国总人口为 3041.8 万人，约占非洲总人口的 2.32%。之后加纳人口总量将继续增长，预计 2050 年将达到 5201.6 万人（见图 2）。

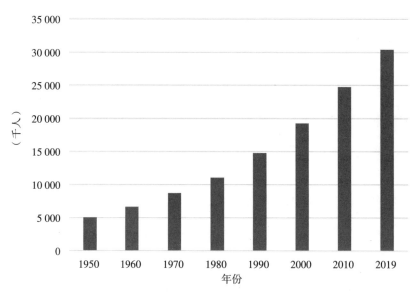

资料来源：联合国世界人口展望数据库。

图 1　1950—2019 年加纳人口总量

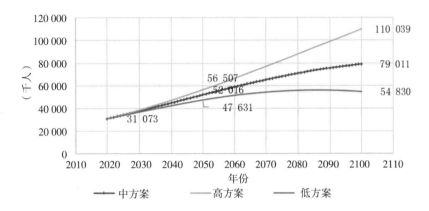

资料来源：联合国世界人口展望数据库。

图2 2020—2100 年加纳人口预测

2019 年，加纳人口粗出生率为 29.0‰，粗死亡率为 7.2‰，净迁移率为 −1.6‰，可见其人口增长主要依靠自然增长而非移民。从图3 可以看出，1960 年以来，加纳的粗出生率和粗死亡率虽呈下降趋势但仍偏高。观察加纳的人口增长率和自然增长率可以发现，加纳人口自然增长率基本维持在 2% 至 3% 之间，自 20 世纪 80 年代以来从 2.92% 波动下降到 2019 年的 2.18%。图4 表明，1960 年至 1980 年间，政治动荡、经济萧条等因素使得大量人口迁出，加纳的人口增长率低于人口自然增长率；1980—2019 年，加纳人口增长率也略低于人口自然增长率。此外，加纳的人口自然增长率虽高于世界平均水平，但 1995 年之后一直低于撒哈拉以南非洲国家平均水平，尤其是 2005 年后加纳人口增长率呈现较为明显的下降趋势。

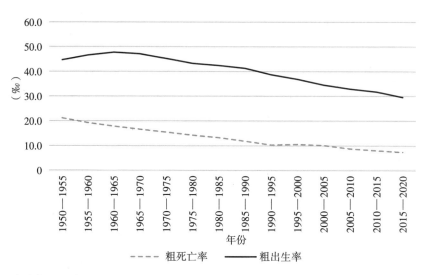

资料来源：联合国世界人口展望数据库。

图3　加纳粗出生率和粗死亡率对比

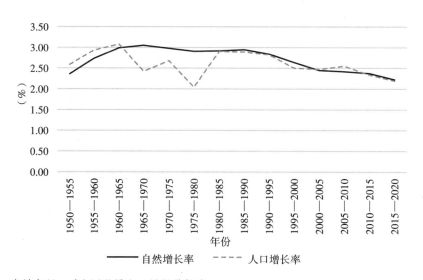

资料来源：联合国世界人口展望数据库。

图4　加纳人口增长率和人口自然增长率变化趋势

此外，加纳的总和生育率（TFR）在20世纪80年代和90年代显著下降,《世界人口展望2019》统计显示,加纳总和生育率为3.82。加纳南北发展水平差异较大,受北部地区经济较不发达影响,北部地区女性受教育程度较低,总和生育率因此高于南部阿克拉地区。

2. 人口结构

人口结构是衡量人口发展均衡性的重要指标。从人口年龄结构来看,加纳现在仍是年轻型社会。2019年,加纳0—14岁、15—64岁和65岁及以上的人口占比分别为37.36%、59.54%和3.10%,其中25岁及以下人口约占57%(见图5)。从图5可以看出,加纳的人口金字塔为"扩张型",基数广(年轻人口比例较大、出生率和生育率高),顶部窄(死亡率高、预期寿命低)。此外,根据联合国《世界人口展望》预测,至2050年,加纳的人口金字塔依旧呈"扩张型"。由此可见,学龄前儿童、青少年的教育及青年的就业依然是未来加纳面临的重点社会问题。

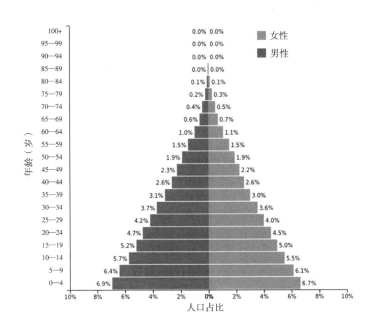

资料来源:联合国世界人口展望数据库。

图5 2019年加纳人口金字塔

总抚养比的变化趋势也能够展现出人口结构的变化。在1950—2020年间，加纳总抚养比总体呈现先上升后下降的趋势，但变化幅度不大，且少儿抚养比变化趋势与总抚养比变化趋势基本一致，而老年抚养比变化幅度小，一直维持在5%左右的较低水平。2019年加纳的总抚养比为67.42%，少儿抚养比为62.17%，老年抚养比仅为5.26%（见图6），可见加纳较高的总抚养比是其较高的少儿抚养比造成的。加纳的人口年龄结构仍然保持高度年轻化，未来可能释放大量的人口红利。

从性别结构上看，加纳的性别结构较为平衡。2019年加纳的出生性别比为1.053，女性人口占总人口的49.32%。

资料来源：世界银行数据库。

图6　加纳抚养比变化趋势

3. 人口迁移

人口迁移问题是影响人口数量变化和结构变化的重要原因。根据联合国人口司数据显示，自1950年以来，加纳的人口净迁移率基本维持在负值状态。2019 年，加纳净迁移人口为 - 50 000 人，2015—2020 年净迁移率为 - 0.03%。

加纳的人口迁移可以分为四个阶段。第一阶段为殖民时代到 20 世纪 60 年代，这一阶段的加纳经济发展相对繁荣，较为成熟的采矿业、可可种植业及公路修筑业吸引大批人口从周边国家迁入加纳。1960 年，外来移民占加纳总人口的 12%。从图 7 可以看出，1950—1965 年加纳的净迁移率为正，特别是在 1950—1955 年间，加纳净迁移率为 0.22%。第二阶段始于 1965 年后，加纳遭遇经济危机，国家财政收支不平衡、失业率上升，社会动荡不安。日益恶化的经济和社会条件阻碍了外来移民迁入，加纳外国人比例从 1960 年的 12.3% 降至 1970 年的 6.6%。加纳《外国居民合法条例》的颁布更是加剧了这一趋势。该条例规定，无有效证件的非加纳公民将被驱逐出境。随后，有数十万移民（其中大多是尼日利亚人）被驱逐。1965 年至 1970 年间，加纳净迁移率迅速下降至-0.63%。第三阶段大规模的人口迁出始于 20 世纪 80 年代，大量的无技能或半技能状态的加纳人迁至周边西非国家寻找工作，医学、教育、管理等领域的高层次人才也受社会政治经济等因素的影响外流至西欧、北美、亚洲的部分国家寻找更好的发展机会。迁移成为加纳家庭应对经济危机的基本生存策略之一。1975—1980 年，加纳净迁移率下降至最低点（-0.87%）。第四阶段为 20 世纪 90 年代至今，加纳仍面临人口流出问题，大量加纳人特别是医疗、教育领域的人才迁移至伦敦、阿姆斯特丹、汉堡、纽约等大城市。2010—2020 年，加纳净迁移率保持在-0.04% 左右，迁出人口数大于迁入人口数。

此外，加纳的内部人口迁移方向较为集中，高质量的教育、医疗和通信服务，较高薪酬水平的工作及现代的经济部门主要集中在加纳南部的大城市，因此，加纳人口总体呈现出由北向南迁移的趋势。其中，沃尔特省（Volta Region）、北部省（Northern Region）、上东部省（Upper East Region）及上西部省（Upper West Region）为主要的净迁出地区，大阿克拉省（the

Greater Accra)、布朗-阿哈福省（Brong Ahafo）、阿散蒂省（Ashanti）及西部省（Western Region）为主要的流入地。这种内部迁移模式反映了加纳的地区发展差异及城乡贫困差异。

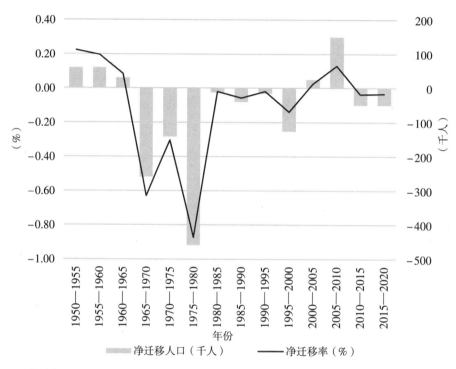

资料来源：世界银行数据库。

图7 1950—2020年加纳人口迁移变化趋势

4. 人口分布

人口分布反映了人口空间分布的均衡性。联合国《世界人口展望》数据显示，加纳的人口密度从1960年的30.10人/平方千米稳步增加到2018年的130.82人/平方千米。预计2020年加纳总人口密度将达到136.6人/平方千米，是非洲平均人口密度的3倍。

加纳人口集中分布在的大西洋沿岸南部地区，这里的城镇人口占总人口的 57.3%。加纳的人口分布主要受三个因素的影响：自然资源、经济发展水平和难民。首先，人口分布最集中的地区仍然是南部的阿克拉库马西-塔科拉迪三角区，该地区的经济生产力较强，加纳的采矿中心、生产木材的落叶林和可可种植地都位于该地区。此外，阿克拉库马西-塔科拉迪三角区通过修建铁路和公路系统与海岸线相连形成交通枢纽，进而吸引投资和劳动力。相比之下，受限于贫瘠的土地和干旱的气候，沃尔特盆地人口稀少。此外，难民问题也会影响加纳人口分布。大多数来自多哥的难民选择居住在加纳东部的沃尔特地区。

（二）加纳人口与经济发展状况

加纳是非洲大陆经济增长最快的国家之一。年轻劳动力充足，自然资源尤其是丰富的石油资源为加纳的经济发展贡献了巨大力量。近年来，加纳政府重视农业和服务业的发展，大力扶持农业综合企业，非石油类经济发展势头向好。加纳国内生产总值总体呈上升态势（如图8）。2019 年加纳 GDP 总值达 573.16 亿美元，增长率达 6.48%。人均 GDP 也呈现出增长态势，2019年加纳人均 GDP 为 1884.28 美元。

加纳的经济发展大致分为三个阶段：第一阶段，1957 年独立到 1993 年。这一阶段加纳的经济发展基本处于停滞状态，据世界银行统计，加纳用了 33年时间才将人均 GDP 提高 1 倍，而贫困问题在此阶段并未得到显著改善。第二阶段，1993 年至 2005 年。这期间加纳的经济得到迅速发展，人均 GDP在 13 年间实现翻番，劳动力从农业开始向第三产业转移，贫困率大幅下降，其中 1991 年至 1998 年间加纳的贫困率下降最快。第三阶段，从 2005 年至今。加纳国内的商业石油生产起步，经济发展速度超过撒哈拉以南非高收入非洲国家的平均水平，GDP 增速达 7.7%，但石油经济的发展对加纳消除贫困问题贡献度却较低。2011 年，在加纳 14% 的 GDP 增长中，石油经济的贡献率仅超过 5%，主要工作机会仍集中在制造业和建筑业。

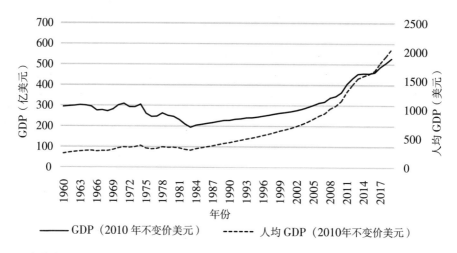

资料来源：世界银行数据库。

图 8　1960—2019 年加纳 GDP 与人均 GDP 变动趋势

1. 就业

国际劳工组织数据显示，2019 年加纳的总体劳动力参与率达到 57.1%，其中男性为 58.84%，略高于女性的 55.30%；15—24 岁青年的劳动力参与率为 31.9%。同年，加纳劳动年龄人口的就业比例达 54.6%，其中 29% 为青年劳动年龄人口。加纳的人口就业分布方面具有以下几个特点：

第一，同众多中低收入国家一样，加纳的非正规就业率（informal employment rate）较高，2015 年达到 88.8%，其中女性非正规就业率达到了 91.5%。非正规就业部门缓解了加纳在城市化进程中的人口就业压力，为加纳的生产和收入水平提高作出了突出贡献。第二，就经济活动产业而言，随着加纳城市化进程的不断推进，过去 10 年（2009—2019 年）加纳各经济部门的就业分布发生了巨大变化。第三产业从业人员从 2009 年的 34.7% 上升到 2019 年的 50.4%，过半人口从事第三产业经济活动。第一产业从业人员越来越少，从 2009 年的 51.59% 下降到 2019 年的 28.4%，从事第二产业的人数占比一直较少（21.2%）。从事第一、第二产业的女性（44.2%）少于男性（55%），而服务业中的女性从业者比例（55.6%）则高于男性（44.9%）。第三，职业分布不均衡。就职业构成而言，管理类、专业技术类人才仅占 12.2%，且其中女性人数（8.6%）远低于男性（16%）；大部分加纳人从事农林牧渔生产活动（32.8%）及销售服务（28.5%）；在公共服务从业者中，女性（39.7%）人数明显多于男性（16.5%）。就收入而言，2013 年数据显示最低月收入水平为 141.5 加纳塞地（约合 24.6 美元），2015年加纳的平均月收入达 884.1 加纳塞地（约合 153.5 美元），其中女性平均收入水平（704.2 加纳塞地）不及男性（994.1 加纳塞地）。就工作时长而言，2017 年加纳劳动参与者平均工作时长为每周 39.8 小时，其中有近 30%的人每周平均工作时长超过 48 小时。

如图 9 所示，2017 年加纳女性失业率为 4.4%，高出男性 0.3 个百分点，青年失业率为 9.1%，有 30.5% 的加纳青年处于失业或失学状态。世界银行数据显示，2015 年至 2019 年间，加纳失业率整体呈下降趋势，2019 年略有

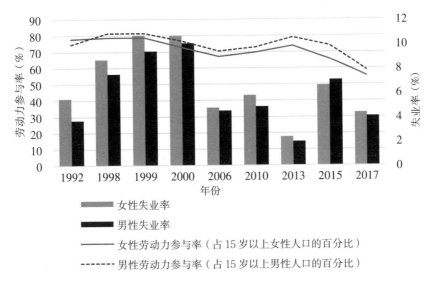

资料来源：世界银行数据库。

图 9 1992—2017 年加纳失业率和劳动力参与率变动趋势

回升。截至 2016 年，加纳尚未建立针对失业人群的社会保障制度。同年，加纳的整体社会保障覆盖率为 18.3%，仅有 16.9% 的退休年龄人群享有退休金，有 41.7% 的女性享有生育津贴补助，5.6% 的家庭享有育儿补助，社会救助覆盖率仅达到 3.3%。

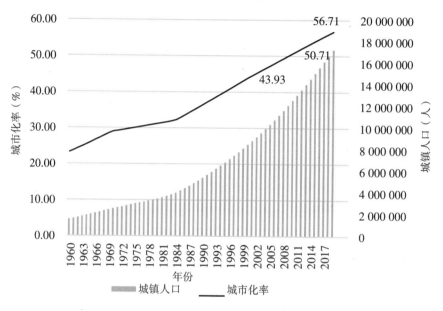

资料来源：世界银行数据库。

图 10　加纳城镇人口、城市化率变化趋势

2. 城市化

在过去 70 年里，加纳城市住宅区的数量在不断增加，其城市居民点从 1948 年的 41 个增加到 2000 年的 364 个，2010 年加纳已有 636 个城市居民点。根据世界银行统计，加纳城市人口占比一直呈明显上升的趋势，从 2000 年的 43.93% 增至 2010 年的 50.71%，2019 年加纳城市化率已达到 56.71%（见图 10），预计到 2025 年将增至 63%，加纳正在经历着迅速的城市化。值得注意的是，加纳的城市化水平在一定程度上超过了其工业化水平，可能出现与工业化水平相脱节的"城市膨胀"现象，涌现出"没有工业化"的城市，这种城市化过程是以农村剩余劳动力和农村的相对贫困为"推力"的过程。

（三）加纳人口与社会发展状况

1. 教育

加纳十分重视教育方面的发展，积极挖掘人口红利。独立初期，恩克鲁玛总统重视发展教育事业，实行免费教育等政策。1988 年加纳政府提出"普及义务基础教育计划"，计划到 2005 年使每个学龄儿童都享受义务教育，义务教育从 4 岁到 14 岁持续 11 年，经费主要来自政府拨款和国外援助。加纳现行教育体制包括五个阶段：小学 6 年，初中 3 年（以上两个阶段属义务教育），高中 3 年（或中等技术学校 3—4 年），大学 2—4 年。加纳现有公立小学约 1.2 万所，学生约 410 万人；公立初中 6418 所，学生约 145 万人；公立高中近 474 所，学生约 90 万人（包括技工学校学生）；私立初高中在校生约 5 万人；重点大学 6 所，其中加纳大学、库马西恩克鲁玛科技大学和海岸角大学较为有名；另有 38 所师范学院、10 所地方技术学院、50 余所私立大学及学院。

近年来，加纳的教育发展成效显著，这一方面体现在小学教育上。联合国儿童基金会统计数据显示，2018 年，加纳小学教育完成率男女性分别为 93.0% 和 94.6%，初中教育完成率男女性分别为 78.7% 和 77.4%，男女差距大幅度缩小且在小学阶段女性的受教育率超过了男性；另一方面体现在加纳 15 岁及 15 岁以上的女性文盲人数迅速减少，从 2000 年的约 300 万人下降到 2018 年的不到 250 万人。根据世界银行的发展指标，2018 年加纳成年女性的识字率（占 15 岁及以上女性的百分比）为 74.47%。女性平均预期受教育年限为 11 年。从图 11 中可以看出，加纳各教育阶段的毛入学率均呈现上升趋势，但分布不均。2019 年，加纳学前班和小学阶段的毛入学率超过 100%，中学毛入学率达 64.57%，高等院校毛入学率仅为 15.69%。如果加纳能够继续保持儿童小学教育的完成率，积极提高中学教育的入学率，将有助于建立一支受过良好教育的劳动力队伍，为加纳的发展作出贡献。

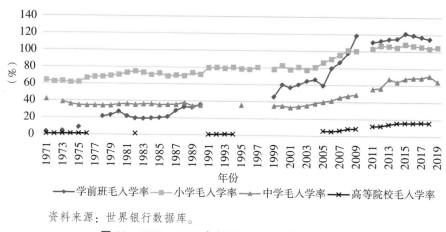

资料来源：世界银行数据库。

图 11　1971—2019 年加纳各教育阶段毛入学率

2. 健康与医疗

加纳公共卫生环境较差，热带疾病较多，常见的疾病有霍乱、疟疾、黄热病、肺结核、脑炎和肝炎等，其中疟疾和霍乱最为普遍。加纳的艾滋病感染率低于非洲平均水平，仅为 1.9%。

加纳全国共有国立医院 4 所，以及省级医院、卫生中心和诊所等近 3000家，平均每 1 万人拥有 1 名医生。2000 年后，政府大力发展国家健康保险计划，该计划已覆盖全国 48% 的人口。据世界卫生组织统计，2017 年，加纳全国卫生医疗卫生总支出仅占 GDP 的 3.26%，按照购买力平价计算，人均医疗卫生支出 66.75 美元。

由图 12 可知，加纳的婴儿死亡数和 5 岁及以下儿童死亡数近年来不断下降。据世界人口展望统计，2019 年加纳孕产妇死亡率为每 10 万例活产中孕产妇死亡 308 人，婴儿死亡率为 33.9‰，5 岁及以下儿童死亡率为 49‰，女性平均初育年龄为 22.3 岁。2018 年加纳的人均预期寿命以及男性和女性的平均预期寿命均超过了 60 岁（见图 13）。在避孕方面，2018 年加纳 15 岁至 49 岁的已婚妇女中，30.8%使用避孕方法，其中 25%使用现代避孕方法，5.8%使用传统避孕方法，而 15—19 岁未婚女性的避孕普及率仅为 18.6%，约占已婚妇女的一半。从现有数据可以发现，加纳的孕产妇死亡率、婴儿死亡率和 5 岁及以下儿童死亡率都较高，平均预期寿命较低，生殖健康问题亟待解决。

资料来源：世界卫生组织数据库。

图 12　1960—2018 年加纳婴儿死亡数及 5 岁及以下儿童死亡数

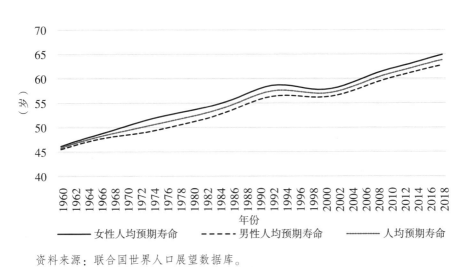

资料来源：联合国世界人口展望数据库。

图 13　1960—2018 年加纳人均预期寿命

3. 贫困问题

根据联合国开发计划署《人类发展报告 2016》公布的人类发展指数，加纳在 188 个国家中排名第 139 位。

加纳政府在过去十余年致力于减少贫困问题，贫困率总体呈现下降趋势，人民生活水平得到改善，但减贫人口存在分布不均的问题。1992 年至 2012 年，加纳的贫困人口比例下降过半（1992 为 56.5%；2012 为 24.2%），成为撒哈拉以南非洲地区首个实现联合国千年发展目标的国家。2012 年至 2016 年，受益于发展转型，加纳的贫困率下降 0.8%。尽管近十几年来加纳贫困人口比例持续下降，但年均降幅较小——1990 年来年均降幅为 1.8%，2006 年以来降幅则维持在 1.1% 左右——减贫速率未能与加纳的人口增长速度相匹配。

受经济发展和政治环境等多方因素的影响，加纳贫困问题的解决在时间和空间上都呈现出了较大的差异性。时间上，在 1991 年至 1998 年间，加纳 GDP 的增长与贫困率的下降保持同步，但之后贫困消除率减缓，GDP 发展对解决贫困问题的贡献度逐步减小。就地区分布而言，加纳地区间的经济发展速度存在较大差距，这也导致地区间的消贫速度存在差异。加纳城乡差距明显，城镇家庭贫困率为 10.6%，明显低于农村的 37.9%，且近年来加纳城镇的减贫速度远快于农村地区。此外，加纳北部省、上东部省、上西部省和沃尔特省等地区贫困率较高，保持在 50% 以上，当前加纳大部分贫困线以下人口居住在北部地区。

儿童贫困问题上，2016 年加纳有 350 万儿童处于贫困状态，占儿童总数的 28.3%，其中有 10% 的儿童处于极度贫困状态，不能从家庭中获得足够的食物。联合国儿童基金会 2020 年关于加纳儿童贫困问题的报告显示，73.4% 的加纳儿童仍处于多维贫困状态，5 岁及以下儿童中有 38.7% 营养不良，12.6% 体重过轻；6—23 月的婴幼儿中，87.6% 未能摄取世界卫生组织标准下的食物。儿童贫困问题在城乡间、地区间差距也较大，北部省、上西部省和沃尔特省儿童贫困问题尤为严重。另外，男童女童的贫困率相差不大，但家庭养育子女数量、家庭成员受教育程度及家庭抚养负担等因素对儿童贫困率的影响较显著。

4. 性别平等

世界银行数据显示，整体来说，加纳女性劳动力参与率低于男性，整体收入水平也低于男性，尤其是中等收入的女性比例明显低于男性。加纳女性工作种类也较为受限，从事专业性、技术型和管理类工作的女性比例仅有3.4%，是男性比例（6.6%）的一半。加纳女性多从事个体经营活动，但与男性相比她们的市场和事业发挥空间更窄，且多数人竞争意识不够强，尤其是在传统男性占据主导的行业，女性对自身的领导和管理能力缺乏足够的自信。

从婚育方面来看，在加纳的农村地区，女性童婚现象依旧存在。据联合国儿童基金会统计，加纳超过20%的女孩在18岁之前结婚，有5%的女孩在15岁之前结婚，且北部女孩早婚现象更普遍。在15—19岁年龄段的女性中，约有12%已开始养育孩子，这严重影响青少年女性的发展，而未成年妊娠则易导致孕产妇死亡率及儿童死亡率升高。20—24岁女性中，有4.9%的女性初婚年龄在15岁以内。此外，近年来，加纳孕产妇死亡率虽整体呈下降趋势，但截至2017年，这一比率依旧高达308/10万。

（四）加纳人口与文化发展状况

1. 民族与语言

加纳是个多部族国家，有70多个民族，其中阿肯族占人口总数的52.6%，居住在加纳的阿散蒂省、东部省和西部省；莫西-达戈姆巴族，占15.9%；埃维族占11.8%；加-阿丹格贝族占7.6%；古尔马族占3.4%；格鲁西族占2.7%；约鲁巴族占1.4%。加纳的官方语言为英语，但各部族有自己的语言，其中较为通用的是阿肯语。

2. 宗教

加纳 69% 的国民信奉基督教，15.6% 信奉伊斯兰教，8.5% 信奉传统宗教。

传统宗教是非洲人民独特的信仰，其核心内容是尊天敬祖，天即自然，祖即祖先。信奉者相信通过献祭或者通过信仰祖先的神灵或其他精灵能够免于受到伤害，献祭、祖先崇拜、圣物崇拜等都是典型的非洲传统宗教表现。20 世纪上半叶，基督教在加纳稳步发展并逐步取代非洲传统宗教的地位，但这一趋势在加纳 1957 年摆脱英国殖民统治后放缓。20 世纪后期，加纳的伊斯兰教信徒逐渐增多，主要分布在加纳北部农村地区及西非穆斯林移民集中居住的城市社区，基督教信徒则集中分布在加纳南部地区。

二、加纳人口与发展的机遇与挑战

（一）加纳人口与发展面临的问题

1. 人口增长过快

加纳人口自 1952 年独立以来一直呈上升趋势，人口增长率相比其他中低收入国家和世界平均水平高出许多（如图 14）。根据联合国《世界人口展望 2019》统计，2015—2020 年加纳的人口增长率为 2.19%，2019 年加纳总和生育率为 3.82。图 15 是联合国世界人口展望对加纳未来人口预测的数据与作者用 Lee-Carter Coherent 模型生命表预测加纳未来人口数据的对比图。图表显示，根据联合国《世界人口展望 2019》的中预测，到 2030 年，加纳总人口将达到 3783.3 万人，比 2020 年增加了 676 万人，计算得出这 10 年的年平均人口增长率为 1.99%。按照这个增长速度，36 年之后加纳人口总量就可以翻一番。相比之下，中国过去 10 年的年平均人口增长率仅为 0.5%，远低于加纳的人口增长速度。到 2050 年，加纳总人口将突破 5000 万

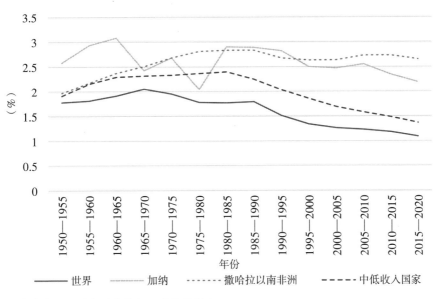

资料来源：联合国世界人口展望数据库。

图 14　人口自然增长率变化趋势

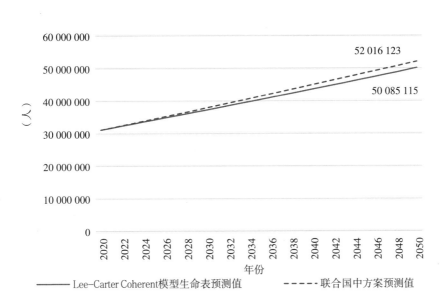

资料来源：发展中国家死亡率数据库、联合国世界人口展望数据库。

图 15　加纳人口总量预测图

人，达到 5201.6 万人。综上可知，未来 30 年内加纳人口总量将处于较快增长阶段，但增长速度略微放缓。

此外，加纳的人口年龄结构也正在缓慢发生变化。根据图 16 中 2035 年和 2050 年的加纳人口金字塔可以看出，到 2050 年，加纳的人口金字塔仍然是"上尖下宽"的"增长型"金字塔，少年人口比例高，老年人口比例较低，人口发展呈现持续增长的趋势。但可以看到，未来加纳的劳动年龄人口的比例在不断加大，人口年龄结构已逐步显示出获得人口红利的潜力。

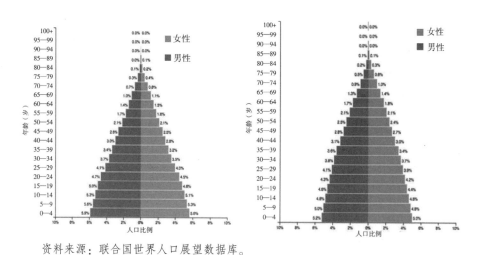

资料来源：联合国世界人口展望数据库。

图 16　2035 年、2050 年加纳人口金字塔

2. 女性生殖健康问题

在加纳，经济和社会发展水平、计划生育、妇女地位、优质服务、生活方式及社会习俗和风尚等多方面因素都影响着其生殖健康水平。从现有数据可以发现，加纳的孕产妇死亡率、婴儿死亡率和 5 岁及以下儿童死亡率都较高，生殖健康问题亟待解决。

从图 17 可以看出，2000 年以来加纳的孕产妇死亡率虽呈现缓慢下降的趋势，但仍保持较高水平。加纳孕产妇死亡率虽然从 1990 年的 760/10 万下降到 2013 年的 331/10 万，但在 2015 年年底前未达到 190/10 万的千年发展目标（MDG）。2018 年，加纳孕产妇死亡率为 308/10 万。

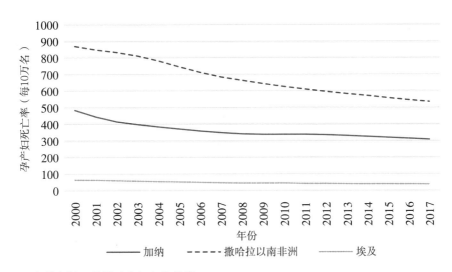

资料来源：世界卫生组织数据库。

图 17　孕产妇死亡率变化趋势对比图

除了孕产妇死亡率外，婴儿死亡率也是一个值得关注的指标。如图 18 所示，过去 30 年，加纳婴儿死亡率也从 1990 年的 70.2‰下降到 2019 年的 33.9‰，但仍然较高。大多数新生儿死亡（75%）发生在其生命的第一周期间，大约 100 万新生儿在最初的 24 小时内死亡。世界卫生组织统计数据显示，从新生期结束到 5 岁这个过程中，疟疾、艾滋病、新生儿疾病和下呼吸道感染是导致加纳婴幼儿死亡的主要原因，其中疟疾居首位。营养不良是潜在的助导因素，使儿童更容易患上严重疾病。如果能在分娩时及婴儿出生第一周提供已知有效的卫生医疗措施，可能避免近三分之二的新生儿死亡。

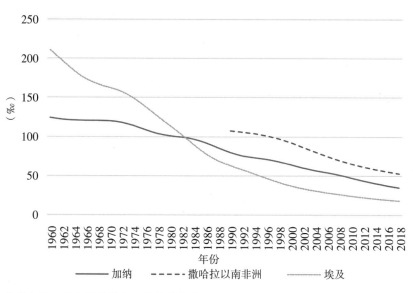

资料来源：联合国世界人口展望数据库。

图 18　婴儿死亡率变化趋势对比图

　　女性普遍受教育程度低、贫困、过早的性经历、不当的传统做法和营养不良，再加上孕产妇患有贫血、疟疾、其他寄生虫病和感染等原因，都影响着加纳妇女妊娠、分娩和未出生婴儿的健康。现代的避孕方式在降低生育率、婴幼儿死亡率及改善早孕早育方面发挥着关键作用。西非国家整体总和生育率、孕产妇和婴儿死亡率居高不下的一个重要原因就是较低的避孕措施使用率（CPR）（见图 19）。尽管近年来加纳的各项指标比许多西非国家要乐观，但与埃及、中国等发展较迅速的发展中国家相比，加纳的避孕普及率仍偏低，总和生育率偏高。

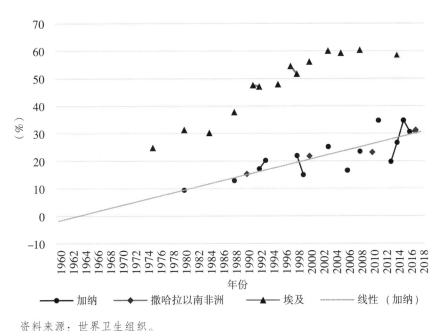

资料来源：世界卫生组织。

图 19　15—49 岁女性避孕普及率（采用任何方法）

3. 人均预期寿命偏低

人均预期寿命是衡量人类健康水平和死亡水平的综合性指标，也是衡量一个国家发展水平的重要指标之一。人均预期寿命不仅体现了人类的健康水平，还能在一定程度上反映一个国家的社会医疗水平、经济发展水平和环境状况。联合国世界人口展望数据显示，1950—2020 年加纳的人均预期寿命呈现出波动上升的趋势，2019 年加纳人均预期寿命为 64.1 岁，其中，男性和女性的平均预期寿命分别为 62.7 岁和 64.9 岁，其中有 60.79% 的男性和 66.52% 的女性寿命可达 65 岁。此外，根据联合国世界人口展望的预测，2050 年加纳人均预期寿命将达到 69.7 岁，其中男性平均预期寿命为 68.0 岁，女性平均预期寿命为 71.5 岁（见图 20）。

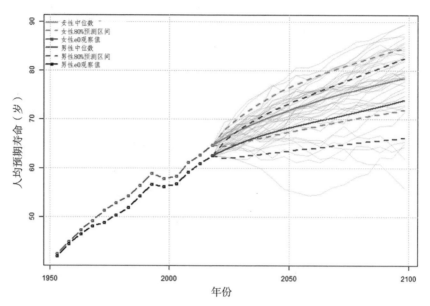

资料来源：联合国世界人口展望数据库。

图20　加纳分性别人均预期寿命预测

　　加纳的人均预期寿命低于世界平均水平，位列世界第155位。婴儿死亡率高、营养不良、艾滋病和疟疾的流行、医疗水平、环境状况等因素共同影响加纳人均预期寿命。2019年加纳婴儿死亡率为33.9‰，5岁及以下儿童死亡率为49‰，虽较之前有一定的下降，但仍偏高。婴幼儿死亡风险对于人均预期寿命的影响要高于成人死亡风险，较高的婴儿死亡率和5岁及以下儿童死亡率使得加纳人均预期寿命降低。根据世界银行统计，近10年来，受贫困和粮食安全等问题造成的营养不良影响，加纳的人均预期寿命下降。据统计，加纳营养不良人群的比例持续维持在6%左右，2017年有12.6%的5岁及以下儿童存在营养不良状况。此外，艾滋病的流行与传播也是阻碍加纳人口健康的重要因素之一。2019年，加纳有342 307名艾滋病毒携带者，新感染病例为20 068例，15—49岁成人艾滋病感染率为1.70%。同年，加纳艾滋病相关死亡人数达13 616人。受经济发展水平的制约，加纳医疗条件较差，医疗卫生资源的利用水平较低，这在一定程度上也对人均预期寿命的提高产生不利影响。根据世界银行数据显示，2017 年加纳的医疗保健总支出为 19.25 亿美元，人均医疗保健支出为 67 美元，占当年国内生产总值的 3.3%，其中有 10.3% 用于社会医疗保险。

（二）加纳人口与发展面临的现实挑战

低龄人口的大量存在是加纳人口进一步膨胀的潜在因素。从人口规律的角度来看，人口增长的弊端会随着人口增长的速度和规模体现出来。一方面，经济社会的可持续发展离不开一定规模的人口、一定数量的资源和一定条件下的环境；另一方面，人口、资源和环境又是某种可变的参数，经济社会发展水平的高低对其起着巨大的调节作用。

加纳作为世界上经济社会发展水平比较落后的国家，在人口、资源和环境方面存在的种种矛盾，如果不进行较为完善的政策引导，将会制约经济社会的可持续发展。在人口过快增长的压力下，资源消耗的速度也会加快，社会可持续发展的可能性将受到物质条件的限制。

首先，从粮食安全的角度来看，虽然农业是加纳经济发展的重要支柱之一，但加纳的农业发展主要以可可等经济作物为主，而非水稻、玉米和大豆等粮食作物；再加之，据联合国粮食及农业组织（FAO）统计，加纳的农业经济参与者主要为小农户，约 60% 的农场面积不足 1.2 公顷，大部分为靠雨水型自给农业。因此，加纳农业的发展并不能适应加速的人口增长。加纳议会人口与发展小组会议主席拉希德·佩尔普（Rashid Pelpou）称，目前加纳有约 120 万人的粮食安全得不到保障，还有 200 万人的粮食供应易受人为意外或自然灾害的影响。

其次，人口的持续快速增长必然将极大地考验加纳自然生态环境的承载能力。虽然加纳自然资源丰富且多元化，但在人口膨胀的压力下，加纳向环境索取资源的行为可能会越发毫无节制，这不仅会导致有限的自然资源越来越少，而且可能造成生态环境日趋恶化。为了维持生活，人们又总是习惯于多生多育，并竭尽所能获取一切可能得到的生存资源。这种恶性循环可能带来人口失衡情况下的资源短缺、生态失衡问题。

再次，人口的快速增长也会引发贫困问题，造成社会的不稳定。人口挤压论者提出，人口增长和食品生产之间存在无法克服的矛盾，不断增长的人口对资源和经济增长不断产生压力。一方面，人口数量的增长阻碍了劳动生产率的提高，导致人口贫困；另一方面，在就业容量既定的情况下，人口数量增长会导致失业从而引发贫困。世界银行数据显示，2016年加纳贫困人口占比为23.4%。尽管近十几年来加纳贫困人口比例持续下降，但年均降幅较小，减贫速率无法和加纳的人口增长速度相适应，贫困问题依旧是制约加纳人口与发展的主要因素之一。另外，随着世界经济进入增长缓慢、不平等加剧和充满动荡的新时期，从全球范围来看，就业增长的速度赶不上劳动力增加的速度，加纳亦是如此。世界银行数据显示，加纳的就业率从1991年的63.07%上升到2013年的74.48%，又下降至2017年的54.55%，且持续高水平的不充分就业和非正式就业及较低的劳动生产率抵消了生计改善的努力。尽管人口增长速度正在放缓，但未来加纳劳动年龄人口将持续快速增长，2015—2050年加纳劳动年龄人口将增长两倍，从1637.66万人增加到3334.79万人。而加纳目前产业结构单一造成创造就业的能力不足，如果不能实现以资源密集型产业带动劳动密集型产业的结构转型，并创造大量就业机会，将会产生巨大的失业压力。大量失业人口将给社会带来极大风险，不利于社会稳定。如果不能创造足够的就业机会、充分利用好大量青年劳动力的机遇期推动经济社会实现较快发展，在不久的将来，当这些青年人普遍进入老年阶段后产生的老龄化问题和已经产生的各种社会问题则会使整个形势更加雪上加霜。

最后，人口过快增长可能带来较为畸形的城市化。20世纪下半叶至21世纪初期，非洲是世界上城市化速度最快的地区之一。非洲国家的城市化不同于发达经济体，早期发达工业化国家的发展历程显示，经济的持续增长必然伴随着城市化进程的加速。工业发展创造出大量的就业机会，吸引农村人口来到城市，使城市规模逐渐扩大。这是一个渐进的过程，因而没有造成城市人口突然膨胀和城市资源压力陡然增加。而非洲国家的城市化并不是由产业结构变化造成的，只是大量的农村人口向城市迁移的结果，且流动人群以青年人为主。

加纳的城市化就是非洲城市化的一个缩影，加纳的城市化是城市人口自然增长、大规模城乡间人口迁移及城乡区域再划分等3个因素共同作用的结果。受殖民历史影响，加纳的城市与农村发展不平衡、资源分配不均。即使独立之后，由于经济发展缓慢，城市仍然被视为"特权岛"，城市基础设施建设更为完善，因此大量农村人口涌入城市并不是出于城市发展的需要，而是人们需要城市为其提供更好的生存资源，这样的流动导致城市的供给和需求失去平衡。伴随加纳迅速城市化而来的是城市贫困问题。据世界银行统计，2009年有超过40%的加纳城市人口来自各大贫民窟，而2014年这一数据仍高达37.9%。在加纳的贫民窟社区，失业率和犯罪率居高不下，医疗卫生状况令人堪忧，城市管理也十分混乱。此外，加纳城市人口的生活来源多依赖于非正式经济活动，2015年的非正式经济活动就业率超过80%，尽管该类型的经济活动在解决城市就业问题上贡献显著，但因其资本基础薄弱、工作环境差、管理规范难度大，不能从根本上解决城市人口贫困问题。可见当前，加纳的城市化发展模式是不可持续的。

（三）加纳人口与发展的未来机遇

加纳是世界人口增长较快的国家之一。人口的过快增长一方面可能给经济社会发展带来挑战，但不能否认作为发展的重要资源，人口是推动社会进步的主要动力，人口增长也会给国家的经济社会带来很大的机遇。

当前，加纳已进入人口转型阶段，劳动年龄人口不断增加、抚养比缓慢下降，将形成一个劳动力资源相对丰富、抚养负担轻、于经济发展十分有利的"黄金时期"，人口经济学家称之为"人口红利窗口期"。联合国世界人口展望数据显示，2020 年加纳劳动年龄人口（15—65 岁）占总人口的比重为 59.8%，总抚养比为 67.42%，少儿抚养比为 62.17%，老年抚养比仅为 5.26%，代表平均每 1 个劳动年龄人口抚养 0.67 个老人或小孩，这一数值低于 1，说明加纳蕴含较大的人口红利潜力。根据联合国预测的结果，加纳 2035 年、2050 年的抚养比分别为 0.60、0.56，也就是未来 30 年加纳的抚养比将进一步下降，人口红利逐步提高。考虑到未来加纳总人口数量仍会快速增长，所以可以预见在未来的 30 年内加纳的劳动年龄人口数量将不断增多，劳动力供给充足，这将大大提高社会生产能力，推动经济的高速增长；另一方面由于加纳这些年城市化进程加快，大量的农村劳动力进入城市，也提高了社会的整体消费水平和储蓄率，为加纳的经济发展注入了新的活力。此外，人口向城市的流动不仅使城市人口规模扩大，而且也推动了城市第二、第三产业的发展和加纳工业化、现代化进程的加快。因此，人口的增长意味着加纳未来将有更充足的劳动力及更广阔的消费市场。如果加纳对本国人力资本进行有效的投资并为青年提供更多就业机会，那么加纳巨大的人口红利潜力将为自身的经济社会发展提供强劲的动力。

三、思考与启示

通过对加纳人口、经济、社会、文化等多方面的研究和预测分析可以看出，加纳目前的人口与发展既面临机遇又面临挑战。如何降低总和生育率，提高人口素质，释放人口红利，处理好人口规模和结构的关系，实现人口、环境、资源和经济社会的均衡发展是加纳目前需要思考和解决的。

作为"一带一路"上的"黄金海岸"，加纳是一个关键节点。自 1972 年中加恢复外交关系以来，双方关系发展顺利，两国高层互访频繁，两国间有着长期的贸易往来和经济合作。此前中国对加纳的投资项目主要集中在基础设施建设方面，涉及通信、水利、电力等多个领域，如：布维水电站建设工程、阿克拉军营建设工程、奥番柯-恩萨万（Ofanko-Nsawam）公路修复工程、国防部和外交部办公群楼建设工程、安全部门电信系统建设工程等。除出资修建大型基础设施工程外，中国还为加纳的人力资源开发提供技术帮助。此外，中国政府一直积极致力于支持加纳教育文化事业发展，为加纳学生提供奖学金，帮助他们完成在中国的学习和课程培训。截至 2017 年，共有 1006 名加纳学子获得中国政府奖学金，5500 多名加纳学子在中国留学，在华留学人数连续 4 年位居全非第 1。[1]

中国与加纳的合作由来已久且日渐紧密。在"一带一路"合作框架下，这些问题都将成为中国与加纳合作的契合点和增长点。本报告在中国"一带一路"推进实施的背景下，综合考虑中加两国之前建立的项目合作基础及当前加纳的人口发展情况，为中加合作提出以下建议。

（一）继续拓展基础设施领域合作，加快工业化城市化进程

加纳基础设施不发达，水、电、汽油等价格较高，停水、停电的现象时有发生。中国可以依托"一带一路"合作，承担更多的援建项目，尤其是打井供水、渔港综合设施等项目，鼓励更多的中国公司在加纳承揽房屋建设、供水、打井、供电、路桥等领域的工程业务，帮助加纳提升基础设施建设水平。这些基础设施领域的项目合作可以帮助加纳解决劳动力就业问题，加纳有至少 1300 万活跃的劳动力，可以提供充足的劳动力供给。得益于政府长久以来对教育的重视和大力推行的全民免费高中教育，加纳年轻人的识字率超过 90%，以英语作为官方语言，这在法语国家众多的西部非洲是一大特色。此外，教育水平的提高并没有显著增加人力成本，尽管加纳并不属于最不发达国家，但劳动力价格在非洲地区却处于较低水平，充足的劳动力数量、较高的劳动力素质及低廉的劳动力成本无疑对中国对加纳基础设施建设

---

〔1〕《35 名加纳学子获得中国大使奖学金》，http://world.people.com.cn/n1/2017/1115/c1002-29648411.html。

的投资起到促进作用，这些项目合作将进一步提高加纳的工业化和城市化水平，促进加纳国民经济的发展。

（二）针对加纳生殖健康和妇幼保健问题，加强医疗卫生合作

在"一带一路"倡议背景下，中国和加纳应加强在生殖健康和妇幼保健领域的交流与合作，共同应对挑战。一方面，应建立常态化交流合作机制，通过技术交流、项目实施、经验共享和能力建设等多种形式开展合作，特别是在青少年性与生殖健康教育、家庭健康促进和妇幼保健等领域进行深层次文化交流；另一方面，要充分整合资源，聚焦生殖健康中最突出的问题，加大对妇幼保健、避孕普及和青少年艾滋病感染等公共卫生服务的干预力度和资源投入。此外，还可以依托两国非政府组织的合作优势，加强与国际组织在生殖健康领域的合作，贴近民生需求，深入基层社区，打造民心相通的合作品牌。

（三）加强产业园区合作，对接帮扶贫困地区发展

中加合作可以对传统经贸合作模式进行升级，转型为集技术合作、项目招商、供应链整合、园区共建、金融支持和人才培训于一体的新型经贸投资合作模式，共建国家级的产业园区是一种很好的合作方式，能快速聚集两国大量的相关资源，进行优势互补。虽然以往中加合作的产业园区是比较简单、分散的，但是加纳是有其自身发展优势的，其地理位置优越、自然资源丰富、市场需求有待开拓、国内社会稳定、与欧美国家关系密切，是非洲大陆自由贸易区秘书处所在国，在首都阿克拉将建立非盟自贸试验区。通过建立中加合作产业园区，既可以服务加纳当地，也面向非洲大陆及欧美市场，此外还可以对加纳的精准扶贫作出重要贡献，在建立产业园区精准扶贫方面，中国有很多可以借鉴的经验，广清产业园就是一个例子。广州作为经济发达地区，通过产业转移升级，对接帮扶周边贫困的清远，通过国家政策支持、地方政府管理、企业积极参与，广清产业园对改变清远地区贫困面貌成效显著。所以在"一带一路"建设过程中，通过加强中加产业园区合作，发挥加纳区域优势并参考中国已有经验，将更有效地帮助加纳增加就业、改善民生、消除贫困。

（四）促进互联网产业合作发展，充分挖掘中加跨境电商合作潜力

加纳是西非的互联网创新试验田，目前其移动互联网普及率已经超过45%，甚至高于尼日利亚，在西非地区遥遥领先。其中，2G 和 3G 移动网络的使用率接近 90%，4G 用户已超过 100 万。同时，加纳的移动数据成本不高，在西非地区具有相对优势，为数字经济和互联网创业的发展提供了很好的基础。此外，加纳的移动支付市场也不容小觑（移动支付普及率较高且增长显著）。2012 年至 2017 年加纳移动钱包用户数量翻了 6 倍，成为非洲增长最快的移动钱包市场，截至 2018 年年底，已注册的移动钱包账户超过 3200万，即人均拥有不止一个移动钱包账户，其中活跃账户有 1300 万个。加纳用户几乎随时随地都可以向移动钱包里存现、取现。从 2015 年到 2017 年，短短两年，加纳居民移动端转账金额翻了 4 倍，截至 2017 年已达 290 亿美金。值得一提的是，新冠肺炎疫情也引发了加纳的"宅经济"，消费者的网购需求不降反增，除了常规的防疫用品需求大幅增长外，一些居家办公用品、厨房用品、健身运动及生活娱乐产品也都十分热销。中国的移动支付及电商行业发展是走在世界前列的，疫情期间更是衍生了直播带货等电商营销新形式，中国应重视同加纳在互联网领域的合作，充分挖掘两国之间在跨境电商领域的合作空间，促进两国贸易往来，尽快消除疫情对经济造成的不利影响。

此外，"一带一路"也为中加双方的经贸往来提供了前所未有的机遇，经济与贸易的发展也将为加纳统筹解决人口问题提供重要的物质支持与保障。加纳经济与中国经济的互补性很强，加纳巨大的人口红利，可以承接中国一些劳动密集型产业的转移，让中国一些在本国已经逐渐失去优势的产业，在非洲焕发"第二春"。因此，应鼓励大量中国企业在加纳进行项目投资，推进双方经贸区建设，提高加纳工业化水平，促进加纳国民经济的发展，帮助加纳实现发展转型，进而提高城市发展质量、促进加纳女性就业，改善生殖健康状况，完善社会保障体系，最终实现加纳人口与经济社会的高质量发展和可持续发展。

参考文献：

［1］UNDESA/PD. World urbanization prospects：the 2011 revision ［R］. New York：United Nations，2012.

［3］COBBINAH P B, Africa's urbanization：implications for sustainable development ［J］. Cities（London，England），2015（47）：62-72.

［4］AMOATENG P, COBBINAH P B, OWUSU-ADADE K. Managing physical development in peri-urban areas of Kumasi, Ghana：a case of Abuakwa ［J］. Journal of Urban and Environmental Engineering，2013，7（1）：96-109.

［5］Ghana Statistical Service. 2010 population and housing census. Summary report of final results ［R］. Accra：Sakoa Press Limited，2012.

［6］SONGSORE J. The urban transition in Ghana：urbanization，national development and poverty reduction ［R］. Accra：University of Ghana.

［7］OWUSU G. Small towns in Ghana：justifications for their promotion under Ghana's decentralization program ［J］. African Studies Quarterly，2005，8（2）：48-69.

［8］OBENG-ODOOM F. Governance for pro-poor urban development：lessons from Ghana. Abingdon：Routledge.

［9］LARBI L, AMISIGO B, OFORI-DANSO P K. Impacts of coastal inundation due to climate change in a cluster of urban coastal communities in Ghana, West Africa ［J］. Remote Sensing，2011，3（1）：2029-2050.

［10］AMOATENG P, COBBINAH P B, OFORI-KUMAH K. Towards creation of sustainable enclaves for small and medium-size enterprises in Kumasi, Ghana ［J］. International Journal of Social. Human Science and Engineering，2014，8（1）：333-341.

［11］ANGEL S, SHEPPARD S, CIVCO D L, BUCKLEY R, CHABAEVA A, GITLIN L,

& PERLIN M. The dynamics of global urban expansion ［M］. Washington D. C. ： World Bank, Transport and Urban Development Department, 2005.

［12］ COBBINAH P B, AMOAKO C. Urban sprawl and the loss of peri-urban land in Kumasi, Ghana ［J］. International Journal of Social and Human Sciences, 2012, 6： 388-397.

［13］ Ghana Urbanisation Think Tank (GUTT). Cities as a strategic resource： guideline for Ghana's national urban policy revision ［R/OL］. https： //urbantransitions. global/publications/.

［14］ 李智彪. 非洲的人口、资源、环境与可持续发展 ［J］. 西亚非洲, 1997 (03)： 15—20.

［15］ 舒运国. 非洲人口增长：挑战与机遇 ［J］. 当代世界, 2012 (06)： 41—43.

［16］ 舒运国. 非洲人口高速增长原因剖析 ［J］. 西亚非洲, 1995 (03)： 39—43, 5.

［17］ 王锦. 撒哈拉以南非洲人口红利研究及国别案例分析 ［D］. 昆明：云南大学, 2019.

［18］ 张建业. 非洲城市化研究 (1960 年—至今) ［D］. 上海：上海师范大学, 2008.

［19］ 王锦. 撒哈拉以南非洲人口红利研究及国别案例分析 ［D］. 昆明：云南大学, 2019.

尼日利亚人口与发展状况报告

Tolulope Ariyo　王　甜　姜全保*

摘要：尼日利亚是非洲人口最多的国家，具有较高的生育率，其人口年龄结构为年轻型。当前，该国面临着民族紧张、人口过快增长、失业率上升、高移民率、低识字率、性别不平等和国内流离失所等人口问题，在教育、扶贫、医疗保健和妇女地位等方面仍需改进。在"一带一路"倡议的背景下，中国应积极与尼日利亚开展多项合作，推动双方实现互利共赢。

关键词：人口与发展；人口动态；"一带一路"；尼日利亚

2013 年中国提出"一带一路"倡议，这项倡议最初从丝绸之路沿线国家开始，后来逐步扩大。截至 2020 年 11 月，通过与中国签署谅解备忘录加入"一带一路"倡议的伙伴国家数量达到 138 个。在撒哈拉以南非洲的国家中，包括尼日利亚在内的 38 个国家加入了"一带一路"倡议，还有 4 个国家（贝宁、科摩罗、刚果民主共和国和尼日尔）尚未发布签署完整谅解备忘

---

　* Tolulope Ariyo，西安交通大学人口与发展研究所博士研究生；王甜，西安交通大学人口与发展研究所博士研究生；姜全保，西安交通大学人口与发展研究所教授、博士生导师。

录的确认书。

撒哈拉以南非洲地区"一带一路"伙伴国人口约占世界总人口的14%，占撒哈拉以南非洲地区总人口的98%以上。本报告旨在描述作为"一带一路"伙伴国的尼日利亚的人口现状和未来发展趋势和特征，然后结合"一带一路"倡议讨论中尼双边关系。考虑到在撒哈拉以南非洲地区，属于"一带一路"伙伴国人口的比例巨大，人口趋势和统计数据的比较将尽可能扩展到整个撒哈拉以南非洲地区，而不仅是该地区中的"一带一路"伙伴国。

一、国家概况

1884年柏林会议上，欧洲领导人达成了征服和分割非洲的协议。现在的尼日利亚只是当时分配给英国的领土部分的30%。之后，英国殖民政府创建了尼日利亚的南部和北部保护区，并分别对其进行管理。1914年，两个保护区合并形成尼日利亚殖民地。1960年10月1日，尼日利亚宣布独立，1963年正式成立尼日利亚共和国[1]。

尼日利亚位于非洲西海岸，2020年人口为2.06亿人，是非洲人口最多的国家，全球人口第7大国，预计到2050年将成为全球人口第3大国。尼日利亚国土面积923 769平方千米，与4国接壤，北部是尼日尔，东部是乍得和喀麦隆，西部是贝宁，南部与几内亚湾接壤。

像其他许多非洲国家一样，尼日利亚也是一个"多元化的国家"，由250多个民族组成，其中人口数量最多和政治影响最大的部族包括：北部的豪萨/富拉尼族、西南部的约鲁巴族和东南部的伊博族。尼日利亚的民族文

---

〔1〕 尽管尼日利亚于1960年10月1日获得独立，但该国仍以英国国王伊丽莎白二世为名义国家元首，直到1963年通过新宪法成立共和国。

化多样性指数[1]为0.8。官方语言为英语，是一个被法语国家（尼日尔、乍得、喀麦隆和贝宁）包围的英语国家。

在行政和政治代表方面，尼日利亚划分为1个联邦首都区、36个州，以及774个地方政府。尼日利亚根据世俗法律和宪法治国，但宗教信仰和习俗的影响根深蒂固，并沿着民族和地理区域分布：信仰伊斯兰教的人口主要集中在北部地区，约占总人口的45%；信仰基督教的人口主要集中在南部地区，约占45%；其他一些土著习俗约占10%。

尼日利亚经济在最近超过了南非，成为非洲最大的经济体。自20世纪70年代以来，尼日利亚经济已从对农业的依赖转向了对原油的依赖。根据2021年数据，尼日利亚石油储量位居全球第10，每天生产近200万桶原油，是全球第11大原油生产国。[2] 尼日利亚可提供的其他矿产资源包括沥青、煤炭、铁矿石、黄金等。法定货币为尼日利亚奈拉（NGN），100尼日利亚奈拉可兑换为0.26美元或1.80元人民币。

二、人口发展趋势

（一）人口增长与结构

独立近60年来，尼日利亚人口显著增长，并呈持续增长的态势。据联合国人口统计数据显示，与1960年独立时的4520万人相比，2019年尼日利亚的总人口超过了2亿人，约占世界人口总数的2.64%，占"一带一路"伙伴国总人口的近20%（详见本章后附录）。这表明尼日利亚人口在1960年至2019年间增长了344%，或者说每10年平均增长29%（见图1）。虽然国家

---

[1] 文化多样性指数是通过衡量语言之间的相似性来表现的，从1＝"人口说两种或多种不相关的语言"到0＝"整个人口说同一种语言"。

[2] World Population Review, "Oil Producihg Countnes 2021", http://world population review. com/country-rankings/oil-producing-countries.

法律规定每 10 年进行一次人口普查，但上一次人口普查是在 2006 年。根据国家人口委员会和国家统计局在 2016 年的估计，拉各斯州是人口最多的州，为 1250 万人。

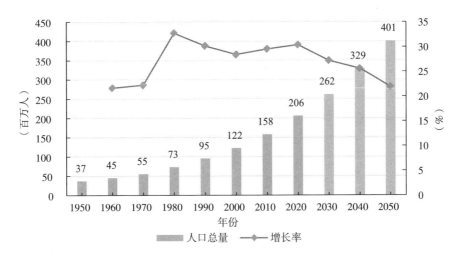

资料来源：联合国人口司。

图 1 1950—2050 年尼日利亚人口增长情况和未来预测

尼日利亚人口的年龄结构反映出年轻人口的增长。图 2 的尼日利亚人口金字塔显示，0—14 岁抚养年龄组的人口比例为 43.69%，65 岁及以上抚养年龄组的比例为 2%，15—64 岁年龄段的人口比例为 53.57%。女性占总人口的 49.33%，男性占 50.67%。2050 年人口金字塔（见图 3）预测显示，0—14 岁抚养年龄组的人口比例将为 35.38%，而 65 岁及以上年龄组人口比例将为 3.96%，女性人口比例为 49.33%，男性人口为 50.67%。除了佛得角和塞舌尔群岛外，撒哈拉以南非洲地区的几乎所有"一带一路"伙伴国家都具有这一人口金字塔的基本特征，即抚养年轻年龄人口较多。

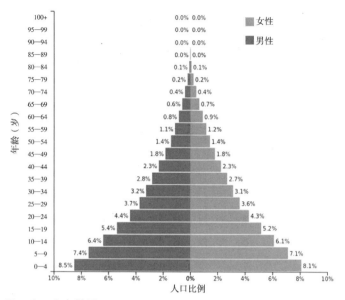

资料来源：人口金字塔网。

注：图中数字按四舍五入取值，保留小数点后一位。

图2　2019年尼日利亚人口金字塔

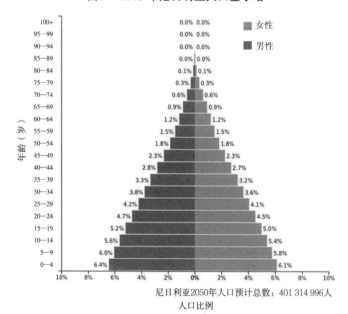

资料来源：人口金字塔网。

图3　2050年尼日利亚人口金字塔

根据《2018年尼日利亚人口与健康调查》，尼日利亚的平均家庭人数为4.7人，其中城市家庭为4.3人，略小于农村家庭的5.0人。

（二）人口动态

1. 出生率、生育率和避孕普及率

如图4显示，与撒哈拉以南非洲地区的其他国家相似，尼日利亚的粗出生率近30年来在持续下降，1990年的粗出生率为43.8‰，到2019年降至36.0‰，预计2050年将进一步降至26.0‰左右，在今后几十年中会继续下降。

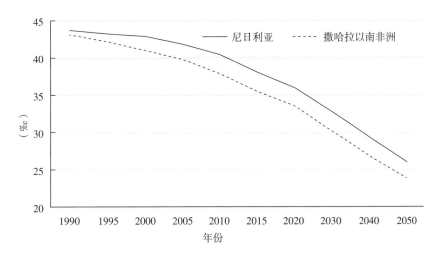

资料来源：联合国人口司。

图4　1960—2018年尼日利亚和撒哈拉以南非洲的粗出生率

在过去的30年中，尼日利亚的总和生育率持续下降。如图5所示，1990年尼日利亚总和生育率为6.4，2019年降至5.1，预计到2050年将进一步降至3.4。

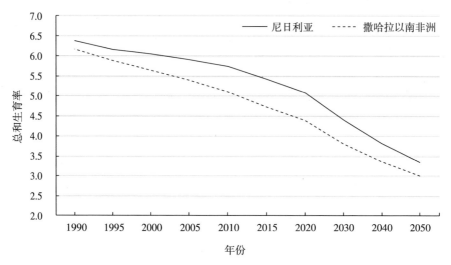

资料来源：联合国人口司。

图5　1990—2050年尼日利亚全国的总和生育率

　　根据尼日利亚人口与健康调查数据，表1和图6展示了尼日利亚各行政地区间与城乡间居民的差异。其中，尼日利亚西北部地区总和生育率最高，为6.6；其次是东北部地区，为6.1；最低的是南部和西南部地区，分别为4.0和3.9（见表1）。此外，2018年尼日利亚农村地区总和生育率为5.9，而城市地区为4.5（见图6）。

表1　2003—2018年尼日利亚各行政地区的总和生育率

地区	2003年	2008年	2013年	2018年
东北部	7.0	7.2	6.3	6.1
西北部	6.7	7.3	6.7	6.6
北部	5.7	5.4	5.3	5.0
东南部	4.1	4.8	4.7	4.7
西南部	4.1	4.5	4.6	3.9
南部	4.6	4.7	4.3	4.0
全国	5.7	5.7	5.5	5.3

资料来源：尼日利亚人口与健康调查。

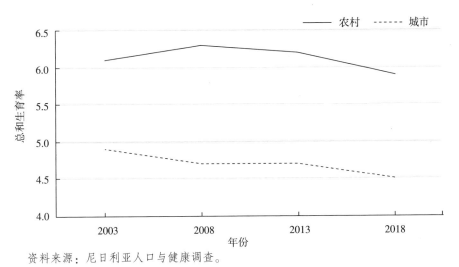

资料来源：尼日利亚人口与健康调查。

图6 2003—2018年尼日利亚城乡的总和生育率

总和生育率与避孕使用率通常成反比。总的来说，已婚妇女使用现代避孕药具的普及率正在上升，尽管速度缓慢，从2008年和2013年的10%增加

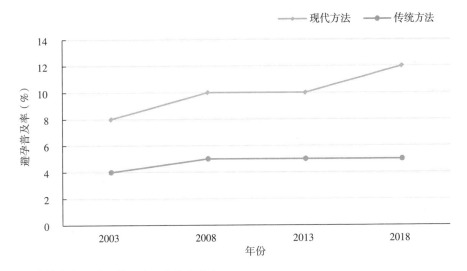

资料来源：尼日利亚人口与健康调查。

图7 2003—2018年尼日利亚已婚妇女按方法使用避孕药具的普及率

到了 2018 年的 12%（见图 7）。此外，在各州之间和不同教育水平人群之间存在较大差异。避孕普及率在北部地区 19 个州中有 12 个州低于 7%；西南地区所有州的避孕普及率至少为 14%，其中 3 个州的比例超过 24%（见图8a）。此外，避孕药具的普及率随着教育水平的提高而增加（见图 8b）。

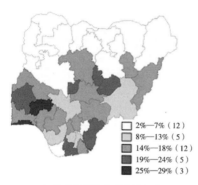 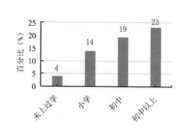

a: 各州现代避孕药具的使用情况   b: 分受教育程度现代避孕药具的使用情况

资料来源：尼日利亚人口与健康调查。

图 8　2018 年尼日利亚各州和不同文化程度人群的现代避孕药具使用率

2. 人工流产

尽管有法律限制，人工流产在尼日利亚仍是普遍现象。由于缺乏有关流产指标的时间数据，研究人员通常根据基于设施的流产并发症数据生成估计值。在 2018 年，绩效监测和问责制 2020 进行了一项社区调查，在 6 个行政地区的 7 个州进行了两阶段整群抽样。最终样本包括 11 106 名育龄妇女（15—49 岁）和 429 家医疗机构。研究估计，在调查前的 12 个月中有 4% 至6% 的育龄女性可能流产，这表明尼日利亚每年发生 180 万例至 270 万例流产。该研究还估计，10 个流产中有 6 个以上被认为是不安全流产，并且有11% 的女性出现并发症，需要在流产后接受治疗。

3. 死亡率

在撒哈拉以南非洲地区的所有"一带一路"伙伴国家中，尼日利亚是出生时预期寿命最低的 5 个国家之一（详见附录），其出生时预期寿命为 54.6 岁，其中男性 53.8 岁，女性 55.6 岁。此外，尼日利亚人口粗死亡率在逐渐下降，从 1990 年的 18.6‰下降到了 2020 年的 11.0‰，预计到 2050 年将下降到 8‰。这种缓慢下降的趋势在撒哈拉以南非洲的其他地区也可以看到，但尼日利亚的数值始终较高（见图 9）。

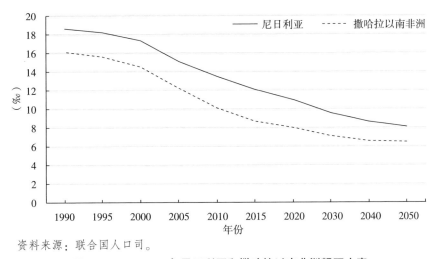

资料来源：联合国人口司。

图 9　1990—2050 年尼日利亚和撒哈拉以南非洲粗死亡率

此外，统计数据表明，过去几十年来，尼日利亚其他死亡率指标也呈下降趋势。2018 年成年男性死亡率为 368‰，成年女性死亡率为 328‰，分别比 2000 年的 429‰和 394‰略有下降。新生儿、婴儿、儿童和 5 岁及以下儿童死亡率分别从 1990 年的 50‰、124‰、97‰和 210‰下降到 2019 年的36‰、72‰、47‰和 117‰（见图 10）。

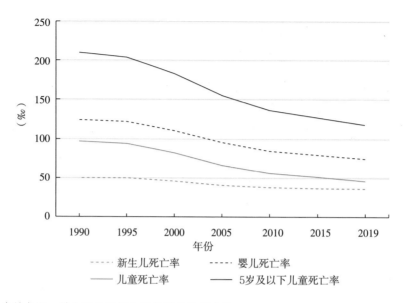

资料来源：联合国儿童死亡率估算机构间小组。

图10　1990—2019年尼日利亚的儿童死亡率

表2为孕产妇死亡率估计数。根据世界卫生组织（WHO）提供的数据，2017年尼日利亚的孕产妇死亡率为每10万活产有917例死亡，其孕产妇死亡率（MMR）是在撒哈拉以南非洲地区的"一带一路"伙伴国家中排名第4[1]。因母体原因死亡[2]的概率正在呈现逐步改善趋势，孕产妇由于妊娠和分娩死亡的终身风险比率由2000年的1∶14下降至2017年的1∶21（见表2），但与其他较发达国家相比仍存在较大差异（中国为1∶2100；美国为1∶3000）。图11展示了基于尼日利亚国家统计局的数据按州进行的空间分解，以及孕产妇死亡率的热点分析图。尼日利亚东北地区几乎所有州的孕产妇死亡率都超过500/10万，其中博尔诺州最高，为2375/10万（见图11a），

---

　〔1〕　撒哈拉以南非洲地区中孕产妇死亡率高于尼日利亚的其他"一带一路"伙伴国家为塞拉利昂（1120）、乍得（1140）和南苏丹（1500）。这三个国家都属于低收入国家，而尼日利亚为中等偏低收入国家。

　〔2〕　因母体原因的死亡指与妊娠有关的死亡，即发生在怀孕、分娩和产后期的死亡。

这与该地区的识字率低和局势不稳定有关。热点聚类分析，考虑了邻近度和邻里因素，表明尼日利亚东北地区有 3 个州的孕产妇死亡率存在统计显著的高值（见图11b）。

表 2　世界卫生组织估计的尼日利亚孕产妇死亡率

年份	孕产妇死亡率（每10万活产）	孕产妇死亡例数（例）	孕产妇死亡的生命风险占比数据
2000	1200	64 000	1：14
2005	1080	64 000	1：16
2010	978	64 000	1：18
2015	931	66 000	1：20
2017	917	67 000	1：21

资料来源：世界卫生组织。

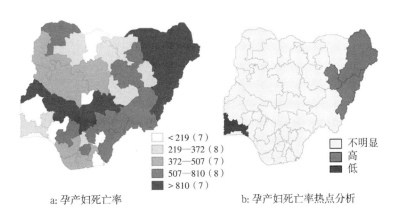

a: 孕产妇死亡率　　　　b: 孕产妇死亡率热点分析

< 219（7）
219—372（8）
372—507（7）
507—810（8）
> 810（7）

不明显
高
低

资料来源：尼日利亚国家统计局。

图 11　尼日利亚按地区划分的孕产妇死亡率

4. 人口迁移和人口贩卖

尼日利亚的人口迁移有 3 种形式：国内迁移、西非经共体成员国内部迁移，以及非洲以外的国际迁移。截至 2019 年，全球国际移民人数接近 2.72 亿，占世界人口总数的 3.5%。根据联合国移民数据门户网站，2019 年尼日利亚有 130 万移民，占总人口的 0.6%。尼日利亚的人口迁移状况表明，该国的人口迁移波动较大，当前的净迁移率是 -0.3‰，表明有更多的迁移流出。然而，国际移民占总人口的比例为 0.6%，表明尼日利亚对移民仍具有吸引力（见表 3）。

表 3　1990—2019 年尼日利亚的人口与迁移特征

	1990 年	1995 年	2000 年	2005 年	2010 年	2015 年	2019 年
年中估计总人口（万人）	9521.2	10 798.4	12 228.3	13 886.5	15 850.3	18 113.7	20 096.3
年中国际移民人口（万人）	45.66	46.30	48.79	96.93	98.87	120.00	130.00
国际移民人口占总人口比重（%）	0.5	0.4	0.4	0.7	0.6	0.7	0.6
国际移民净人数（万人）	-1.82	-1.91	-1.90	-3.40	-6.00	-6.00	-6.00
净迁移率（‰）	-0.2	-0.2	-0.2	-0.3	-0.4	-0.4	-0.3

资料来源：联合国经济和社会事务部。

非官方报道指出，散居海外的尼日利亚人约为 1500 万人。根据普华永道分析的联合国经济和社会事务部数据，尼日利亚移民的首选目的地国家为美国和英国（见图 12）。截至 2018 年，尼日利亚的汇款流入量占 GDP 的 6.1%，是撒哈拉以南非洲地区接收国外汇款最多的国家。

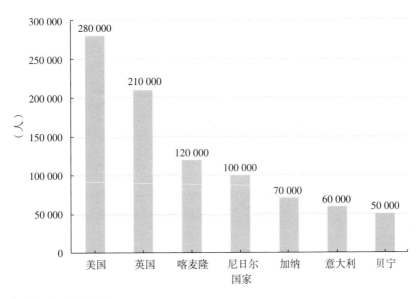

资料来源：普华永道。

图12　2017年尼日利亚移民的主要目的地国家

国内迁移模式通常是从农村到城市，但由于灾难、冲突、暴力和不安全等因素，尼日利亚国内迁移也呈现新的特点。表4显示，在过去10年中，由于冲突、暴力或灾难，尼日利亚有近1000万人遭受流离失所之苦。

表4　2009—2019年尼日利亚分原因国内流离失所者人数　　　　（单位：千人）

年份	冲突与暴力	灾难
2009	5	140
2010	5	560
2011	65	6.3
2012	63	3900
2013	471	117
2014	975	3

年份	冲突与暴力	灾难
2015	737	100
2016	501	78
2017	279	122
2018	541	613
2019	248	157

资料来源：境内流离失所监控中心。

尼日利亚人口迁移的另一个方面是人口贩卖。人口贩卖涉及以强迫劳动或商业性剥削为目的的贸易。尼日利亚国家禁止贩卖人口机构的一份报告指出，女性是最常见的人口贩卖受害者，按年龄划分来看，这些受害者通常是18岁以上的成年人（见表5）。

表5　2016—2019年尼日利亚按性别、年龄分的被贩卖人数　　（单位：人）

年龄组	2016 年		2017 年		2018 年		2019 年	
	男性	女性	男性	女性	男性	女性	男性	女性
0—11 岁	51	133	232	107	75	158	89	126
12—17 岁	61	236	128	316	64	284	61	297
18 岁及以上	85	448	106	1001	54	538	73	506
总计	197	817	466	1424	193	980	223	929

资料来源：尼日利亚国家禁止贩卖人口机构。

三、经济社会发展

（一）经济前景

在撒哈拉以南非洲地区的38个"一带一路"伙伴国中，只有1个属于高收入国家，有 4 个为中高收入国家，有 16 个（包括尼日利亚）为中低收入国家，17 个为低收入国家（详见附录）。尼日利亚的经济与南非的经济几十年来一直存在竞争关系，最近已超过南非，成为非洲最大的经济体，这也意味着尼日利亚成为撒哈拉以南非洲地区"一带一路"伙伴国家中最大的经济体（见图 13）。据世界银行估计，尼日利亚的国内生产总值达 4430 亿美元，目前在世界排名第 30 位。

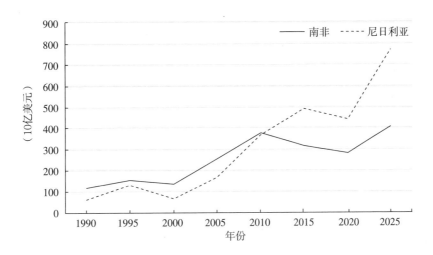

资料来源：世界银行。

图 13　1990—2025 年尼日利亚和南非的 GDP

尼日利亚实行公私合营经济，其经济主要依赖原油的生产和出口。自 20 世纪 60 年代末发现石油以来，农业和制造业在经济中的比重有所下降。由于对石油的依赖，经济很容易受到原油价格和产量波动的影响。根据尼日利亚统计局数据，尼日利亚经济在 2019 年增长了 2.27%，略高于前一年。国际货币基金组织的预测显示，由于新冠肺炎疫情的暴发，2020 年尼日利亚的 GDP 增长率预计将下降至-5.4%。在疫情后恢复措施推动下，到 2021 年尼日利亚的 GDP 增长率有望回升至 2.6%。

（二）贫困和失业率

在撒哈拉以南非洲地区的 38 个"一带一路"伙伴国中，有 12 个国家不足 25%的人口生活在国际贫困线以下；有 16 个国家的贫困率在 25%至 50%之间；7 个国家（包括尼日利亚）的贫困率超过 50%，还有 3 个国家缺少相关贫困指标数据（详见附录）。表 6 显示了尼日利亚作为衡量公民生活质量的贫困指标和劳动力状况。约有 40%的人口生活在每年 137 430 奈拉（381.75 美元）的国家贫困线以下，约有 8290 万人生活在每天 1.90 美元的国际贫困线以下，约占 53.5%。尼日利亚最贫穷的 10 个州中，约有 9 个位于北部地区，其中最贫困的是索科托州、塔拉巴州和吉加瓦州。

十多年来，尼日利亚全国失业率持续上升。从 2010 年的 5.1%上升至 2018 年第三季度的 23.1%，青年失业率约为 29%。分性别来看，女性劳动人口的失业率高于男性（见表 6）。

表 6　尼日利亚 2010—2018 年劳动力和失业统计

	2010 年	2011 年	2012 年	2013 年	2014 年第四季度	2015 年第四季度	2016 年第四季度	2017 年第四季度	2018 年第三季度
劳动力年龄人口（百万人）	65	67	69	71	72	76	81	86	90
劳动年龄人口增长率（%）		3.2	2.8	2.9	2.6	5.5	5.4	6.6	4.5
就业人口（百万人）	61	63	61	64	68	68	69	68	69
就业人口增长率（%）		2.3	-2.3	3.6	6.6	1.0	1.0	-1.1	1.0
失业人口（百万人）	3	4	7	7	4	8	11	17	20

	2010 年	2011 年	2012 年	2013 年	2014 年第四季度	2015 年第四季度	2016 年第四季度	2017 年第四季度	2018 年第三季度
失业率（%）	5.1	6.0	10.6	10.0	6.4	10.4	14.2	20.4	23.1
不同年龄组失业率									
15—24 岁（%）		10.2	14.3	13.5	17.9	11.7	19.0	25.2	32.8	36.5
25—34 岁（%）		5.0	4.6	11.3	11.0	6.9	11.4	15.4	22.2	24.4
青年（15—34 岁）（%）		6.8	8.0	12.5	13.8	8.9	14.5	19.4	26.6	29.7
35—44 岁（%）		3.3	3.5	8.1	6.5	4.2	6.9	8.8	14.8	16.1
45—54 岁（%）		4.8	5.8	7.8	6.1	4.0	6.5	8.9	14.1	16.5
55—64 岁（%）		3.4	4.2	7.8	6.8	4.4	7.1	9.8	14.1	19.1
不同性别失业率									
男性（%）		4.7	5.9	9.9	8.4	5.4	8.8	12.3	19.3	20.3
女性（%）		5.6	6.1	11.2	11.7	7.5	12.3	16.3	21.6	26.6

资料来源：尼日利亚国家统计局。

四、社会发展水平

（一）教育

根据联合国教科文组织统计研究所的数据，在所有地区中，撒哈拉以南非洲地区的失学率最高。大约五分之一的 6 岁至 11 岁儿童失学，其次是约三分之一的 12 岁至 14 岁青年，近 60% 的 15 岁至 17 岁年轻人没有在上学。尼日利亚的教育制度为 9-3-4，即 9 年基础义务教育直至初中水平，3 年高中和至少 4 年的高等教育。

尼日利亚国家统计局提供的普通教育和文化指标显示，2018 年尼日利亚青年识字率为 75.0%，比 2008 年的 66.4% 有所增加；尼日利亚成人识字率为 62.0%，高于 2008 年的 51.1%。但分地区和性别来看，则存在巨大差异，北部各州的指数处于较低水平。例如，东南部女性青年识字率最高，为 95.4%，而东北部最低，为 41.9%。

根据尼日利亚国家统计局提供的 2018 年数据，男性和女性的小学总入学率分别为 88.6% 和 85.5%，与 2010 年相比，女性略有增加。此外，男性和女性的中学总入学率分别为 66.8% 和 63.7%，与 2010 年的数据相比，男性和女性都有所增加（见图 14）。

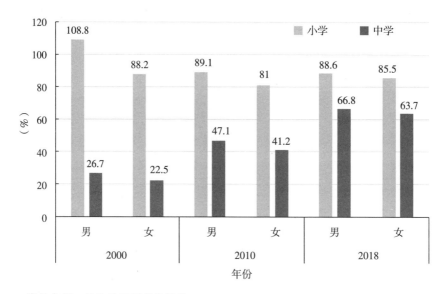

资料来源：尼日利亚国家统计局。

图 14　2000—2018 年尼日利亚中小学总入学率

在尼日利亚，高等教育分为三种类型：职业技术学院、教育学院、大学。其中，职业技术学院有多种类型，最常见的是技术学院、健康科学学院和理工学院，是培训和颁发技术技能文凭的机构；教育学院培训和颁发教学证书；大学则提供各种学科的教学，并授予学士和研究生学位。2018 年除了健康科学学院的入学人数外，全国高等院校的入学人数以男性为主（见图

15）。自1999年以来，尼日利亚每年用于教育的预算拨款一直在4%—10%之间。除尼日利亚外，在E9国家和D8国家[1]中，尼日利亚在年度预算中用于教育的比例为最低（7.2%）[2]。

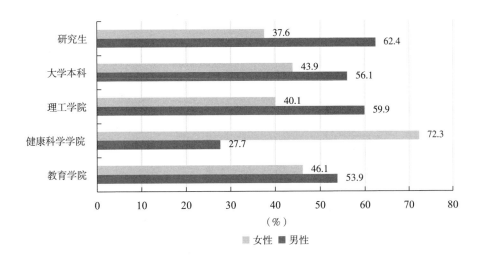

资料来源：尼日利亚国家统计局。

图15　2018年尼日利亚按性别划分的高等院校入学率

（二）治理

有关治理的讨论将仅限于和人口与发展密切相关的问题，选定的主题包括生命和财产安全、扶贫和医疗保健。

1. 生命安全

没有安全，经济社会目标是无法实现的。在东北部，受博科圣地组织

---

〔1〕　E9是一个由9个国家组成的论坛，它的成立是为了实现联合国教科文组织全民教育倡议的目标。"E"代表教育，"9"代表以下9个国家：孟加拉国、巴西、中国、埃及、印度、印度尼西亚、墨西哥、尼日利亚和巴基斯坦。D8经济合作组织即穆斯林发展中八国组织，也被称为"Developing-8"，是一个由孟加拉国、埃及、尼日利亚、印度尼西亚、伊朗、马来西亚、巴基斯坦和土耳其等8个国家组成的发展合作组织。D8的目标是提高成员国在全球经济中的地位，加强对国际决策的参与，以及提高生活水平等。

〔2〕　其次较低的是孟加拉国，为9.3%，最高为印度尼西亚和伊朗，为20.0%。

（恐怖组织）影响，数百万尼日利亚人流离失所。

2. 扶贫

自独立以来，尼日利亚历届政府都实施了发展计划，来改善经济并减轻贫困。这样的方案众多，如 2000 年的扶贫计划[1]、2001 年的国家脱贫计划[2]、2007 年的"七点计划"[3]、2011 年的"转型议程"[4]，以及 2016 年的国家社会投资计划[5]。所有这些计划都有一个共同的问题，就是缺乏长效的执行来实现既定的目标。

3. 医疗保健

在卫生保健方面，撒哈拉以南非洲地区中的大多数"一带一路"伙伴国家都面临缺乏资金和医疗卫生基础设施建设不足的挑战。流行疾病、贫困，以及为寻求更高收入和更好生活水准的本土医生的外流使得情况更加困难。2017 年，在撒哈拉以南非洲地区的 38 个"一带一路"伙伴国中，有 36 个国家（包括尼日利亚）在医疗保健上的支出不到 GDP 的 10%，只有 1 个国家在 10% 以上，还有 1 个国家没有数据（详见本章后附录）。在经合组织国家，医疗保健支出占 GDP 的平均百分比为 12.5%，在中国为 5.2%。

尼日利亚的医患比例为 0.4∶1000。世卫组织建议的医患比为 1∶1000。在美国，这一比例为每 10 000 人中有 26 名医生，在英国为 28 名。

尼日利亚医生的短缺在一定程度上与合格医生从尼日利亚流向发达国家

---

〔1〕 该计划（PAP）旨在雇用约 200 000 名员工，并承诺投入 1.06 亿荷兰盾。

〔2〕 国家脱贫计划（NAPEP）的任务是协调参与核心扶贫项目的部委和机构的活动，这些项目包括卫生，教育水资源和住房等（Bello et al., 2009）。

〔3〕 "七点计划"包括：（1）发展电力和能源；（2）粮食安全；（3）创造财富；（4）在公共交通方面改善运输部门；（5）土地改革；（6）尼日尔三角洲的安全；（7）改善教育中的科学和技术。

〔4〕 转型议程涉及 13 个关键部门，有 3 个核心议程：（1）包容性和非通货膨胀的经济增长；（2）创造就业和减轻贫困；（3）公民的价值取向。

〔5〕 该计划包括 N-Power，旨在帮助年轻毕业生获得和发展终身技能；有条件现金转移（CCT）为贫困线以下的人群提供支持；政府企业和赋权计划（GEEP）是针对贸易商，农民，妇女等的小额贷款干预措施，以及旨在为年幼儿童提供学校餐点的国家本土学校供餐计划（NHGSF）。

有关。据尼日利亚国家医学协会称，大约有 19 000 名尼日利亚医生在海外执业。在美国注册的尼日利亚医生不少于 4000 名，在英国有 7800 多名。多年来，卫生问题一直是政府的头等大事，但仍然没能扭转医护人员短缺的问题。图 16 显示了尼日利亚各州每 10 000 人口中的医生人数。北部大多数州的比例不到 1：10 000，而南部大多数州的比例也仅有 2：10 000。

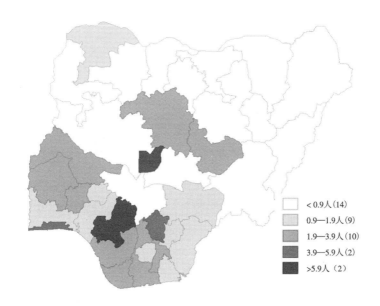

< 0.9人 (14)
0.9—1.9人 (9)
1.9—3.9人 (10)
3.9—5.9人 (2)
>5.9人 (2)

资料来源：作者依据尼日利亚国家统计局和尼日利亚医学协会数据所制。

图 16　2017 年尼日利亚各州每 10 000 人口的医生人数

（三）妇女地位

1. 性别平等

在撒哈拉以南非洲地区，大多数文化都是父权制的，这导致了在包括尼日利亚在内的撒哈拉以南非洲地区大多数 "一带一路" 伙伴国中，妇女的地位通常低于男子。数据显示，2018 年约 43% 的尼日利亚已婚女性在 18 岁生日前结婚，女性初婚时的平均年龄为 19.1 岁，而男性为 26.9 岁。虽然法定结婚年龄为 18 岁，但很大一部分女性在儿童时期就已结婚，特别是在北部地区。在较为年轻时结婚会使女孩面临多种风险，例如亲密伴侣的暴力行为。根据 2018 年的报告，尼日利亚有 36% 的已婚女性经历过配偶的身体、性或情感暴力，高于 2013 年的 25%。

尼日利亚的出生性别比自 2009 年以来一直为 1.06，但在此之前为 1.03，这在撒哈拉以南非洲地区的国家中为最高，在整个非洲地区也与摩洛哥、埃及和利比亚等国共同位居前列。

2. 妇女赋权

数据显示公立和私立学校毛入学率性别均等指数（小学和中学）为 0.930。虽然这种差异可能直接与不相称的出生性别比有关，但它也反映出对儿子的教育投资可能比对女儿的投资更多。

与前 10 年相比，2018 年尼日利亚妇女的劳动力参与率相对较低。根据 2018 年国家统计局的数据，参与就业的女性约占 43.0%，与 10 年前的 45.7% 相比有所减少，并低于 182 个国家和地区的世界平均水平（51.98%）。妇女劳动力参与率低的原因包括，受教育程度低、生育的需要，以及受男人养家糊口观念和一些宗教信仰的影响。相关研究报告表明，劳动力就业中存在对妇女的歧视。根据奥胡米克等人的一项定量研究，与尼日利亚劳动力中的个体经营者相比，有偿就业中的不平等更为明显。同样的工作，女性可能获得的报酬比男性低。

3. 妇女参政

继 1995 年旨在提高妇女政治地位的《北京宣言》发表之后，埃塞俄比亚、卢旺达和南非等撒哈拉以南非洲地区的"一带一路"伙伴国不断努力增加妇女在参政中的名额。然而，尼日利亚在这方面稍有落后，妇女参政率低的原因与她们参与经济生产程度低的原因相似。

如表 7 所示，2019 年尼日利亚国民议会参议院 109 名当选的参议员中，只有 7 名是女性，特别是北方 19 个州中只有一名女性当选。自 1999 年以来，女性参议员当选人数最多的是 2007 年的 9 人，占候选人数 8.30%，在众议院也面临同样的情况。在 2019 年的选举中，有 235 名妇女（占候选人数的 12.34%）竞选参议院席位，其中仅 7 人当选，占候选人数的 6.42%。在众议院，有 533 名妇女参加竞选，然而，只有 11 人当选，占候选人数的 3.05%。

表7 1999—2019 年尼日利亚妇女当选职位的情况 （单位：人）

职位	1999 年	2003 年	2007 年	2011 年	2015 年	2019 年
总统	0	0	0	0	0	0
副总统	0	0	0	0	0	0
参议员	3	4	9	6	7	7
众议员	12	21	25	26	22	11
州长	0	0	0	0	0	0
副州长	1	2	6	2	6	4
州级立法机关成员	12	38	54	68	51	31

资料来源：尼日利亚国家独立选举委员会、民主和发展中心。

2016 年，尼日利亚一名女性参议员提出了《性别与机会均等法案》，该法案的主要目的是确保在政治和公共生活中避免性别歧视，并确保禁止对妇女的暴力行为。[1] 但令人遗憾的是，该法案未获尼日利亚立法机关通过。强烈的宗教和文化信仰、对性别平等概念的误解及民间社会组织的不力是造成这一失败的主要原因。

---

〔1〕 具体而言，该法案旨在确保妇女在接受教育、就业、继承、财产/土地所有权、婚姻和离婚方面享有与男子平等的机会。

五、文化、宗教和地区认同

如上文所述，尼日利亚是一个多元化的社会，由250多个民族组成，其中3个最具统治力和政治影响力。他们是豪萨/富拉尼族（29%）、约鲁巴族（21%）和伊博族（18%）。豪萨/富拉尼族在北部占主导，约鲁巴族在西南部，而伊博族主要在东南部。此外，其他比较大的部族还有伊贾族（10%）、卡努里族（4%）、伊比比奥族（3.5%）和蒂夫族（2.5%）等。民族认同是尼日利亚最基本的政治意义上的认同形式。在竞争性和非竞争性环境中，尼日利亚人更倾向于根据自己的种族归属而非其他身份认同自己。每一个民族都有其独特的文化，这使他们与众不同，包括语言、生活方式、衣着、饮食、禁忌、节日、举行婚礼或葬礼等仪式的方式等。

除种族身份外，宗教身份在尼日利亚也很重要。尼日利亚的宗教信仰通常有三种形式，即基督教、伊斯兰教和土著信仰。在这三者中，基督教和伊斯兰教的身份最为普遍。尼日利亚的穆斯林比基督徒更倾向于表达宗教身份。虽然尼日利亚是一个以世俗宪法为基础进行治理的国家，但北方一些州同时在其州法律中确立了伊斯兰教法的地位。

尼日利亚的第三种身份认同形式是地区认同，这是由殖民当局在尼日利亚建立过程中形成和巩固的南北区域结构演变而来的。这第三种身份认同在政治领域更为明显，大多数政治和公务员任命是根据北部和南部地区的代表权分配的。事实证明，这些在尼日利亚人之间的身份被证明是促进异质社会中不同文化习俗的重要因素，然而，它们也构成了威胁多种形式和平共存的基础。

（一）政治和民族宗教危机

自独立以来，尼日利亚一直存在民族冲突，尤其是在第一共和国时期，政治参与和代表性充满了狭隘的情绪和民族优越感。来自不同民族的政治精英计划将尽可能多的联邦资源吸引到他们的地区，而忽略了民族团结问题。随后发生政变和反政变事件，导致该国长期由军政府进行统治。

1999 年恢复民主以来，一系列种族宗教冲突凸显。2011 年，尼日利亚总统选举中一名南方基督教徒再次当选，击败了另一名北方穆斯林，选举后尼日利亚北部地区爆发暴力事件，并演变成针对在北方定居的基督教南方人的宗派屠杀。据《人权报告 2011》数据显示，记录在案的死亡人数约为800 人。

（二）国土资源控制冲突

尼日利亚民族宗教冲突的另一个表现形式是土地和资源争夺。尼日利亚土地和资源争夺在独立前就已存在，而且由于冲突太多一度威胁到尼日利亚不同民族的共存。土地资源控制冲突通常表现在两个方面：尼日尔三角洲动乱与富拉尼牧民和农民危机。

尼日尔三角洲地区包括生产原油的地区，原油是政府的主要收入来源。然而，由于该地区环境破坏日益严重和社会发展状况不佳，2006 年年初发生了一次武装叛乱，要求进一步发展尼日尔三角洲地区。2000 年，奥巴桑乔政府推动成立了尼日尔三角洲发展委员会（NDDC），以应对挑战。

富拉尼牧民和农民危机已经成为一个长期问题。在过去两到三年中，这种危机一直持续不断，而在尼日利亚中北部地区则更具破坏性。另外，由于危机带来的北部地区的环境问题，导致富拉尼牧民改变迁徙路线，进入了中北部和南部的一部分。这种情况导致牧民与收容场所相互对抗。前者声称他们有合法的生存和放牧权利，因此可以在该国任何地方定居并要求拥有所有权；后者则声称，必须由他们作为土地的真正所有者。其结果是发生暴力或者混乱，导致生命和财产损失。

六、尼日利亚人口特征

（一）优势

1. 人口数量庞大

尼日利亚人口众多。首先，庞大的人口意味着庞大的市场，这对经济增长至关重要。作为非洲人口最多的国家，尼日利亚同时也是非洲最大的经济体。其次，大家庭规模带来的庞大人口伴随着一个大的亲属网络。在尼日利亚，亲属网络对创业至关重要，因为它可以提供经济支持并产生学习溢出效应，获得社会资源，包括高等教育、就业等，也称作"人脉"。

2. 文化多元

尼日利亚250多个民族的风俗、语言和传统的多样性赋予了这个国家丰富的文化多样性。民族文化是名副其实的社会资本，可以将其合理应用于经济和技术资本的增长与发展，甚至转化为经济和技术资本。尼日利亚文化一直是通往旅游业的一扇大门，为经济增长作出了巨大贡献。正如之前在移民部分所述，国际移民人口占尼日利亚总人口的百分比在2019年估计为0.6%，反映了尼日利亚对外来移民的吸引力。此外，根据2017年世界银行的数据，2016年尼日利亚的国际旅游人数超过500万人。2018年尼日利亚旅游业收入估计为20亿美元，2017年为历史最高水平（30亿美元）。

（二）问题

尽管尼日利亚人口具有一定的优势，但仍存在一些挑战。这些问题包括民族危机、高生育率和人口过快增长、青年膨胀、高失业率、高贫困率、人口净迁出、低识字率、性别不平等加剧、国内流离失所等。尽管这些问题似乎很多，但大多数是交织在一起的，有些只是受其他基本问题的影响。为了正确看待这一点，我们从四个主题进行讨论：（1）人口与贫困的增长；（2）政策多变；（3）强制合并；（4）宗教极端主义。

1. 人口与贫困的增长

高生育率的问题与高贫困率有关，而高贫困率又与低教育程度有关。自独立以来，尼日利亚人口每 10 年增长 29%。

尽管如此，人口快速增长不应是贫穷的助推因素。从日本和韩国等国的经验来看，人口增长所带来的劳动力和市场的扩张应推动经济进步，而经济进步本身也应通过改变期望家庭规模来实现人口稳定。然而，在包括尼日利亚在内的撒哈拉以南非洲地区大多数"一带一路"伙伴国家中，人口的迅速增长给经济发展带来了压力，从而给经济和社会变革带来困难。因此，随着人们继续陷入贫困，获得优质教育、信息和健康的机会将更受到限制，他们的生育选择只会推动生育数量的增长而非质量的提高。

2. 政策多变

政策多变是指政府无法在给定的计划或计划项目中实现其预期意图。正如在经济社会发展一节中所强调的那样，尼日利亚政府通常会采取政策解决贫困和失业问题，但所有政策方案的一个共同问题是过于仓促，而政策的执行往往可能需要一定的时间才能获得积极的回应。尼日利亚每届政府都会出台相应公共政策，而继任政府缺乏政策执行的连续性。简单来说，没有国家发展议程或蓝图，每一届政府都试图实施自己的"计划"。这种做法造成了一种后果，即放弃了为改善人民生活而执行的政策，没有实现既定目标。

3. 强制合并

民族宗教危机的问题与 1914 年的强制合并有关。在英国殖民之前，尼日利亚的领土被不同的族群占领，这些族群主要通过贸易和战争进行互动。这些自治的组织和结构被英国的殖民干预所破坏，将完全不同群体的人强制合并成一个单一的实体，这是造成民族和宗教危机频繁发生、生命和财产损失的主要原因。

4. 宗教极端主义

国内流离失所问题直接与博科圣地的威胁有关。"博科圣地"是一个伊斯兰极端组织，其核心理想是反西方化，并希望将伊斯兰法制度化。根据全球恐怖主义指数（GTI），博科圣地组织是 2018 年世界上第四大致命的恐怖组织，是撒哈拉以南非洲地区最致命的恐怖组织。他们的主要领地在尼日利亚东北部的博尔诺州，毗邻乍得湖、尼日尔和喀麦隆。该组织自 2009 年崛起以来，已造成数万人死亡，200 万人至 300 万人流离失所。他们在尼日利亚东北地区的活动对该地区的发展产生了负面影响，也损害了尼日利亚在全球舞台上的形象。这些活动主要涉及杀戮、炸弹袭击、绑架等，不仅造成人员伤亡和国内流离失所，还导致该地区的入学率低下和基础设施建设落后。

其他问题主要与治理问题有关。其中包括政治领导不力、政治不稳定、腐败和资金管理不善等。

（三）政策措施建议

第一，人口的快速增长和贫困率的上升，特别是在北部地区，需要采取政策来促进教育发展和经济增长，而不仅仅是节育。避孕药具必须易于获得，更重要的是，伊斯兰教关于避孕方面的立场应得到适当纠正。尼日利亚北部是穆斯林占主导地位的地区，该地区使用避孕药具的比例最低。尽管《古兰经》中并没有明确反对避孕，但伊斯兰教却存在反对避孕的观念。

第二，在提高人民教育水平方面，尼日利亚政府需要致力于提高各级教育的入学率。如今，尼日利亚西南地区被认为是尼日利亚经济和社会最发达的地区，这主要得益于早在 20 世纪 70 年代和 80 年代在该地区实行的免费普及教育政策带来的积极影响。教育在一个国家的发展中起着举足轻重的作用，是培养国家发展所需人力资源的必要途径。因此，政府需要更好地投资于教育部门，以促进研究、科学和技术的发展。

第三，为了遏制民族宗教危机，需要有意识地进行文化融合与交流。虽然尼日利亚朝着建立国家青年服务团（将大专院校的毕业生派往各州，以从事为期 1 年的国民服务）进行了尝试，但是，这种文化的融合与交流更应在个体早期的成长与发展阶段进行。此外，将义务学习母语以外的另一种土著语言纳入教育课程，也有助于促进儿童早期更好的文化交流，并朝着文化宽容的正确方向前进。

第四，需要对宗教活动加以规范。这并不是要侵犯宗教自由，而是应努力避免误导人民。宗教和社区领导人必须采用新的方法来吸引青年，以转移他们对暴力的注意力。同样，政治格局必须是包容各方的，避免少数群体的边缘化。民主不仅是多数人的统治，还需要注意保护少数人的利益。

第五，应该有一个国家发展的路线图，每个政策和计划都应遵循该蓝图，并对计划进行持续的监管。这可以改善政策多变的问题，并使政策计划有足够的执行期获得预期的效果，特别是扶贫项目。

第六，要解决失业问题，关键在于制定正确并有效的政策，政府应设法为企业，尤其是中小企业的发展和繁荣创造一个有利的环境。尼日利亚中小企业普遍面临基础设施落后、电力供应和运输不稳定、缺乏信贷渠道等不利条件，尼日利亚政府可以在"一带一路"合作框架内解决这一问题。

七、尼日利亚与"一带一路"倡议

（一）中尼关系

中尼双边关系可以追溯到 1971 年建交之初。尼日利亚是非洲人口最多的国家，而中国是世界上人口最多的国家；中国是世界第二大经济体，尼日利亚是西非经济强国。两国在发展中均取得了较大成效，中尼深化互利合作也将有利于两国关系的进一步发展。

在"一带一路"倡议提出前，中国一直是尼日利亚最受重视和最重要的贸易伙伴之一。尼日利亚和中国在石油、军事装备、能力建设方面开展合作，并且在尼日利亚有数十个中国投资的项目。尼日利亚在"一带一路"倡议提出前就从中国受益，2003 年与中国签署了 3.35 亿奈拉的债务取消协议。自 2018 年尼日利亚与中国签署"一带一路"合作谅解备忘录以来，尼日利亚经济社会取得了巨大发展，成为非洲最大的经济体。

（二）"一带一路"：尼日利亚的优势

尽管有批评人士暗指，中非关系的发展会带来中国的"单赢"，但中国始终认为双方伙伴关系的发展能够带来中非的"双赢"。根据现代化理论，"一带一路"倡议对包括尼日利亚在内的非洲国家带来的好处更加明显。"一带一路"倡议所主张的经济现代化与尼日利亚及其他非洲国家对基础设施建设的迫切需求相吻合。在良好的中尼双边合作关系及中非合作论坛（FOCAC）的多边合作关系主导下，在过去 3 年里尼日利亚全国的基础设施建设项目的价值超过了 113.85 亿美元。表 8 列出了尼日利亚一些已完成和正在进行的"一带一路"项目。

表 8　尼日利亚部分"一带一路"倡议项目清单

序号	项目	部门	花费（亿美元）	"一带一路"倡议提供（%）	尼日利亚提供（%）	状态
1	阿布贾—卡杜纳铁路	运输	8.74	57	43	已完成
2	拉各斯—伊巴丹铁路	运输	15.3	88	12	正在进行
3	伊巴丹—卡诺铁路	运输	53	75	15	交易签署
4	阿布贾铁路中转站	运输	8.24	60	40	已完成
5	阿布贾国际机场新航站楼	航空	6	83	17	已完成
6	哈科特港国际机场新航站楼	航空	6	83	17	已完成
7	莱基深水港	海事	16.6	40	60	正在进行

资料来源：新华社、尼日利亚《先锋报》、铁路技术网、建设评价网。

中国与尼日利亚政府合作开发的基础设施已经对许多尼日利亚人的生活产生了积极影响。例如，2016 年建成开通的卡杜纳至阿布贾的铁路是从尼日利亚首都阿布贾到工业化大都市卡杜纳的主要运输通道。阿布贾—卡杜纳铁路线还改善了投资环境，促进了商业贸易，使两个城市之间的客运和货运更加安全便捷。同样，尼日利亚几乎每个州都有几十家规模不同的中国企业，这些企业为所在州和尼日利亚的经济蓬勃发展作出了贡献。每一个项目都有可能创造数量众多的就业机会。例如，在建设和运营阶段，阿布贾轨道交通间接创造了 200 000 个就业岗位，主要集中在材料生产、分包工程、设备制造和相关服务领域。此外，自双边协定签署以来，两国间的贸易额也有所增加。此外，"一带一路"倡议将破解阻碍尼日利亚与其邻国之间贸易的区域一体化障碍。由于尼日利亚的多样性，通过铁路运输所产生的相互联系也将有助于促进区域一体化。正如一些分析人士所重申的那样，中非合作已从 20 世纪 50 年代时独立前的政治合作转向 21 世纪的后千年经济合作。

（三）投资前景和建议

根据奥耶扬蒂和巴巴通德的研究，中国在尼日利亚投资的主要集中在对中国有战略意义的几个领域，尽管从结构现实主义的角度看，此举无可厚非，但同时也需要关注尼日利亚的其他一些领域，比如农业。

尼日利亚虽然在农业领域取得了一些进步，但仍有继续发展的空间。幸运的是，农业领域已经成为"一带一路"倡议的合作领域之一，在哈萨克斯坦、印度尼西亚和俄罗斯等国家，一些农业商业合作伙伴关系已经建立。在非洲，中国已经通过"一带一路"倡议在莫桑比克、乌干达和赞比亚建立了农粮工业园区。据悉，通过"一带一路"倡议，尼日利亚政府已获得了约 45 亿美元的贷款用于农业机械化。然而，尼日利亚政府不仅需要着眼于农业机械化，还需要将技术引入农业，为全季节农业生产创造条件，同时还需要农粮工业园区来促进农产品的加工。农产品加工业的发展不仅能够维护尼日利亚的粮食安全，而且有助于尼日利亚的对外贸易将重点从初级商品出口转向制成品出口，实现贸易平衡。

此外，正如易卜拉辛和毕比·法鲁克所建议的那样，尼日利亚凭借其在非洲经济中的独特地位，可以与中国开展多个项目的合作，以丰富"一带一路"在非洲的建设内容。这个想法有历史可循，在非洲历史上，北非和阿拉伯人曾经沿着跨撒哈拉路线开展贸易活动。

在尼日利亚投资"一带一路"项目可能面临的挑战是恐怖主义的破坏。尼日利亚政府需要采取更加积极主动的行动，打击本国东北和西北地区的恐怖主义。另一个可能面临的挑战是基础设施维护，需要更多的工程师以维护基础设施。

八、结论

无论是从人口规模还是经济体量来看，尼日利亚无疑都是"一带一路"倡议在非洲的一个重要国家，值得高度重视。本报告讨论了尼日利亚人口的现状和发展趋势及尼日利亚的经济和社会发展，特别是突出了尼日利亚人口结构的优势，包括与庞大市场直接相关的庞大人口规模、文化的多样性及拥有非洲最大的经济体。同时，报告还提出了其面临的一些人口问题，包括民族关系紧张、人口过快增长、失业率上升、高移民率、低识字率、性别不平等和国内流离失所等。此外，还提出了一些解决人口问题的政策建议，包括有意识地努力促进文化融合，以防止民族关系紧张；投资于人口教育和经济发展，以此推动生育率的下降；提倡使用避孕药具，特别是要纠正宗教关于避孕药具使用的一些错误观念；务实实施扶贫政策项目，以实现预期目标；创造有利环境，促进中小企业蓬勃发展，以应对不断上升的失业率。

报告在"一带一路"倡议背景下，还重点讨论了中国在尼日利亚的投资前景，并提出中尼双方如何更好地共建"一带一路"的建议。

"一带一路"倡议对经济现代化的倡导与尼日利亚及其他非洲国家对基

础设施的迫切需求相吻合。但是，非洲领导人认为，在他们选择通过"一带一路"倡议资助的项目时，必须要具有批判性和选择性。衡量的标准应该是这样一个项目是否会对改善当地人民的生活和促进经济发展产生积极影响，更重要的是，应寻求避免出现债务方面的问题。每一项协议都应该经过仔细考虑，以实现真正的双赢。这一点也值得中方在与尼日利亚开展"一带一路"合作中予以关注。

参考文献：

［1］ ABDULLAHI M S, JAKADA B A, KABIR S. Challenges affecting the performance of small and medium scale enterprises (SMEs) in Nigeria ［J］. The journal of technology management and technopreneurship, 2015, 3 (1).

［2］ ADEYEMI, OLUWAGBEMIGA E, KOLAWOLE K E., AKINWOLE A E. Religion and labour force participation in nigeria: is there any inequality among women? ［J］. African journal of reproductive health, 2016, 20 (3).

［3］ AKANBI, AYODELE O, DU TOIT C B. Macroeconometric modelling for the Nigerian economy: a growth-poverty gap analysis ［J］. Economic modelling, 2011, 28 (1-2).

［4］ AKINOLA ADEOYE O. Niger delta crisis: the nexus between militants' insurgency and security in West Africa ［J］. African security 2011, 4 (1).

［5］ AKINYEMI, IBUKUN A, ISIUGO-ABANIHE U C. Demographic dynamics and development in Nigeria: issues and perspectives ［J］. Etude de la population Africaine, 2013, 27 (2 SUPPL.).

［6］ ALIYU, ALHAJI A, AMADU L. Urbanization, cities, and health: the challenges to Nigeria-a review ［J］. Annals of African medicine, 2017, 16 (4).

［7］ ATIGHETCHI D. The position of Islamic tradition on contraception ［J］. Med law, 1994, 13 (7-8).

［8］ BELLO R A, TOYEBI, BALOGUN, AKANBI S B. Poverty alleviation programmes and economic development in Nigeria: a comparative assessment of Asa and Ilorin West Local

Govt. areas of Kwara State, Nigeria [J]. African research review, 2009, 3 (4).

[9] Belt and Road News. Nigeria experiencing China's Belt & Road Initiative through rail lines [EB/OL]. https：//www. beltandroad. news/2019/04/22/nigeria-experiencing-chinas-belt-road-initiative-through-rail-lines/.

[10] BLOOM, DAVID E, DAVID C, JAYPEE S. The demographic dividend： a new perspective on the economic consequence of population change [R]. Santa Monica： RAND, 2003.

[11] BURNS A C. History of Nigeria [M]. London： George Allen & Unwin ltd, 1929.

[12] EGUTA U. Understanding the herder-farmer conflict in Nigeria [EB/OL]. https：//www. accord. org. za/conflict-trends/understanding-the-herder-farmer-conflict-in-nigeria/.

[13] FEARSON, JAMES D. Ethnic and cultural diversity by country [J]. Journal of economic growth, 2003, 8 (2).

[14] Grain Corporations. The Belt and Road Initiative： Chinese agribusiness going global [EB/OL]. https：//www. grain. org/en/article/6133-the-belt-and-road-initiative-chinese-agribusiness-going-global#_ ftn4.

[15] GYONG J E. A social analysis of the transformation agenda of president goodluck Ebele Jonathan [J]. European scientific journal, 2012, 8 (16).

[16] IBEZIM I G. The challenges of religion and ethnic identity in Nigeria [J]. Journal of religion and human relations, 2014, 1 (6).

[17] IBRAHIM, GHALI S, BIBI-FAROUK F I. Nigeria-Africa in the Belt and Road Initiative： major benefits, challenges, and prospects [J]. North Asian international research journal of social science and humanities, 2020, 6 (5).

[18] Institute for Economics & Peace. Global terrorism index 2019： measuring the impact of terrorism [R]. Sydney, 2019.

[19] KAWAJA C. Nigeria's pernicious drivers of ethno-religious conflict [R]. Africa security brief： 2011.

[20] MACKENZIE J. The partition of Africa： and European imperialism 1880 - 1900 [M]. New York： Routledge, 2005.

［21］MASADE B. The role of culture and cultural diversity on national development in nigeria［EB/OL］. https：//www. scout. org/node/198461#comments-anchor.

［22］MOHAMMEDA A. The gender and equal opportunities bill：Nigeria's track record of its commitment to women's rights［D］. New York：Columbia University. 2019.

［23］MUSAU Z, African women in politics：miles to go before parity is achieved［J］. Africa renewal, 2019.

［24］National Population Commission（NPC）［Nigeria］, ICF International. Nigeria demographic and health survey 2018［R］. Abuja, Rockville. 2019.

［25］NNADI I. Son preference-a violation of women's human rights：a case study of Igbo custom in nigeria［J］. Journal of politics and law, 2013, 6（1）.

［26］NORDMAN C J. Do family and kinship networks support entrepreneurs?［R］. IZA World of Labor. 2016.

［27］NWAKEZE N. Gender and labour force participation in Nigeria：issues and prospects［J］. International journal of research in arts and social sciences, 2010, 2（1995）.

［28］OECD iLibrary. Financing SMEs and entrepreneurs 2016：an OECD scoreboardl［EB/OL］. https：//www. oecd - ilibrary. org/content/thematicgrouping/g237b06b67 - en/sectionchapters? fmt = ahah.

［29］OKPATA, FIDELIS O, UDOFIA A N. Policy somersault：implications for the Nigerian economy［J］. International journal of social sciences, 2016, 10（2）.

［30］OLA R. Yar' Adua's seven point agenda：any hope for the Nigerian people?［EB/OL］. https：//www. marxist. com/yaraduas - seven - point - agenda - nigeria. htm（Accessed on August 19, 2020）.

［31］ONYEJI E. UPDATED：2019 elections worst for Nigerian women in nearly two decades, analyses show［EB/OL］. http：//www. premiumtimesng. com/news/headlires/326243 - 2019-elections-worst-for-nigerian-women-in-rearly-two-decades-aralyses-show. html.

［32］World Health Organization. The world health report 2006：working together for health［R］. Geneva. 2006.

［33］Pricewaterhouse Coopers（PWC）. Strength from abroad the economic power of

Nigeria's diaspora ［R］. Lagos，2019.

［34］REED H E, MBERU B U. Ethnicity, religion, and demographic behavior in Nigeria ［M］//SÁENZR, EMBRICK D, RODRIGUEZ, eds. The international handbook of the demography of race and ethnicity. Dordrecht：Springer，2015.

［35］RITCHIE, HANNAH, ROSER M. Gender ratio ［EB/OL］. ［2020-08-15］. https：//ourworldindata. org/gender-ratio.

［36］ROSELINE, ONAH C. National social investment programme（NSIP）and sustainable poverty reduction in Nigeria：challenges and prospects ［J］. IOSR journal of humanities and social science, 2019, 24（11）.

［37］Number of Nigerian doctors in United Kingdom rises to 7875 ［EB/OL］. http：//saharareporters. com/2020/07/24/number-nigerian-doctors-united-kingdom-rises-7875#：~：text=Currently%2C there are 74%2C543 doctors, are in the UK alone.

［38］UKPE W. Nairametric：IMF Expects Nigeria's GDP to shrink by 5.4% in 2020 ［EB/OL］. https：//nairametrics. com/2020/06/25/imf-expects-nigerias-gdp-to-shrink-by-5-4-in-2020/.

［37］UNESCO Institute for Statistics. School enrollment, primary and secondary（gross）, gender parity index（GPI）［EB/OL］. https：//data. worldbank. org/indicator/SE. ENR. PRSC. FM. ZS.

［39］How China's Belt and Road Initiative affects Nigeria, Africa ［EB/OL］. http：//www. vangua-rdngr. com/2020/01/how-chinas-belt-and-road-initiative-affects-nigeria-africa/.

［40］World Bank. International tourism, number of arrivals-Nigeria ［EB/OL］. https：//data. worldbank. org/indicator/ST. INT. ARVL? locations=NG.

［41］World Bank. Indicators ［EB/OL］. 2020. https：//data. worldbank. org/indicator/.

［42］World Health Organization. Global health workforce statistics ［EB/OL］. https：//apps. who. int/gho/data/node. main. HWFGRP? lang=en.

［43］World Bank. Global health expenditure database ［EB/OL］. https：//apps. who. int/nha/database.

附录：撒哈拉以南非洲"一带一路"伙伴国家的主要社会指标

序号	国家	收入分类[b]	人口(人)[c]	预期寿命(岁)[d]	贫困率(%)[d]	健康(%)[d]	教育(%)[d]	性别平等(%)[e]
						支出占 GDP 百分比		
1	尼日利亚	中低收入	200 964 000	55	53.5	3.8	–	0.6
2	安哥拉	中低收入	31 825 000	61	47.6	2.8	3.4	0.7
3	贝宁[a]	中低收入	11 801 000	62	49.5	3.7	2.9	0.7
4	布隆迪	低收入	11 531 000	62	71.8	7.5	5.1	0.7
5	佛得角	中低收入	550 000	73	3.2	5.2	5.2	0.7
6	喀麦隆	中低收入	25 876 000	59	23.8	4.7	3.1	0.7
7	乍得	低收入	15 947 000	54	38.4	4.5	2.5	0.6
8	科摩罗[a]	中低收入	851 000	64	17.6	7.4	2.5	–
9	刚果共和国[a]	中低收入	5 381 000	65	37.0	2.9	1.5	–
10	科特迪瓦	中低收入	25 717 000	58	28.2	4.5	3.3	0.6
11	赤道几内亚	中高收入	1 356 000	59	–	3.1	2.2	0.6
12	埃塞俄比亚	低收入	112 079 000	72	27.3	3.5	4.7	0.7
13	加蓬	中高收入	2 173 000	66	3.4	2.8	2.7	–
14	冈比亚	低收入	2 348 000	62	10.1	3.3	2.4	0.6
15	加纳	中低收入	30 418 000	64	13.3	3.3	4.0	0.7
16	几内亚	低收入	12 771 000	62	35.3	4.1	2.3	0.6
17	肯尼亚	中低收入	52 574 000	67	36.8	4.8	5.3	0.7
18	莱索托	中低收入	2 125 000	54	59.7	8.8	7.0	0.7
19	利比里亚	低收入	4 937 000	64	40.9	8.2	2.6	0.7
20	马达加斯加	低收入	26 969 000	67	77.6	5.5	2.8	0.7
21	马里	低收入	19 658 000	59	49.7	3.8	3.8	0.6
22	毛里塔尼亚	中低收入	4 526 000	74	0.2	5.7	1.9	0.6

序号	国家	收入分类[b]	人口（人）[c]	预期寿命（岁）[d]	贫困率（%）[d]	支出占 GDP 百分比		性别平等（%）[e]
						健康（%）[d]	教育（%）[d]	
23	莫桑比克	低收入	30 366 000	61	62.4	4.9	5.5	0.7
24	纳米比亚	中高收入	2 495 000	64	13.4	8.6	8.3	0.8
25	尼日尔[a]	低收入	23 311 000	62	44.5	7.7	3.5	–
26	卢旺达	低收入	12 627 000	69	55.5	6.6	3.1	0.8
27	塞内加尔	中低收入	16 296 000	68	38.0	4.1	4.8	0.7
28	塞舌尔	高收入	98 000	74	1.1	5.0	4.4	–
29	塞拉利昂	低收入	7 813 000	55	40.1	13.4	7.7	–
30	索马里	低收入	15 443 000	57	–	–	1.3	–
31	南非	中高收入	58 558 000	64	18.9	8.1	6.5	0.8
32	南苏丹	低收入	11 062 000	58	42.7	9.8	1.5	–
33	苏丹	低收入	42 813 000	65	–	6.3	2.2	–
34	坦桑尼亚	中低收入	58 005 000	65	14.9	3.3	3.7	0.7
35	多哥	低收入	8 082 000	61	49.2	6.2	5.4	–
36	乌干达	低收入	44 270 000	63	41.7	6.2	2.1	0.7
37	赞比亚	中低收入	17 861 000	64	57.5	4.5	4.6	0.7
38	津巴布韦	中低收入	14 645 000	61	21.4	6.6	5.9	0.7

资料来源：作者根据有关数据整理所得。

[a] 数据来源：未发布的谅解备忘录。

[b] 数据来源：世界银行。

[c] 数据来源：《世界人口展望 2019》。

[d] 数据来源：世界银行。

[e] 数据来源：《2020 年全球性别差距报告》。

南非人口与发展状况报告

马齐旖旎　颜　榕　米　红[*]

摘　要： 自 1994 年以来，南非实现了从种族隔离到社会融合、由"黑白分明"到"彩虹之国"的历史性跨越。南非的人口发展史是殖民主义与民族主义的斗争史，作为民族构成最为复杂的国家之一，种族隔离政策带来的深远影响持续存在，南非人口发展的三大特征，即经济就业隔离、社会权益隔离、民族文化隔离依旧明显。南非与中国同为发展中国家，有着共同的历史遭遇、共同的发展追求。在"一带一路"高质量发展阶段，中国和南非在经贸发展与人才培养、缩小贫富差距与民生合作及积极应对人口老龄化等方面存在诸多合作机遇。后疫情时代，人口健康与公共卫生方面的国际合作将成为中国和南非在"一带一路"合作方面的重要增长点。同时，在由发展中国家向发达国家转型的爬升迈进期，中国与南非共同面临着如何实现快速

---

　　* 马齐旖旎，浙江大学非传统安全与和平发展研究中心助理研究员，浙江大学人口大数据与政策仿真工作坊主任助理，浙江大学公共管理学院博士生；颜榕，浙江大学外国语言文化与国际交流学院，浙江大学人口大数据与政策仿真工作坊硕士研究生；米红，浙江大学国际组织与国际交流专业导师，浙江大学非传统安全与和平发展研究中心常务副主任，浙江大学人口大数据与政策仿真工作坊主任。

发展与共同富裕的同步，以及如何规避"中等发达国家陷阱"、消除不平等的挑战，探索经济社会可持续的"韧性"发展路径是中国与南非共同面临的任务。

关键词：从种族隔离到融合发展；人口治理；"一带一路"

南非位于非洲大陆的最南端，国土面积 122 万平方千米，以"钻石国度"著称，其人均生活水平一直领先于非洲其他国家。尽管近年来南非的国内生产总值被尼日利亚超越，但南非仍旧是非洲大陆最发达的国家之一。荷兰和英国殖民统治的历史对南非的人口发展产生了深远影响，南非行政、立法、司法"三都并立"，是世界上唯一同时存在三个首都的国家。作为"彩虹之国"，如今，黑人、白人、有色人和印度人四大种族在南非聚居，其人口结构的复杂程度不亚于美国、澳大利亚、加拿大等传统移民国家。至今，南非仍是世界上种族最不平等的国家之一，英文词汇"Apartheid"[1] 专为南非的种族隔离而造。1948 年，南非国民党在大选中援引这一词，宣称将在全国推行种族隔离的国家政策。[2] 南非国民党获得执政权后，全面、系统的种族隔离制度在南非正式确立。这项制度人为地将南非割裂为两个完全不同的"黑白"世界——白人富裕，享有政治、经济和社会等各项权益；而占人口绝大多数的黑人，收入低下、生活贫困，几乎被剥夺了所有社会权利。

自 1994 年以来，南非的种族主义政权改革已历经 26 年，不同种族在政治、经济、社会、语言和文化上逐渐从隔离走向融合，从人口治理的难度与所付出的决心和努力来看，南非的人口治理是全球不可替代的经典案例。

---

〔1〕 20 世纪 30 年代南非白人知识分子使用的词语，意为"分离""隔离"，参见 Leonard Thompson, *A History of South Africa*, New Haven: Yale University Press, 2001.

〔2〕 Edward Fasien Kamara, "Continuity or Change: American Foreign Policy of Human Rights under the Carter and the Reagan Administration with Particular Emphasis on Southern Africa: 1977-1984", Ph. D. Dissertation of Wayne State University, 1988.

"网"球化[1]时代，全球正进入人口大规模跨国流动的新纪元，南非人口治理的经验直指移民社会治理的痛点与难点。作为不同国别、不同族裔融合发展的重大样板，南非的经验和教训对于当代的全球治理具有重要的时代价值与借鉴意义。

一、南非人口现状

南非的殖民历史对其人口结构造成了深远影响，南非的人口史是由"黑"到"黑白"再到"彩虹国度"的一部充满种族之间分化、种族内部分化的民族主义斗争史。在 17 世纪欧洲荷兰殖民者到来以前，南非的原住民为桑人、科伊人和班图人等土著民族。自欧洲宗教改革以来，大批新教徒为避免宗教迫害开始陆续登陆南非，在南非聚居的欧洲人逐渐增多，并以荷兰裔、英国裔，以及混有法国、德国血统的白人为主。外来民族的聚集打破了长期以来南非本土民族人口群居、族内通婚的"封闭型"发展状态，推动了人口结构多元、异质、复杂局面的形成。从 1950 年到 2020 年，南非经历了从"种族隔离"到"融合发展"的人口发展历程，总人口持续平稳增加，达 5931 万人。

（一）南非人口基本状况

1. 人口增速放缓，性别比严重失衡

1950 年以来，南非人口稳速增长，由 1950 年的 1363 万人增长到 2020 年的 5931 万人；总和生育率由 6.0 下降为 2.4，比多数非洲国家要低得多（见图 1）。目前，南非的人口再生产仍属于过渡型，其粗出生率、粗死亡率和自然增长率仍保持在较高水平，分别为 20.6‰、9.5‰和 11.1‰，均远高

---

[1] 余潇枫：《全球转型与国际关系学科的"前后左右"》，载《国际关系研究》，2020 年第 4 期。

于世界同期水平。[1] 南非是艾滋病感染的重灾区，2019 年，在 52 万死亡人数中，艾滋病是第一大致死病因，占比高达 28%；心血管疾病、肿瘤是次要的致死病因，分别占 16%、11%。受此影响，自 1950 年以来，南非人口的性别比一直低于 102。2020 年南非的人口性别比仅为 97.1，人口性别比严重失衡。根据美国华盛顿大学健康数据与评估研究所（IHME）的数据，南非男性的死亡人数不仅在总数上明显高于女性，在暴力事件、交通事故、呼吸道感染与肺结核等死因中，男性的死亡人数更是远高于女性。2019 年，南非死于暴力事件的男性人口高达 2.32 万人，女性为 0.38 万人；死于交通事故的男性为 1.53 万人，女性为 0.45 万人；死于呼吸道感染与肺结核的男性为 2.96 万人，女性为 1.92 万人。暴力冲突与意外事故是造成南非人口性别比失衡的重要原因。

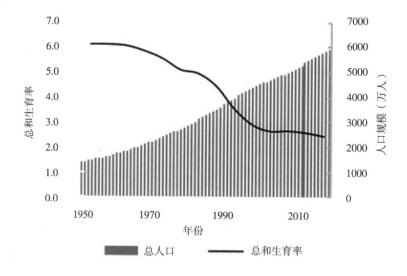

资料来源：联合国《世界人口展望 2019》（修订版）。

图 1　1950—2020 年南非总人口与总和生育率

---

［1］ United Nations, Department of Economic and Social Affairs, Population Division. *World Population Prospects* 2019, *Online Edition. Rev.* 1, 2019.

2. 人口年龄结构："成年型"到"老年型"的转变

2020 年，南非 65 岁及以上人口占总人口的比例为 5.5%，年龄中位数为 27.6 岁。根据联合国人口年龄结构类型的划分标准，非洲多数国家是典型的 "年轻型" 人口，如尼日利亚。作为非洲第一大经济体，尼日利亚人口年龄 中位数仅为 18.1 岁，比南非年轻近 10 岁，而南非的人口年龄结构已处于第 二阶段 "成年型"。如图 2 所示，自 1950 年以来，南非的人口由小规模、年 轻化逐渐走向大规模、成年化，金字塔底部不断扩张。从发展趋势来看，南 非老年人口比例和年龄中位数均将持续上升，预计到 2033 年前后，南非将 步入老龄化社会。

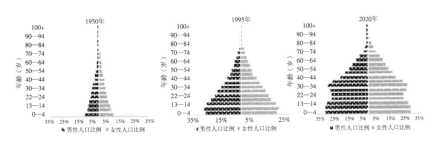

资料来源：联合国《世界人口展望 2019》（修订版）。

图 2　1950 年、1995 年和 2020 年南非人口金字塔

3. 黑人年轻化与白人老龄化

南非统计局 2016 年社会调查数据显示，南非黑人、有色人、白人和印 度人/亚洲人四大种族占比分别为 80.7%、8.7%、8.1%、和 2.5%。与 2011 年相比，黑人占比增加 1.5%，白人和有色人占比下降 0.2%，印度人保持 2.5% 的水平不变。如图 3 所示，黑人、有色人种年龄集中在 0—29 岁，其 中，黑人 0—4 岁出生人口在所有种族中占比最大，出生人口较多；印度人/ 亚洲人主要集中在 20—39 岁年龄段，人口结构较为年轻；白人在各年龄段

都有一定占比，但其老龄化、少子化趋势较为明显。因 30 岁及以上人口的死亡人数较多，在所有族群中，南非 30 岁以上人口的占比骤然下降。南非统计局数据显示，2017 年，南非 84% 的死亡人口年龄都在 30 岁及以上，南非 30 岁及以上的死亡人数为 37 万人。[1] 并且，南非高龄人口的预期寿命较短，随着年龄组的增大，死亡人数呈现大幅攀升的发展趋势。

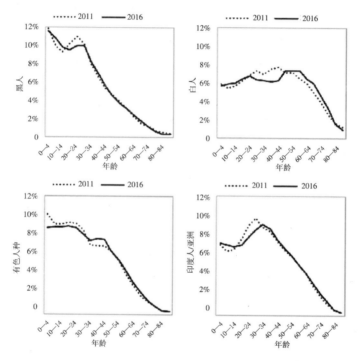

资料来源：《南非社区调查 2016》。

图 3　2011 年至 2016 年按年龄和种族分组的人口比较

---

〔1〕 Statistics South Africa, "Mortality and causes of death in South Africa, 2017: Findings from death notification", http://www.statssa.gov.za/publications/P03093/P030932017.pdf. 2017 年，南非的死亡人数为 44.5 万人，其中 0 岁、1—14 岁、15—29 岁、30—44 岁、45—64 岁和 65 岁及以上的死亡占比分别为 4.4%、2.6%、9.1%、18.7%、28.7% 和 36.6%。

4. 城市化水平高，多数人口分布于东南沿海

南非总体的人口密度偏低，2020 年人口密度 48.9 人/平方千米，人均 GDP 接近中高等收入国家[1]的发展水平，并且90%以上的居民生活在该国的东南部沿海地区。南非共有 9 个省，各省的景观、植被和气候条件不同，经济发展空间和水平各异，并且都有自己的立法机关和总理。其中，东部的豪藤省和夸祖鲁-纳塔尔省人口规模最大，两省人口之和占南非总人口的44%。南非的西北地区多为农村，人烟稀少。南非的东南部地区经济最为发达，因此多数人口聚集于该地区。南非整体的城市化水平较高，世界银行数据显示，截至 2019 年，南非城市人口占总人口的 66.86%，是撒哈拉沙漠以南城市化率最高的国家。根据联合国人口司的预测，2050 年之后，南非城市化率将达到 80%，即当前发达国家的水平。

（二）南非人口与经济发展状况

1. GDP 非洲第二，产业结构以采矿业为主导

南非是中等收入国家，2019 年 GDP 为 3514.32 亿美元，位居非洲第二。2009 年，受全球金融危机的影响，南非经济收缩了 1.8%。之后，南非经济增长整体呈现放缓的态势，2019 年 GDP 增长率仅为 0.15%，且存在较大的经济萎缩风险。南非矿产资源丰富，曾经是世界上最大的黄金生产国，因而采矿业是南非首屈一指的经济支柱产业，约占国内生产总值的 7%，占贸易出口的 20%左右。采矿业与制造业、农业和服务业一同构成南非经济的四大支柱。作为"黄金之国"，南非矿业虽然保持了相当的规模，但在缺少投资的情况下，其黄金产量现已落后于中国、美国和俄罗斯。随着旧有设施的老化，南非的矿山开采成本也越来越高。与此同时，南非货币兰特升值带来的额外成本也部分抵消了金价上涨带来的更多利润。近年来，南非产业结构有

---

[1] 根据世界银行 2019 年人均 GDP 数据，"中高等收入国家"的人均 GDP 为 8510 美元，"中等收入国家"的人均 GDP 为 5297 美元。南非 2020 年的人均 GDP 为 5121 美元，与"中等收入国家"的发展水平较为接近。

所调整，采矿业、农业等传统产业发展相对落后，金融、房地产和商业服务业成为南非经济新的增长点。

2. 劳动力充足

因出生人口较多，南非目前承受着较重的少儿抚养负担，但中远期蕴藏着丰厚的"人口额外经济收益"。劳动力丰裕所带来的人口红利将为南非在国际竞争力比较优势上加大砝码。但是，南非的人口红利属于较为落后的传统模式，人口素质和人均生产力较低。一方面，南非0岁组的预期寿命远低于世界平均水平，没有充分发挥人口效率所蕴含的潜在经济资源；另一方面，根据世界银行所构建的人力资本指标，南非的人力资本水平较低，高等院校入学率也较为低下。尽管如此，南非的预期寿命和成人识字率都远高于尼日利亚，人力资本指数也略高（见表1）。因此，南非虽然在经济总量上已被尼日利亚赶超，但发展潜力要好于尼日利亚。

表1　南非、中国、尼日利亚和世界生命指标与人口质量指标比较

	南非	尼日利亚	世界平均水平
少儿抚养比（%）	43.8	80.9	39.0
预期寿命（岁）	63.9	54.3	72.6
5岁及以下儿童死亡率（%）	33.8	—	38.6
成人识字率（%）	87.1	62.0	86.3
高等院校入学率（%）	22.4	—	38.0
人力资本指数[a]	0.41	0.40	—

资料来源：少儿抚养比根据联合国《世界人口展望2019》整理；预期寿命、5岁及以下儿童死亡率、成人识字率、高等院校入学率和人力资本指数根据世界银行数据整理。

注：a. 人力资本指数相对于完全教育和全面健康基准的生产率，即假设接受与其同年龄段儿童的教育机会并经历相关健康风险，当年出生的孩童在满18岁时可以到达的人力资本数值。

3. 失业率远高于世界平均水平，青年失业率更是居高不下

在种族隔离时代，黑人被迫在远离城市中心的郊区居住，长久以来形成的居住格局导致黑人的通勤时间远高于南非的其他族群。2016年，南非的一项调查指出，失业年轻人每个月用于找工作的成本为560兰特（约合263.6元人民币），高于他们家庭的人均收入。2019年全球失业率平均为5.4%，南非失业率却高达28.18%，是全球平均水平的5倍以上（见图4）。2000年至今，南非青年失业率基本保持在50%以上，2019年《经济学人》杂志指出，南非的中学毕业生，平均要到30岁才能找到自己人生中的第一份工作。与此同时，接受过高等教育人口的失业率也在逐年攀升，南非的经济发展和社会稳定面临巨大挑战。

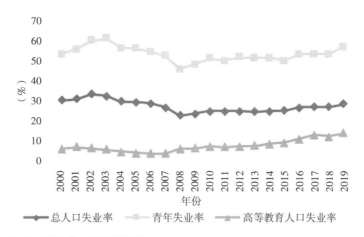

资料来源：国际劳工组织数据库。

图4 2000—2019年南非人口总失业率、青年失业率与高等教育人口失业率

（三）南非人口与社会发展状况

1961年独立后，南非虽然从宪法上实现了民主国家的转型，但其政治、经济和社会体制依然未能彻底摆脱种族隔离的影响，人口贫富差距悬殊、人口健康状况明显分化和人口社会福利分化等问题突出。

1. 贫富差距悬殊

南非属中等收入国家，但贫富差距极为悬殊，2014 年瑞士信贷研究所发布的第五次年度全球财富报告指出，南非属于"贫富差距极大"的范畴，三分之二的国家资产掌握在占南非总人口 10% 的富人手里。收入差距是造成贫富悬殊的根源。联合国发展计划署《人类发展报告》显示，南非三分之二的总收入集中在最富有的 20% 的人口手中，而最贫困人口的收入仅占 2%；近三分之二的劳动者（绝大多数是黑人）月收入不足 250 美元。由于大部分黑人的知识水平、劳动技能和财产实力都远低于白人，黑人往往从事收入低、社会地位低的相关工作，因而他们的收入水平也远低于白人。尽管新南非政府积极推行一系列有利于黑人经济发展的政策，一定程度上提升了部分黑人的经济地位，造就了一批黑人中产阶级；但由于种族隔离时期造成的巨大经济差距，黑人与白人之间贫富差距仍然严重，不均衡的扶持政策甚至使黑人内部也出现贫富分化的问题。

南非统计局发布的 2019 年《南非不平等发展趋势报告》显示，2011 年至 2015 年，南非群体收入差距依旧持续扩大，黑人群体的失业率最高，收入也最低；2006 年黑人和白人的年均收入分别为 6009 兰特（约 400 美元）和 9186 兰特（约 612 美元），2015 年分别为 77 308 兰特（约 5151 美元）和 100 205 兰特（约 6676 美元）；目前白人总体收入仍然是黑人总体收入的 3 倍以上。[1]

2. 黑人健康状况较差，艾滋病高发

南非医疗保障的资金来源主要是依靠政府拨款。2005 年，南非卫生支出的主要来源中，国家财政支出占 40%，私人医疗保险资金占 45%，个人自付占 14%。此时几乎所有的白人和大部分亚裔人种已经脱离公共医疗保险，转

〔1〕"Inequality Trends in South Africa"，http：//www. statssa. gov. za/publications/Report-03-10-19/Report-03-10-192017. pdf.

向私人医疗保险。2005年约有66%的医护人员在私人医疗机构工作，花费了近46%的卫生支出，而其服务的人群仅占总人口的12%。因为价格昂贵，私人医疗机构实际上只能为高收入人群提供服务。而一部分医疗资源相对匮乏的公立医疗部门多与大学的医学院有联系，并集中在黑人聚居的地区。另外，虽然大多数从业者都有个人医疗保险，但由于很大一部分黑人不是正式员工，依靠用人单位提供保险，这就导致了种族间医疗服务获取上的不平等。根据调查，南非40.8%的黑人和22.9%的有色人种一年之内无法得到任何医疗服务。如图5所示，在所有种族中，白人获得的医疗救助最多，2017年，72%的白人都能够获得医疗救助。而在2002—2017年中，获得医疗救助的黑人一直只占少数，并且几乎保持在10%以下。因此南非黑人整体健康状况较差，相比于白人，黑人小孩营养不良的状况更加常见，婴儿死亡率也更高。

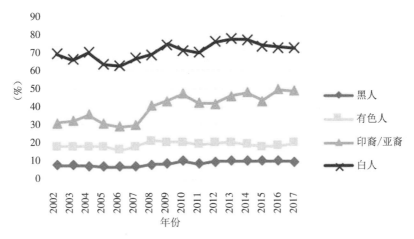

资料来源：《南非的不平等度趋势：多维度的诊疗不平等》。

图5　2002—2017年南非各种族人口获得医疗救助的比例

此外，南非艾滋病感染率的种族差异与收入差距和医疗资源的分配差距呈现出惊人的一致性。南非一直是全球患艾滋病人数最多的国家之一，黑人群体也始终占据南非艾滋病患者的大多数。进入21世纪以来，南非感染艾滋病的人数迅速增长。2018年，南非的艾滋病感染率高达20.4%（见图6）。根据世界卫生组织的数据，在非洲的几个艾滋病高发国家中，津巴布韦、纳米比亚和莱索托的艾滋病感染率均有不同程度的下降趋势，只有南非不降反升，其原因是多重的。首先，青年的高失业率与不稳定的经济状况加剧了南非艾滋病的高发。近年来，南非15—24岁的青年失业率几乎维持在50%以上，因为贫困、缺乏稳定的收入，许多年轻女性维持着不太平等的两性关系，其感染艾滋病的平均年龄比男性小5—7岁。随着这些青年步入婚育阶段，艾滋病毒随即传播给他们的配偶和下一代。其次，艾滋病治疗费用昂贵，一般居民负担不起。世界上并没有可以医治艾滋病的特效药，服用药物不能完全消灭病人体内的艾滋病毒（HIV），但却可以抑制病毒的繁殖，达

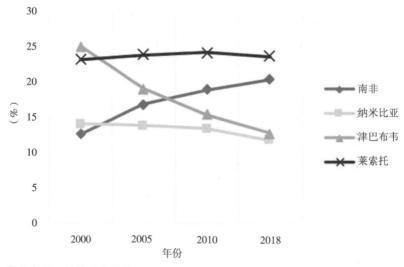

资料来源：世界卫生组织。

图6 2000—2018年非洲艾滋病高发国每千人艾滋病感染率

到稳定病情的效果。但是，抗"艾"需要多种药物联合使用，一位艾滋病人一年的药费支出可达 1—1.5 万美元，且需持续用药，其费用非一般人可以承受。最后，受当地民俗文化的影响，患者隐瞒病情较为普遍，这对南非的病情防控造成了阻碍。南非社会对艾滋病患者的容忍度较低，家庭暴力和社会歧视普遍存在，居民艾滋病耻感强烈，不敢检测、不愿检测和不愿承认的心理较为严重，许多人终其一生都隐瞒病情。

艾滋病在南非出现时该国正处于民主制度转型时期，种族隔离制度的废除取消了对人口流动的严格限制，来自本国农村的黑人、跨境移民和妇女的社会流动性都大大增强，南非成了整个南部非洲贸易、商品、服务和工作机会的聚集地。然而流动人口通常只能从事当地居民最不愿从事的工作，包括采矿、农业、运输和非正式贸易、家政服务等。危险的工作条件及有限的医疗服务对他们的健康造成了极大的破坏，加剧了艾滋病感染的风险。南非政府的艾滋病决策也在一定程度上出现偏差，姆贝基执政期间支持"艾滋病否认主义"，从忌讳谈论黑人艾滋病高发率，发展到声称艾滋病是一种"西方人带来的种族主义祸害"；从强调艾滋病高发的社会背景，发展到拒绝承认HIV病毒是艾滋病的病原；从主张以反贫困来消除艾滋病流行的社会因素，发展到忽视乃至否认现代科学防治手段的重要性；从抱怨唯利是图的西方生产商提供的抗逆转录病毒药物太昂贵，发展到说这种药"有毒而且无效"，并提倡用"非洲人创造的神奇土方"来对付艾滋病。种族歧视的存在，导致南非公共卫生资源的分配长期不公正。

3. 人口社会福利演变

南非的社会保障制度起源于 20 世纪 20 年代，其建立亦受到种族政策的影响，初期的目的仅是满足白人和少数有色人种的需要。南非于 1928 年出台《养老金法案》，1937 年推行残疾补助金项目。此后，社会保障体系不断扩展，但都具有明显的种族歧视色彩，广大黑人民众被排除在外。1994 年新南非诞生后，新宪法规定凡南非公民均享有社会保障权利。1997 年，南非政府在《社会福利白皮书》中提出将社会保障政策取向从之前的"福利主义"转向促进"发展型社会福利原则"，实施以"改善人民福祉、促进国家发展"为目标的社会干预政策，开始推行覆盖全民的社会救助计划。近年来，南非政府财政预算中社会服务的相关支出始终维持在政府统一支出的60%左右，南非救助金占国内生产总值比例和受益人口占总人口比例方面，在发展中国家中位居前列，甚至可与发达国家相媲美。

4. 重视基础教育，财政投入较大

南非拥有非洲最发达的教育体系，政府对教育投入很大，年度教育经费保持在财政预算的20%左右，义务教育、专业技术教育和高等教育得到空前的发展。然而，南非的教育情况仍属于教育发展最差的国家行列。尽管种族隔离政策废止后，新政府非常重视恢复和保护黑人的受教育权，在教育政策理念上强调教育公平性和提高全民教育水平，并着力改善黑人的受教育条件，但种族隔离时期教育政策的影响却难以消除，南非的许多师资力量出自"班图教育"[1]，加之政府颁布的教育制度与学校管理制度不足以规范学校秩序，南非在教育方面处于投入大、收获小、转变难的状态。

5. 犯罪率高，社会治安较差

2015年，南非成了国际恐怖分子的新基地。根据世界经济论坛发布的全球竞争力指标报告，南非的社会治安在141个国家中位列第135名。作为移民的中心枢纽，大量各地移民的迁入使得南非成为非洲城市化速度最快的国家，移民部门的腐败、警察队伍的建设缺失，使得入境南非轻而易举，许多恐怖分子得以持南非护照进行恐怖行动。同时大量贫困人口及受教育水平低的人口受根深蒂固的社会暴力主义和种族主义影响，通过犯罪维持生计或报

---

〔1〕"班图教育"旨在将黑人青年培养成为只能从事低收入劳动的群体，从而达到保护白人特权地位的目的。为阻止"黑白相争"，1953年，南非当局颁布《班图人教育法》，将各省非洲人的教育置于土著人事务部管辖，若不经批准，任何黑人学校都不允许建立。并且，此前教会办的非洲人学校也不再享受政府补贴。

复社会。另外，个人拥有武器装备在南非是合法的和容易的，政府不重视小城镇的犯罪问题，致使南非的犯罪率偏高。在政府腐败、社会动荡和贫穷落后的现实基础上，宗教极端主义的灌输使得恐怖组织的力量有所壮大。

（四）南非人口与文化发展状况

南非的殖民史始于 1652 年荷兰人的入侵。19 世纪初，英国逐渐取代了"布尔人"[1] 在南非的统治，不同种族、不同民族的聚集塑造了南非多元文化交织的发展现状。如今，南非不仅存在种族间的语言和文化差异，在种族内部也存在较大的分化。黑人是南非社会的主体部分，主要使用班图语，黑人内部共有九个部族，多信奉原始宗教；白人主要是荷兰血统的阿非利卡人和英国血统的白人，分别使用阿非利卡语（即南非荷兰语）和英语，尽管二者同样信奉基督教，但信奉的教派不同；印度人绝大多数都信奉印度教，少数信奉伊斯兰教。从语言上看，南非共有 11 种官方语言，其中阿非利卡语和英语为通用语言。

1. 宗教信仰的多元化

南非约 80% 的人口信奉基督教，而南非基督教中最大的教派源于欧洲殖民者，并逐渐收拢各个民族的教派，包括循道宗、罗马天主教、英国国教、荷兰归正教。大约 40% 的黑人人口信仰非洲独立教。即便非洲独立教在理论正统上与传统基督教大相径庭，但其象征着传统非洲宗教信仰与基督教新教信仰的融合，也从侧面体现出南非宗教文化的包容性。另外，有相当一部分群体信仰原始宗教，大部分印度裔信仰印度教，也有一部分印度裔和马来裔信仰伊斯兰教，一小部分白人群体信仰犹太教。

作为南非第一大宗教，基督教在种族隔离制度废除前后都对南非的政治

---

[1] 荷兰于 1652 年占领好望角，并首先在开普敦建立殖民地，之后同受迫害的法国、德国新教徒也陆续逃往非洲与先到达南非的荷兰裔白人通婚，其后代在共同生活中逐渐形成了统一的种族，被称为"布尔人"（荷兰语 Boer，意为农民），但他们自称"阿非利卡人"（Afrikaner，意为非洲本地人）。

与社会产生了深远的影响，例如荷兰归正教会在种族隔离时期是南非国民党指定的官方宗教，在20世纪90年代初拥有300万信徒。由于许多教会人员支持种族隔离政策，该教会在破除种族隔离的过程中设置了许多障碍。但是，也有一部分基督教教会主张推动破除种族隔离，南非前任总统纳尔逊·曼德拉呼吁教会与宗教组织共同建设"新南非"，其中南非教会理事会在英国圣公会大主教图图的带领下成为反种族隔离最活跃的组织之一。

2. 身份认同的民族分化

南非的民间文化丰富多元，既保留了祖鲁文化、恩德贝勒文化和科依文化等土著民族的特色，又增加了欧洲式的生活风情，是南非独特的世界名片。从1994年起，政府不再对"南非公民"进行定义，以此保护多元文化的发展，但文化的多元并存也增强了各族人民自身的身份认同。阿非利卡人是最早一批荷兰殖民者的后裔，约占白人总数的57%，在国家政治生活中居主导地位，是南非白人中最重要的组成部分，其南非人身份同时也被别的种族所认可。尽管在种族隔离期间，有色人种的社会地位不被肯定，但有色人种认为只有阿非利卡人才是真正的南非人。相比而言，英国白人的身份认同处于"半游离"状态，一方面认为自己与大不列颠紧密相连，另一方面也肯定自身的南非人身份。这种"本地身份主导，祖籍次之"的观念也存在于多数南非的印度人中。对于说班图语的黑人而言，尽管在种族隔离期间被划分为"非公民"，但他们始终认为自己为南非人。如今，南非的黑人群体更为重视国家公民的身份，其次才是民族、语言、地区与部落身份。

3. "黑白"婚育文化存在明显差异

在婚育文化上，南非存在着明显的黑白分化，即黑人崇尚多生多育，白人倾向于少生优育。南非的婚姻家庭有两大特点：一夫多妻与未婚先孕。首先，受传统文化与宗教的影响，一夫多妻制始终存在于非洲大陆。传统非洲社会崇尚"王国"和庞大的家族体系，将孩子视为财富和力量的象征，孩子越多，家族便越强大，而一夫多妻就是实现这一目标的重要手段。一夫多妻在如今的南非仍为国家宪法所认可，南非前任总统雅各布·祖马曾公开呼吁支持一夫多妻制，他本人有 3 位妻子、2 位前妻，以及 20 个孩子。其次，不同于非洲其他国家普遍存在的早婚早育现象，南非面临的主要问题是未婚青少年怀孕率的不断上升。南非统计局数据显示，南非每年大约有 18 万青少年怀孕，其中很大一部分仍在上学；在林波波省，2017 年 4 月至 2018 年 3 月间，仅公立医院中青少年诞下婴儿的数量就达到 1.6 万人。

二、南非人口发展的主要特征

（一）南非人口发展的特点

自 1994 年以来，南非政府大力改善国民生活，使得在种族隔离时期被政府排斥的人获得了更多受教育的机会、尊严、卫生服务，以及水、电、住房和社会保护。尽管如此，南非的种族分化以及由种族隔离造成的不平等和贫困问题仍然十分严峻。在就业、收入、教育、医疗和社会福利等方面，南非仍然是人口发展最不均等的国家，尤其表现为种族问题和阶级问题的交织。

一是种族主义和白人特权依然存在。在种族隔离时期，南非非洲人国民大会所提倡的民族主义理论对克服殖民主义和种族隔离政权所导致的部族分裂确有裨益。但在黑人执掌南非政权的今天，民族主义和民族主义理论却起到了反作用，它不能充分解释当今南非社会不平等和贫穷的真正原因，反而给部族主义甚至仇外心理提供了发展空间。[1]

二是阶级矛盾形式多样。1994 年之后，经过改造的阶级关系及阶级矛盾继续以种族主义的形式表现出来。中产阶级对工人阶级的恐惧常常表现为白

---

〔1〕 郑祥福、张丹：《种族和阶级：马克思主义、种族主义和阶级斗争》，载《国外理论动态》，2019 年第 6 期。

人对黑人的恐惧。南非著名白人学者罗杰·索撒尔认为，黑人中产阶级的形成只是对白人资产的掠夺，是非国大在夺取政权后通过一系列的法律和政策将白人资产合法化地划分给非国大的政治精英们。[1] 同时，中产阶级内部矛盾不断，一方面"老牌"白人中产阶级对"新兴"黑人中产阶级持猜疑态度，另一方面，包括小企业者、地主、工薪业者，以及以黑人为主的新兴"企业家"在内的中产阶级多元化阶层之间也存在较大的利益冲突。

三是外来移民导致排外情绪与民粹主义发展。随着大量外国移民涌入南非，南非的排外行为增多且持续不断。南非排外的对象主要是外籍非洲黑人，排外的参与群体范围相对较广，排外行为持续发生且频次较高，排外方式较为极端。经济问题的社会化是导致南非发生排外行为的根本原因，非理性的民族主义是南非排外的重要思想来源，长期的种族隔离是南非排外的历史缘由，"相对剥夺感"是排外情绪的主要来源，媒体的舆论导向是南非排外思潮的催化剂。[2] 另外，当白人成为国家中的弱势群体，外来人口遭到针对与排斥，南非社会与政府应当警惕日渐崛起的黑人民族主义右倾化趋势。[3]

虽然南非已逐步走上包容性发展之路，种族歧视和民族情绪得到较大程度的缓和，但由群体利益纠纷产生的新问题正在考验着南非建立多民族一体化国家的决心与能力。

（二）南非人口与发展的现实挑战

1. 经济增长乏力，贫困问题严峻

在过去 10 年中，南非的经济增长水平（以国内生产总值衡量）已经下降，从 2010 年的 3.04% 下降到 2019 年的 0.15%。一方面，人才流失阻碍了

---

〔1〕 蒋晖：《当代非洲的社会和阶级》，载《读书》，2019 年第 12 期。
〔2〕 梁益坚、刘国强：《褪色的彩虹：南非排外行为解析》，载《西亚非洲》，2019 年第 5 期。
〔3〕 陈翔宇、常士闿：《民族和解与包容性发展：南非政治整合的经验与挑战分析》，载《云南行政学院学报》，2020 年第 1 期。

经济增长。由于历史上曾经长期受歧视，黑人对白人有一定的排斥。尤其是在曼德拉上台之后，一些从事医生、律师和教师等行业的白人专业人士大量向外移民。这些人才的流失导致了南非政治、经济和商界精英的缺失。另一方面，近年来电力短缺阻碍了高业的发展和投资项目的引进。南非的地理气候条件也是阻碍其经济发展的重要因素之一。南非年平均降水量低于世界平均水平，全国三分之二以上的国土气候干旱，地下水资源成为全年供水的唯一可靠来源，全国水资源使用量已经超过可用水量一半。近年来南非干旱问题日益严峻。尽管南非农业组织称，南非是南部非洲粮食最安全的国家，农业被视为解决贫困和振兴农村经济的最佳途径；但干旱正威胁着南非农民的生计，2019 年 11 月已导致数千头牲畜死亡，农民种植玉米、大豆、向日葵、高粱和花生等夏季作物的进度也落后于计划。

生活在以每日 1.9 美元为标准的国际贫困线以下的南非人口比例从 2006 年的 25.4% 下降到 2015 年的 18.8%，虽然总体来看贫困问题正逐步改善，但在 2011 年到 2015 年之间，减贫步伐有所倒退，在过去几年中，穷人的人数又有所增加。根据南非统计局的生活条件调查，2015 年，南非 25.2% 的成年人生活在粮食贫困线以下，33.8% 生活在下界贫困线以下，40% 人生活在上界贫困线[1] 以下。此外，在 23% 的抽样成员中，补助金收入是导致 2008 年至 2015 年脱贫的主要原因。

2. 女性与黑人贫困高发

根据联合国有关全球不平等的最新数据，南非在 2015 年的基尼系数（基于人均支出）为 0.64，是世界上最不平等的国家之一。人均收入基尼系

---

〔1〕 南非统计局将"粮食贫困线"定义为个人无力购买或消费足够的食物来满足其每日人均最低能量需求，从而无法获得足够的食物健康，按 2018 年 4 月价格计算为每人每月 547 兰特（约 45 美元）。下界贫困线定义为：个人没有足够的资源而被迫在食品和重要非食品之间进行选择，按 2018 年 4 月价格计算为每人每月 785 兰特（约 64 美元）。上界贫困线定义为：个人无法拥有最低的理想生活方式，但有能力购买足够的食物和非食物用品，按 2018 年 4 月价格计算每人每月 1183 兰特（约 97 美元）。

数用于衡量因获得工资、薪金和社会补助金而形成的不平等程度，而人均支出基尼系数则基于消费。南非消费增长的包容性仍然很低，财富不平等现象持续加剧。消费水平最低的40%的人口在2006年至2011年间的消费增长为3.5%，而在2011年至2015年间的消费增长下降到1.4%，在此期间的世界中位数为3.9%。

然而，南非的财富不平等程度比消费不平等更为严重。根据2008年至2015年的数据，最富裕的家庭拥有全国70.9%的财富，而最底层60%的家庭仅拥有全国财富的7%。而劳动力市场的两极分化则让情况更加恶化，其特点是工资不平等程度很高。南非人陷入贫困的可能性在很大程度上取决于性别和种族。如表2所示，南非女性比男性更容易生活在贫困线以下；在南非的四大种族中，黑人比白人、印度人和有色人的贫穷可能性高得多。

表2　南非分种族、分性别人口贫困发生率　　　　　（单位:%）

群体	2006 年	2009 年	2011 年	2015 年
黑　人	60.0	56.5	43.4	47.1
有色人	35.7	30.4	20.2	23.3
印度人	5.0	4.3	2.9	1.2
白　人	0.6	1.1	0.5	0.4
男　性	48.3	45.6	34.7	38.2
女　性	53.6	49.6	38.1	41.7

资料来源：南非统计局《2019年可持续发展目标报告》。

3. 公共服务供给不平等

除了上述与贫困紧密相关的消费和财富的不平等，南非社会的不平等还体现在多个方面：受教育机会不平等，儿童早期发展方案的提供不均衡，无偿照料和家务劳动的不平等负担，高薪职位中的性别不平等，获得优质保健服务的机会不平等，医疗保健一线基础设施、医疗设备和药品的短缺。

在教育方面，根据南非统计局《2017 年可持续发展目标报告》中《2017 年家庭综合调查》的数据显示，接受中学后教育比例最高的人群仍是白人，参与率超过 38%；其次是印度人，参与率达到 21%；非洲黑人中学后教育参与率为 9.1%，略高于有色人种 8.1% 的水平。在接受学前教育的能力方面，来自富裕家庭的同龄孩子有 90% 的机会享受这项福利。从接受高等教育的男女比例来看，参加本科和荣誉学位课程学习的女性人数比男性多，参与硕士和博士学位课程学习的女性比例尽管略有增加，但是人数仍然少于男性。因此，怎样让不同种族、不同富裕程度、不同性别的人群拥有均等的受教育资格和条件，是南非政府长期面临的重要议题。

在医疗保障方面，南非现行医疗保障体系主要依靠 2008 年南非医疗保障绿皮书，建立起覆盖全体国民的国家卫生保障体系。然而南非目前医疗保障不公平的问题仍然十分突出。黑人和白人之间、城市和农村地区之间存在着显著的医疗资源分配不合理状况，根据 2017 年南非综合住户统计调查报告（GHS）显示，南非全国 72% 左右的白人能够获得医疗救护和补助，而这一数值在黑人中仅为 10%，这意味着南非白人的医疗援助覆盖率是南非黑人的 8 倍，且这一比例自 2002 年以来未发生明显改变，说明医疗援助获取的不平等局面一直没有得到改善。南非的城市地区集中了 90% 的医疗资源，广大农村地区，特别是黑人居住区，医务人员和医疗机构匮乏。

4. 人口素质偏低，社会治安差

如前所述，南非虽然正在收获人口数量红利，但人口素质较低，这表现在受教育程度低、基于教育和健康的人力资本水平低。除此之外，南非治安混乱，是世界上因暴力而死亡人数最多的国家之一。从 2010 年至今，尽管作出了许多努力，但是南非每 10 万人中因暴力死亡的人数仍在上升。南非每 10 万人中因暴力死亡人数，2016 年为 33.1 例，2018 年为 35.5 例，2019 年 36.4 例。据报道，南非是全球故意杀人案排名前 10 的国家。这进一步证实了本国和国际上对南非是一个非常暴力的社会的普遍认识，治安的混乱严重影响了南非的旅游业，进而对经济产生不利影响。

在社会层面，暴力文化、贫困、高酗酒率和毒品是造成暴力死亡事件的重要因素。在开普敦的某些地区，暴力死亡与黑社会文化盛行有关。有学者认为，开普敦的帮派文化深深植根于当地的社会历史因素，在该地区已被视为正常的行为[1]。种族隔离政府将有色人种从内城强行驱逐到海角平原是该地区黑社会盛行的主要诱因。在个人层面，生活条件差、教育水平低、失业和其他经济困难等结构性因素促使年轻人参与暴力并成为暴力受害者[2]。

南非国家伤害死亡率监测系统的数据显示，开普敦死于暴力事件的男女比率最高（8.5∶1），其次是德班（7.5∶1），约翰内斯堡（7.2∶1）和比勒陀利亚/茨瓦内（5.1∶1）。开普敦女性发生致命暴力事件的概率最大（每10万人中7.7人），其后分别是约翰内斯堡，德班和比勒陀利亚/茨瓦内，分别为每10万人中7.6人、7.3人和4.5人。相关研究将死亡率的性别差异归因于男性不健康的危险行为，包括吸烟、饮酒和携带武器的比率更高[3]。从南非的社会背景来看，社会制度中的父权制促进了男性相对于其他群体的社会、经济和政治权力的等级制，这本身会使其他群体处于较高风险之中。

---

[1] D. Daniels and Q. Adams, "Breaking with Township Gangsterism: the Struggle for Place and Voice", *African Studies Quarterly*, Vol. 11, No. 4, 2010, pp. 45-57; R. Venter, V. Jeffries, "Learners' and Educators' Perceptions of Gang Involvement in Western Cape, *Journal of African Education Review*, Vol. 17, No. 1, 2019, pp. 1-15.

[2] C. Ward, L. Artz, J. Berg, F. Boonzaier, S. Crawford-Browne, A. Dawes and E. van der Spuy, "Violence, Violence Prevention, and Safety: A Research Agenda for South Africa", *South African Medical Journal*, Vol. 102, No. 4, 2012, pp. 215-218.

[3] M. J. Baker and J. Maner, "Male Risk-taking as A Context-Sensitive Signaling Device", *Journal of Experimental Social Psychology*, Vol. 45, No. 5, 2009, pp. 1136 - 1139; J. J. Collins and P. M. Messerschmidt, "Epidemiology of Alcohol-Related Violence", *Alcohol Research and Health*, Vol. 17, No. 2, 1993, p. 93; N. Nicholson, E. Soane and P. Willman, "Personality and Domain-specific Risk Taking", *Journal of Risk Research*, Vol. 8, No. 2, 2005, pp. 157-176.

（三）南非人口治理的政策措施与效果评估

1. 1994 年之前：计划生育与种族隔离

1994 年，南非按照临时宪法组织了民主选举，建立了更加注重"黑白"公平的民主社会，实现了政治民主的转型。在此之前，南非的人口治理政策植根于种族隔离的意识形态，主要包括三个方面：第一，通过提供强制性避孕服务降低人口生育率，以达到降低国家总人口增长率的目的；第二，人口的强制性迁移，尤其针对黑人；第三，限制黑人的受教育和就业机会。

1974 年，国家开始推行计划生育政策，主要针对控制黑人人口的增长，同时鼓励白人人口的增长。固定计划生育诊所和流动计划生育诊所逐步建立，提供免费的避孕服务，这些诊所起先独立于其他收费医疗服务运行；之后政府试图减弱社会中的抵触情绪，转而强调计划生育在医疗健康方面的重要性，并将其归于国家医疗卫生服务。

在此期间，南非政府对白人的教育投资是其他种族的 15 倍之多，颁布了 3 个重要法案。1953 年《班图人教育法》将所有黑人学校收归政府管辖；1959 年《教育扩充法》为黑人、有色人和印度人建立单独的大学；1974 年《阿非利加语媒体法》规定在黑人家园以外的地区阿非利加语在学校授课中要达到 50% 的使用比例。这些法律条文在白人与非白人之间划分了难以逾越的界限，刻意压低了黑人受教育的程度，他们普遍只受到相对较差的教育，并且不被允许从事有技能要求的工作。此外，由于种族隔离制度的推行，作为政策基础的人口数据并不完整，相关的发展规划与项目设计没有可靠的人口分析报告支撑，同时，由于人口信息数据收集和分析技术非常不成熟，对于黑人的研究与保护更加缺失。

2. 1994 年至今：素质培养与社会融合

1994 年南非新政府成立，同年 9 月联合国国际人口与发展会议在埃及开罗召开，会议通过的行动纲领为全球人口发展提供了新视野，即强调人口、发展与环境之间的相互作用。由此，南非致力于以多方位、跨部门的方式来解决人口问题，制定了两大人口治理框架——"重建与发展计划""就业与再分配战略"，并确立了"人口素质+减贫治理"、人口健康治理、人口公共服务治理三个治理重点。

首先，"重建与发展计划""就业与再分配战略"是南非人口与发展最为重要的战略布局。为全面提高全体南非人民的生活水平，"重建与发展计划"应运而生。在后种族隔离时代，为了使重建与发展计划成为更加有效的政策手段以达成政府人口治理的目标，南非政府尤为重视人口数据在决策中的作用，积极构建人口数据长期监测与评估体系。"就业与再分配战略"是对"重建与发展计划"的补充，主要从宏观经济环境打造层面为社会经济重建制定整体战略。该战略的整体框架是以加速经济增长为中心，关注人民生活最迫切的需求，在大力发展人力资源的同时，充分发挥社会民主机构的作用，推动"重建与发展计划"医疗健康福利、住房政策、土地改革、基础设施建设和就业与再分配等各方面政策的落实。

其次，在"人口素质+减贫治理"方面，南非一方面重视技能教育与培训，另一方面加快推动产业发展，积极创造就业岗位。2005 年，南非推出"加速共享经济增长计划"，以加快解决抑制经济增长的障碍，开始大力支持私营投资，并推动劳动密集型产业的发展。两年期间，业务外包创造了 5000个工作岗位，同时，旅游业也开始成为创造就业的主力股。根据世界旅游协会报告显示，2018 年南非已成为非洲地区旅游经济最发达的国家，旅游收入为 253 亿美元，旅游业为南非提供了约 150 万个就业岗位。

在技能培训方面，针对黑人的低技能与低薪就业，南非于 1998 年出台《继续教育与培训法案》，大力建设技术学校，为辍学者提供与工作技能相关的课程，提高其就业竞争力。1998 年，南非出台《国家技能开发法案》，通过"徒工训练"和"部门教育训练中心"推动学徒制的建立，提高工人的技能水平和未就业群体的自我就业能力。2000 年，南非出台《成人基础教育与培训法案》，推动公立和私立学习中心的建立，并提供相关政府补助，保证教育质量。随后南非政府又推出一系列人力资源发展措施，包括国家青年就业项目、长期就业发展政策，为教育体系外及被排除到劳动市场外的青年人提供学习和培训的机会，建设就业服务体系，致力于缩小潜在用人单位和员工的距离。

再次，在人口健康问题的治理方面，南非尤为重视艾滋病、肺结核和肺炎等地方重大疾病的防治。联合国艾滋病规划署数据显示，南非感染艾滋病的人口中大约有60%的患者同时患有肺结核。2017年，19万例确诊肺结核的患者同时患有艾滋病，5万名艾滋病患者死于肺结核。近年来，在世界卫生组织的指导下，南非的抗逆转录病毒治疗手段逐渐覆盖全体艾滋病确诊患者。2016年，南非实行"检测与治疗"战略，使确诊的艾滋病患者都能够得到救治，其受益的人数从2015年的339万人增长至2018年的770万人。1994年以来，在基础医疗卫生服务体系建设方面，南非也付出了巨大努力。南非于1994年推出了诊所建设计划，逐步为5岁及以下孩童及怀孕妇女提供免费的医疗服务；1999年又推出了"十点计划"，重点为贫困人口提供医疗服务。

最后，在人口公共服务治理方面，南非建立了非洲最发达的教育体系，把提高全民教育水平作为基本政策，重视改善在种族隔离制度下受到歧视的非洲黑人的受教育条件，以增强他们在经济社会活动中的竞争力。南非的财政预算中教育投入所占的比重很大，年度教育经费保持在财政预算的20%左右，义务教育、专业技术教育和高等教育得到了空前的发展。此外，在社会保障体系建设上，南非采取三支柱型养老金制度，包括按经济情况调查结果支付的非缴费型养老金（即南非社会保障机构补助金，The SASSA Grant for Older Persons），以保险为基础的职工养老金和公积金，以及个人养老金。南非大多数（75%左右）的老年人口接受第一类型的养老金，此类养老金以社会津贴的形式申领和发放，主要资金来源是税收。

3. 人口治理效果评估

自 1994 年以来，南非在人口与经济、人口与教育、人口与健康、人口与福利等问题上制定了一系列政策措施，推动南非人口的融合发展，但自 2009 年陷入经济衰退以来，南非逐渐成为非洲大陆经济增长速度最慢的国家之一，大部分南非人依然在贫困线上挣扎。由于普遍缺乏劳动技能，白人高薪、黑人低薪的格局尚未被彻底打破，经济上原有的机制、模式和所有权等也并未发生本质上的变化，尽管白人的政治地位大幅衰落，但其在经济领域的统治地位依然牢固，白人排他性的政治和社会秩序与经济上依赖黑人劳动力的内生性矛盾一直存在。加上艾滋病横行，吸毒、贩毒猖獗，谋杀、抢劫高发，依靠现有的发展模式，南非将陷入发展的僵局。

近年来，南非经济增长速度逐渐放缓，失业率常年居高不下，人民总体生活水平未见明显提高。2006 年至 2015 年，尽管南非的基尼系数从 0.72 降至 0.68，但不同族群间差异有所增大。2015 年，黑人群体的基尼系数达 0.65，其收入差距在南非不同族群中最不平衡，而白人群体的基尼系数由 0.56 降至 0.51，有色人群体的基尼系数也有所下降。由于人口就业结构与失业等因素的影响，南非总体的收入差距较大，分化较为明显。根据南非统计局报告，2006 年至 2011 年，南非贫困人口从 3160 万人降至 2730 万人，但在 2015 年再次反弹至 3040 万人。南非统计局 2006—2015 年绝对贫困调查报告显示，2011 年至 2015 年，南非的极度贫困人口增长了 280 万人，其中生活受贫困影响最大的群体为 17 岁及以下的儿童与青少年、女性、黑人、农村人口、受教育水平低的人群，以及东开普省与林波波省的居民。

在二十国集团中，南非的教育投入占比较高，其教育投入占比与沙特阿拉伯和加拿大相当，但这仍然无法促进人才由低端向中高端的彻底转变。南非大部分劳动力依旧缺乏技能，或者只具备最基本的单一技能，无法跟上时代的发展需要。为了确保困难家庭的适龄孩童能够上学，南非政府以"重建与发展计划"为基础，推行了一项学费投票制度，学费由家长通过投票决定，家长无力承担学费或只能承担一小部分的则可以享受免学费或减免学费。但是，由于人口的年轻化，南非的低龄人口基数巨大，加之教育水平的参差不齐，南非人口素质的发展状况堪忧。2017 年的一项国际调查显示，在 50 个国家中，南非 97% 的四年级学生（8—9 岁）阅读和写作测试得分最低，其中 78% 的学生甚至都不具备阅读理解的能力。在无法保障人口基本素质的基础上，更毋庸谈高技能人才的培养与人口红利的开发利用。

（四）南非人口与发展的未来挑战

1. 人口老龄化趋势逐渐凸显

南非统计局 2018 年中期人口预测报告中评估了南非的老龄化趋势，提出 20 年间，南非的 60 岁及以上的老年人口从 2002 年的 330 万人增至 2012 年的 400 万人，占总人口的 7.7%，预计到 2022 年将增至 570 万人，占总人口的 9.1%。根据本文的测算，人口老龄化是未来南非人口发展所面临的最大挑战，未来南非的人口老龄化将呈现 3 个发展阶段（见图 7）。第一阶段

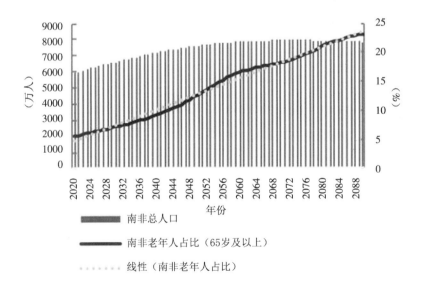

资料来源：浙江大学人口大数据与政策仿真工作坊。

图 7　2020—2090 年南非 65 岁及以上人口预测

（2020—2045 年），南非人口稳速老化，老年人口在总人口中的占比年均增加为 2.76%，2029 年南非老年人口占比将达到 7%，这意味着南非由"成年型"社会步入老龄化社会；第二阶段（2046—2065 年），南非人口加速老化，期间 2052 年南非老年人口占比将达到 14%，南非社会进入"深度老龄化"发展阶段；第三阶段（2066—2090 年），南非老年人口回归平稳增长，期间 2076 年南非老年人口占比将达到 20%，南非社会进入"超老龄化"发展阶段。南非尚未建立起完善的养老保障制度，因此，在老年人丧失劳动能力后，南非将在老年人贫困、老年人照顾与护理等问题上面临重大危机。

2. 社会犯罪率高，治安问题或将长期存在

南非社会中普遍存在犯罪率高的现象，社会贫富与福利的分化加剧了种族主义对社会的影响。通过犯罪维持生计或报复社会的人不在少数。然而，在政府腐败、社会动荡和贫穷落后交织的现实基础上，南非的社会治安问题在短期内难以得到妥善解决，将持续成为南非社会的重大隐患。

世界银行发布的最新南非犯罪与治安报告显示，与 2016 年相比，2018 年南非整体犯罪率有所提升，其中超过 150 万例犯罪案件为家庭犯罪，160 万例犯罪案件为个体犯罪，入室抢劫与入室盗窃依旧是发生最频繁的案件。根据受害者调查显示，入室抢劫与入室盗窃占家庭犯罪的比例高达 54%。个人犯罪中，私人财产抢劫发生最为频繁，占个人犯罪的 41%。与此同时，在治安方面，群众对警察的满意度有所下降，不满意的理由普遍为警察的"不及时回应"。据调查显示，群众一年内未见到警察管理治安的人数总体上升了 6%，这种现象在东开普省最为普遍，全省大约 38% 的群众一年内从未见过警察履行职责。

3. 青年失业率持续升高

南非青年失业率高发与南非的宏观经济状况紧密相关。一方面，作为许多国家在非洲最主要的贸易伙伴，南非的经济发展无法脱离于世界经济的发

展大势。2008 年的全球性金融危机对南非造成了巨大的冲击，随后发生的全球经济衰退席卷了欧洲和美国，而这些地区是南非高附加值出口产品的主要目的地。在全球金融危机结束后，非洲大部分国家受到的影响相对较小，经济已经呈复苏态势，但南非经济仍然增长乏力。且由于结构性限制问题尚未解决，其国家发展计划中分析指出"南非陷入了经济低增长的中等收入陷阱"，具体表现为商品服务竞争力低，大量人员失业、收入低下、素质低下。另一方面，受种族隔离政策的影响，占人口绝大多数的黑人在生活条件、受教育程度和健康状况等方面并未得到彻底改观，在未来的一段时间内，青年的失业率将依旧保持高位。

三、思考与启示

长期的种族隔离对南非各种族间的融合发展仍然有着深远影响。尽管在民主转型的过程中，南非的种族关系已趋于正常化，但黑白二元的经济发展特征仍然明显。近年来，南非失业率持续走高，经济发展呈现出低速、不稳定的增长状态，收入分配的不均等、地区发展的不平衡问题也愈发凸显，经济社会发展的新旧矛盾叠加积聚，阻碍着南非的现代化发展。南非与中国同为发展中国家，有着共同的历史遭遇、共同的发展追求。人口发展由"数量红利"到"质量红利"、人口老龄化由"未富先老"到"渐富快老"、社会救助由"绝对贫困"到"相对贫困"再到"实现共同富裕"不仅是中国面临的重大问题，也是南非转型发展过程中必须解决的难题。中国与南非的经济合作由来已久且日渐紧密，在"一带一路"倡议的合作框架下，这些方面都将成为新时期中国与南非新的合作契合点和增长点。

（一）中国与南非的经贸合作："龙狮共舞"创造就业

南非与中国同为金砖国家成员，都正处于从"中等收入国家"向"中等发达国家"迈进的爬坡上升期，需要建设更高水平的开放型经济体制，以推动"一带一路"的高质量发展。20 世纪 90 年代初期，中国与南非建立了直接贸易关系，短期内双方贸易往来总额便迅速增长。[1] 1991 年，双方贸易总额为 1400 万美元，并在此后的 6 年之内达到了 15 亿美元。之后，中国与南非的双边投资也在不断发展。2003 年，中国企业相继将 1.6 亿美元投入南非各个项目中，涵盖了农业、服装、电器、矿业、银行业、交通和通信等各大产业，南非也在中国投资了 200 多个项目。如今中国已连续 10 年成为南非最大的国际贸易伙伴，南非则连续 9 年成为中国在非洲第一大国际贸易伙伴。

中国和南非目前已有一系列双边和多边合作机制，如金砖国家组织、中非合作论坛。"一带一路"倡议旨在重塑全球经济，是促进全球经济包容、可持续性增长的重要实践，"一带一路"倡议也同非盟《2063 年议程》深入对接。在此大背景下，中国和南非两国在促进贸易、人员交流等方面的合作空间也得以不断拓宽。2019 年南非第二届中资企业就业招聘会上的数据统计汇报显示，目前中国在南非各类投资已超过 250 亿美元，为当地直接及间接创造了 40 多万个就业岗位，在一定程度上与南非提出的经济复兴计划促就业相契合。未来，中国和南非在人口健康，尤其是在艾滋病、心血管疾病、肿瘤、呼吸道感染、糖尿病和肾脏疾病防治等领域的人才培养与大健康产业方面，拥有广阔的发展前景。后疫情时代，在"一带一路"与共同构建人类卫生健康共同体的框架下，中国和南非在青年就业与公共卫生事业的协同发展上迎来重大契机，亟须促进双方在大健康领域的经济合作，推动"健康"经济的发展。

（二）中国与南非在民生领域的合作：消除不平等

在建设全球政治经济新秩序的背景下，中国与南非在多个方面达成了共

---

〔1〕 Shelton, Garth, "China, Africa and Asia Advancing South-South Cooperation", http://bibliotecavirtual. clacso. org. ar/clacso/sur-sur/20100711 023748/16_Shelton. pdf.

识，如推动全球贸易体系改革，使发展中国家能够进入发达工业化国家的市场，以推动解决较不发达国家中贫困、高失业率及经济疲软的问题。南南合作原则也强调要加强亚非团结协作，推动对发展中国家的歧视与边缘化的消除。

2020 年年底，中国如期完成新时代脱贫攻坚目标任务，现行标准下 9899 万农村贫困人口全部脱贫，占世界人口近五分之一的中国全面消除绝对贫困，提前 10 年实现《联合国 2030 年可持续发展议程》减贫目标。中国的贫困治理总体上可分为两个阶段：第一阶段，借助工业化与城市化的发展，不断创造新的经济增长点，大力推动劳动密集型产业的发展，通过大规模吸纳就业实现"普遍式"脱贫；第二阶段，注重增强脱贫攻坚的目标针对性与脱贫的整体效能，实行精准扶贫，扶贫模式由偏重"输血"转为注重"造血"，通过调动各类资源要素的能动性，实现保护式脱贫和开发式扶贫的有机对接。[1]

中国的经验表明，贫困治理需要严密的组织体系和高效的运行机制，需要政府、社会、市场多方力量协同推进，形成跨地区、跨部门、跨单位、全社会共同参与的多元主体扶贫体系。当前，中国与南非同处于发展中国家向发达国家的迈进爬升期，不能仅从国内生产总值、收入水平等经济维度考量一国的发展水平，要注重教育水准、预期寿命、公共卫生、生态环境、社会保障和风险管控等民生问题。在缩小贫富差距、实现共同富裕等方面，中国与南非存在广阔的民生合作空间。同时，双方也需要强化国际合作与国际交流，提高经济社会发展的可持续性与韧性，实现快速发展与共同富裕的同步发展，规避"中等发达国家陷阱"。一方面，中国与南非应加强民生领域的国际经验交流与分享，推动平台建设、智库交流、学术论坛和技能培训的发

---

〔1〕 李小云：《中国减贫的实践与经验：政府作用的有效发挥》，载《财经问题研究》，2020 年第 9 期。

展与壮大，构建中国-南非高校、校企合作机制，充分调动民间力量，推动中国和南非在工业化、农业现代化、基础设施、互联网金融、绿色发展和公共卫生等领域的交流与合作。另一方面，科技赋能经济的高质量发展已成为大势所趋，中国与南非应加强"互联网+"的国际市场、电子商务等国际合作项目的建设，推动跨国、跨领域的合作与多维联动的协同，共建没有贫困、共同发展的人类命运共同体，实现人文—科技—环境全域融合的创新性发展。

（三）中国与南非对老龄化的合作应对：共建养老产业

人口老龄化是世界人口发展的普遍趋势，如何建立为老服务的社会支撑体系，使得"老有所养，老有所依，老有所乐"将成为经济社会发展的重大议题。南非是金砖国家中人口规模最小的国家，目前仍是一个年轻型人口国家。但近年来，随着城镇化的持续推进，南非的人口形态将逐渐走向"成熟型""老年型"。当前中国的老龄化以"顶部老龄化"为发展趋势，即超高龄、超老龄老人数量占比较大，随着老龄人口数量和比重的不断提升，中国的老龄化将呈现加速老龄化、快速高龄化和多健康状态预期寿命不断攀升的特征。近年来，高龄失能老年人口的持续增加催生了医养护结合的养老产业，但从服务供给和产业建设的角度来看，当前中国的养老产业发展不充分，老年照护服务供不应求。在金砖机制下，应充分调动中国和南非民营企业的活力，加强构建养老产业、丰富养老服务的国际合作，借"一带一路"的东风，探索"金砖+"养老产业合作机制，促进养老、医养和康养小商品的研发，做大做强国内国际双循环。

首先，应大力推动中国-南非"互联网+养老服务"的技术合作。中国的电商企业能够提供大数据和电子商务创新应用的经验，实现线上下单、送货到家的一键式操作，可以帮助无法外出的独居老人解决买菜的问题，并通过远程诊疗为老年人提供所需的医疗服务。基于智能分析算法和人工智能，中国和南非应加强国际医联体的建设，借助"统一人工智能和数据集成平台"，增强临床辅助决策，完成医疗质量管理、精细化运营、人工智能接入、医疗资源分配等多项任务。将人工智能和大数据技术引入养老服务项目中。其次，建立中国-南非校际国际合作机制，加强养老服务人才的共同培养，为养老产业不断输送人才。南非青年失业率较高，劳动力不能完全转化为生产力，人口红利无法真正实现。开发、利用劳动力资源首先需要投资于年轻人，着眼青年、培养青年、扶助青年，致力于为青年提供更多的就业机会、更好的发展空间。在人口老龄化背景下，中国和南非打通采购、物流、仓储渠道，为民营企业的发展构筑贸易新格局，破解经贸合作的制约性障碍。

参考文献：

［1］HINO H, LEIBBRANDT M, MACHEMA R, et al. Identity, inequality and social contestation in the post-apartheid South Africa ［C］. Cape Town：SALDRU, UCT, 2018.

［2］THOMPSON L. A history of South Africa ［M］. New Haven：Yale University Press, 2001.

［3］KAMARA E F. Continuity or change：American foreign policy of human rights under the Carter and the Reagan Administration with particular emphasis on Southern Africa：1977- 1984 ［D］. Michigan：Wayne State University, 1988.

［4］余潇枫. 全球转型与国际关系学科的"前后左右"［J］. 国际关系研究, 2020 (4).

［5］晏月平, 吕昭河. "金砖五国"人口转变与人口效率的比较分析 ［J］. 人口研究, 2013 (6).

［6］时宏远. 非洲的印度移民及其对印非关系的影响 ［J］. 世界民族, 2018 (5).

［7］Statistics South Africa. Sustainable development goals：country report 2019 ［R］. Pretoria：Salvakop, 2019.

［8］Labantwana, I. South African early childhood review 2017 ［R］., 2017.

［9］郑祥福, 张丹. 种族和阶级：马克思主义、种族主义和阶级斗争 ［J］. 国外理论动态, 2019 (6).

［10］蒋晖. 当代非洲的社会和阶级 ［J］. 读书，2019（12）.

［11］梁益坚，刘国强. 褪色的彩虹：南非排外行为解析 ［J］. 西亚非洲，2019
（5）.

［12］陈翔宇，常士闇. 民族和解与包容性发展：南非政治整合的经验与挑战分析
［J］. 云南行政学院学报，2020（1）。

［13］World Health Organization（WHO）. Global Health Observatory（GHO）data：sui-
cide rates per（100 000 population）［DB］. Geneva：World Health Organization.

［14］South African Police Service（SAPS）. South African police service annual report
［R］. Pretoria：South African Police Service，2019.

［15］EVOY M，HIDEG G. Global violent deaths：time to decide ［R］. Geneva：Small
Arms Survey，2017.

［16］Centre for the Study of Violence and Reconciliation（CSVR）. Tackling armed vio-
lence：key findings and recommendations of the study on violent nature of crime in South Africa
［R］. Johannesburg：The Centre for the Study of Violence and Reconciliation.

［17］GLASER C. Violent crime in South Africa：historical perspectives ［J］. South Afri-
can historical journal，2008，60（3）：334-352.

［18］Statistics South Africa. Victims of crime survey 2018 ［R］. Pretoria：Statistics South
Africa，2019.

［19］COOPER A. Gevaarlike transitions：negotiating hegemonic masculinity and rites of
passage amongst coloured Boys awaiting trial on the cape flats ［R］. Psychology in society，
2009，37：1-17.

［20］DANIELS D，ADAMS Q. Breaking with township gangsterism：the struggle for place
and voice ［J］. African studies quarterly，2010，11（4）：45-57.

［21］VENTER R，JEFFRIES V. Learners' and educators' perceptions of gangInvolve-
ment in Western Cape ［J］. Journal of African education review，2019，17（1）：1-15.

［22］WARD C，ARTZ L，BERG J，et al. Violence，violence prevention，and safety：a
research agenda for south africa ［J］. South African medical journal，2012，102（4）：
215-218.

［23］ MATZOPOULOS R. , BRADSHAW D. The burden of injury in South Africa: fatal injury trends and international comparisons ［M］//SUFFLA S, VAN NIEKERK A, DUNCAN N, et al. Crime, violence and injury prevention in South Africa: developments and challenge. Tygerberg: Medical Research Council, University of South Africa, 2004.

［24］ BAKER M J, MANER J. Male risk-taking as a context-sensitive signaling device ［J］. Journal of experimental social psychology, 2009, 45 (5): 1136-1139.

［25］ COLLINS J J, MESSERSCHMIDT P M. Epidemiology of alcohol-related violence ［J］. Alcohol research and health, 1993, 17 (2): 93.

［26］ NICHOLSON N, SOANE E, WILLMAN P. Personality and domain-specific risk taking ［J］. Journal of risk research, 2005, 8 (2): 157-176.

［27］ WALDRON I, MCCLOSKEY C, EARLE I. Trends in gender differences in accidents mortality: relationships to changing gender roles and other societal trends ［J］. Demographic research, 2005, 13 (17): 415-454.

［28］ THOMSON J. A murderous legacy: coloured homicide trends in South Africa ［J］. South Africa crime quarterly, 2004, 7: 9-14.

［29］ FAULL A. ISS today: South Africa's presidency must drive safety ［R］//South African government South Africa year book 2018/19, 2019.

［30］ Statistics South Africa. Victims of crime survey 2017/18 ［R］, 2018.

［31］ Department of Planning, Monitoring and Evaluation. 25-year review of the service delivery performance of the democratic government of South Africa ［R］, 2018.

［32］ South Africa Government News Agency. UIF promises to pay all valid claims ［EB/OL］. https://allafrica.com/stories/202007201075.html.

［33］ Global Information and Education on HIV and AIDS. HIV and AIDS in South Africa ［EB/OL］. https://www.avert.org/professionals/hiv-around-world/sub-saharan-africa/south-africa#footnote1_ ew232hb.

［34］ SOLANKI G. Population aging in South Africa: trends, impact, and challenges for the health sector ［J］. South African health review, 2019.

［35］ VAN DDER BERG S. Current poverty and income distribution in the context of South

African history［D］. University of Stellenbosch，2010.

［36］GELB S. Inequality in South Africa：nature，causes and responses［R］. Johannesburg：The EDGE Institute，2004.

［37］MBULI B N. Poverty reduction strategies in South Africa［D］. University of South Africa，2008.

［38］South African Government. National development plan 2030：Make it work［R］，2012.

［39］Statistics South Africa. Community survey 2016 statistical［R］，2016.

［40］WOLDESENBET S A，KUFA T，LOMBARD C. et al. The 2017 national antenatal sentinel HIV survey［R］，2019.

［41］李乔娜. 跨文化交际视角下的新加坡多种族融合及其启示［J］. 青春岁月，2014（19）.

［42］赵聚军，安园园. 广州黑人聚居区的形成与族裔居住隔离现象的萌发［J］. 行政论坛，2017（4）.

［43］司林波，聂晓云. 雄安新区原住居民与新移民社会融合的探讨［J］. 行政管理改革，2018（7）.

［44］常铁威，龚桢梽. 新加坡、南非解决城市外来人口公共服务的做法与借鉴［J］. 宏观经济管理，2014（5）.

［45］汪冬冬，王华. 转型时期民族融合与民族社会工作创新发展［J］. 云南民族大学学报（哲学社会科学版），2014（4）.

［46］加文·布拉德肖，黄觉. 冲突之后的社会融合：南非十二年［J］. 国际社会科学杂志（中文版），2008（3）.

［47］郭金华. 中国老龄化的全球定位和中国老龄化研究的问题与出路［J］. 学术研究，2016（2）

［48］SHELTON G. China，Africa and Asia advancing south-south co-operation.［EB/OL］. http：//bibliotecavirtual. clacso. org. ar/clacso/sur－sur/20100711023748/16_Shelton. pdf.

［49］李小云. 中国减贫的实践与经验：政府作用的有效发挥［J］. 财经问题研究，2020（9）.

［50］NAN L, HONG M, GERLAND P. Using child, adult, and old-age mortality to establish a developing countries mortality database (DCMD)：［M］//Demography and health issues：population aging, mortality and data analysis：51-62.

［51］Zhejiang University. The laboratory for population big data & policy simulation. The developing countries mortality database (DCMD)［EB/OL］. http：//www. lifetables. org.

［52］李成, 米红, 孙凌雪. 利用 DCMD 模型生命表系统对"六普"数据中死亡漏报的估计［J］. 人口研究, 2018（2）.

［53］ATAGUBAU E, MCINTYRE D. Paying for and receiving benefits from health services in South Africa：is the health system equitable?［J］. Health policy and planning, 27, Suppl. 1.

［54］OLIVE, KATHRYN R, CELENTANO D D, et al. Does marital status matter in an HIV hyperendemic country?［R］//2012 South African national HIV prevalence, incidence and behaviour survey.

坦桑尼亚人口与发展状况报告

David Jeremia Luheja　寇浩楠　姜全保 *

摘要： 自 1964 年至今，中坦一直保持友好双边关系，2013 年，坦桑尼亚加入了"一带一路"倡议。文章首先介绍了坦桑尼亚的基本人口状况、文化状况、经济状况和社会状况，然后重点描述了近 30 年坦桑尼亚的人口相关主要特征的变化情况，诸如城市地区和青年人群失业率较高；贫困人口比率高，但逐渐下降；教育水平偏低；女性参政比例低；女性劳动参与行业差距大，等等。基于此，进一步讨论了坦桑尼亚目前面临的人口问题与挑战，主要包括城市年轻人数量增多、失业率高、贫穷与不平等、国内流离失所人数较多等。最后，文章针对坦桑尼亚面临的人口问题，提出与中国在人口政策制定、人才素质提升和人口统计与预测等方面展开合作的建议，加强两国交流，实现互惠互利。

关键词： 坦桑尼亚；人口与发展；问题与挑战；"一带一路"

---

* David Jeremia Luheja，西安交通大学人口与发展研究所博士研究生；寇浩楠，西安交通大学人口与发展研究所硕士研究生；姜全保，西安交通大学人口与发展研究所教授、博士生导师。

一、国家简介

坦桑尼亚联合共和国[1]由坦噶尼喀和桑给巴尔两个主要部分组成，位于非洲东部。公元前即同阿拉伯、波斯和印度等地有贸易往来。公元7世纪至8世纪，大批阿拉伯人和波斯人迁入此地。1886年坦噶尼喀内陆被划归为德国在东非的殖民地，1947年之前，曾相继成为英国的"委任统治地"和"托管地"，直到1964年，桑给巴尔人民推翻苏丹王的统治，成立桑给巴尔人民共和国，同年4月26日，坦噶尼喀和桑给巴尔组成联合共和国，10月29日改国名为坦桑尼亚联合共和国。

坦桑尼亚人口数量为5800万人（2020年），占东非共同体[2]人口总量的三分之一，国土面积94.5万平方千米，占东非共同体总面积的一半。

坦桑尼亚位于非洲东部、赤道以南，北与肯尼亚和乌干达交界，南与赞比亚、马拉维和莫桑比克接壤，西与卢旺达、布隆迪和刚果（金）为邻，东临印度洋。坦桑尼亚地理位置优良，气候适宜，与邻国共享维多利亚湖、坦噶尼喀湖和马拉维湖三大湖泊，还拥有着丰富的农业生态结构：有低洼的沿海平原、干旱的高原、北部的大草原，以及西北和南部凉爽、水源充足的地区。20世纪90年代末，坦桑尼亚中央政治行政中心从印度洋沿岸的达累斯萨拉姆迁至位于中部高原中部的中心城市多多马，不过全国的中心城市依然是达累斯萨拉姆。

截至2020年中期，坦桑尼亚人口估计为5800万人，人口密度为每平方

---

〔1〕 坦噶尼喀于1961年12月9日宣告独立，于1962年12月9日成立坦噶尼喀共和国。桑给巴尔于1963年12月10日独立，于1964年1月12日革命后建立了桑给巴尔人民共和国。这两个主权国家于1964年4月26日组成坦桑尼亚联合共和国。

〔2〕 东非共同体是一个区域性政府间组织，由6个伙伴国组成：布隆迪共和国、肯尼亚共和国、卢旺达共和国、南苏丹共和国、坦桑尼亚联合共和国和乌干达共和国，总部设在坦桑尼亚阿鲁沙。东非共同体拥有1.77亿人口，其中超过22%是城市人口，六国国土总面积近250万平方千米。

千米 61 人，总土地面积为 94.5 万平方千米。坦桑尼亚人口分布不均衡，大多数居住在达累斯萨拉姆、多多马、姆万扎、姆贝亚和阿鲁沙等商业城市，受城市化影响，农村地区人口趋于稀少。

坦桑尼亚人口使用 120 余种不同语言，由不同文化及从事不同经济活动的民族和部落组成。尽管存在许多族裔群体，但他们却没有发生过种族或部落冲突。坦桑尼亚的国语是斯瓦希里语，英语是从中学到高等教育阶段的第二语言。宗教信仰方面，大多数人信仰基督教，其次是伊斯兰教和其他少数传统教派。在坦桑尼亚大陆上，林迪、姆特瓦拉、坦噶、滨海区和达累斯萨拉姆的沿海地区居住着大量穆斯林，在内地则主要是基督教徒。除此之外，在桑给巴尔，大约 99% 的穆斯林分布在温古贾岛和奔巴岛。

二、人口发展状况

（一）人口现状与变迁

本章分为两个部分，第一部分介绍坦桑尼亚的人口历史变化趋势和人口结构现状。第二部分讨论人口动态的相关指标，如生育率、死亡率和迁移率，并重点讨论近 30 年的变化情况。

1. 人口总量多，增长速率快

在 20 世纪 60 年代和 70 年代刚独立的时期，坦桑尼亚及其他非洲国家普遍主张人口增长，原因有二，一是这里曾经被殖民，人口数量锐减后需要恢复；二是希望通过增加人口进而发展经济。1960 年，即独立的前一年，坦桑尼亚人口为 1000 万人，而到了 2019 年，人口增长到 5800 万人，增长了 5.8 倍。由图 1 可以看到，坦桑尼亚的人口在近 10 年中，仍在以平均 3% 的速度在持续增长。这种增长与坦桑尼亚的高生育率和死亡率下降有关，后面的章节会继续讨论。

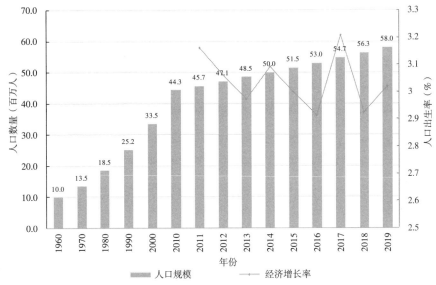

资料来源：联合国《世界人口展望 2019》。

图1　1960—2019 年坦桑尼亚人口规模和经济增长率

坦桑尼亚国家统计局提供的人口普查数据显示，坦桑尼亚大陆的人口一直是桑给巴尔岛屿人口的 33 倍至 35 倍（见表1）。在 1988 年和 2002 年的人口普查中，桑给巴尔的年均人口增长率比坦桑尼亚大陆高 0.2%，而在 2012 年的人口普查中，两地的年均人口增长率已经持平。如果保持目前的增长率，坦桑尼亚大陆的人口预计将在 26 年内（2038 年）翻一番，而桑给巴尔的人口数量翻倍时间则是 24 年内甚至更短。

表1　1967—2012 年坦桑尼亚大陆和桑给巴尔人口数量与人口增长情况

	1967 年	1978 年	1988 年	2002 年	2012 年
总人口（千人）	2313	17 512	23 095	34 443	44 928
期间增长（千人）		15 199	5583	11 347	10 485
年均人口增长率（%）		3.2	2.8	2.9	2.7
倍增时间(年)		21.7	25.0	24.3	26.1

续表

	1967 年	1978 年	1988 年	2002 年	2012 年
坦桑尼亚大陆					
总人口（千人）	11 958	17 036	22 455	33 461	43 625
期间增长（千人）		5077	5418	11 006	10 163
年均人口增长率（%）		3.2	2.8	2.9	2.8
倍增时间（年）		21.5	25.1	24.3	26.1
桑给巴尔					
总人口（千人）	345	476	640	981	1303
期间增长（千人）		121	164	341	321
年均人口增长率（%）		2.7	3.0	3.1	2.8
倍增时间（年）		26.0	23.3	22.7	24.4

资料来源：坦桑尼亚国家统计局、桑给巴尔政府首席统计员办公室。

2. 人口结构年轻，男女比例均衡

如图 2 所示，坦桑尼亚人口结构相对年轻，这是低预期寿命和高生育率国家的典型特征。坦桑尼亚人口的年龄和性别结构在独立后的几十年里基本保持不变。有 43.8% 的人口分布在 0—14 岁年龄组，而 65 岁及以上人口仅占总人口的 2.6%。坦桑尼亚的劳动年龄人口（15—64 岁）所占比例为 53.5%。总人口中男性和女性各占 50%，各年龄段人口性别分布也较为均衡，男女人数占比相差很小。

考虑到 15—24 岁的年龄段中越来越多的年轻人并未参与就业（可能选择继续接受教育），那么 24 岁及以下年轻人的比例最高将提升至 63.3%，加上 65 岁及以上人口，受抚养人口的比例可能提高到 65.9%。此外，随着越来越多的人进入育龄期使得出生人口增加，可以预测，未来坦桑尼亚的受抚养人口数量还将进一步增加。

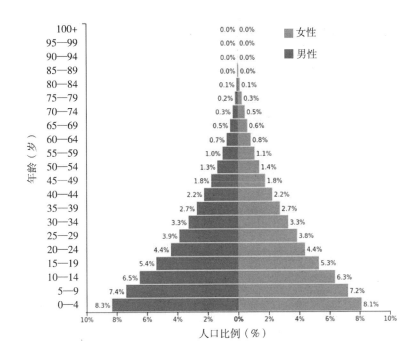

资料来源：人口金字塔网。

图2　2019年坦桑尼亚人口金字塔

2015—2016年坦桑尼亚人口与健康调查数据显示，坦桑尼亚的平均家庭规模为每户4.9人。坦桑尼亚大陆城市家庭（每户4.3人）略小于坦桑尼亚大陆农村家庭（每户5.1人）和桑给巴尔家庭（5.4人），在坦桑尼亚家庭中有25%的户主是女性。

（二）人口动态变化

本节重点介绍人口数量增减相关指标，包括粗出生率、总和生育率、避孕普及率、粗死亡率、婴儿死亡率、孕产妇死亡率和国际迁移率等。

1. 粗出生率和总和生育率较高

坦桑尼亚人口快速增长的主要原因是粗出生率和总和生育率较高。图3为1990年至2018年坦桑尼亚和东非共同体粗出生率的变化趋势情况。坦桑尼亚的粗出生率在过去30年中逐渐下降，从1990年的44‰下降至2018年的37‰。同样的趋势也出现在东非共同体的变化当中。但自2005年以来，坦桑尼亚的粗出生率从低于东非共同体的平均水平变成高于东非共同体的平均水平。

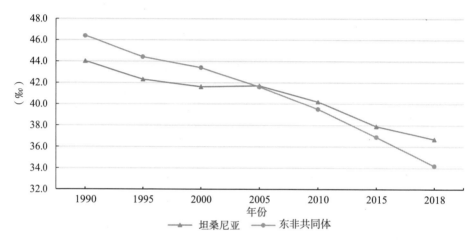

资料来源：联合国《世界人口展望2019》。

图3 1990—2018年坦桑尼亚和东非共同体粗出生率变化

由图4可知，自1990年以来坦桑尼亚和东非共同体的总和生育率一直呈下降趋势。1990年总和生育率为6.2，到了2018年下降到4.9。虽然在1990年至2010年间坦桑尼亚的总和生育率低于东非共同体区域的平均水平，但自2010年以来一直高于该区域的平均水平。

坦桑尼亚总和生育率存在一定的城乡和区域差异。根据坦桑尼亚人口和健康调查，根据图中数据计算可得，坦桑尼亚大陆的总和生育率（5.2）和桑给巴尔（5.1）之间的总和生育率差异不大，但农村（6.0）比城市（3.8）高2.2。此外，不同地区之间也存在显著差异。南部地区和东部地区的总和生育率较低，分别为3.8和3.9，而北部地区和西部地区总和生育率则较高，分别为6.4和6.7。

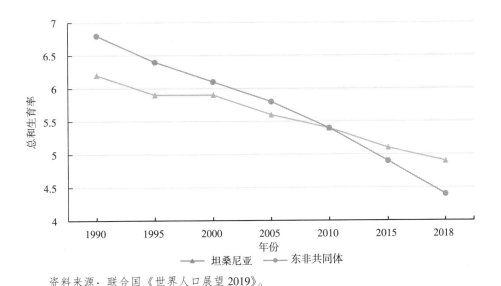

资料来源：联合国《世界人口展望 2019》。

图4　1990—2018 年坦桑尼亚和东非共同体总和生育率变化

2. 避孕普及率上升

在坦桑尼亚 15—49 岁的已婚女性中，为控制生育或保持生育间隔而使用现代避孕方法的人数不断增加。由图 5 可得，根据坦桑尼亚人口与健康调查数据，1999 年已婚女性的现代避孕普及率为 17%，在 2015 年至 2016 年间增加到了 32%。只有少数女性还在使用传统的避孕方法，使用传统避孕方法的女性人数自 1999 年以来不断减少。

不同地区和不同受教育程度的人口间避孕普及率存在显著差异。现代避孕方法的使用率在坦桑尼亚南部地区最高（51%），其次是南部高地地区（44%），而使用率最低的是桑给巴尔（14%）。在桑给巴尔岛，奔巴南区的现代避孕方法的使用率最低，仅有 7%，而林迪和鲁武马的现代避孕方法使用率则高达 52% 和 51%。通过图 6 可知，坦桑尼亚现代避孕方法的使用率随着教育程度的提高而上升。

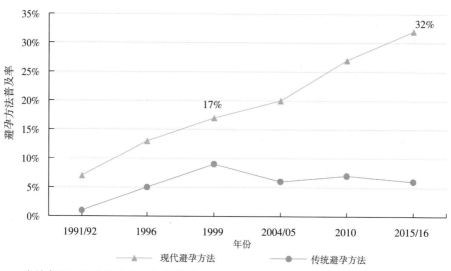

资料来源：坦桑尼亚人口与健康调查。

图5　1991—2016年坦桑尼亚15—49岁已婚女性的避孕方法普及率变化

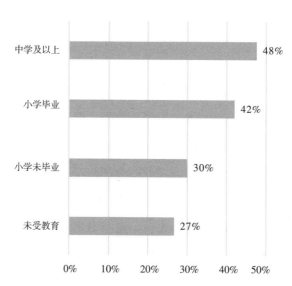

资料来源：坦桑尼亚人口与健康调查。

图6　不同受教育程度坦桑尼亚15—49岁的已婚女性现代避孕方法使用率

3. 死亡率下降

坦桑尼亚的人口增长得益于其高生育率和随着科技和医疗水平的进步而不断下降的死亡率的综合作用。由图 7 可得，在 1990 年至 2018 年期间，坦桑尼亚的死亡率从 14.9‰下降到 6.4‰。在此期间，坦桑尼亚的死亡率始终低于东非共同体的平均水平，这表明坦桑尼亚是该地区死亡率较低的国家之一。

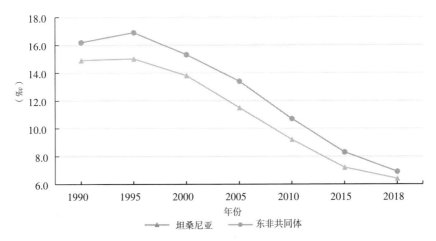

资料来源：联合国《世界人口展望 2019》。

图 7　1990—2018 年坦桑尼亚和东非共同体死亡率变化

20 多年来，坦桑尼亚死亡率、婴儿死亡率、5 岁及以下儿童死亡率和孕产妇死亡率均呈下降趋势。通过图 8a 可以看到，在 1999 年至 2016 年间，婴儿死亡率从 99‰下降到 52‰，5 岁及以下儿童死亡率从 147‰下降到 79‰。通过图 8b 可以看到，根据世界卫生组织提供的数据，坦桑尼亚孕产妇死亡率为每 10 万人中 854 人，到 2017 年降至每 10 万人中 524 人。

另一方面，坦桑尼亚在缩小贫富之间及城乡之间的儿童死亡率差距方面取得了进步。分地区来看，阿鲁沙和乞力马扎罗北部地区的婴儿死亡率一直保持较低水平，但南部地区（姆特瓦拉、林迪）和西部地区（基戈马）的婴儿死亡率则较高，有研究表明，其死亡率较高的主要原因主要有夫妻年龄差异大、生育意愿低、母乳喂养时间短，以及重女轻男的观念等。

另外，可以发现儿童死亡率最低的地区的生育率也最低，这表明儿童死亡率和生育率之间可能存在正向的相关关系。

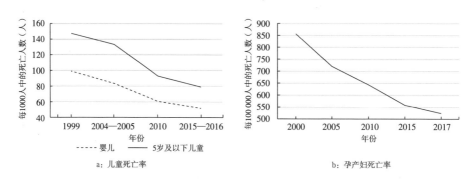

a：儿童死亡率　　　　　　　　　　b：孕产妇死亡率

资料来源：坦桑尼亚人口和健康调查，世界卫生组织。

图 8　坦桑尼亚婴儿死亡率、5 岁及以下儿童和孕产妇死亡率变化趋势

4. 移民以流入为主

1990 年至 1995 年，坦桑尼亚的西部邻国布隆迪和卢旺达发生动乱，由此产生的难民从两地流入坦桑尼亚，导致坦桑尼亚境内国际移民以流入为主。然而，数据显示，从 2000 年起，净移民开始出现赤字。2010 年净移民赤字为历史最大，为 -500 900 人，相当于每 1000 人中有 2.4 人流出国境。截至 2019 年，目前的净移民率为 -0.7‰。但在过去 10 年中，国际移民占总人口的百分比由 0.7% 增长至 0.9%，这表明坦桑尼亚还是具有一定的吸引力（见表 2）。

表2 1990—2019年坦桑尼亚移民情况

	1990 年	1995 年	2000 年	2005 年	2010 年	2015 年	2019 年
年中总人口估计（千人）	25 203	29 649	33 499	38 450	44 346	51 482	58 005
年中国际移民数估计（千人）	574	1100	949.6	771.2	309.8	384.6	509.2
国际移民占总人口比例(%)	2.3	3.7	2.8	2.0	0.7	0.7	0.9
净国际移民人数(千人)	68.1	584.1	−400.7	−300.5	−500.9	−250.4	−200.4
净移民率(‰)	0.6	4.3	−2.5	−1.7	−2.4	−1.0	−0.7

资料来源：联合国经济和社会事务部。

坦桑尼亚国内迁徙的数据很少。但有证据表明，国内移居的模式主要是从农村到城市。虽然从农村到农村的迁徙有时会发生，但大多发生在区域内。循环迁徙也较为频繁，但人口普查和其他调查数据暂时没有收集到这方面的数据。2013年的一项研究显示，坦桑尼亚从农村地区到城市地区及从城镇到城市的迁徙主要是25岁至34岁的年轻人（29%）和35岁至64岁的成年人（61%）。年轻人通常跟随父母迁徙，同时也有年长的父母为了来到城市和他们已经移居的孩子一起生活而迁徙。此外，区域间移居的主体是没有技能的年轻人，比例高达98.5%，相比之下，有技能的年轻人比例仅为1.5%。在年轻移民当中，大多数人已完成小学教育，仅有少数人完成了中学教育。

坦桑尼亚的国内移居（流离失所）监测中心提供的数据显示，在过去10年中，2011年、2016年和2018年，坦桑尼亚境内流离失所人数超过20 000人（见图9）。原则上将国内流离失所者定义为因暴力、侵犯人权或灾害而被迫逃离家园或离开其家园或惯常居住地的人，坦桑尼亚境内的国内流离失所的主要原因是干旱和洪水等自然灾害。

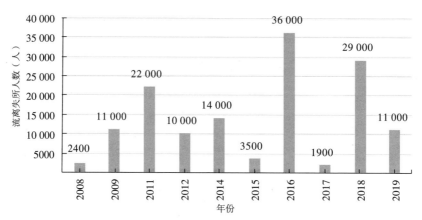

资料来源：国内流离失所监测中心。

图9 2008—2019年坦桑尼亚灾害造成的国内流离失所者人数

三、经济发展状况

（一）国内生产总值不断增加

坦桑尼亚是一个中等偏下收入的国家，在过去10年里，该国经济保持了较高的增长水平，国内生产总值以平均每年6%—7%的速度增长。坦桑尼亚国家统计局的数据显示，2018年国内生产总值实际增长率为7.0%，略高于2017年的6.8%。然而，官方需求侧数据（消费、投资和净贸易等）表明，2018年经济增长有所放缓。坦桑尼亚税务局的数据显示，政府对消费税的征收减少和对公共消费支出的严格控制，导致了消费增长放缓。投资虽然保持增长，但是受公共发展计划执行严重不足、外国直接投资流入水平较低和私营部门信贷增长不明显等影响，这种增长受到了抑制。

2018年坦桑尼亚贸易平衡出现了问题，出口总值降低了3.9%，而进口增长了7.8%。在目前有利的政策环境下，适度且稳定地实施改革以改善商业环境和财政管理现状，同时采取保护金融部门等措施，在食品供应充足和全球能源价格稳定的有利条件下，通胀率预计将保持在较低水平。

（二）城市地区和青年人群失业率较高

坦桑尼亚的失业率很高，特别是在城市地区和青年中。2018 年官方公布的失业率为 12%，达累斯萨拉姆的失业率是坦桑尼亚所有城市中最高的，达 32%。根据综合劳动力调查的报告，在 2006 年至 2014 年期间，坦桑尼亚劳动年龄人口（15—64 岁）增加了 480 万人，达到 2580 万人，其中大部分增长发生在城市地区。同一时期，失业率，特别是青年失业率有所下降，但降幅不大。由表 3 可得，2006 年，坦桑尼亚 15—24 岁和 25—35 岁的失业率分别约为 15% 和 12%，但在 2014 年分别下降至 14% 和 10%。2006 年坦桑尼亚男女失业率相等，但 2014 年女性失业率为 12.3%，比男性失业率（8.2%）高 4.1 个百分点。

表 3　坦桑尼亚 2006 年和 2014 年分性别和分年龄失业率　　（单位：%）

	2006 年	2014 年
失业率	11.7	10.3
分性别		
男性	12.6	8.2
女性	12.6	12.3
分年龄		
15—24 岁	14.9	13.7
25—35 岁	11.7	9.8
36—64 岁	9.5	8.1

资料来源：坦桑尼亚国家统计局、莫伦综合劳动力调查。

此外，就业人员中有三分之一是所谓的"工作穷人"：虽然处于就业状态，但其每天收入低于 0.96 美元。这些人通常在农业或城市非正规服务部门从事低生产率的兼职工作。据估计，每年有 70 万新的年轻求职者进入劳动力市场，但只有一小部分人有可能获得一份稳定的工作，使他们有可能养家糊口。尽管目前政府已将促进青年就业作为优先工作目标，并制定了支持创业的方案，但似乎效果并不好。私营部门本可以吸纳年轻劳动力，但其发展水平过低，无法长期解决失业问题。

（三）贫困人口比率高，但逐渐下降

在过去 10 年中，坦桑尼亚经济显著增长，贫困率持续下降。2001 年至 2007 年间，坦桑尼亚贫困率基本保持在 34.4%，2011 年降至 28.2%，到了 2018 年则降至 26.4%。人口总量增加快而贫困率下降缓慢，可以推断，贫困人口的绝对数量在增加。2018 年，坦桑尼亚约有 1400 万成年人每月收入低于 49 320 坦桑尼亚先令（约合人民币 138 元）的国家贫困线，约有 2600 万（约占 5800 万总人口的 49%）成年人每日收入低于 1.90 美元的国际贫困线。

根据坦桑尼亚国家统计局提供的数据，由图 10 可知，处于食物贫困线和基本需要贫困线以下的人口比例一直在下降。2000 年，约有 19% 的人口生

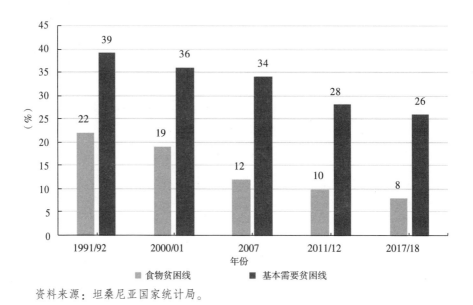

资料来源：坦桑尼亚国家统计局。

图 10　1991—2018 年坦桑尼亚食物和基本需要贫困线以下人口比例

活在食物贫困线以下，约有36%的人口生活在基本需求贫困线以下，2018年这两个比例分别降至8%和26%。

目前坦桑尼亚政府通过努力改善居民生活条件，增加他们获得基本服务的机会，不断提升人力资本，从而有效降低贫困率。但坦桑尼亚总体的资源数量有限，过快的人口增长反而会对经济发展起到负面作用，也阻碍了脱贫工作的进行，因此，在发展穆库塔和姆库扎[1]两地经济的同时，也要注重减缓人口过快增长，合理利用资源。

四、社会发展状况

（一）城市化进程加快

作为人口转型的重要组成部分，城市化是必然趋势。城市化既是机遇，也是挑战。目前坦桑尼亚在人口迅速增长的同时，经济社会发展转型并没能加快，人民生活质量也没能得到更好地提升。

由图11可知，自20世纪60年代以来，坦桑尼亚的城镇人口比例从5%上升至2019年的34%，增加了近6倍。预测显示，这种增长将继续下去，到2050年，城镇人口将超过一半。与东非共同体的平均水平相比，坦桑尼亚的城市化曲线更加陡峭，表明了其城市化进程较东非各地区还将更快。

---

[1] 穆库塔（坦桑尼亚大陆脱贫战略）和姆库扎（桑给巴尔脱贫战略）实施周期于2010年6月底结束。第二个国家增长和脱贫战略（NSGRP II）于2010—2011年至2014—2015年间开始实施。在坦桑尼亚的通用语斯瓦希里语中，它被称为 Mpango wa Pili wa Kukuza Uchumi na kundoa Umaskini tanzan 或 MKUKUTA II。与穆库塔 I（2005—2006年至2009—2010年）一样，重点仍然是加快经济增长、减少贫困、提高坦桑尼亚人民的生活水平和社会福利以及善政和问责制。穆库塔 II 和其前身一样，是实现坦桑尼亚 2025 年发展愿景、千年发展目标和执政党选举宣言愿望的工具。

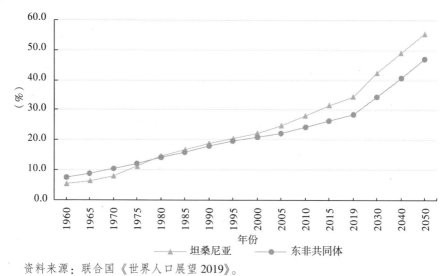

资料来源：联合国《世界人口展望 2019》。

图 11　1960—2050 年坦桑尼亚城镇人口比例和预测

坦桑尼亚的高城市化率与其人口在区域间的移居高度相关。城市化带来收益的同时也会带来不良的影响，收益主要包括就业范围的扩大、就业机会的增多、生产力的提高、居住环境的改善、基本服务水平的提高、商品服务选择范围的扩大和总体上生活水平的提升等；然而，城市化也带来了不良影响，包括城市的过度拥挤、基本服务资源的缺乏、存在健康危害和诱发更多犯罪事件等。目前，许多非洲国家在城市化进程中所承受的代价大于它们所获得的收益，它们的城市化并没有像亚洲和世界上其他国家那样推动经济的强力增长。

根据联合国人口司的估计，到 2030 年，坦桑尼亚将会有一个城市（达累斯萨拉姆）人口超过 1000 万人，两个城市人口分别达到 100 万人至 500 万人，6 个城市人口达到 50 万人至 100 万人，10 个城市的人口达到 30 万人至 50 万人，其他一些城市在 30 万人以下。

然而，坦桑尼亚想要利用好城市化的优势，还需做好城市规划和城市治理，加强交通、能源和通信等基础设施建设，从而尽快为大量劳动力创造高质量的就业机会，并确保充足就业机会的提供和社会服务水平的提升。

（二）教育水平偏低

坦桑尼亚政府对所有在公立学校就读的儿童实行了从小学到普通中学免费的义务教育政策。这一举措减轻了家庭支付学费和其他费用的负担，儿童在学前和小学阶段入学率升高，学校出勤率上升，辍学人数下降。坦桑尼亚政府要求儿童在进入小学后，需要完成义务教育全部阶段的学习。

根据坦桑尼亚国家统计局的数据，2016 年坦桑尼亚学前教育净入学率为 47%，2017 年最高，为 96%。小学净入学率在 2016 年为 86%，在 2019 年增至 95%。另一方面，2015 年至 2019 年间，中学净入学率保持在 32% 至 35% 之间（见图 12a）。虽然小学的师生比一直在增加，但中学的师生比却一直停滞不前。2015 年，小学师生比为 41%，到了 2019 年上升到 58%。然而，在 2015 年至 2017 年间，中学师生比平均为 18%（见图 12b）。观察小学和中学的男女入学率可以发现，男孩和女孩的受教育机会存在差异，政府正在努力解决这一问题。

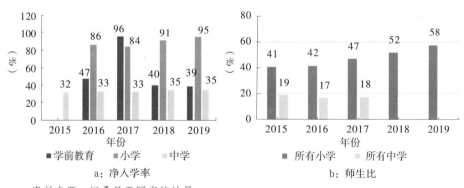

a：净入学率　　　　　　　　　　b：师生比

资料来源：坦桑尼亚国家统计局。

图 12　2015—2019 年坦桑尼亚中小学净入学率和师生比

（三）性别差异

1. 出生性别比与入学性别比正常

根据联合国世界人口展望和世界银行的数据，坦桑尼亚的出生性别比在近60年里一直保持在1.03。这一比例与大多数其他非洲国家没有太大区别。由于男孩在家族和宗族中承担继承的角色，所以坦桑尼亚重男轻女的现象十分严重。

据报道，2018年坦桑尼亚中小学毛入学的性别比（女性入学人数比男性入学人数）为1.03，而大专以上院校的入学性别比为0.54，这似乎表明在基础教育阶段坦桑尼亚女孩的受教育情况更好，但高等教育阶段，坦桑尼亚男性的受教育情况更好。

2. 消除女童婚姻依旧任重道远

大多数非洲国家普遍存在童婚现象，这已经成为一个社会问题。当一个女孩在较年轻的时候结婚，她会失去一定的社会参与机会，比如教育机会、有报酬的工作，有时甚至遭受家庭暴力。根据1971年坦桑尼亚《宪法》规定，男子的法定结婚年龄为18岁，而女子的法定结婚年龄为16岁。此外，男人还可以一夫多妻，这一对女性歧视的规定，导致了女性婚姻步入更加险恶的境地。

在坦桑尼亚，近三分之二（65%）的女性在20岁前结婚。女性平均初婚年龄为18.6岁，而男性平均初婚年龄为24.4岁。坦桑尼亚人口结婚年龄与所在地区和受教育程度有关。一方面，城市地区的女性结婚年龄（年龄中位数19.8岁）往往比农村地区的结婚年龄（年龄中位数为18.3岁）要大。另一方面，坦桑尼亚的结婚年龄也随着受教育程度的提高而大大增加；至少受过一些中等教育的女性比没有受过教育的女性晚结婚5年以上，25—49岁年龄段的女性结婚年龄为前者为23.6岁，后者为17.5岁。

2016年7月8日，坦桑尼亚高等法院宣布禁止坦桑尼亚女孩的童婚。法院要求政府在一年内修改法律，将女性的法定最低结婚年龄修改为18岁，与坦桑尼亚男性的法定最低结婚年龄相同。2019 年 10 月 23 日，坦桑尼亚上诉法院支持了高等法院 2016 年对禁止童婚的里程碑式的裁决。

3. 女性遭受家庭暴力现象严重

家庭暴力侵犯了基本人权，会对妇女、儿童健康和经济社会造成严重的不利影响。2015 年至 2016 年坦桑尼亚人口与健康调查数据显示，15—49 岁年龄组中高达 63% 的离婚、分居或丧偶的女性曾遭受过身体暴力，而已婚女性中有 44% 曾遭受过身体暴力，16% 的女性曾遭受过性暴力。曾经有遭受性暴力的经历在目前已婚女性（16%）和离婚、分居或丧偶的女性（31%）中更为普遍；甚至，接近十分之一的未婚女性（9%）也报告曾遭受过性暴力（见图 13）。

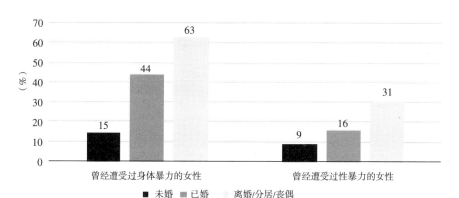

资料来源：2015—2016 年坦桑尼亚人口与健康调查。

图 13　坦桑尼亚女性受到家庭暴力的情况

4. 女性参政比例低

坦桑尼亚正在努力提高女性的政治地位，但在国家高层政治领导人任职方面体现的还不明显。自 1961 年宣布脱离英国统治独立以来，到 2015 年，坦桑尼亚没有女性担任过诸如总统、总理、首席部长或总检察长等最高领导职务。坦桑尼亚历史上第一位担任副总统的女性是 2015 年大选中的萨米

娅·苏鲁胡·哈桑女士。在那次 2015 年大选中，在 1250 名候选人里，只有
238 名女性（占 19%）赢得议会席位。

在议会中，从 1961 年到 1965 年，只有 7.5% 的议员是女性，这一比例
在 1970 年至 1975 年议会选举期间下降到 3.5%。这迫使执政党采取平权行
动，通过政党为女性提供一定的席位。在 1985 年和 1990 年的选举中，女性
议员通过选区席位的比例为 2%；1995 年这一比例上升到 2.9%，2000 年上
升到 4%。在 2005 年的议会中，324 位议员中有 97 位是女性，其中 17 位是
通过选区席位选举产生的，比 2000 年的 12 位和 1995 年的 8 位有所增加。
2010 年，339 名议员中共有 125 名女性，其中 20 名是从选区选出的。

5. 不同行业女性劳动力参与率差距大

相关研究表明，在劳动力市场和工作场所对女性的歧视普遍存在，在工
资和就业法律保护方面，性别歧视也经常发生。例如，年轻女性就业收入较
低，在求职和工作场所内往往面临不利条件。

由图 14 可知，从事农业的女性所占就业比例最大，其次是非正规部门
和其他私营部门。从事农业工作（女性比例 52%/男性比例 48%，下同）和
在非正规部门工作（51%/49%）的女性比例较男性而言略占多数。在从事
家务活动的人中，女性所占比例要高得多（54%/46%）。然而，在政府部门
（42%/58%）和半官方部门（18%/82%）及其他私人部门（28%/72%）的
从业人员中，男性的比例远大于女性，存在着很大的性别差距。总体而言，
男性比女性有更大可能在正规部门就业，这意味着女性更可能从事收入较
少、安全性较低的工作。

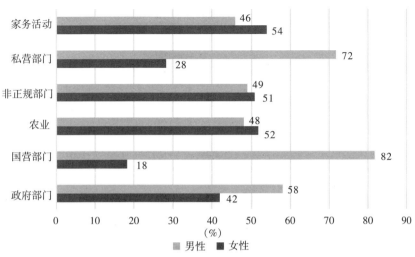

资料来源：2014 年综合劳动力调查。

图 14　2014 年坦桑尼亚大陆 15 岁以上就业人口不同行业性别比例

由表 4 可知，就业人口的月收入也在很大程度上取决于他们的就业类型：从事有偿就业的人月收入最高，个体从业者的月收入较少，而从事农业工作的人月收入最少。此外，在所有就业类型中，女性月平均收入均低于男性。即使是农业而言，女性从业者的月收入（92 882 坦桑尼亚先令）也比男性（150 665 坦桑尼亚先令）低得多。

表 4　2014 年坦桑尼亚大陆 15 岁以上就业人口分性别、分就业类型收入状况

就业类型	男性		女性		总人口	
	均值	中位数	均值	中位数	均值	中位数
	先令 （美元）	先令 （美元）	先令 （美元）	先令 （美元）	先令 （美元）	先令 （美元）
有偿就业	328 856 （142）	200 000 （86）	265 604 （114）	150 000 （65）	308 075 （133）	180 000 （78）

续表

就业类型	男性		女性		总人口	
	均值	中位数	均值	中位数	均值	中位数
	先令	先令	先令	先令	先令	先令
	（美元）	（美元）	（美元）	（美元）	（美元）	（美元）
个体职业	279 636 (120)	150 860 (65)	144 300 (62)	80 000 (34)	215 541 (93)	112 000 (48)
农业	150 665 (65)	69 750 (30)	92 882 (40)	43 000 (19)	131 943 (57)	60 000 (26)
全部	278 748 (120)	150 000 (65)	165 920 (71)	83 500 (36)	234 262 (101)	120 000 (52)

资料来源：坦桑尼亚国家统计局。

注：2020 年美元汇率按现行汇率折算。

在包括坦桑尼亚在内的许多非洲国家中，男性在社会生活中处于有利地位，必须系统地识别和消除歧视的根本原因，进而给予男女平等的机会，才能实现真正的性别平等。平等并不意味着男女是一样的，但生活中的各种机会不应取决于他们的性别。因此，两性平等要求在男女之间公平、公正地分配各种机会和资源。根据经验证明，女性承受着家务劳动、粮食生产和儿童保育等多重负担，这一现象普遍存在，且她们摆脱现状的希望很渺茫。

（四）健康保障

1. 医疗保障水平较低

坦桑尼亚的人口预期寿命不断提高，目前为 65 岁，其中男性为 63 岁，女性为 67 岁。这在一定程度上表明坦桑尼亚的医疗体系正逐步改善，从基层到更高级别的卫生机构都提供着医疗保健服务。在基层，医疗保健包括社区保健中心、药店和诊所，这项工作由一级医院、区域转诊医院、地区和国家医院负责，由于人力资源和药品及保健品供应方面的限制，政府并不能保证所有初级保健服务的质量。在某些地区，人们仍然生活在远离卫生服务的地方，妇幼保健因此受到的影响较大。

如图 15 所示，根据世界卫生组织的数据，2002 年坦桑尼亚每 1 万人中有 0.23 名医生。2010 年和 2016 年，这两个指标分别下降到 0.08 和 0.14。世界卫生组织建议的医患比为 1∶1000。目前在美国，每 1 万人中有 26 名医生，而英国则有 28 名医生。

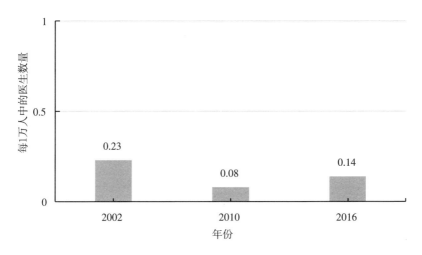

资料来源：世界卫生组织。

图 15　2002—2016 年坦桑尼亚每 1 万人中的医生数量

在大多数人口居住的农村地区，这一比例甚至更低。为应对此情况，坦桑尼亚各地大学大幅增加了医科学生的招收人数。然而，数据表明，医科毕业生转而从事其他职业的比例很高，另外，许多医科毕业生不愿在最需要他们的农村地区从事医疗工作。

2. 儿童保健情况改善

儿童保健情况也是评价一个国家医疗卫生系统的重要指标。根据坦桑尼亚人口与健康调查的数据，在过去 10 年中，坦桑尼亚儿童疫苗接种率几乎没有变化。在 2004/2005 年至 2010 年期间，12—23 个月儿童接受所有基本疫苗接种的比率从 71% 略微上升至 75%，在过去 5 年中几乎没有变化。同一时期，未接种疫苗的儿童比率一直很低，从 2004—2005 年的 4% 下降到 2010 年的 2%，并在 2016 年保持在这一水平。坦桑尼亚 5 岁及以下儿童中有 35% 发育迟缓或矮小（长期营养不良），5% 的幼儿身体消瘦，或对他们的身高来说太瘦（严重营养不良）。虽然消瘦的比率在 1999 年至 2016 年之间几乎没有变化，但自 2010 年以来，坦桑尼亚的发育迟缓的比率一直在稳步下降（见图 16）。

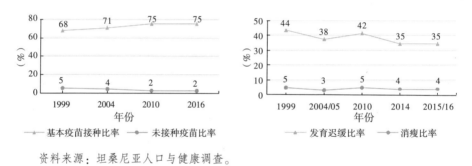

资料来源：坦桑尼亚人口与健康调查。

图 16　1999—2016 年坦桑尼亚儿童保健情况

五、社会状况

（一）语言种类丰富

坦桑尼亚的国家认同来自多个方面，其中最重要的是使用民族语言斯瓦希里语，这是一种几乎所有坦桑尼亚人都能够使用的语言。从 1962 年，即坦桑尼亚独立后的一年，斯瓦希里语成为政府的官方语言，并成为教育的教学语言，与英语同为官方通用语。斯瓦希里语是学校的必修课。在坦桑尼亚边界内，大约有 126 个民族共存，他们说的语言代表所有四个主要的非洲语系。这些人包括说"咔嚓"的狩猎采集者、说尼罗语的牧民（如马赛人）、说库什语的人和说班图语的人；说班图语的人在人口规模方面占主导地位。

尽管坦桑尼亚国内各民族文化和语言差异巨大，但各民族因使用共同的斯瓦希里语和民族认同感而团结在一起。卢旺达和布隆迪的种族政治化在1994 年达到高潮，胡图族和图西族之间的剧烈冲突导致大量难民涌入坦桑尼亚，而坦桑尼亚的政治活动与种族身份联系甚微，所以难民的涌入似乎没有给坦桑尼亚造成严重的种族紧张问题，不过难民们也确实对坦桑尼亚的环境和经济造成了沉重负担。

（二）宗教信仰自由

坦桑尼亚自独立以来长期坚持宗教信仰自由，所有宗教节日都得到公众承认。伊斯兰教早在 12 世纪就开始存在了，当时阿拉伯商人在大陆沿海地区、桑给巴尔和奔巴岛设立了哨所，因此伊斯兰教和阿拉伯文化的影响强烈地反映在斯瓦希里语中。早在伊斯兰教或基督教影响之前，土著信仰体系就塑造了每个民族的宇宙论。这些信仰的影响仍然很大，它们通常是单独存在或与主要宗教并存的。

在桑给巴尔，几乎 100% 的人口是穆斯林；在大陆，大约 40% 的人口是基督徒，35% 的人口是穆斯林，20% 的人口信奉土著宗教。坦桑尼亚有一小部分亚裔人口既非穆斯林也非基督教徒，他们信奉印度教、锡克教和佛教等其他宗教，约占坦桑尼亚总人口的 1%。基督教教派包括天主教、路德教派、圣公会、浸信会、长老会和东正教。基督教和伊斯兰教都提供受教育的机会，而且常常提供较好的医疗保健。

宗教节日包括圣诞节（12 月 25 日）、耶稣受难日、复活节星期一、伊斯兰新年和先知生日（每年都有不同的日期）。开斋节是一个穆斯林节日，也是公休日，在每年年底看到新月时庆祝。确切的日期根据新月的位置而变化。

（三）不同民族之间和平相处

同绝大多数非洲国家一样，当今的坦桑尼亚是一个民族多样性很高的社会，大约有 120 多个不同的民族和土著语言。然而，坦桑尼亚与非洲其他多民族国家之间的一个主要区别是，族裔并不是政治认同的主要依据，也不是其政党的组织原则。在形成政党关系、表达对不同政治领导人的支持方面或在最基本的层面上，民族因素对坦桑尼亚人作出政治判断的影响很有限，政党不受民族从属关系的影响。坦桑尼亚联合共和国宪法第 19（1）条规定，"人人有权在宗教问题上享有良心、信仰和选择自由，包括改变宗教或信仰的自由"。首先，坦桑尼亚的政党在实现一个没有任何种族隶属关系的民族性质后就在坦桑尼亚登记。坦桑尼亚人不会给自己或其他政党贴标签，坦桑尼亚政党也不会通过动员不同的民族选民来相互竞争。坦桑尼亚的执政党——坦桑尼亚革命党在各民族中享有广泛的民意支持。

由于历史文化因素的特殊融合，坦桑尼亚人有着强烈的民族自豪感和凝聚力。自 1961 年获得独立以来，这种民族主义意识一直有助于保持国家内外的和平。与邻近的大湖区非洲国家相比，坦桑尼亚被认为是一个相对和平的国家。坦桑尼亚仅经历过一次与乌干达之间的战争，始于 1978 年，结束于 1979 年，其目的是夺回乌干达独裁者艾德·阿明侵占的坦桑尼亚领土。坦桑尼亚人也没有通过破坏性的国内暴力冲突来解决坦桑尼亚的国内问题，始终拥护着坦桑尼亚首任总统朱利叶斯·尼雷尔的坚强领导。

六、人口与发展面临的问题与挑战

（一）问题与挑战

人口问题不仅是人口数量问题，它还涉及人口的年龄结构、性别构成、人口密度、劳动力规模、受抚养人口数量、预期寿命和贫困率等方面。想要对人口现状作出正确的判断，需要坚持可持续发展和提升人类福祉的原则。人口增长和经济发展的最终目的是人民生活质量的提高。换言之，人口增长能够推动经济增长，经济增长反过来也应服务于人民生活水平的提高。目前坦桑尼亚人口的状况并没有遵循这一规律，尽管坦桑尼亚人口和经济在保持一定的增长，但其人口发展仍然存在许多问题。下面将重点介绍坦桑尼亚现存的人口问题与挑战。

1. 年轻人数量增多，失业率高

坦桑尼亚人口的快速增长导致进入劳动力市场的年轻人口数量空前庞大。年轻人口数量的增长既是机遇，也是挑战。2014 年的数据表明，与 2006 年相比，尽管坦桑尼亚政府和国际组织大力促进经济可持续增长，使得城市青年的失业率有所下降，但失业率仍然在两位数。

坦桑尼亚 15—24 岁和 25—34 岁年龄组的人口数量占总人口的 33.8%，15—24 岁城市年轻人失业率为 17.4%，15—34 岁年轻人失业率为 11.7%。坦桑尼亚年轻人失业通常与缺乏教育和培训技能及劳动力市场需求不足有关。年轻人工作质量低下，在很大程度上是由他们的教育程度低所决定的。在 2014 年，有 80 万至 100 万坦桑尼亚青年进入劳动力市场。其中 14% 的人没有上过小学，44% 的人上完小学后没有继续上中学，另外 38% 的人虽然上了中学，但没有通过或完成中级教育，只有 4% 的人接受过中级以上的教育。由于他们大多数没有获得创业所需的基本技能，所以很难找到一份高薪的工作。

此外，目前坦桑尼亚劳动力拥有的劳动技能与劳动力市场需求不匹配。大学课程、职业和专业技能培训与就业市场的需求不符。坦桑尼亚的大学倾向于提供 "传统学术课程"，而这些课程并非是一个充满活力和竞争激烈的劳动力市场所需求的，所以，即便每年有数千名毕业生从教育系统中毕业，但他们依然无法融入坦桑尼亚的劳动力市场。年轻人失业的主要后果之一是使不懂政治的人被迫参与到政治当中。

2. 贫穷与不平等

尽管坦桑尼亚的经济增长创造了一定的就业机会，但居民收入的增长幅度却很小。2007—2011/2012 年和 2017—2018 年家庭预算调查（HBS）的结果表明，2007—2018 年间，全国贫困率从 34.4%降至 26.4%，极端贫困率从 12%降至 8%。2018 年国家基本需求贫困线为每位成年人每月 49 320 坦桑尼亚先令，食品贫困线为 33 748 坦桑尼亚先令。贫困率全面下降，且农村地区下降更快，贫困率从 39.1%降至 33.1%，而城市地区从 20.0%降至 15.8%。农村地区的极端贫困率从 13.3%降至 9.7%，城市地区从 7.4%降至 4.4%。

还有一个不容忽视的问题是，坦桑尼亚 10 多年来的绝对脱贫固然有效，但只有缩小了居民收入差距才算真正实现了脱贫。换言之，对于坦桑尼亚这样的贫穷国家，必须对穷人优先提供生活用水、卫生和教育等基本服务必需品，向工人提供必要的补助，以缩小收入不平等差距，进而才能实现真正脱贫。

3. 城市化速度过快

2020 年坦桑尼亚总人口中，约 35.2%的人口生活在城市地区。该国城市人口已从 1971 年的 8.4%增加到 2020 年的 35.2%，年均增长率为 2.98%。坦桑尼亚的城镇每年都会吸引大量新的移民，这些移民与自然增长的人口一起增大了计划外居住地的数量，使城市空间状况恶化，也给地方政府改善基本基础设施和提供基本社会服务造成了麻烦。

坦桑尼亚有 10 个主要城镇人口数量超过 15 万人，其中主要城市和港口达累斯萨拉姆的人口估计超过 670 万人。达累斯萨拉姆的人口密度为 3100 人/平方千米。更多研究报告表明，达累斯萨拉姆约 80%的城市人口生活在贫困的非正式定居点。在坦桑尼亚，特别是在达累斯萨拉姆，城市化带来了许多挑战，其中包括交通拥堵、城市贫困和失业率增加、城市卫生处理不力、固体废物管理不善、正规住房数量不足、医疗和教育机会不足、土地保有权不安全，以及城市土地利用规划面临的挑战等。

坦桑尼亚的城市综合治理能力不足，体制安排不当，阻碍了城市部门的发展。对于基础设施和城市服务的需求没有得到满足，从而限制了国家经济增长和生产力的提升。由于坦桑尼亚农村和城市之间的地区发展不平衡，人们想要提升生活水平，便需从农村地区向城市地区迁移，因此，有效地加强城市管理将会显得格外重要。

4. 农村粮食短缺

从农村到城市的高人口迁移率在给城市带来了压力的同时，还给农村的粮食保障造成了困难。丰富的就业机会和良好的福利等被认为是人口向城市迁移的主要决定因素。杜达等人进行的一项研究采用了倾向评分匹配法，研究表明，可能是由于劳动力投入的减少，农村家庭的农业生产率出现了下降。

农村人口向城市移居仍然是发展中国家（包括坦桑尼亚）广泛采用的生计策略。为了防止对本就落后的生产能力造成进一步的负面影响，务必制定相关切实可行的政策，提升农业机械化水平，以提高农业生产力，促进农业发展。

5. 政党间关系紧张

在宪法修改的背景下，半自治的桑给巴尔和坦噶尼喀之间的关系显得尤为复杂。许多桑给巴尔人希望桑给巴尔能够实现自治，并抵制坦噶尼喀的外交和安全政策。这是由于由巨量的天然气资源储存在桑给巴尔海岸外，而坦噶尼喀却全面掌握着自然资源的控制权，这引起了桑给巴尔人的不满。

公民联合阵线历来是桑给巴尔的主要反对党，但在 2010 年，它与坦桑尼亚革命党组成了一个联合政府。在 2015 年的选举中，它联合了 UKA-WA[1] 运动中的其他反对党，从而使公民联合阵线在革命政府代表议会中赢得更多席位。然而，后来，在总统投票结果公布之前，桑给巴尔选举委员会因选举违规而取消了选举。在改选中，公民联合阵线没有参加，这使得执

---

〔1〕 在 2015 年选举之前，4 个反对党，即 Chama cha Demokrasia na Maendeleo、公民联合阵线、全国民主联盟和全国建设和革命会议组成了人民宪法联盟，以斯瓦希里语缩写 UKAWA 命名。该联盟提名爱德华·洛瓦萨先生为 UKAWA 总统候选人，他是前总理，也是执政党坦桑尼亚革命党非常有影响力的成员。UKAWA 强烈反对坦桑尼亚的执政党——坦桑尼亚革命党，并为赢得 2015 年选举中的众多议会席位作出了贡献。

政党取得了压倒性的胜利，结束了民族团结政府。而由于国内冲突导致公民联合阵线影响力减弱，该党并入了瓦扎兰多行动党，为 2020 年 10 月桑给巴尔大选向执政党发起挑战。公民联合阵线的内部冲突为其他反对派提供了扩大影响力的机会。民粹主义运动正在试图抓住这一机会，激进组织支持者对桑给巴尔政治的影响力有可能得到显著增强，比如越来越受欢迎的伊斯兰复兴运动，该运动提倡伊斯兰教法统治和桑给巴尔的完全独立。桑给巴尔目前宗教紧张局势加剧，激进伊斯兰团体与当局之间已发生了多起暴力冲突事件。

6. 国内流离失所人数较多

在东非，坦桑尼亚是受洪水灾害影响较大的国家。如前所述，在过去 10 年中，超过 10 万人因洪水和其他灾难而流离失所。在原首都达累斯萨拉姆，估计有 670 多万人口和价值 53 亿美元的基础设施都曾受到洪水灾害的影响。洪水的影响是多方面的，包括家庭离散、学校关闭和关键基础设施被摧毁等。

（二）政府对人口问题的政策应对

1. 计划生育政策

坦桑尼亚于 1976 年通过了支持计划生育的立法。计划生育政策主要包括减少计划外怀孕、确保两次怀孕之间一定的时间间隔及提倡最适合的生育年龄等措施。坦桑尼亚的国家计划生育政策规定：应避免在 18 岁之前和 35 岁之后怀孕，并且两次怀孕之间的时间间隔至少应为 3 年。规定还指出，生育 5 个及以上数量的孩子会增加孕产妇和婴儿死亡的风险。

自 1976 年以来，政府一直积极提供避孕药具。在政府预算中，坦桑尼亚政府预算的 18.4% 用于医疗保健。2012 年，坦桑尼亚承诺在其各级卫生系统增加现代避孕方法的使用。承诺到 2020 年将其用于计划生育用品的拨款从 140 亿坦桑尼亚先令增加到 170 亿坦桑尼亚先令。作为世界上童婚率最高的国家之一，政府致力于推动限制结婚年龄，杜绝少女生育和加强生殖健康服务设施建设等相关方面的政策改革，这反映了坦桑尼亚政府对女性的关注度越来越高。

2. 国家人口政策

坦桑尼亚于 1992 年通过了国家人口政策，该政策表明坦桑尼亚政府已认识到人口增长与经济增长之间不是简单的因果关系，人口增长可能也不是发展的主要障碍。然而，人口增长确实加剧了经济的困难状况，也使补救措施的实施更加困难。

国家人口政策强调以下几点：人口增长对自然资源的压力增加，并导致资源过度利用及退化；农业用地扩大、住房需求增加和娱乐设施建设对环境的压力增大；通过网络化、信息化等手段提升人口素质。国家人口政策的其他目标包括促进人口、资源和环境之间的可持续关系；促进城乡之间发展更和谐的关系，以使人口空间分布有利于资源的最佳利用。

此外，1999 年 6 月，政府公布了《坦桑尼亚国家发展愿景 2025》。2006 年修订的《国家人口政策》的目标是协调关于人民可持续发展、两性平等、女性权利的其他政策、战略和方案，它综合了多个部门和多个层面，政府与非政府组织、私营部门、社区和其他机构都合作参与了这项政策的执行。个人、政党和其他有组织的团体在确保政策目标实现方面发挥了积极作用。鉴于本国发展远景的主要目标是使坦桑尼亚人摆脱贫困，提高生活质量，该政策为综合解决人口问题提供了指导方针。

七、"一带一路"倡议回顾与展望

（一）中坦建交回顾

2013 年，中国提出"一带一路"倡议，希望为全球基础设施发展贡献力量。该倡议的核心思想是通过基础设施建设、贸易往来和人才交流等方式，在全球范围内建立互联互通的发展模式。目前，该倡议已涵盖了包括亚洲、欧洲和非洲在内的 100 多个国家。在东非，"一带一路"伙伴国家包括吉布提、埃塞俄比亚、肯尼亚、卢旺达、乌干达和坦桑尼亚。

中国和坦桑尼亚联合共和国于 1964 年 4 月建交，中国是第一批与坦桑尼亚建交的国家之一。两国始终保持牢固的双边关系，双方在卫生、教育和文化、农业、信息、通信和技术、贸易、旅游、能源和基础设施建设等多个领域开展了广泛合作。

中国为坦桑尼亚许多项目的实施提供了资金和技术支持，例如建设坦赞铁路、姆巴拉利水稻农场、友谊纺织厂、基维拉煤矿、查林泽供水项目、莫西比利农业技术示范中心等，可容纳 6 万人的坦桑尼亚国家体育场也由中国援助建设。

在基础设施建设方面，中坦签署了合作谅解备忘协议。自从坦桑尼亚成为"一带一路"伙伴国以来，中国企业完成了许多引人注目的项目。2015年，中国进出口银行出资建设的从姆特瓦拉至达累斯萨拉姆的天然气管道开工，这条管道帮助坦桑尼亚政府实现了用自己的资源发电的梦想，以造福全国人民。东非最大的斜拉桥尼雷尔大桥、坦桑尼亚第一座多跨多层立交桥（乌本戈立交桥）、达累斯萨拉姆港升级建设等重大项目对改善当地人生活、促进经济社会发展产生了巨大的积极影响。例如，尼雷尔大桥项目为当地人提供了 5 千多个就业岗位，这座桥的修建促进了坦桑尼亚发达地区和欠发达地区的相互连接和经济发展，同时也结束了百年来只能通过渡船才能跨越库拉西尼海湾的历史。

"一带一路"倡议通过基础设施建设联通了中国和坦桑尼亚。旅游业是坦桑尼亚的主要收入来源之一，而中国为其提供了大量游客。2015—2020年，中国在坦桑尼亚的游客数量增长了 25%。仅在 2019 年，就有 4 万多名中国游客前往坦桑尼亚游览。

在公共卫生领域，中国的"一带一路"倡议为中坦两国政府针对在全球范围内流行的传染性、慢性病和新兴流行病的展开合作提供了良好的机会，在健康信息管理和潜在威胁排查方面也提供了许多帮助，坦桑尼亚一直是中国对外援助的主要受益国之一，中国为坦桑尼亚的经济社会事务发展和民生改善方面作出了巨大贡献。

在教育合作方面，中国帮助在莫罗戈罗建立了农业技术示范中心，在达累斯萨拉姆协助建设会议中心和中非友好小学，不断向坦桑尼亚派遣农业和医学专家予以技术支持，除此之外，还向坦桑尼亚的学生提供了奖学金，制定人才交流计划。2015—2020年，共有1192名坦桑尼亚人获得奖学金，在中国进行学士、硕士和博士学位学习。为了提高坦桑尼亚的教育质量，中国在达累斯萨拉姆大学投资建设了耗资4100万美元的现代化的达累斯萨拉姆大学图书馆。图书馆建筑面积4.7公顷，建筑面积2万平方米，由图书馆、孔子学院和中坦文化交流园组成。该图书馆的藏书量达80万册，可同时容纳2100人。项目已于2018年完成并交由坦桑尼亚政府负责管理。

（二）未来合作与展望

坦桑尼亚是东非地区的重要国家，对推进"一带一路"建设意义重大。该国地理位置优越，对东部非洲和中部非洲国家的经济发展有很大影响。从2010年到2019年的10年间，坦桑尼亚经济增长强劲，实际国内生产总值年平均增长6.3%，2019年坦桑尼亚国内生产总值增长率放缓至5.8%。坦桑尼亚跻身世界20个增长最快的经济体之列，超过同期撒哈拉以南非洲3.5%的平均GDP增长率。坦桑尼亚的人均国民总收入在2010—2019年的10年间增长了50%，从720美元增长到了1080美元。私营部门是坦桑尼亚经济发展的一个重要组成部分，也是该国促进在2025年前达到中等收入国家水平的一个重要动力来源。在创造就业、创新、新增税收和公平竞争方面，政府一直不懈努力。

作为非洲最受欢迎的旅游目的地之一，坦桑尼亚以其令人叹为观止的景点而闻名，包括野生动物和文化遗产等迷人景观。旅游业是坦桑尼亚经济的基石之一，约占该国国内生产总值的17.2%，占全部外汇收入的25%。该行业为 60 多万人提供了直接就业，2018 年创造了约 24 亿美元的价值。据坦桑尼亚旅游部长称，2019 年有近 200 万游客到访坦桑尼亚。

坦桑尼亚人口众多，可以为在坦外资企业提供充足的劳动力，吸引外国投资者。坦桑尼亚自独立以来一直具有很强的政治稳定性，这为吸引外国投资建设提供了便利条件。

坦桑尼亚自然资源储量丰富，国土辽阔，有利于矿业、农业和制造业部门发展。基于中国与坦桑尼亚长期以来的友好关系和共同利益，相信"一带一路"倡议将进一步拓宽和深化中国与坦桑尼亚在人口和发展领域的合作，最终为坦桑尼亚经济的更好发展作出贡献。因此，提供以下几点建议措施，促进中坦未来的投资合作：

首先，坦桑尼亚为了更好地发展经济，需要解决好三大挑战，即缺乏技术、人才和资金。而中国在这三个领域具有优势，可在实施加快降低生育率政策，改善人口和劳动力的健康状况，推行教育改革，培养可就业毕业生，以及创造更多就业机会等方面根据自身经验，帮助坦桑尼亚解决这些挑战，从而建立相互联系、相互帮助的良好国际合作关系。坦桑尼亚"第二个五年计划"中对基础设施建设，扩大经济建设，加强对外贸易合作，促进工业化、农业产业化及其他的政策措施与"一带一路"倡议的理念和内容相吻合，中坦应持续推进双方在经济建设方面的合作。

其次，坦桑尼亚可以借鉴中国的发展道路、模式和经验，调整人口发展政策工作重心，将人口增长控制在与本国经济增长相匹配的水平上。两国应密切信息交流，促进"一带一路"建设项目的顺利实施。在共建"一带一路"的过程中，中国将与坦桑尼亚决策者分享这些经验，帮助坦桑尼亚培养具有专业劳动技能的劳动力，为坦桑尼亚的工业化发展提供保障。

最后，中国在控制人口过快增长方面经验丰富，这可以通过大规模工业化取得的经济发展成果上反映出来。与坦桑尼亚相比，中国的比较优势在于，劳动力拥有一定的劳动技能，可以更好地为各个经济部门发展作出贡献。因此，坦桑尼亚可以和中国政府加强在人口统计和人口预测方面的合作，努力解决好本国的人口问题，积极投身于"一带一路"倡议之中。

坦桑尼亚素来与中国交好，过去几年在中国的帮助下，坦桑尼亚的经济和社会快速发展，未来坦桑尼亚应当抓住机遇，积极迎接挑战，加强两国多领域的交流合作，进一步实现互惠互利。

参考文献：

［1］Belt and Road News. Significance of Belt & Road Initiative to Nigeria ［EB/OL］. ［2020-8-20］. https：//www. beltandroad. news/2020/01/25/significance-of-belt-road-initi-ative-to-nigeria/.

［2］BROSCHÉ L. Family planning in Tanzania ［EB/OL］. http：//www. diva-por-tal. org/smash/get/diva2：905927/FULLTEXTO/. pdf.

［3］CAMPBELL J C. Health consequences of intimate partner violence ［J］. The lancet, 2002, 359 (9314)：1331-1336.

［4］COOMBS M, DALY K, Putting women first ［J］. Michigan law review, 1995.

［5］DELOITTE. Africa's changing infrastructure landscape ［R］. Africa Construction Trends Report, 2016.

［6］DUDA I, FASSE A, GROTE U. Drivers of rural-urban migration and impact on food security in rural tanzania ［J］. Food Security, 2018.

［7］EAC Secretariat. East African community facts and figures ［EB/OL］. ［2020-9-16］. https：//www. eac. int/component/documentmananger/? task = download. document& file = bWFpbl9kb2 N1bWVudHNfcGRmX0V2cFVzSHl3RUF6dUhnS2hXc3RkVkRNRUFDDIEZhY3 RzIEZpZ3VyZXMg MjAxOQ= =&counter=575.

［8］Family Planning 2020. COVID-19 & Family Planning ［EB/OL］.［2020-9-10］. ht-tp：//www. familyplanning2020. org/tanzania.

［9］GOODELL A J, KAHN J G, NDEKI S S, et al. Modeling solutions to Tanzania's physi-cian workforce challenge ［J］. Global health action, 2016, 9 (1)：1-11.

［10］GWALEBA M J. Urban growth in Tanzania：exploring challenges，opportunities and management［J］. International journal of social studies，2018，6（12）：47-60.

［11］IDRIS. Mapping women's economic exclusion in Tanzania［EB/OL］. https：//assets. publishing. service. gov. uk/media/5b18ff6f40f0b634d557af84/Mapping_Womens_Economic _Exclusion_in_Tanzania. pdf.

［12］KATANGA J，MABALA S，P. Critical examination of the factors that influence business relationship between Tanzania and China［J］. International journal of economic and business management，2017，5（2）：44-54.

［13］KIDMAN. Child marriage and intimate partner violence：a comparative study of 34 countries［J］. International journal of epidemiology，2017，46（2）：662-675.

［14］KINYONDO A，PELIZZO R，Growth，employment，poverty and inequality in Tanzania［J］. Journal of Pan African studies，2018，11（3）：164-181.

［15］TANG K，LI Z，LI W，L. C. China's silk road and global health［J］. Lancet，2017，390（10112）：2595-2601.

［16］LO/FTF Council. Tanzania and Zanzibar labour market profile 2016［EB/OL］. http：//www. ulandssekretariatet. dk/sites/default/files/uploads/public/PDF/LMP/lmp_ tanzania_2016_final. pdf.

［17］MAKOYE K. Tanzania's tourism sector rebounds as virus fears wane［EB/OL］. ［2020-9-2］. https：//www. aa. com. tr/en/africa/tanzania-s-tourism-sector-rebounds-as-virus-fears-wane/1942968.

［18］MONTOYA S. Defining literacy［EB/OL］.［2020-8-15］. http：//gaml. uis. unesco. org/wp-content/uploads/sites/2/2018/12/4. 6. 1_ 07_ 4. 6-defining-literacy. pdf.

［19］MORISSET J，GADDIS I，WANE W. Youth in Tanzania：a growing uneducated labor force［EB/OL］.［2020-9-8］. http：//venturesafrica. com/blog/features/the-paradox-of-youth-employment-in-tanzania/.

［20］MSIGWA R E，MBONGO J E，Determinants of internal migration in Tanzania［J］. Journal of economics and sustainable development，2013，4（9）：28-35.

［21］MWAGENI E A，ANKOMAH A，POWELL R A. Sex preference and contraceptive behaviour among men in Mbeya region, Tanzania [J]. Journal of family planning and reproductive health, 2001, 27 (2): 85-89.

[22] National Bureau of Statistics. Tanzania socio-economic database [DB/OL]. [2020-8-23]. http://www.tsed.go.tz/libraries/aspx/Home.aspx.

[23] National Electoral Commission. The report of the National Electoral Commission on the 2015 presidential, parliamentary and councillors' elections [EB/OL]. http://www.eisa.org/pdf/tan2015electionreport.pdf.

[24] OCHA UN. Guiding principles on internal displacement [EB/OL]. [2020-10-25]. https://www.internal-displacement.org/publications/ocha-guiding-principles-on-internal-displacement.

[25] SEDEKIA Y, NATHAN R, CHURCH K. et a l. Delaying first birth: an analysis of household survey data from rural southern Tanzania [J]. BMC public health, 2017, 17: 134.

[26] The Earth Institute. Tanzania natural disaster profile [EB/OL]. https://www.ldeo.columbia.edu/chrr/research/profiles/pdfs/tanzania_ profile.pdf.

[27] United Nations. World population prospects 2019 [R/OL]. [2020-8-9]. https://population.un.org/wpp/.

[28] UNESCO Institute for Statistics. School enrollment, primary and secondary (gross), gender parity index (GPI) [EB/OL]. [2020-8-18]. https://data.worldbank.org/indicator/SE.ENR.PRSC.FM.ZS.

[29] World Bank. Tanzania mainland poverty assesment [EB/OL]. http://openknowledge.worldbank.org/bitstream/handle/10986/33031/.

[30] World Health Organization. Health systems financing: the path to universal coverage [EB/OL]. [2020-9-7]. http://apps.who.int/iris/bitstream/10665/44371/1/9789241564021_eng.pdf.

[31] World Health Organization. The world health report 2006: working together for health [EB/OL]. http://www.who.int/whr/2006/whr06_ en.pdf? ua=1.

[32] World Health Organization. Global health workforce statistics [EB/OL]. [2020-8-29]. https://apps.who.int/gho/data/node.main.HWFGRP? lang=en.

意大利人口与发展状况报告

张晓青　栾　浩[*]

摘要：意大利是"一带一路"沿线重要的发达国家，人口发展具有特殊性。本文介绍了意大利的人口状况、社会状况和文化状况，并分析意大利在长期极低生育率、超级老龄化和失业率居高不下等人口与发展方面面临的显著问题。针对这些问题，本文建议在"一带一路"倡议中加强中意在家庭发展、老年健康产业和医疗卫生领域的合作，推进两国健康产业、公共卫生事业共同发展；加强中意在航空航天、科学及文化等多个领域的合作，特别是推动两国创新资源深度融合，助力科技创新与合作。

关键词：意大利；人口与发展；极低生育率；人口负增长；超级老龄化

意大利地处欧洲南部、地中海北岸，在北纬 36°28′—47°6′、东经 6°38′—18°31′之间，国土面积为 30.1 万平方千米，海岸线长约 7200 千米，主

---

　*　张晓青，博士，山东师范大学地理与环境学院副院长、教授、博士生导师；栾浩，山东师范大学地理与环境学院人文地理学专业、硕士研究生。

要由阿尔卑斯山南麓和波河平原地区、亚平宁半岛、西西里岛、萨丁岛及其他许多岛屿所组成，其中亚平宁半岛占其领土面积的80%，大部分地区属于地中海气候。从区域位置看，意大利地处欧洲南部地中海北岸，北部陆界以阿尔卑斯山为屏障与法国、瑞士、奥地利及斯洛文尼亚接壤，其领土还包围着圣马力诺与梵蒂冈两个微型国家。全国在行政上划分为20个大区（其中5个为自治区）、110个省与8100个城市，首都为罗马。

意大利是欧盟和经济合作与发展组织的创始成员国之一，同时也是七国集团成员国之一，在欧洲经济、文化、外交和军事等领域扮演着重要角色。2019年国内生产总值达2.03万亿美元，是世界第八大经济体，欧洲第四大经济体；工业体系规模庞大，在汽车、制鞋、纺织、酿酒、造船和化工等工业领域实力雄厚，是欧盟中仅次于德国的第二大制造业强国；中小企业专业化程度较高，中小企业数量占全国企业数量的98%以上；旅游业非常发达，是世界第五大旅游国；国内各大区之间经济差距较大，南北差距明显。2011年受希腊债务危机影响，意大利的主权债务形势也一度十分严峻，意政府通过实施一系列紧缩政策并推行结构性改革，使得债务问题有所缓解。自2020年以来新冠肺炎疫情在意大利迅速蔓延，作为经济重镇的北部地区被封锁，生产及供应链受到严重冲击，大量中小企业面临经营困境，申请失业补助人数激增，存在引发新一轮债务危机的风险。

总体上，意大利地处欧洲东南角，背靠欧洲大陆，半岛伸入地中海，这一地理位置可以担任西欧和东方的贸易中转站，大大推动意大利的商品经济发展，也有利于意大利和中国的贸易往来。自1970年中意两国正式建交以来，两国陆续签署了一系列双边协议和合作协定，并于2004年建立了全面战略伙伴关系，经贸合作规模不断扩大。2019年中意两国双边货物贸易额达500亿美元，中国已成为意大利在亚洲最大的进口贸易伙伴；中意贸易主要以工业制成品为主，机电产品一直是中意双方贸易额最多的商品，中国还是意大利纺织品及原料、家具玩具及鞋靴伞等轻工产品的首要进口来源地。中意双方在投资领域合作密切，2019 年意大利是中国在欧盟地区第七大投资目的地国，投资项目主要涉及能源、高端制造、化工和体育等领域。2019 年 3 月中意双方签署了"一带一路"谅解备忘录，意大利成为七国集团成员国中第一个参与中国"一带一路"经济发展合作的国家。除了经贸和投资领域的密切合作以外，双方在文化、公共卫生等领域也始终保持着友好的合作关系。2020 年是中意两国建交 50 周年，也是"中国意大利文化和旅游年"，双方在罗马共同举办了中意旅游论坛和中意世界遗产摄影展等一系列高水平文化活动，充分展示了双方交流合作成果。中国和意大利之间的经贸往来与社会合作对中国与其他欧盟国家进一步发展双边关系起到了引领作用。目前中国对意大利持续贸易顺差、双方投资合作规模较小、签订的双边协议合作不够紧密、中西文化差异较大是不利于双边经贸发展的主要因素。

一、意大利人口发展现状

（一）人口基本状况

1. 人口自然增长

（1）人口长期负增长，连续 5 年人口减少

根据联合国《世界人口展望 2019》显示，自 1965 年以来，意大利人口出生率出现明显下降，1985—1990 年降至 10.01‰，比 1960—1965 年下降了 8.58 个千分点，1990—2010 年期间保持在 9‰—10‰之间，2010 年以来下降明显，2015—2020 年降至 7.63‰。人口死亡率自 1950 年以来变动微弱，其中 1950—2010 年在 9.5‰—10‰之间微弱波动，2010 年突破 10‰，2015—2020 年升至 10.47‰。如图 1 所示，1990—2010 年意大利人口出生率和死亡率均保持在 9‰—10‰之间，导致人口自然增长率在 -1‰至 0‰之间。2010—2020 年意大利出率的明显下降和死亡率的上升导致人口自然增长率进一步下降，2010—2015 年、2015—2020 年分别降至 -1.28‰和 -2.85‰，

2015—2020 年人口自然增长率仅高于保加利亚、乌克兰等 10 个国家，位居世界倒数第 11 位。与欧洲平均状况相比，1975—1995 年期间意大利人口自然增长率略低，1995—2010 年略高于欧洲平均水平，2010 年以来则又转为低于欧洲平均水平。

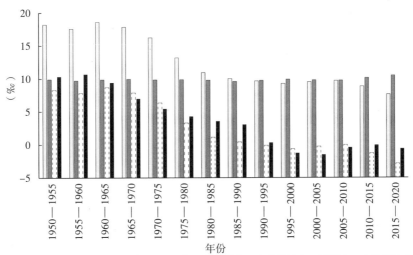

□意大利人口出生率　■意大利人口死亡率　▨意大利人口自然增长率　■欧洲人口自然增长率

资料来源：联合国《世界人口展望 2019》。

图 1　1950—2020 年意大利与欧洲人口自然变动情况

意大利是目前欧洲唯一人口数量减少的国家，截至 2019 年年末全国人口总量为 6024.46 万人，比上年下降 0.3%，减少了 11.5 万人。纵观 1960 年以来意大利人口总量变化，大致划分为 4 个阶段：一是显著增长阶段（1960—1980 年），期间人口平均年增长率约为 5‰，这一阶段的人口快速增长主要得益于较高的出生率和人口自然增长率；二是平稳阶段（1981—2002年），期间人口仅增加了 65 万人，这一阶段出生率快速下降并在 1993 年之后低于死亡率，人口自然增长率开始为负，但由于大量外国移民的到来使得人口总量仍保持增长；三是较快增长阶段（2003—2014 年），人口总量再次出现显著增长，由 2003 年的 5749.6 万人增至 2014 年的 6079.6 万人，此阶段人口自然增长率持续为负，人口增长的主要动力是移民；四是缓慢减少阶段（2015—2019 年），出现连续 5 年的人口总量减少，2019 年比 2014 年减少 55 万人，人口自然增长率继续下降（见图 2）。

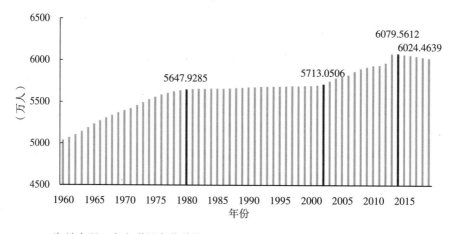

资料来源：意大利国家统计局。

图 2　1960—2019 年意大利人口总量变化

（2）生育水平极低，1984 年至今总和生育率一直保持在 1.5 以下

人口负增长往往与长期极低生育率密切相关。自 1960 年以来，意大利总和生育率处于波动下降的过程中，并于 1976 年降低至更替水平以下，成为低生育率国家，这与欧盟国家总和生育率降至更替水平的时间基本一致。此后总和生育率继续下降，并始终低于同期欧盟国家平均水平。1984 年总和生育率降至 1.46，步入超低生育率国家行列；1995 年进一步降至 1.19，为 20 世纪 60 年代以来的最低水平；进入 21 世纪后，总和生育率略有上升，2010 年升至 1.46，但此后再次下降，2018 年降至 1.29（见图 3）。与德国相比，意大利至今仍处在低生育率陷阱，而德国于 2015 年则跳出了低生育率陷阱。

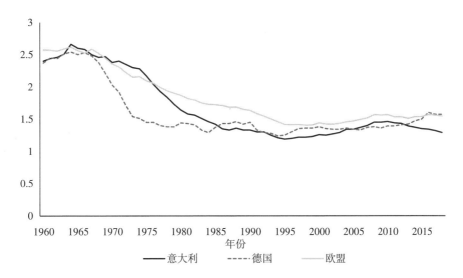

资料来源：联合国人口司、欧盟统计数据库。

图3 1960—2019年意大利、德国与欧盟总和生育率比较

（3）人口负增长将持续到21世纪末

根据联合国《世界人口展望2019》预测，中方案下，目前至2050年，意大利总和生育率将一直保持在低于1.5的水平，2050—2055年升至1.51，2095—2100年进一步升至1.63。在低生育水平的作用下，意大利的人口负增长将会持续。人口自然增长率由将目前的-3.9‰持续下降至2060—2065年的-9.2‰；此后开始缓慢上升，2095—2100年升至-6.1‰。与世界其他国家相比，2060—2065年人口自然增长率仅略高于摩尔多瓦、韩国等5个国家或地区；2095—2100年，略高于阿尔巴尼亚、波多黎各等22个国家或地区。人口增长率由目前的-0.2%持续降至2060—2065年的-0.8%；此后缓慢上升，预计到2095—2100年升至-0.47%。

2. 人口年龄结构变动

（1）少子老龄化严重，老龄化程度仅次于日本

如图4所示，意大利人口金字塔呈现底部收缩和顶部扩张的显著特征，

2020 年 0—14 岁人口、15—64 岁劳动适龄人口、65 岁及以上老年人口占总人口的比重依次为 13%、63.7%、23.3%；相比于 2010 年，2020 年意大利 0—14 岁少儿占比下降了 1.1 个百分点，15—64 岁劳动适龄人口占比下降 1.8 个百分点，65 岁及以上老年人口占比提高了 2.9 个百分点，即少子老龄化现象趋于严重。根据《世界人口展望 2019》预测，中方案下 2035 年意大利 65 岁及以上老年人口占比进一步升至 30.9%，即超过 30%，少儿占比将进一步降至 11.0%。

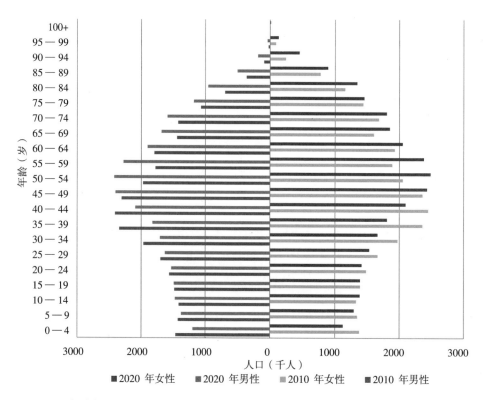

资料来源：《世界人口展望 2019》。

图 4　2010 年和 2020 年意大利人口金字塔

观察意大利 65 岁及以上老年人口占比的变动趋势，分为三个阶段：一是缓慢上升阶段（1960—1979 年），1966 年超过 10%，1979 年增至 13.3%，期间略低于欧盟平均水平；二是停滞和略微下降阶段（1980—1985 年），由 1980 年的 13.1%降至 1985 年的 12.9%，1985 年比欧盟平均水平高出 0.4 个百分点；三是快速上升阶段（1986 年至今），其中 2008 年超过 20%，即进入超高龄社会[1]；2012 年以来，超越德国，成为欧洲人口老龄化最严重的国家，在世界范围内仅次于日本；1997—2019 年期间超出欧盟平均水平 2—3 个百分点。

（2）未来老龄化程度和老年抚养比显著上升

根据《世界人口展望 2019》预测，意大利的人口老龄化程度将继续加深。中方案下，老年人口占比由 2020 年的 23.3%持续升至 2080 年的 37.1%；此后，略有下降，2100 年降至 36.4%；2080 年老龄化程度仅略低于波多黎各、韩国、阿尔巴尼亚和日本等国家或地区，高出世界平均水平 17.1 个百分点。从老年抚养比看，至 2040 年呈现快速增长的态势，由 2020 年的 36.6%升至 2040 年的 61%；此后，缓慢升至 2085 年的 73.2%；2100 年稍微下降，降至 70.8%。

3. 人口分布与迁移

（1）人口分布南北差异明显，迁移活动频繁

意大利人口总量居欧洲第 5 位，2019 年人口密度为 200 人/平方千米，居欧洲第 12 位。意大利的人口分布存在着显著的地区差异，人口最集中的地区是波河平原、第勒尼安海和亚得里亚海沿岸，在人口密度图上表现为伦巴第、拉齐奥和坎帕尼亚等三个行政大区人口密度明显偏高（见图 5）。欧盟按照一定的标准将意大利行政区域划分为五大地区，2011—2019 年期间五大地区人口占比没有发生变化；其中西北地区人口最多，占人口总数的 27%；其次是南部地区，占 23%；再次是中央地区和东北地区，人口数量分

---

[1] 根据世界卫生组织的定义，65 岁及以上老年人口占总人口比例达到 7%时，称为"高龄化社会"；达到 14%是"高龄社会"；超过 20%为"超高龄社会"。

别占 20%、19%；海岛地区人口数量占比最低，为 11%，即人口在五大区的分布相对稳定。而平时习惯的划分方法是以首都罗马为界将意大利分为南北两部分，北部地区人口占比 66%，南部地区人口占比仅为 34%。人口南北分布不均匀与南北经济差距过大密切相关，由于南部地区和海岛地区经济相对落后，越来越多的人选择离开家乡前往北部地区等经济发达的地区谋求发展，2018 年由南部地区向北部地区的流动人数达到 11.7 万人，这进一步造成了南部地区劳动力资源的严重失衡。

资料来源：意大利国家统计局。

图5　2019 年意大利人口密度图

（2）城市人口分布相对均衡

意大利主要有罗马、米兰、都灵、那不勒斯、威尼斯和佛罗伦萨等城市，城市首位度为2.03，城市规模结构合理，人口适当集中。罗马、米兰、都灵和那不勒斯为意大利前四大城市，2019年分别拥有283.7万人、139.6万人、96.3万人和87.1万人，四大城市人口数量合计占全国人口总量的10%。其中罗马是意大利的首都和最大的城市，位于拉齐奥大区，集中了全区近5成的人口。米兰位于伦巴第大区，是意大利北部的经济重镇，也是欧洲经济最发达的地区之一，时尚文化产业非常发达，外来移民数量众多。都灵是意大利第三大城市，位于皮埃蒙特大区，是意大利北部重要的工业城市，汽车制造业十分发达，人口密度为6691人/平方千米。那不勒斯是坎帕尼亚大区的首府，同时也是南部第一大城市，人口密度为8227人/平方千米，是意大利人口最稠密的城市；与北方城市不同，那不勒斯的外来移民数量非常少，其中98.5%的人口为意大利本地居民。

（3）移民总量不断上升，入籍移民趋于多源化

自2002年以来，意大利移民总人数不断增多，2019年达到530.7万人，占总人口的8.3%。根据《世界移民报告2020》，意大利移民总量位居世界第10位；意大利和西班牙是2019年欧洲第5和第6大移民目的地国家。

从入籍移民看，1998年有1.2万名外来移民加入意大利国籍，2006年增至3.5万人，2016年升至20.2万人，1998—2018年21年间累计入籍移民总数达到136.6万人。与欧盟其他国家相比，意大利外来移民入籍人数一直排在首位，超过了英国、西班牙、法国和德国等。2012年，加入意大利籍的外来移民主要来自摩洛哥和阿尔巴尼亚，入籍人数分别为1.47万人和0.95万人，合计入籍人数占全部入籍人数的37%；2018年来自阿尔巴尼亚、摩洛哥和巴西的入籍人数分别为2.2万人、1.5万人和1.1万人，其中来自阿尔巴尼亚和摩洛哥的入籍人数占全部入籍人数的比例降至33%。

（4）净移民数量影响人口和劳动力规模变化

除了短期的"非法移民潮"之外，近年来外来移民数量的减少也困扰着意大利政府。根据意大利国家统计局发布的移民输出与输入调查统计报告，近5年来登记移民数量呈下降趋势，2018年为33.2万人，较上年减少3.2%；2019年，入境移民数量减少了8.6%。但是，意大利公民移民海外工作和生活的人数却在不断增加，2009—2018年，81.6万意大利人移居海外，其中25岁以上的成年人占73%，有近四分之三的人曾接受过中等或高等教育；2019年意大利移居海外的移民增长8.1%。因此，随着近年来外来移民数量的减少和本国居民移居海外的人数增多，影响意大利的人口负增长现象仍将持续。

大量移民的涌入不仅改变人口结构，经济社会也发生着结构性变化。根据意大利莱奥纳·莫莱萨基金组织发布的2018年度经济和社会劳动力市场分析报告，2011年外来移民占意大利劳动者总数的9%，2017年升至10.5%，为社会创出的经济效益超过了1310亿欧元；截止到2017年年底，移民企业数量达到意大利企业总数的9.2%，较过去5年增长了16.3%，同期本土企业数量则减少了6.4%；外来移民多数为青壮年和有效社会劳动力，所需要的医疗等社会服务相对较少，仅占意大利公共支出预算的2.1%，预计到2050年，随着意大利人口老龄化问题日渐突出，移民经济占国民经济比例将会大幅度提高，而填补意大利劳动力不足的500万外国移民，其对意大利国内生产总值的贡献有望突破9%，并承担119亿欧元的社会养老保障基金。

（二）人口发展状况

1. 就业（人口红利）

（1）人口红利已消失十余年，劳动力规模波动中上升

如果总抚养比在50%以下为人口红利期，意大利1984—2002年间再次出现长达19年的人口红利期，其原因主要在于少儿抚养比的显著下降。自

2003 年至今，意大利的人口红利消失。这一特点类似于德国。从劳动力规模变化来看，20 世纪 90 年代一度出现下滑，由 1991 年的 2408.7 万人降至 1995 年的 2287.2 万人，劳动力规模缩减了 5%；此后进入波动上升期，其中 2004 年、2008 年、2012 年、2014 年和 2016 年都较上年出现明显的增长；2019 年相较于 2018 年有所下滑，为 2594.6 万人。意大利长期人口负增长，总和生育率极低，老龄化程度加剧，劳动力的补充渠道主要依靠移民，因此近年来净移民数量的波动起伏导致了劳动力规模的波动起伏。在劳动力性别构成中，女性劳动力占比出现小幅度提升，2019 年达到 42.6%，比 2000 年提高 4 个百分点。从分性别劳动力参与率来看，女性劳动力参与率由 2010 年的 51.1% 升至 2019 年的 56.3%，男性劳动力参与率由 2010 年的 73.1% 升至 2019 年的 75.1%（见表 1）。由此可见，长期以来女性劳动力参与率低于男性劳动力参与率，但与男性劳动力参与率的差距趋于缩小。

表 1　1990—2019 年意大利劳动力规模和男女两性劳动力参与率的变动趋势

	1990 年	1995 年	2000 年	2005 年	2010 年	2015 年	2019 年
劳动力总数（万人）	2391.0	2287.2	2327.9	2435.7	2446.1	2554.1	2594.6
女性劳动力占比（%）	36.3	36.9	38.6	40.1	41.2	42.1	42.6
劳动力参与率（%）	60.5	57.9	59.8	62.6	62.0	64.1	65.7
男性劳动力参与率（%）	77.3	73.3	73.6	74.6	73.1	74.1	75.1
女性劳动力参与率（%）	43.8	42.7	46.2	50.5	51.1	54.2	56.3

资料来源：意大利国家统计局。

（2）少儿抚养比基本稳定，老年抚养比持续上升且位居欧洲首位

意大利少儿抚养比在 20 世纪 70 年中期至 20 世纪 90 年代初期呈现快速下降态势，是意大利总抚养比在 20 世纪 90 年代初期降至最低点的重要影响因素，1991 年和 1992 年意大利的总抚养比为 45.6%，比 1974 年下降了 11.4

个百分点。自 1993 年开始，意大利的少儿抚养比开始低于老年抚养比，且基本维持在 21%—22% 之间，而老年抚养比则显著上升，进而导致总抚养比明显上升，2019 年总抚养比升至 56.7%，比 1992 年提高 11.1 个百分点。2011 年意大利老年抚养比开始超过德国，位居欧洲首位；2019 年老年抚养比高出德国 2.7 个百分点。

（3）失业率高，青年劳动力就业压力巨大

从国际劳工组织公布的 15—64 岁劳动力失业率统计数据看，2008—2014 年间意大利失业率不断上升，并在 2013 年超过了欧盟平均失业率；此后失业率有所下降，但始终高于欧盟同期水平，且差距有所扩大，2019 年意大利失业率为 10.2%，比欧盟国家平均水平高出 3.9 个百分点。分年龄看，意大利 15—24 岁青年劳动力失业率较高，2008—2014 年青年劳动力失业率与总失业率同步上升，但上升速度更快，2014 年达到 42.7%；2014 年以后开始快速下降，2019 年降至 29.2%，但仍远远高于总失业率，青年劳动力就业压力巨大。分教育程度来看，受教育程度越低的劳动力失业率越高，受过初等教育的劳动力失业率要远高于受过中等教育和高等教育的劳动力，同时也高于总失业率，比如 2019 年受过初等、中等和高等教育的劳动力失业率分别为 14.1%、9.6% 和 5.9%（见表 2）。

表 2　2010—2019 年意大利与欧盟失业率比较　　　　（单位:%）

年份	意大利					欧盟
	失业率	青年劳动力（15—24 岁）失业率	初等教育程度劳动力失业率	中等教育程度劳动力失业率	高等教育程度劳动力失业率	失业率
2010	8.5	27.9	10.4	7.9	5.8	9.6
2011	8.5	29.2	10.8	7.9	5.4	9.6
2012	10.8	35.3	13.8	10.1	6.7	10.5

年份	意大利					欧盟
	失业率	青年劳动力 （15—24 岁） 失业率	初等教育程度 劳动力失业率	中等教育程度 劳动力失业率	高等教育程度 劳动力失业率	失业率
2013	12.3	40.0	16.1	11.5	7.4	10.8
2014	12.9	42.7	16.8	12.0	8.0	10.2
2015	12.1	40.3	15.8	11.5	7.2	9.4
2016	11.9	37.8	15.9	11.2	6.9	8.5
2017	11.4	34.7	15.8	10.6	6.5	7.6
2018	10.8	32.2	14.9	10.3	6.1	6.8
2019	10.2	29.2	14.1	9.6	5.9	6.3

资料来源：意大利国家统计局、欧盟统计数据库。

从就业结构看，服务业就业者占全部就业人员的 7 成，非全日制是就业的一种主要形式。根据世界银行公布的意大利历年就业统计数据，1991—2019 年 15 岁及以上总就业人口比重在 45% 附近波动，2008 年国际金融危机爆发以后有所下滑，2013 年后就业情况有所好转，但总体上仍低于欧盟国家同期水平。分就业部门看，服务业就业人员相对于全部就业人员所占比重逐年提高，2019 年达到 70.4%；工业就业人员比重则呈现出逐年下降的趋势，2019 年降至 25.9%；农业就业人员比重常年低于 4%。分就业性质看，非全日制就业人员比重呈现波动中上升的态势，其中 2002 年陡升至 44.8%，2003 年又陡降至 21.3%，分就业性质看，自 2010 年以来，非全日制就业人员占全部就业人员的比例始终超过 30%，明显超过德国、比利时等其他欧盟国家。服务业在国民经济中比例高、中小企业占企业总数 98% 以上的现实条件适宜采取非全日制工作方式，这促使非全日制就业成为意大利的一种主要就业形式。该就业形式虽然可以缓解就业压力，但往往使其中的就业者得不到应有的保护。

表3 2010—2019年意大利与欧盟就业率比较 （单位:%）

年份	意大利							欧盟
	就业率	男性就业率	女性就业率	农业就业率	工业就业率	服务业就业率	非全日制就业率	就业率
2010	56.8	67.5	46.1	3.8	28.6	67.6	31.2	64.1
2011	56.8	67.3	46.5	3.7	28.3	68.0	31.0	64.2
2012	56.6	66.4	47.1	3.7	27.6	68.7	34.2	64.1
2013	55.5	64.7	46.5	3.6	27.1	69.4	34.9	64
2014	55.7	64.7	46.8	3.6	26.9	69.5	35.6	64.8
2015	56.3	65.5	47.2	3.8	26.6	69.7	35.5	65.6
2016	57.2	66.5	48.1	3.9	26.1	70.0	34.4	66.6
2017	58.0	67.1	48.9	3.8	26.0	70.2	34.8	67.6
2018	58.5	67.6	49.5	3.8	26.1	70.1	33.6	68.6
2019	59.0	68.0	50.1	3.9	25.9	70.2	33.4	69.2

资料来源：意大利国家统计局、欧盟统计数据库。

（4）疫情冲击下失业人数激增

2020年以来新冠肺炎疫情在意大利全面暴发，就业市场受到了严重的冲击，深刻地影响了经济社会发展和家庭收入，以及改变了经济发展模式和人们的价值观。疫情之下意大利15岁以上劳动力的失业率经历了先降后升的过程。2月份15岁以上劳动力失业率为9.3%，4月份降至7.3%；随着疫情失控，失业人数开始激增，7月份15岁以上劳动力失业率升至9.8%，高于欧盟平均失业率2.4个百分点；9月份失业率维持在9.6%的较高水平上，失业率居欧盟前列，仅次于西班牙和立陶宛，预计到2020年年底失业人数将会突破 100 万人。2020 年一季度就业人数减少 10.1 万，6 月份 15—64 岁劳动力就业率为 57.5%，与上年同期水平相比下降 1.8 个百分点；9 月份 15—64 岁劳动力的就业率略回升至 58.2%，但仍低于上年同期水平 0.9 个百分点，整体上就业形势仍非常严峻。学者建议，如何盘活劳动市场和有效遏制社会整体购买力下降，将是意大利能否重振经济社会的关键；此外，政府应适当放宽短期劳工合同限制，重新启用临时工劳动机制，激发劳动市场活力，有效减少社会失业人口。

2. 城镇化

（1）目前城镇人口数量稳定在 4200 万人

1960 年以来意大利城镇人口数量经历了快速增长、稳定增长、再次快速增长和缓慢增长等四个阶段：一是快速增长阶段（1960—1981 年），城镇人口总数由 1960 年的 2979.9 万人增至 1981 年的 3776.4 万人，平均每年增加约 37.9 万人，但城镇人口年均增长率趋于下降；二是稳定增长阶段（1982—2001 年），由 1982 年的 3782 万人缓慢增至 2001 年的 3833 万人，19 年间仅增加 51 万人；三是再次快速增长阶段（2002—2014 年），由 2002 年的 3844.7 万人增至 2014 年的 4210.9 万人，13 年间增加 366.2 万人，这一阶段城镇人口增长的主要动力是移民；四是缓慢增长阶段（2015 年以来），随着意大利人口连续负增长，城镇人口的增长速度放缓，2019 年达到 4265.2 万人（见表 4）。

（2）1980 年以来城镇化率缓慢增长，目前稳定在 70%

纵观 1960 年以来意大利城镇化进程，1960—1980 年为加速增长的后期阶段，1980 年以后进入缓慢增长阶段，1980—2010 年仅提高 1.69 个百分点，2017 年突破 70%。1960—1972 年意大利城镇人口比重略高于欧盟平均水平，此后开始落后于欧盟同期水平，且差距增大（见表 4）。2019 年意大利人口城镇化率为 70.74%，落后于德国、法国等国家，比欧盟平均水平低接近 4 个百分点。

表4　1960—2019年意大利城镇人口数量及其比重

年份	意大利城镇人口数量 （万人）	意大利城镇人口比重 （%）	欧盟城镇人口比重 （%）
1960	2979.9	59.36	58.68
1970	3459.2	64.27	64.02
1980	3760.8	66.64	67.59
1990	3784.6	66.73	69.37
2000	3827.8	67.22	70.83
2010	4050.2	68.33	72.97
2019	4265.2	70.74	74.73

资料来源：意大利国家统计局、欧洲统计局。

（三）社会状况

1. 教育

（1）全民受教育程度处于欧盟下游水平

意大利官方统计局的数据显示，2019年25—64岁人口中具有高中及以上学历的占62.2%，远低于欧盟平均水平78.7%，也低于德国（86.6%）和法国（80.4%），由此可见意大利人口受教育程度在欧盟国家中处于下游水平。尽管意大利15—64岁人口中具有中学及以上学历的比重由1992年的33.4%升至2002年的44%，2019年进一步升至60.2%，然而与欧盟平均水平相比（2002年63%；2019年75.1%）仍有不小差距。更重要的是，意大利25—64岁人口中接受过高等教育者占比明显偏低，2020年仅为20.1%，而欧盟平均值为32.8%。

（2）受过高等教育的劳动力从业比例呈下降趋势

从不同教育程度劳动力的劳动力参与率看，自20世纪90年代末期开始，意大利和其他欧盟国家均呈现下降趋势。其中，意大利受过初等教育的劳动力参与率由 2000 年的 39% 降至 2019 年的 34%，受过中等教育的劳动力参与率由 2000 年的 67.5% 缓慢降至 2019 年的 63.4%，这两个比重的下降趋势与欧盟平均水平基本一致。不过，意大利受过高等教育的劳动力参与率由 2004 年的 79.7% 降至 2019 年的 74.5%，下降了 5.2 个百分点；同期，欧盟由 2004 年的 78.8% 降至 2019 年的 77.2%，仅下降了 1.6 个百分点。意大利高素质劳动力从业比例低于欧盟平均水平，意味着越来越多的高素质劳动者没有充分就业。

2. 健康

（1）平均预期寿命不断提高，健康预期寿命[1]优于英德

根据《世界卫生统计 2019》，意大利平均预期寿命呈现上升态势，2016 年达到 82.77 岁，位居世界第 6 位，比 2000 年提高 3.15 岁；女性预期寿命明显高于男性，不过差距有所减小，2000 年女性寿命比男性寿命高出 5.87 岁，2016 年差距缩小至 4.33 岁；同时，健康预期寿命稳步提高，由 2000 年的 70.64 岁升至 2016 年的 73.17 岁（见表 5），高于德国和英国。

表 5　2000—2016 年意大利居民平均预期寿命和健康预期寿命　　（单位：岁）

年份	平均预期寿命			健康预期寿命		
	总和	男性	女性	总和	男性	女性
2000	79.62	76.61	82.48	70.64	68.7	72.51
2001	80.0	77	82.84	–	–	–
2002	80.28	77.35	83.05	–	–	–
2003	80.17	77.34	82.85	–	–	–

[1]　健康寿命（Healthy Life Years）是指一个人在健康、日常生活可以自理的情况下预期可以生存的平均年数。欧洲将延长健康寿命作为卫生政策的主要目标之一，这不仅可以提高老年人的生活品质，而且可以降低公共卫生保健支出水平。

续表

年份	平均预期寿命			健康预期寿命		
	总和	男性	女性	总和	男性	女性
2004	81.03	78.13	83.77	–	–	–
2005	80.94	78.16	83.56	71.86	70.11	73.5
2006	81.39	78.62	83.99	–	–	–
2007	81.48	78.79	84	–	–	–
2008	81.65	79.02	84.13	–	–	–
2009	81.75	79.19	84.15	–	–	–
2010	82.05	79.5	84.42	72.76	71.23	74.19
2011	82.17	79.69	84.48	–	–	–
2012	82.19	79.8	84.43	–	–	–
2013	82.58	80.19	84.81	–	–	–
2014	82.84	80.48	85.04	–	–	–
2015	82.42	80.16	84.55	72.95	71.69	74.17
2016	82.77	80.54	84.87	73.17	71.97	74.34

资料来源：《世界卫生统计2019》。

（2）15岁及以上居民身体健康状况明显优于欧盟平均水平

从欧盟统计局公布的数据看，2008年以来，意大利15—64岁劳动适龄人口和65岁及以上老年人口中患有长期疾病或健康问题的比重均呈下降趋势，2018年分别降至7.9%和37.7%，高于欧盟平均水平（30.2%和61.5%）；这表明，意大利15岁及以上居民的身体健康状况持续优化且明显优于欧盟平均水平。不过，这一数字在2016年出现过波动，比上年下降18.1个百分点，但2017年和2018年又止跌回升。同时，65岁及以上男性老年人口的健康状况要优于女性老年人口。2018年男性老年人口中患有长期疾病或健康问题的比重为 33.9%，比女性老年人口低 6.7 个百分点。

（3）婴儿死亡率和 5 岁及以下儿童死亡率低于欧盟平均水平

意大利婴儿死亡率自 20 世纪 60 年代以来快速下降，1999 年降至 4.99‰；进入 21 世纪后，下降速度明显减缓，2018 年降至 2.75‰，位居世界第 15 位。5 岁及以下儿童死亡率由 1990 年的 89.67‰降至 2018 年的 3.22‰，位居世界第 14 位。长期以来，不论是婴儿死亡率还是 5 岁及以下儿童死亡率，意大利均低于欧盟平均水平，低于高收入国家的平均水平。

（4）生殖健康

根据《世界人口状况 2019》，2019 年意大利 15—49 岁妇女避孕普及率达到 69%，低于英国、法国、挪威等西欧和北欧国家；其中采用现代方法的避孕普及率仅为 54%，更是远远低于法国、英国、挪威等国家 70% 以上的水平；15—49 岁妇女中有 9% 希望限制生育，但没有采用避孕方法，这一数据略高于法国和英国。改善孕产妇健康是世界卫生组织的优先事项之一，2015 年意大利的孕产妇死亡率为 4/10 万，远远低于全球 216/10 万的平均水平，低于法国、德国、挪威、英国等国家，在全世界属于极低水平，表明妇女在妊娠和分娩期间能够获得优质医疗服务。青少年怀孕生育会引发人口、社会和健康等一系列问题，减少青少年女性怀孕和生育的发生率是各国政府主要政策目标之一；[1] 2006—2017 年期间，意大利 15—19 岁女孩的生育率仅为 5‰，远远低于全球 44‰的平均水平，与法国持平，略低于德国、英国和希腊等欧洲国家。

3. 贫困

（1）绝对贫困发生率波动中上升，贫困人口占欧盟的六分之一

欧盟设置了 13 项贫富考核标准，按照这一标准，贫穷人口指极度贫困

---

〔1〕 United Nations, "World Population Policies 2013", http://www.un.org/en/development/desa/population/publications/pdf/policy/WPP2013/wpp2013.pdf.

的人或家庭——生活困难，无钱付税，买不起足够的食物，更无法承担旅游（即使是短途短时间）的费用。根据意大利官方统计局提供的家庭和个人贫困数据，家庭绝对贫困发生率由 2005 年的 3.6% 提高到 2019 年的 6.4%，贫困家庭规模扩大。2000 年以来，家庭相对贫困发生率处于波动状态，大多数年份保持在 10%—11% 之间，2017 年升至 12.3%，2019 年降至 11.4%。贫困强度反映了贫困家庭的贫穷程度，如图 6 所示，2016、2017 和 2019 年，意大利家庭绝对贫困强度略高于 20%，其中 2019 年为 20.3%；家庭相对贫困强度基本稳定，2016—2018 年略高于 24%，其中 2019 年为 23.8%。

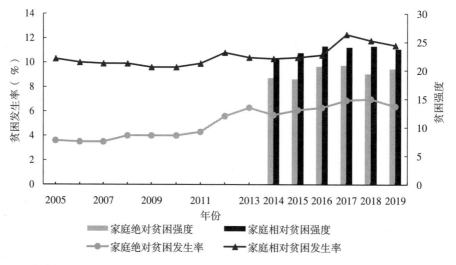

资料来源：意大利国家统计局。

图 6　2005—2019 年意大利家庭贫困发生率与贫困强度变动

从贫困人口绝对数量看，2018 年意大利约 500 万人，占 28 个欧盟成员国穷人的六分之一。2018 年意大利个人绝对贫困发生率为 8.4%，高于欧盟的 6.2%，与斯洛伐克、克罗地亚和匈牙利非常接近。从性别上看，意大利单身女性的贫困人口比例更高，为 9.7%。从年龄上看，18—64 岁成年人中贫困人口比例更高一些，为9%；65 岁及以上老年人口中贫困人口比例偏低一些，为7%；高龄夫妻（至少有一位年龄超过 65 岁）的贫困人口比例为 6.2%。

（2）17 岁以下人群相对贫困发生率大幅度上升

从年龄段看，意大利 17 岁及以下人群相对贫困发生率高于个人总体相对贫困发生率，说明青少年更容易面临贫困风险；35—64 岁人群相对贫困发生率低于个人总体相对贫困发生率，说明该年龄段的人群已步入中年，生活相对稳定且拥有一定的财富积累，因此面临的贫困风险较低。从时间变化看，2009 年之前，65 岁及以上人群相对贫困发生率最高，17 岁及以下人群次之，35—64 岁人群最低。2012 年以来，17 岁及以下人群相对贫困发生率迅速上升，2019 年升至 22%；18—34 岁人群和 35—64 岁人群相对贫困发生率总体呈现上升趋势，2019 年分别为 17.5%和 13.6%；65 岁及以上人群相对贫困发生率呈波动下降，2019 年降至 9.6%。从性别看，1997—2006 年女性相对贫困发生率高于男性，2009 年两性持平，此后男性贫困发生率超过女性，但二者差距始终较小（见表 6）。

表 6　1997—2019 年意大利不同性别、年龄居民相对贫困发生率　（单位:%）

年份	个人总体相对贫困发生率	男性	女性	17 岁及以下	18—34 岁	35—64 岁	65 岁及以上
1997	11.4	10.6	11.3	11.7	10.5	8.8	16.1
2000	11.9	11.4	12.0	12.7	11.6	9.4	16.3
2003	10.2	9.6	10.2	10.6	10.0	7.6	14.2
2006	10.4	9.8	10.2	11.4	9.8	7.8	13.8
2009	10.6	10.3	10.3	11.7	11.0	8.6	12.0
2012	12.8	12.8	12.3	15.3	15.2	11.1	11.2
2015	13.7	14.2	13.3	20.2	16.6	12.7	8.6

续表

年份	个人总体相对贫困发生率	男性	女性	17 岁及以下	18—34 岁	35—64 岁	65 岁及以上
2018	15.0	15.0	14.9	21.9	17.8	13.7	10.0
2019	14.7	15.1	14.4	22.0	17.5	13.6	9.6

资料来源：意大利国家统计局。

4. 性别平等

（1）女性参政议政比例大幅度提高

女性是社会分工的重要角色，女性发展关系到社会发展的重要方面，保护女性的发展权益、尊重女性的社会地位是构建现代文明社会的基础之一。2012 年以来，意大利高等教育阶段女性教师的比例及女性在中高级管理人员中的就业比例均出现一定程度的提高；女性就业人数中雇主身份的比例基本保持在 3%至 4%之间；国家议会中妇女席位的比例出现大幅提高，由 2006 年的 17.3%提升到 2019 年的 35.7%（见表 7），表明女性地位有了一定程度的提高。

表 7　2006—2019 年意大利妇女发展情况　　　　　　（单位:%）

年份	高等教育阶段女性教师所占比例	国家议会阶段中妇女席位的比例	女性在中高级管理人员中的就业比例	女性就业人数中雇主身份的比例
2006	34.1	17.3	21.8	4.0
2008	35.2	21.3	21.6	3.9
2010	35.6	21.3	21.2	3.6
2012	36.5	21.4	22.2	3.8
2014	37.5	31.4	21.9	3.8

年份	高等教育阶段女性教师所占比例	国家议会阶段中妇女席位的比例	女性在中高级管理人员中的就业比例	女性就业人数中雇主身份的比例
2016	37.0	31.0	22.0	4.0
2018	37.4	35.7	23.1	–
2019	–	35.7	23.3	3.5

资料来源：国际劳工组织、联合国教科文组织统计研究所。

（2）女性受教育程度相对偏低

从女性接受教育或职业培训程度看，2004 年以来意大利青年女性中未接受教育、就业或培训的比例在 17%—22% 之间波动（见表 8），而同期欧盟国家的平均水平基本在 13% 左右，可见意大利相当一部分青年女性的社会参与程度较低。从女性劳动力中受过高等教育的比例来看，2006 年以来在 72%—74% 之间波动；2019 年为 73.2%，不仅低于欧盟平均水平，也低于本国男性劳动力受过高等教育的比例。

表8　2004—2019 年意大利妇女社会参与和受教育情况　　　（单位：%）

年份	青年女性中未接受教育、就业和培训的比例	女性劳动力中受过高等教育的比例
2004	18.7	77.1
2006	18.2	73.3
2008	18.0	73.8
2010	19.0	72.1
2012	20.8	73.0
2014	21.4	72.5
2016	19.5	72.9
2018	19.4	73.4

续表

年份	青年女性中未接受教育、就业和培训的比例	女性劳动力中受过高等教育的比例
2019	17.9	73.2

资料来源：国际劳工组织。

（3）性别发展指数明显低于北欧和西欧国家

《世界各国人类发展指数 2019》显示，意大利性别发展指数（Gender-related Development Index，GDI）位居第 29 位，明显低于北欧和西欧国家。从评价性别发展指数的收入指数、教育指数和预期寿命指数三项指标看，2018 年估算的女性人均收入（按照 2011 年购买力平价）为 2.65 万美元，男性为 4.6 万美元，即女性工作收入仅相当于男性工作收入的 57%；女性受教育年限为 16.6 年，比男性高出 0.7 年；女性平均预期寿命为 85.4 岁，比男性高出 4.3 岁。由此可见，意大利女性收入指数比男性低了很多是导致其性别发展程度差距的主要原因。进一步分析可知，影响女性工作收入的主要原因在于女性劳动力参与率明显低于男性。从表 3 可以看出，尽管近年来意大利女性就业率有所上升，但与男性就业率相比仍存在较大差距，女性面临的就业形势仍然较为严峻，发展权益有待进一步提高。

（4）平均初育年龄推迟

低生育率的出现往往与育龄人群生育行为转变相关，意大利总和生育率的变动与平均初育年龄推迟、结婚率和离婚率变动具有一定相关性。当总和生育率低于更替水平后，妇女平均初育年龄开始逐步上升，2005—2010 年间突破 30 岁，达到 30.18 岁；2015—2020 年间进一步推迟到 31.04 岁。粗结婚率由 1975 年的 6.7‰逐渐降至 2018 年的 3.2‰，粗离婚率则由 1975 年的 0.2‰缓慢升至 2018 年的 1.5‰（见表 9）。

表9　1970—2020 年意大利粗结婚率、粗离婚率与妇女平均初育年龄

年份	平均初育年龄（岁）	年份	粗结婚率（‰）	粗离婚率（‰）
1970—1975	28.99	1975	6.7	0.2
1975—1980	28.56	1980	5.7	0.2
1980—1985	27.97	1985	5.3	0.3
1985—1990	27.54	1990	5.6	0.5
1990—1995	27.75	1995	5.1	0.5
1995—2000	28.50	2000	5.0	0.7
2000—2005	29.30	2005	4.3	0.8
2005—2010	30.18	2010	3.7	0.9
2010—2015	30.65	2015	3.2	1.4
2015—2020	31.04	2018	3.2	1.5

资料来源：联合国《世界人口展望 2019》，意大利国家统计局。

（5）出生人口性别比稳定在正常区间

自 1950 年以来，意大利出生人口性别比始终保持在 106.3，在正常区间 103—107 之内。比较而言，这一比例与欧洲平均水平一致，比英国略高出 1.2，比德国略高出 1。

（四）文化状况

1. 民族、语言和人种

意大利是一个多民族国家，以古罗马拉丁民族为主体，由罗马人、伊特鲁里亚人、拉丁人、伦巴第人、希腊人、阿拉伯人、哥特人等民族长期融合而成。由于长期的分裂，不少地区在语言、文化上存在很大差异。使用意大利语，属印欧语系罗曼语族，文字用拉丁字母拼写。欧罗巴人种，北部多为阿尔卑斯类型，南部多为地中海类型。

2. 宗教

在意大利，90%以上居民信奉天主教。教皇国梵蒂冈就在意大利的罗马

城内。早在罗马帝国时期，罗马教会就成为帝国宗教活动的中心。君士坦丁在位时期，把天主教奉为国教，一直延续到 1984 年 2 月。1947 年政教分离后，天主教在意大利青年人中的影响才逐渐减弱，但在一些地区仍有很大影响。除天主教外，还有 20 多万人信奉基督新教。另外，伊斯兰教、东正教和佛教在一些地方也有传播。意大利宪法规定，一切宗教在法律面前完全平等，只要不违反法律规定，都有权按自己的教规建立组织。

二、意大利人口主要特征

（一）极低生育率和长期人口负增长

1. 出现极低生育率的主要原因

意大利总和生育率低于 1.5 已经持续 30 余年，并且 1993—2003 年间低于 1.3，是最早出现极低生育率的两个国家之一。出现极低生育率的主要原因在于初育年龄推迟、经济增长缓慢导致的高失业率、性别不平等及传统男子养家模式固化等方面。

首先，意大利是欧洲女性初育年龄最高的国家，并且 40 岁以上的高龄产妇初育生育率为 7.2%，同样位居欧洲首位。其次，就业不稳定、失业率位居欧盟国家前列，以及民众对经济前景不乐观等现象影响了生育意愿。比如北方地区经济状况较好，其生育率高于全国平均水平，而传统上较贫穷的南部地区生育率则低于全国平均水平，最富裕的东北自治省博尔扎诺总和生育率达 1.76。第三，就业率性别差距大。2019 年意大利男性、女性劳动力参与率分别为 75.1% 和 56.3%，二者相差 18.8 个百分点；而德国分别为 82.7% 和 74.3%，二者仅相差 8.4 个百分点；显然，这进一步导致女性工资收入明显低于男性，在一定程度上降低了女性生育意愿。第四，以男子养家模式为基础的传统福利体制激化工作与家庭矛盾，各政治力量之间、各政治力量内部在家庭政策上的分歧阻碍连贯性的家庭政策出台和充分的资金投入，难以促进夫妻双方完全就业和实现工作与家庭平衡，比如意大利每年用于家庭服务的家庭福利开支占家庭总开支的比重为 2%，低于英国、瑞典、法国、德国等其他欧洲国家。

2. 促进生育的政策措施

意大利长期维持极低生育水平直接导致人口出现负增长，进而对经济、社会、文化、政治和技术等方面产生一系列深刻影响，新生人口越来越少，劳动力短缺，需依靠移民补充劳动力资源，国内消费不足，经济发展迟缓，并阻碍社会进步、威胁国家安全、加剧人口老龄化。为此，意大利政府出台过一系列平衡工作与家庭的政策措施。

首先，在育儿假方面，1971 年的产假改革曾使意大利在家庭政策领域处在领先水平。20 世纪 90 年代初，政界开始讨论赋予父亲产假的权利及更加灵活的假期安排，讨论紧紧围绕家庭所扮演的核心角色和儿童"与父母建立密切和有益的关系"进行，但是由于政界对改革的基本方向意见不一，未能形成政府的具体决策。直到 2000 年，中左政府的新育儿假制度和兼职就业的立法才最终获得通过，极大地保护了就业父母的权利。然而，雇主组织和中右政党对新法规提出了严厉的批评，导致中左政府的大部分规定没有真正贯彻，在育儿假和兼职就业方面的进展乏善可陈。

其次，在税收优惠和现金补助方面，1996 年，中左政府对有孩子的家庭增加年度税收减免幅度，提高家庭补助并推出新的家庭援助计划；2002 年，中右政府在政策上把减免税收作为减轻家庭抚育孩子经济压力的主要手段，使得意大利的家庭补助支出相较德国处于极低水平。虽然 2006 年中左政府保证会显著提高儿童补助水平，但由于巨大的预算压力和中左联合政府内部在家庭政策基本走向上的分歧，导致这一保证很难兑现。

第三，在儿童照看服务方面，与医疗和教育体系不同，公共看护服务在很大程度上是各大区各自为政的，无论数量还是质量都参差不齐。2000 年，中左政府通过全国看护服务的框架性法律，规定中央、大区和地方政府的各自权限，设定最低服务标准，建立用于社会服务的全国性社会基金。但是，这一旨在解决婴儿看护服务体系缺失和各大区发展水平极不均衡情况的努力，受到政府可支配资金和政府调控能力的严重制约。并且，中右政府认为家庭政策的主要目标是继续强化传统家庭模式，不愿意推动全国性的儿童服务体系框架性法律。直到 2005 年之后，意大利才陆续出台儿童服务体系措施，由单项干预措施逐渐发展为综合配套干预体系，干预力度也逐渐加大。

到 2015 年，意大利已形成鼓励生育的政策体系，包括有工作保障的产假与陪产假、婴儿福利、儿童照料支持体系、儿童或家庭津贴、受抚养子女的优惠税减、幼托公共财政补贴等。与丹麦、德国、英国相比，意大利着重为 3—6 岁儿童提供几乎免费的学前教育，代表了家庭友好型政策的主要特征。

（二）超级老龄化社会

1. 超级老龄化社会的严重影响

意大利与西方发达国家类似，老龄化进程具有"进入早、发展慢"的特点。意大利于 1926 年进入老龄化社会，1990 年人口老龄化程度升至 14.9%；受人口结构的影响，2010 年前后，意大利、英国、美国、法国、俄罗斯等国家均出现了人口老龄化加速的现象。与其他欧洲国家相比，意大利从深度老龄化到超级老龄化仅用了 20 年（1988—2008 年），少于法国的 28 年、德国的 36 年；老年人口总量持续增加，2020 年，65 岁及以上人口达到 1408.9 万，比 2010 年增长 66%，高于同期德国老年人口增速；高龄化问题也日渐突出，2020 年，85 岁及以上老年人口占 65 岁及以上老年人口的比重达到 15.8%，高于法国，略低于德国。人口老龄化程度并不是社会经济压力的决定因素，但老龄人口保障必须有着充分的经济基础和社会资源。随着老龄化危机的不断加剧，不仅导致养老金、公共医疗等老龄化成本大幅上升，而且造成劳动力人口萎缩和劳动力老龄化等劳动力市场供给压力，这给意大利的社会和经济发展，特别是用于社会保障的财政可持续性带来了严重威胁和挑战。

首先，老龄化带来的经济压力和社会压力不容低估，劳动者与退休人员所占比例已严重失衡。2017年，每100名在职人员需要承担170名退休人员的赡养费和社会福利支出，预计到2028年，每100名在职人员将要承担217名退休老人的退休金。其次，劳动适龄人口结构在20世纪90年代左右开始迅速老化，并在21世纪头10年保持上升趋势，2011年，45—64岁劳动适龄人口占全部劳动适龄人口比重高达47.4%，而多数较早进入老龄化的欧美国家则长期维持在30%—40%之间；劳动力老龄化导致国家在面对全球化竞争时不能拥有较强的创新能力、较丰富的人口地域和职业流动，以及较强的经济变化适应能力。第三，深度老龄化直接影响到居民总体健康状况，世卫组织计算得出，截至2020年8月27日，新冠肺炎疫情全球死亡率在3%至4%之间，而意大利同期却高达13.1%。其主要原因在于老龄化程度深和年龄中位数高（46.3岁），这意味着更多人患有基础病，更易出现重症情况。

2. 应对老龄化问题的对策

自20世纪90年代起，面对日益严峻的老龄化形势，意大利率先启动了养老制度改革，并把应对老龄化问题视为国家优先政策领域，相关政策主要包括改革养老金制度及社会保障体系、出台灵活的就业市场政策及提供终身职业培训等。

首先，针对养老金缺口日益扩大这一全球性难题，意大利连续进行了6次重大的养老金制度改革。改革的主要目的是确保社会保障体系中财政的长期可持续性，确保养老金补充制度的发展。例如，2011年上调退休年龄，停止将退休金与通胀指数挂钩，采用混合规则计算养老金，保护年轻工人的养老金等；2009年实施失业救济金体系改革。此外，意大利还建立了依据未来人口预期寿命变化对退休年龄进行自动调整的机制。

其次，出台灵活的劳动力市场政策。一方面，通过法律创造灵活的就业形式。比如，《2007年预算法》推出了一项专门针对老年工作的新措施，旨在创设新的就业岗位，减少老年工作者退出劳动力市场的比例；另一方面，通过地区性就业中心为老年人提供专门的就业服务。尽管意大利缺乏国家层面的老年友好工作环境战略，但在工作相关的健康和安全保障方面表现相当好。比如，意大利55—64岁年龄组中因疾病或伤残而退出劳动力市场的人口比例远低于欧盟27国。

第三，提供终身职业培训，促进老年人口持续就业。意大利政府通过国家持续培训法律、欧洲社会基金及社会伙伴管理的跨专业基金等机制来资助终身学习活动。完善的职业培训机制对于帮助老年人获得持续职业培训机会以免于失业，以及实现再就业等都起到了重要作用。

第四，倡导重视家庭护理，降低入驻专门养老机构的老年人比例。意大利提倡"衰老在合适的地方"，为有需求的老年人提供全面的服务；整合社区已有资源，形成社区养老服务网络后，既为老年人提供可持续服务，满足每个老年人的需求，又可以减少去医院的次数，减轻老年人的经济负担和孤独感。

（三）失业率居高不下

1. 失业率居高不下的主要原因

年轻人失业是欧洲普遍面临的问题，但意大利15—24岁年轻人失业率高达20%以上；2020年5月，意大利全国失业率为7.8%，而年轻人失业率为23.5%。造成意大利年轻人失业率高的因素首先在于教育制度，主要体现在学校和企业之间缺乏联系。其次，劳动力成本高是导致包括意大利在内的欧盟国家失业严重的原因之一。第三，经济结构调整缓慢，高科技投入欠缺，新兴产业竞争优势不强，夕阳产业结构性生产过剩，难以吸收较多的失业者甚至还为失业大军提供后备力量。

失业率居高不下，造成劳动力资源的严重浪费和社会财富的巨大损失；造成劳动者已有文化技能素质的逐步退化和人力资本投资减少；拉大收入差距，加剧贫富分化；形成失业恐慌，影响社会稳定；就业机会持续减少，就业环境持续恶化，造成人才外流和投资吸引力减弱；上述原因最终影响经济复苏与增长。

2. 促进就业政策及其效果

解决高失业率问题是意大利政府面临的首要任务之一。作为欧债危机的主要起源地和重灾区，为尽快摆脱经济困境，意大利自 2012 年起将劳动力市场改革作为结构性改革的突破口，并在 2014 年通过《就业法案》，目的是提升劳动力市场的灵活性，促进就业和人力资本积累，改善投资环境。意大利的劳动力市场改革对欧洲经济结构性改革走向具有重要影响，代表了欧洲发达国家经济改革的一种趋向，主要内容包括：第一，放宽企业雇佣和解雇的限制，鼓励企业新增就业岗位；第二，改革失业保险体系，兼顾保障和激励双重功效；第三，完善就业服务体系，提高劳动力市场整体效率；第四，出台税收、补贴等多项政策，鼓励适龄妇女参加工作。上述改革措施在短期内取得了显著成效，比如，2015 年出现失业率 7 年来的首次下降，无固定期限劳动合同绝对数量和比例均大幅上升，失业保险体系将 97% 的劳动者纳入保障范围等。

三、思考与启示

从人口发展视角来看，首先，建议在"一带一路"倡议中加强中意在家庭发展、老年健康产业、医疗卫生等方面的合作，分享家庭发展、健康老龄化领域的国际发展和国家治理经验，推进两国的家庭友好型社会构建、健康产业和公共卫生事业的共同发展。比如，中意携手探讨完善经济社会政策以支持家庭照护、养育等功能发挥，创新体制制度以培育和提高家庭自身发展能力，以及发挥政府在家庭友好型社会构建中的主导作用。再如，中意两国高校院所、企业、医院等共同搭建康养护健一体化国际人才教育联盟，共同筹建居家养老示范区和探索居家智慧养老以倡导家庭护理和为老年人提供可持续服务。还有，意大利在医疗管理方面具有丰富的经验、卓越的技术、产品及服务，通过中意医疗合作，全面使用大数据、人工智能等技术和创新平台为中国基层医疗建设带来先进的医疗资源和创新解决方案。另外，加强中意两国在航空航天、科学、文化等多个领域的合作，特别是推动两国创新资源深度融合，助力科技创新与合作。

中国可以借鉴意大利应对极低生育水平和人口负增长、缓解严重老龄化问题、治理失业率及提升国民文化素质等方面的经验与教训。首先，在应对极低生育率方面，一是统筹资源鼓励生育，即出台包括家庭/儿童津贴、相关假期、儿童福利、托育托幼、税收优惠等在内的综合配套干预体系；二是促进青年人就业，并营造育儿友好环境。但同时，家庭政策的资金投入不足和政策措施不具连续性影响了政策效果。自 20 世纪 90 年代以来，高福利、高税负、高失业率并存和经济长期低迷也抑制了生育率的提升。另外，年轻群体晚育行为，降低了生育水平，扩大了代际年龄差，这启示中国需重视社会婚育观念变化，鼓励个人家庭规划。未来意大利人口负增长趋势还将进一步延续，对经济发展、社会保障、医疗卫生体系等造成负面影响。现阶段，中国正处于人口增长的关键时间节点，可参照意大利连续多年人口负增长所带来的负面影响，从而前瞻预判中国人口负增长对资源、环境、经济、社会、文化等方面的多重影响，并适时做好战略性积极应对。其次，在缓解严重老龄化问题方面，意大利在延长退休年龄，提高领取养老金的资格年龄，实行强制支付与老人养老金制度相结合的养老金制度，提供完善的就业市场培训，以及警惕养老制度过度依赖财政补贴等做法，值得中国借鉴。再次，在治理失业率尤其是青年失业率居高不下的问题上，意大利同其他南欧国家均存在高等教育体制在帮助学生完成从校园到就业的转变方面相对落后、劳动力市场机制比较僵化和用工缺乏灵活性等结构性问题。最后，由于人口文化素质在欧盟国家中长期处在偏低水平，所以意大利虽然实体经济发达但高新技术产品相对较少。

参考文献：

［1］ United Nations Population Division. World Population Prospects 2019 ［EB/OL］. ht-tp：//www. un. org/development/desa/pd/node/1114.

［2］ International Organization for Migration. World Migration Report 2020 ［EB/OL］. http：//publications. iom. int/books/world-migration-report-2020.

［3］ ISTAT. Registration and Deregistration of the Resident Population ［EB/OL］. ht-tp：//www. istat. it/en/archivio/243285.

［4］ World Health Organization. World Health Statistics 2020 ［EB/OL］. http：//www. who. int/publications/i/item/9789240005105.

［5］ United Nations Population Fund. State of World Population 2019 ［EB/OL］. ht-tp：//china. unfpa. org/en/node/39638.

［6］ United Nations Development Programme. Human Development Report 2019 ［EB/OL］. http：//hdr. undp. org/sites/default/files/hdr2019. pdf.

［7］ 王晖. 国际经验借鉴：意大利人口问题应对的启示 ［J］. 人口与健康，2019（2）：16.

［8］ 陶涛，王楠麟，张会平. 多国人口老龄化路径同原点比较及其经济社会影响 ［J］. 人口研究，2019（5）：28—42.

［9］ 盖红波，尹军. 意大利应对老龄化问题的对策及其启示 ［J］. 全球科技经济瞭望，2013（12）：63.

［10］ 柳清瑞，孙宇. 人口老龄化、老年就业与年龄管理——欧盟国家的经验与启示 ［J］. 经济体制改革，2018（1）：157.

波兰人口与发展状况报告

石智雷　Cary Wu　刘思辰　郑州丽[*]

摘要：本文基于波兰人口统计年鉴（2000—2018）和世界银行等的数据，从人口、经济、社会和文化四个维度，对波兰人口发展的现状及问题进行描述分析。研究发现，波兰人口具有空间分布不均匀、性别-年龄结构呈纺锤体状、国内迁移逆城市化倾向明显、性别差距较小的特征。目前主要存在老龄化程度不断加深、人才持续外流、儿童面临多重健康风险、家庭政策偏向"母职化"等问题。对于"一带一路"沿线国家而言，波兰在改革养老保险体制及保障女性权益方面能够提供借鉴经验。为应对老龄化和人才外流，波兰应积极把握养老产业"走出去"战略，防范养老风险，提高人口素质，在人才培养与交流等方面与"一带一路"沿线国家开展形式多样的交流互动，着力构建人类命运共同体。

关键词：波兰；人口发展；社会状况；文化状况；经济发展水平

---

　* 石智雷，中南财经政法大学人口与健康研究中心主任，教授；Cary Wu，加拿大约克大学社会学系助理教授；刘思辰，中南财经政法大学人口与健康研究中心区域经济学研究生；郑州丽，中南财经政法大学人口与健康研究中心区域经济学研究生。

波兰是位于欧洲中部、由 16 个省组成的民主共和制国家，其国土面积约为 312 685 平方千米。波兰西与德国毗邻，南与捷克、斯洛伐克接壤，东邻俄罗斯、立陶宛、白俄罗斯、乌克兰，北濒波罗的海。由于地理位置优越，波兰被称为"欧洲心脏"。近年来，随着"一带一路"的发展，波兰与中国的经济往来也越来越频繁。

本文以"一带一路"为背景，基于波兰历年的国家统计年鉴、世界银行数据、世界人口展望官网数据及中国历年国家统计年鉴数据，从时间和空间上综合分析了波兰人口与发展的现状及问题。具体内容包括人口、经济、社会和文化四个维度，翔实描述了波兰的人口总量及空间分布、人口性别-年龄结构分布、人口迁移与城镇化、劳动与就业、经济发展水平、教育文化水平、宗教与信仰、婚姻与家庭变迁、女性权益、人口健康等情况。

波兰经济自 1991 年以来总体呈现持续增长趋势，但近年来增长速度逐渐放缓。21 世纪初，波兰国内就业率不断提高，其产业结构也在不断优化。劳动力向服务业聚集，工业就业保持稳定。波兰较高的经济发展水平、人力资本及工业化程度使得其处于较高的城镇化水平。2016 年，波兰城镇化率便高达 60.18%。与经济增长不同，进入 21 世纪以来，波兰人口增长趋势逐渐放缓甚至出现负增长。全国人口由持续增长变为缓慢减少，自然增长率于 2002 年出现负值，此后人口持续保持低增长态势。空间分布上，波兰人口空间分布较不均匀，主要集中于经济发达的区域。人口结构上，波兰老龄化程度不断深化，劳动年龄人口规模在 2009 年以后呈现持续下降趋势，但与欧盟平均水平相比，波兰劳动力人口抚养比仍较低，劳动人口负担相对较轻。人口迁移上，国内迁移方向由"乡—城"流动转为"城—乡"流动，流动人口呈现年轻化特点。2004 年以来，由于欧盟东扩，波兰人口的国际迁移较多，人才持续外流，但随着政策调整和国际局势变化，波兰人口外流趋势逐渐减缓。

图 1　波兰国家地图

一、波兰人口发展现状

（一）人口基本情况

1. 波兰人口增速持续下降

截至 2021 年 8 月，波兰总人口 3815.3 万人。2020 年人口总数为 3795.1 万人，人口密度是 123.95 人／平方千米。1999 年至 2020 年，波兰人口总量净减少 70.95 万人，年均减少 3.55 万人，波兰人口数量的下降趋势几成定局（见图 2）。1950 年开始的社会主义工业化建设使波兰经济向现代化国家标准靠拢，为人口高速增长提供了良好的经济环境，波兰全国总人口持续增加。20 世纪 80 年代后期，由于东欧剧变、波兰独立等一系列变故，波兰国内失业率激增、经济衰退，波兰人口自然增长率下降。1999 年 7 月，全国总人口达到历史最高值——3856.8 万。此后，波兰人口开始出现负增长，人口数量逐渐减少。2004 年波兰加入欧盟后，获得了大量外资援助，经济得到进一步发展，这使波兰人口出生率略微回升（见图 3），但同时也促进了波兰人口向国外迁移，因此，波兰人口负增长趋势并未得到有效抑制。

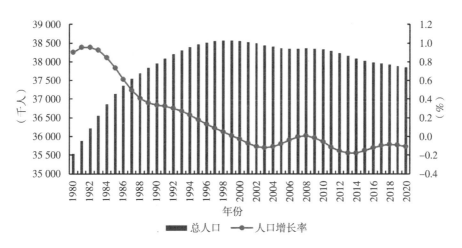

资料来源：2019 年《波兰人口统计年鉴》。

图 2 1980—2020 年波兰总人口变化与人口增长率统计图

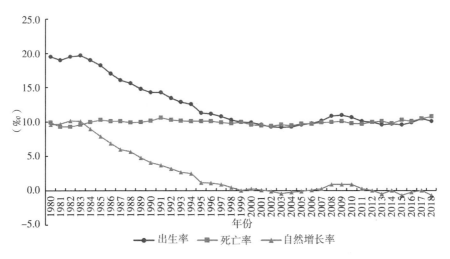

资料来源：2019 年《波兰人口统计年鉴》。

图 3 1980—2018 年波兰人口出生率、死亡率和自然增长率统计图

2. 人口空间分布较不均匀

波兰人口空间分布及其增长具有不均匀性。从人口空间分布上看，根据
2018年波兰人口统计年鉴的数据，波兰人口主要集中在偏东部的马佐夫舍省
（占总人口的 14.07%）、西南部的西里西亚省（11.80%）、小波兰省
（8.85%）和偏西部的大波兰省（9.10%）。其中，马佐夫舍省为全国面积最
大的省份，波兰首都华沙坐落于此，GDP 位列全国首位。从人口增长趋势
看，2013年至2018年间，马佐夫舍省、小波兰省、大波兰省人口总量呈增
长趋势，但增幅并不相同，其余13省人口绝对数量都在不断减少。这源于
波兰东西部经济较落后地区的人口更倾向于向外国迁移，但是经济发达地区
却能吸引大量移民流入。由此，波兰人口空间分布不均匀的趋势逐渐扩大。
如表1所示，经济发达地区的人口愈加集中，而西部和东部经济较落后省份
的人口总数下降趋势明显。

表1　2013—2018 年波兰各省份人口占总人口比重　　　（单位:%）

地区	2013 年	2014 年	2015 年	2016 年	2017 年	2018 年
马佐夫舍省	13.81	13.86	13.92	13.96	14.01	14.07
西里西亚省	11.95	11.92	11.89	11.86	11.83	11.80
大波兰省	9.01	9.02	9.04	9.06	9.08	9.10
下西里西亚省	7.56	7.56	7.56	7.56	7.55	7.55
小波兰省	8.73	8.75	8.77	8.80	8.82	8.85
罗兹省	5.60	5.58	5.57	5.55	5.53	5.51
滨海省	5.96	5.98	6.00	6.03	6.05	6.08
库亚瓦滨海省	5.44	5.43	5.43	5.42	5.42	5.41
喀尔巴阡山省	5.53	5.53	5.54	5.54	5.54	5.54
卢布林省	2.65	2.65	2.65	2.65	2.65	2.64

地区	2013 年	2014 年	2015 年	2016 年	2017 年	2018 年
西滨海省	4.47	4.46	4.45	4.44	4.44	4.43
瓦尔米亚马祖尔省	3.76	3.75	3.75	3.74	3.73	3.72
圣十字省	3.29	3.28	3.27	3.26	3.25	3.23
鲁布斯省	6.53	6.51	6.49	6.47	6.44	6.42
波德拉斯省	3.10	3.10	3.09	3.09	3.08	3.08
奥波莱省	2.61	2.60	2.59	2.58	2.58	2.57

资料来源：2014—2019 年《波兰人口统计年鉴》。

3. 人口性别结构较为均衡，年龄结构呈纺锤体分布

波兰人口性别结构总体较为均衡，但性别比随着年龄增长呈现阶段性差异。1980 年，波兰男性人口总数为 1741 万，女性人口数量为 1832 万，波兰人口性别比由战后的比例失调逐渐趋于平衡。[1] 从年龄阶段[2]来看，随着年龄增长，男女性别比缓慢下降。少儿阶段（0—14 岁）波兰人口性别比为 1.05；壮年时期（15—64 岁）性别比为 0.999，处于十分平衡的状态；老年时期（65 岁及以上）性别比下降至 0.657。这一趋势侧面反映了女性平均寿命高于男性。

从年龄结构上看，波兰 65 岁及以上人口占总人口比重由 2000 年的 12.024% 上升至 2020 年的 18.739%，并保持着稳步增加的趋势；少儿系数由 2000 年的 19.558% 降低至 2020 年的 15.218%，老年型人口结构特征日益突出（见图 4）。2018 年，波兰人口中育龄妇女占总人口的比重为 23.43%，育龄妇女（15—49 岁女性）人口规模较小。2000 年，劳动年龄人口（15—64

---

〔1〕 库兹诺斯基、朱刚、刘瑛瑛：《1950—1980 年间的波兰人口结构及主要演变过程》，载《人口与经济》，1989 年第 1 期，第 58 页。

〔2〕 年龄阶段采用国际上通用标准进行划分，即 0—14 岁为少年人口，15—64 岁为壮年人口，65 岁及以上为老年人口。

岁）占比 68.59%，到 2020 年时略微下降至 66.04%。目前波兰劳动力资源较为充足。

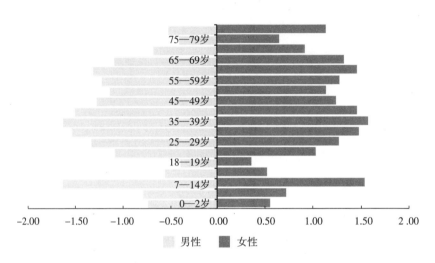

资料来源：2014—2019 年《波兰人口统计年鉴》。

图 4　波兰各年龄段人口分布情况图

4. 国内迁移方向由"乡—城"流动转为"城—乡"流动

波兰国内人口迁移在区域、年龄和性别方面均表现出不均衡的特点。数据显示，2018 年，在 10 万人以上的城镇地区，人口呈净流入状态的不足 25%，超过 75% 的城镇表现为人口净流出。人口迁移的主要流动方向是由东西部一些经济发展较为落后的省份流入经济发展更好的省份。其中，卢布林省净流出人口最多，为 5804 人；马佐夫舍省净流入人口最多，为 14 686 人。在年龄方面，20—40 岁的青壮年劳动力是流动的主力军，0—10 岁儿童由于需要父母的照顾往往会随迁，因此成为流动的第二大主力，这两个年龄段的迁移人口数量达到 29 万人以上。其中 25—35 岁年龄段的流动人口数量有 14 万人左右，40 岁以上年龄段总的流动人口数不足 20 万人，70 岁以上年龄段人口则少于 2 万人。此外，波兰流动人口中女性居多。根据 2018 年波兰人口统计年鉴的数据，各省人口性别比集中在 0.7 和 0.8 左右，但是下西里西亚、奥波莱、西里西亚等三省男性人数比女性人数多。以上三省的支柱产业分别是矿业、工业及制造业，男性相较于女性在这些行业中更受欢迎。由此可见，流动人口的性别差异一定程度上受到地区产业发展的影响。

在城乡迁移方面，波兰出现了逆城市化的迁移趋势（见图 5）。从 1989 年开始，波兰城镇地区人口净流入数量不断下降，并在 2000 年开始出现净流出，2000 年后农村的人口发生持续地净流入，并且逐步稳定在每年 35 000 人左右的流入量。虽然城市在发展过程中出现的环境污染、经济压力大等一系列社会问题导致了逆城镇化，出现了城镇人口向农村人口回流的情况，但是随着城市向郊区的扩张，城市人口饱和有所缓解，这一趋势可能被打破，使城乡流动有趋于平衡的发展势态。

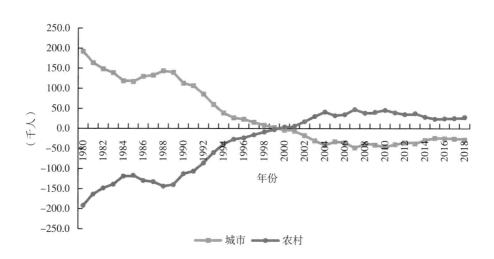

资料来源：2014—2019 年《波兰人口统计年鉴》。

图 5　1980—2018 年波兰城乡净流入人口情况

5. 波兰人口持续外流趋势以 2010 年为拐点减缓

波兰人口国际迁移呈净流失状态，迁入和迁出逐渐趋于平衡。根据

2014—2018 年《波兰人口统计年鉴》数据，波兰人口迁出数量大于迁入数量，但净流出人口数量正逐步向 0 趋近。以至少居住 12 个月的长期迁移为例，如图 6 所示，净迁出人口始终呈现正值。自 2004 年开始，欧盟东扩较大程度上实现了欧盟内部人口自由流动。欧洲各国的高水平经济发展或社会福利形成了人口拉力，导致波兰大量人口外迁。但在 2011 年后，波兰外迁人口数量开始急剧减少，国外来波兰并且停留 3 个月以上的人数却持续增多（见图 7）。2008 年的国际金融危机及接踵而来的欧洲债务危机使得人口迁入国的经济受到严重打击，劳动力市场的日趋饱和及外来人口就业环境的恶劣，致使许多移民中止了他们的迁移活动，波兰移民同样如此。[1] 而波兰在经济危机中保持经济的稳定增长使得波兰原住民外迁数量减少而他国迁入人口增加。

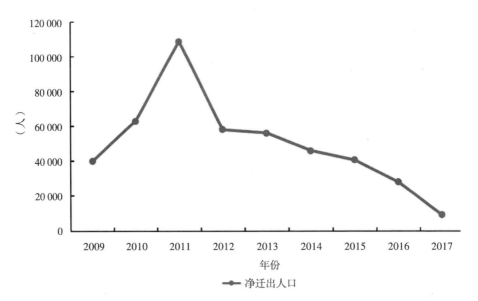

资料来源：2014—2019 年《波兰人口统计年鉴》。

图 6　2009—2017 年波兰人口居住至少 12 个月的净迁出人口趋势图

---

　〔1〕　朱卓琳：《欧盟东扩后劳动力迁徙的现状和发展趋势》，东华大学硕士论文，2011 年 5 月。

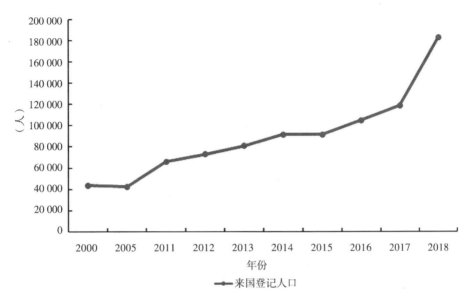

图 7　2000—2018 年波兰外来停留 3 个月以上人口数量趋势图

　　自波兰加入欧盟后，波兰迁入人口的来源地和迁出人口的目的地主要是欧盟成员国特别是西欧国家，以英国、德国和爱尔兰为主。根据 2012 年至 2018 年波兰外来人口数据加总，由乌克兰迁入波兰的人员达 77 426 人，成为波兰最大的流入人口来源国，而德国则以接收波兰人员 66 670 人成为波兰最大的人口输出国。但是 2013 年后，波兰去德人数相对减少，而由波兰迁入乌克兰的人口逐步增加，并且在向英德两国迁出人口数量呈下降趋势时，乌克兰一路走高（见图 8）。在 2014 年克里米亚事件之后，乌克兰局势动荡不安，大量难民移民至波兰。在 2015 年签署明斯克停火协议后，乌克兰局势暂时稳定。2016 年，乌克兰成为波兰最大的移民目标国，猜测是大量乌克兰人开始重返家园。

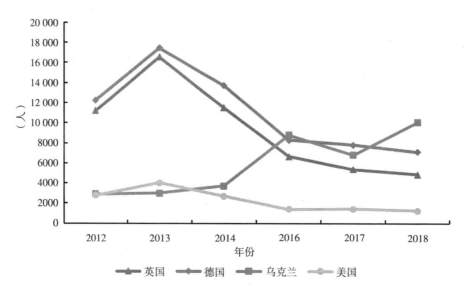

资料来源：2012—2018 年《波兰人口统计年鉴》。

图 8 2012—2018 年波兰主要迁出国人口变化趋势图

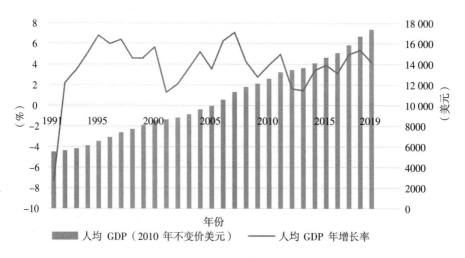

资料来源：世界银行。

图 9 1991—2019 年波兰人均 GDP 及人均 GDP 年增长率

（二）经济发展状况

1. 人均 GDP 呈现增长趋势，增长速度趋缓

自 1991 年以来，波兰人均 GDP 呈现持续增长趋势。在 1991 年到 2019 年间，波兰人均 GDP 净增 11 754.5 美元。2019 年人均 GDP 年增长率为 4.1%，相较于 2017 年的 4.9% 有所放缓。

2. 就业形势向好，就业结构优化

波兰就业率总体处于上升阶段。如图 10 所示，1991—1998 年间，波兰国内局势不稳定，企业缺乏平稳的发展环境，经济发展陷入低迷状态，导致就业岗位急剧缩减，因此波兰失业率一直在 10% 以上。21 世纪初，波兰先后加入北约和欧盟，但这些区域集团化组织还处于发展初级阶段，波兰也正处于转型初期，社会环境的动荡导致波兰失业率一度高达 20%。此后，随着欧盟发展壮大及波兰政权逐步稳定，波兰的就业率显著上升，失业率降至 3.4%。并且，在进行延长职业生涯的改革之后，老年工人的劳动力参与率也有所提高。然而令人担忧的是，大部分就业岗位都是临时性的。

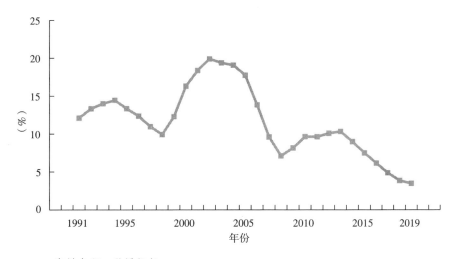

资料来源：世界银行。

图 10　1991—2019 年波兰总失业人数占劳动力总数的比例

随着波兰产业结构的不断优化，其就业结构也愈趋合理。如图 11 所示，2019 年，波兰农业就业人员数占比 9.2%，工业就业人员数占比 31.9%，服务业就业人员数占比 58.8%，工业和服务业呈现蓬勃发展的局面。

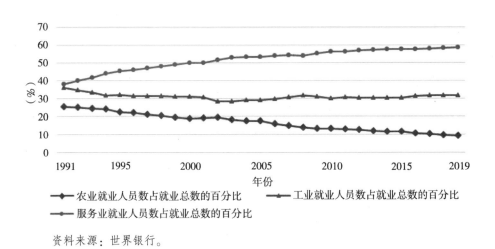

资料来源：世界银行。

图 11 1991—2019 年波兰各产业就业人员比重变化

3. 波兰城市化水平较高，近年进程放缓

城镇化水平是国家和地区经济综合发展水平的集中体现。根据联合国《世界城市化前景》数据显示，波兰城镇化率在 1961—1988 年增长迅速，达到 61.04%，虽然与东欧某些国家（如俄罗斯和捷克）相比仍属于较低水平，但已远超世界平均水平。1989 年东欧剧变，波兰出现转型性衰退，城镇化率增长速度明显放缓，几近停滞。2004 年后，波兰城镇化率小幅下降，结合部分东欧国家的城镇化率情况来看，捷克、俄罗斯和罗马尼亚都出现过城镇化率下降的情况，且城镇化率越高，出现城镇化率下降的时间越早。这种现象与城市郊区化密不可分，快速的城市化导致社会变迁失控和大城市问题层出

不穷,使大城市固有的内部凝聚力逐渐丧失。[1] 且信息技术和交通技术的进步,使得在郊区居住的公民也能享受城市文明,这些都抑制了波兰城镇化率的进一步提升。

(三)波兰社会发展状况

1. 波兰高等院校入学率稳步上升

1989—2010 年间,波兰高等院校入学率总体上呈现稳步上升的态势,但2010—2016 年间,高等教育入学率略微下降。这与波兰人口缩减带来高等教育适龄人口数量减少有一定关系。[2] 随着大学生人数减少,波兰高等教育结构发生变化——私立大学纷纷倒闭,公立大学中非全日制专业也陆续关闭。

波兰不断进行教育体制改革。首先,波兰为教育提供立法保障。1990 年后,波兰议会颁布《高等教育法》等法律法规,从法律和体制层面明确了高等院校师生的法律地位、责任和义务,完善了波兰的教育体系。波兰政府颁布的此类法案,允许私人或企业投资办学,进一步盘活了教育资源。其次,波兰扩大高校对外交流,推动教育发展进程。瓦文萨当选波兰总统后,采取了积极的对外政策,逐步放松对学术交流的限制,推动波兰向整个欧洲乃至世界开放。同年,波兰加入了伊拉斯谟计划[3],国内高校积极参与对外交流,短期留学的学生数量增加,加快了波兰高等教育的国际化进程。[4] 波

---

〔1〕 陶希东、刘君德:《国外大城市郊区化的演变及对我国的启示》,载《城市问题》,2003 年第 4 期,第 69—75 页。

〔2〕 刘进、林松月:《"一带一路"沿线国家的高等教育现状与发展趋势研究(二十八)——以波兰为例》,载《世界教育信息》,2019 年第 10 期,第 28—32 页。

〔3〕 伊拉斯谟计划(Erasmus Programme, European Community Action Scheme for the Mobility of University Students)是欧洲各共同体在 1987 年成立的一个学生交换项目。

〔4〕 单可:《波兰融入欧盟高等教育一体化的举措与启示》,载《台州学院报》,2019 年第 5 期,第 47—50 页。

兰加入"博洛尼亚进程"[1]后，促进建立"欧洲高等教育区"。2004年加入欧盟后，波兰高等教育发展进入新阶段。[2]

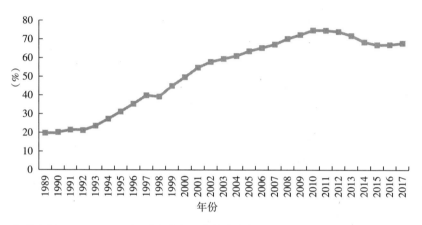

资料来源：1989—2017年《波兰人口统计年鉴》。

图12　1989—2017年波兰高等院校入学率分布（占总人数的百分比）

2. 婴儿死亡率骤降后趋于平稳，妇幼健康水平处于较高水平

根据世界银行与联合国《世界人口展望》数据，波兰的孕产妇死亡率在2014—2017年间相对稳定，连续4年，每10万例活产婴儿的孕产妇死亡率保持在2例的低水平。波兰的婴儿死亡率在2015—2016年间下降幅度较大，从2015年的4‰下降到2016年的3‰（见图13）。东欧国家的婴儿死亡率在2016年之后几乎都没有变化，其中波兰2017年和2018年的婴儿死亡率皆为

[1]　博洛尼亚进程（Bologna Process）是29个欧洲国家于1999年在意大利博洛尼亚提出的欧洲高等教育改革计划，该计划的目标是整合欧盟的高教资源，打通教育体制。"博洛尼亚进程"的发起者和参与国家希望到2010年，欧洲"博洛尼亚进程"签约国中的任何一个国家的大学毕业生的毕业证书和成绩，都将获得其他签约国家的承认，大学毕业生可以毫无障碍地在其他欧洲国家申请学习硕士阶段的课程或者寻找就业机会，实现欧洲高教和科技一体化，建成欧洲高等教育区，为欧洲一体化进程作出贡献。

[2]　杨昌锐：《政治转型后波兰高等教育改革述评》，载《外国教育研究》，2009年第2期，第66—69页。

3‰，属于东欧国家中较低的，可以看出波兰的医疗水平发展较快，达到较高水平。

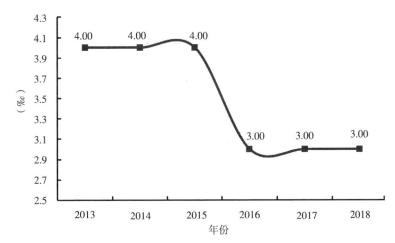

资料来源：世界银行。

图 13　波兰婴儿死亡率

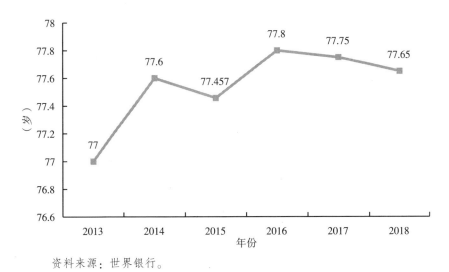

资料来源：世界银行。

图 14　波兰人口平均预期寿命

3. 人口平均预期寿命处于较高水平

由图14可知，波兰人口平均预期寿命在77—78岁之间浮动，近6年最低是2013年的77岁，最高为2016年的77.8岁，之间相差0.8岁，无大幅波动。2018年的预期寿命为77.65岁，在东欧国家中排名第2。这一方面源于经济与社会发展水平的提高，另一方面源于公共卫生的改善和公民健康意识的增强。

4. 贫困人口数量下降，基尼系数逐渐降低

基于世界银行数据对波兰贫困人口及经济情况进行分析发现，由于社会经济的快速发展和反贫困策略精准化调整的推进，按每人每天1.90美元的贫困标准衡量，贫困人口总数及比例逐年下降。波兰在过去15年中贫困人口总数减少207万人，贫困人口比例下降至15.1%（见图15）。随着减贫进程的推进，贫困人数减少速度逐渐放缓。截至2019年年底，仍有超过七分之一的人口处于贫困线以下。

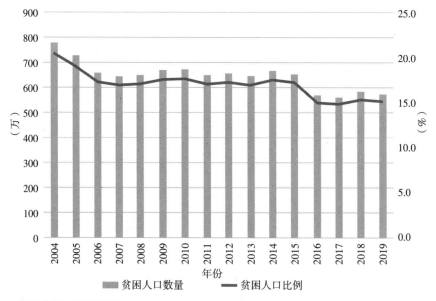

资料来源：世界银行。

图15　波兰贫困人口比例走向

如图 16 所示，波兰基尼系数虽常年高于东欧地区平均水平，但均在 0.4 以下，国收入分配相对合理。东欧剧变、苏联解体之后，波兰率先在市场经济和民主政治方面进行转型。除了计划经济制度下的原存贫困之外，急促激进的经济转型也导致了失业造成的转型城市伴生性贫困，并为波兰节节攀升的基尼系数埋下了隐患。2004 年波兰加入欧盟之后，在"积极融合"引导下的减贫策略呈现精准化、计划性的特点，收入不平等的情况得到缓解，且基尼系数在 2005 年达到峰值之后逐年回落，国民收入分配差距呈逐渐缩小态势。

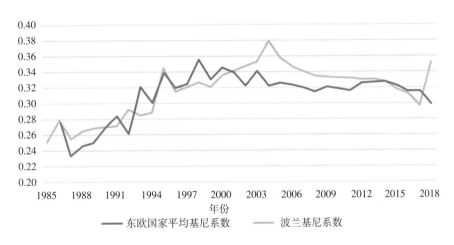

资料来源：世界银行。

图 16　波兰与东欧国家基尼系数走向对比

5. 居民婚姻不稳定性增强，结婚率从 1990 年开始逐渐下降

如图 17 所示，1990 年至 2013 年间波兰城乡居民结婚率总体呈下降趋势。1990 年到 2000 年下降幅度最大，下降了 1.9‰。结婚率于 2013 年达到谷值 5.5‰，之后逐渐趋于平稳。1980 年到 2000 年间，波兰城乡居民离婚率保持稳定，但 2000 年到 2010 年间大幅度上升，变化幅度达 2.1‰，2010 年到 2018 年间又回归平稳。2010 年成为离婚率由低于变为高于结婚率的一个

转折点。离婚率的上升表明波兰居民婚姻不稳定性在增强。2004年波兰加入欧盟，其政治体制和经济体系均转向西方，一方面使得高等教育发展进入快车道，而教育水平提高促使结婚率下降；另一方面，随着经济不断发展，更多女性参与劳动，女性地位提升也部分导致了结婚率下降和离婚率上升。此外，高速发展的经济水平导致生活成本不断上升，也成为婚姻不稳定的因素之一。

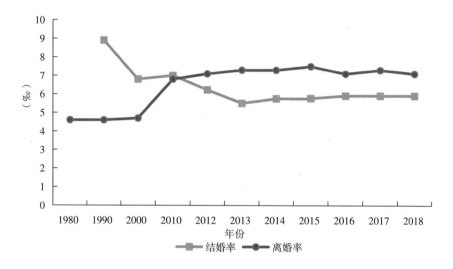

资料来源：2014—2019年《波兰人口统计年鉴》。

图17 1980—2018年波兰城乡居民的结婚率及离婚率

（四）波兰性别平等与女性发展状况

1. 波兰女性受高等教育比例高于男性，且差距呈扩大趋势

女性受高等教育比例一直高于男性，且差距呈现扩大趋势。如图18所示，从趋势上来看，波兰女性受高等教育比例呈现上升趋势，但近年来增速有所放缓。2017年，高等教育占比的性别差距达到了9.4个百分点。从绝对数量来看，波兰女性受高等教育数量呈现逐年增加的趋势，2017年波兰女性受高等教育人口数为536.1万人，占女性总人口的30.9%，是男性的1.56倍。

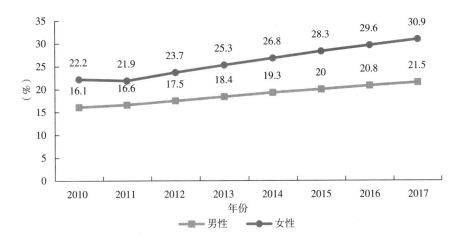

资料来源：2014—2019 年《波兰人口统计年鉴》。

图 18 2010—2017 年波兰男性及女性接受高等教育的比例

2. 波兰女性劳动力参与率高于全球平均水平

波兰女性劳动力参与率高于全球平均水平，呈现出缓慢上升的趋势。如图 19 所示，2013 年，波兰女性劳动力参与率为 48.63%，高于世界平均水平

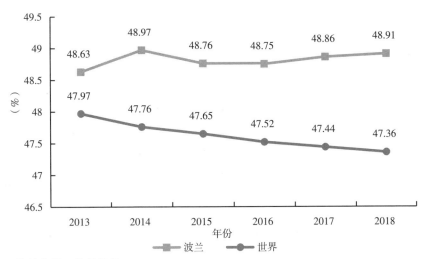

资料来源：世界银行。

图 19 2013—2018 年波兰及世界女性劳动力参与率

近 0.7 个百分点。在世界女性劳动力参与率缓慢下降的同时，波兰于 2015 年后保持基本稳定的增长速度，在 2018 年达到了 48.91%，高于世界平均水平近 1.6 个百分点。另外，波兰的女性劳动力参与率在东欧各国中居中上游，略低于白俄罗斯、捷克等国。

波兰女性劳动力参与率的上升主要得益于女性接受高等教育的比例不断上升及良好的妇女健康状况。波兰女性受高等教育比例上升有助于她们获得更好的就业机会，因此其女性劳动力参与率高于全球平均水平且呈上升趋势。

3. 波兰女性平均结婚年龄及生育年龄不断推迟

根据 2014 年至 2019 年波兰人口统计年鉴的数据，波兰女性的结婚年龄和生育年龄不断推迟。如图 20 所示，2013 年，波兰女性的平均结婚年龄为 26.8 岁，平均生育年龄为 29.2 岁。到 2018 年，平均结婚年龄推迟至 27.8 岁，平均生育年龄推迟至 30.2 岁。只接受过初级中等教育的女性平均生育年龄为 20.8 岁，而接受过中等教育和高等教育的平均生育年龄分别为 28.6

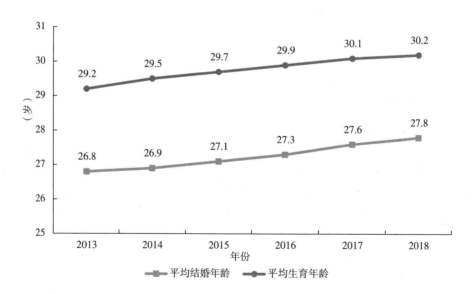

资料来源：2014—2019 年《波兰人口统计年鉴》。

图 20　2013—2018 年波兰女性平均结婚年龄和平均生育年龄

岁和31.2岁，波兰女性受教育程度普遍提高在一定程度上导致了其结婚和生育行为的普遍推迟。

4. 波兰性别差距逐渐缩小，经济和政治参与成为主要影响因素

世界经济论坛发布的《全球性别差距报告2020》（下称《报告》）显示，波兰的性别差异总体状况良好，主要差距来自经济和政治参与。该《报告》依据权威机构的最新数据，从"经济参与和机遇""受教育程度""健康与生存""政治赋权"这四个主题维度构建全球性别差距指数结构，综合考察各国的性别平等发展进程及现状。数据显示，波兰在2019年的性别差距指数为0.736，在世界153个国家中位列第40，在东欧和中亚地区的26个国家中位列第9。在子指数方面，波兰在2017年首次彻底消除了"健康与生存"方面的性别差距，连续三年位居世界第一。

与此同时，波兰女性在经济参与和机遇及政治赋权两方面也有进步，如图21所示，分别从2006年的0.635和0.107上升到了0.711与0.256。值得注意的是，波兰的妇女在立法者、高级官员、经理人比例中所占比例达到了42.5%，2019年波兰国家议会中妇女席位的比例达到了29.1%。女性专业技术人员比例达到了57.1%，这在东欧各国中处于较高水平。

随着波兰经济社会的快速发展，性别差距逐年缩小，但目前仍存在不足之处。在经济参与和机遇方面，波兰的性别差距主要来源于女性劳动力参与率和预计收入低于男性，波兰的同工同酬指数为0.556，距离1—7的最优区间仍有距离。此外，虽然波兰女性的劳动力参与率处于上升状态，但就绝对数值而言仍然较低，月预计收入高于1000美元的女性占比仅为20.5%，低于男性10.9个百分点。在政治赋权方面，波兰的政治赋权指数仅为0.256，2019年波兰国家议会中的妇女比例为29.1%、担任部长职务的妇女比例为27.3%，相对于男性的70.9%和72.7%还是存在一定差距。

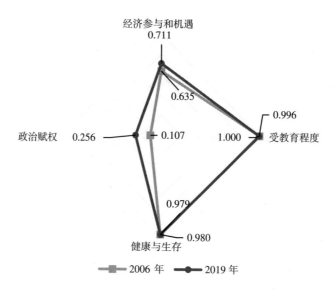

资料来源：世界经济论坛《全球性别差距报告2020》。

图21　2006年与2019年波兰性别差距对比

（五）波兰文化发展状况

1. 民族结构较为单一，主要民族为波兰族

根据2011年美国中央情报局（CIA）统计数据，在波兰各民族中，波兰人占比为96.90%，其他的少数民族占波兰总人口的3.10%。二战后欧洲各国恢复和平，国与国之间的交流趋于平稳，一些波兰少数民族选择返回家乡，但波兰少数民族人数仍然不断下降，其总人数由1946年的268.78万人大幅减少，到了1962年，少数民族人数仅有45万人。[1]

2. 主要民族对于少数民族的同化力较强

波兰少数民族基本上是由其他欧洲国家人口移居形成的，在过去有着自己本土的语言。如图22所示，虽然波兰的主要民族占据总人口的96.9%，但全国却有着98.2%的人使用波兰语。这说明，随着时间的推移，一些少数

---

〔1〕　O. A. 甘茨卡娅著，吴扎拉译：《波兰国家政治中的少数民族问题（1945—1997年）》，载《世界民族》，2001年第5期，第24—35页。

民族人群已被同化为使用波兰语。造成这种同化的主要原因是波兰的主要民族人数占比极高，这使得波兰的主要民族的地位十分稳定，对于少数民族的同化力较强。另一个原因是波兰实行一些积极同化少数民族的政策，比如20世纪40年代的"波兰化"政策，强调保留少数民族族籍可能影响到他们的职位升迁、受教育特别是高等教育的机会。

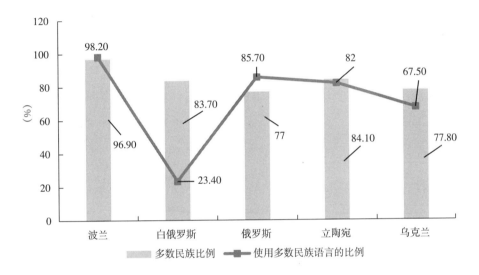

资料来源：2011年CIA波兰实况簿。

图22 东欧主要国家多数民族比例和使用多数民族语言比例

3. 宗教文化气氛浓烈，天主教为主要信仰

波兰超过99%的人有宗教信仰，宗教已经成为波兰生活和文化不可或缺的一部分。在波兰的信仰构成中，85.9%的人信仰天主教，信仰其他宗教或未说明信仰的人占14.1%。在各个天主教会的分支中，罗马天主教占据绝对优势，波兰99.65%的天主教徒信仰罗马天主教，只有0.35%的天主教徒信仰其他天主教。宗教对于波兰人日常生活的影响较大，如图23所示，从

2013 年至 2017 年，波兰信教的人数占比和结婚时选择宗教婚[1]的占比一直比较稳定，在占总人口数量 99% 以上的信徒当中，有 60% 左右的人在结婚时选择参加宗教婚。

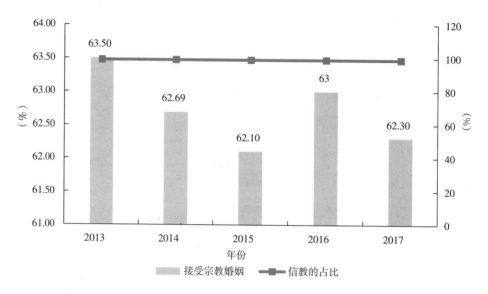

资料来源：2014—2017 年《波兰人口统计年鉴》。

图 23　波兰接受宗教婚比例和信教人数比例的交互分类图

二、波兰人口发展面临的主要问题和应对措施

（一）波兰人口生育率稳定在较低水平

受波兰女性婚育年龄推迟与受教育水平攀升的影响，波兰女性的总和生育率一直较为稳定地处于低水平状态。如图 24，世界银行数据显示，近 10 年来，波兰总和生育率呈现先降后升趋势，人均生育个数在 1.30 左右波动。

---

〔1〕 宗教婚是指受宗教支配、影响的婚姻。在宗教盛行的国家或地区，宗教对于宗教信仰者的婚姻影响很大，包括对宗教职业人员，也包括对宗教信徒的影响，如基督教，教徒结婚要在教堂举行婚礼，并由牧师念圣经，祈求上帝保佑。

在 2017 年有一个生育小高峰，处于十几年来的最高点，人均生育个数达到了 1.48，但这在东欧各国中仍属于较低水平，并且远低于世界平均生育个数 2.42。持续的低生育水平不仅会导致波兰的劳动力资源紧缺，还会进一步加重老龄化趋势。

为了提高生育水平，波兰政府积极制定相关政策鼓励生育，减少生育阻力。例如，在波兰生育单胎的妈妈可享受 52 周带薪产假，生育双胞胎或多胞胎的还可再增加 11 周至 17 周不等的假期。准妈妈不仅可以在公立医院免费生产，还能一次性获得 1000 兹罗提的补助。此外，波兰政府于 2015 年年底实行了更加积极的鼓励生育政策——全民"500+"，即为所有生育二孩及以上的波兰家庭提供每个孩子每月 500 兹罗提的补贴，直至孩子成年。低收入家庭的第一个孩子或第一个孩子患有疾病的，也可享受这项津贴。当然，波兰稳定的经济增长、良好的社会保障体系也为该政策的实施奠定了扎实基础。2015 年以后，波兰生育率持续上升，并在 2017 年达到了生育小高峰。波兰

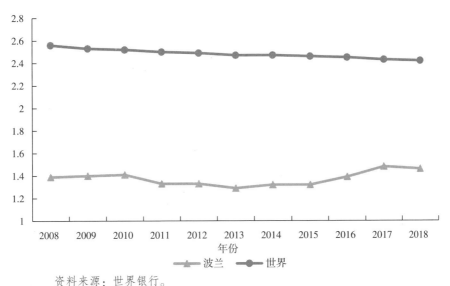

资料来源：世界银行。

图 24　2008—2018 年波兰及世界总和生育率

实施的这些政策在短期内控制了生育率下降颓势，但随后政策影响力减弱，2018年生育率又呈现缓慢下降趋势，波兰仍需制定更为有效的长期对策。

（二）人口老龄化程度持续加深，社会抚养负担不断加重

波兰人口老龄化程度将进一步加深。从老年人口绝对数量上看，波兰老年人口数量和占比呈现逐年增加的趋势。2020年，波兰65岁以上人口为711.18万，占波兰总人口的18.74%；2019年，80岁以上人口数量达到169.17万，占波兰总人口的4.41%。过去7年，65岁以上的老年人口规模平均以3.52%的速度增长，若按此增长速度预测，波兰将于2025年迈入重度老龄化社会，届时波兰60岁以上的人口将达到1153万人，约占总人口的30%。抚养比可以对社会抚养负担进行直观的体现，如图25所示，波兰儿童抚养比近年来趋于稳定，但老年抚养比不断上升，带动波兰社会总抚养比上升。2013年至2018年间波兰总抚养比上升6.5%，其中5.1%是由老年抚养比上升导致的。老龄人口的增加无疑会成为波兰经济和社会发展的一大阻碍。

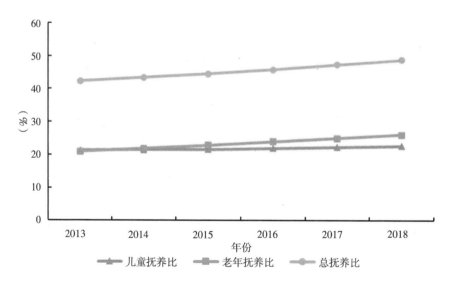

资料来源：2014—2019年《波兰人口统计年鉴》。

图25　2013—2018年波兰抚养比变化趋势

与大多数因为人口出生率下降导致人口老龄化的国家不同，波兰近年来的人口老龄化不断加深主要是由波兰老年人口数量快速增加和人口平均寿命延长导致的。面对老龄化带来的劳动力人口减少的问题，波兰政府在 2012 年将男女的退休年龄都延长至 67 岁，但该举措引发了社会的强烈反对，2017 年，波兰将退休年龄下调为男性 65 岁，女性 60 岁。

在经济转型的社会背景下，为应对不断加剧的人口老龄化，波兰在 1996 年开始实行养老保险制度改革，改变了以往单一的、强制的、现收现付的养老保险制度，建立起了以名义账户基金制、强制性基金积累制、个人储蓄账户为三大支柱的养老保障保险体系。该模式能够减少转制成本，分散风险。同时政府通过提供最低保障养老金，增强参保者对于养老保险体系的信心。此外，波兰选用了专业养老基金公司经营，使得养老保险基金具有较高透明度。最后，波兰对养老金的征缴、投资、交易及信息披露均制定了严格的法律规范，并设立监管机构进行监管。但是由于在改革过程中，波兰政府推行新制度的速度过快，进行了大量的立法修改，而修改过程又无法具备完备的全局视角，对登记设立的金融机构也缺乏相应监管，在一定程度上造成了管理混乱和私有养老保险基金公司不合规等问题。[1]

（三）儿童生理心理面临多重健康风险

如图 26 所示，自 2013 年至 2018 年，波兰儿童疫苗总接种率从 99% 下降至 95%，乙肝疫苗和麻疹疫苗接种率分别下降了 7% 和 5%。接种疫苗是保护儿童在成长过程中免受传染性疾病及其他疾病威胁的重要手段，但疫苗覆盖率仍存在缺口。此外，波兰儿童贫血的患病率呈现上升趋势，2010 年至 2016 年，波兰 5 岁及以下儿童贫血的患病率从 24.4% 上升至 26.3%（见图

---

〔1〕 瞿艳、唐亚武：《波兰养老保险制度改革对中国的启示》，载《科技创业月刊》，2011 年第 12 期。

27）。在呼吸道疾病方面，波兰儿童的状况也不乐观，在所有儿童中，每年因上呼吸道感染而就诊的次数中位数为 1.8，0—3 岁儿童为 2.0，在治疗过程中存在的抗生素滥用问题也为儿童健康带来隐患。[1] 据经合组织调查显示，2016 年，波兰儿童的肥胖率和超重率分别达到了 9.1% 和 16.6%，而同年欧盟整体儿童肥胖率在 7.5% 左右。Elżbieta 等人的研究证实，波兰儿童的体育锻炼很少，6—7 岁的波兰农村儿童中有 80% 不参加任何额外的体育运动。由于缺乏体育运动，在所有参与调查的儿童中有 11.4% 的男孩和 13.0% 的女孩超重，9.4% 的男孩和 8.2% 的女孩肥胖。[2]

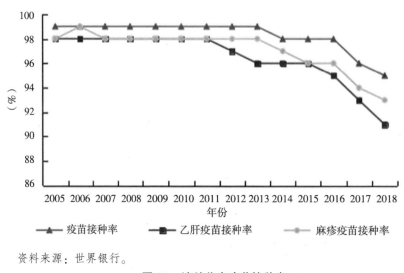

资料来源：世界银行。

图 26　波兰儿童疫苗接种率

波兰儿童心理健康状况也呈现下降趋势。WHO 的研究显示，波兰青少

---

〔1〕 Kuchar E, Mikiewicz K, Szenborn L, et al. "Respiratory tract infections in children in primary healthcare in Poland", *Advances in Experimental Medicine and Biology*, 2014, Vol. 835, No. 4.

〔2〕 Elżbieta, Cieśla, Edward, et al. "Health-Related Physical Fitness, BMI, physical activity and time spent at a computer screen in 6 and 7-year-old children from rural areas in Poland", *Annals of Agricultural & Environmental Medicine*, 2014, Vol. 21, No. 3.

年儿童精神障碍患病率达 20%，自杀行为是该年龄段儿童的第三大死因。[1]
Irena Namysłowska 的研究中提到，波兰儿童使用精神活性物质的数量在增
多，虽然吸毒儿童数量的增加趋势在逐步放缓，但吸烟儿童数量的上升趋势
在不断提高，并且吸烟女生的数量已经逐步超过男生。[2]

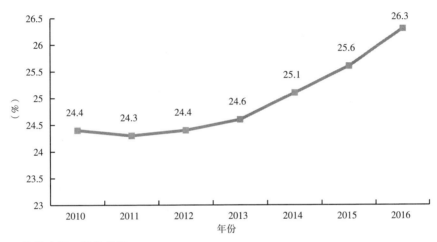

资料来源：世界银行。

图27　波兰5岁及以下儿童贫血患病率

（四）人口处于净流失状态，人才持续外流

波兰人口净流失不仅造成劳动力缺乏，更严重的是人才流失。根据世界
银行的数据来看，波兰的本土劳动年龄人口自 2009 年以后一直呈下降趋势。
近 10 年来，波兰处于人口净流失状态。一方面，人口的持续外流加剧了国
内劳动力市场短缺程度；另一方面，移民逆差背后是具有高知识水平和技能的
年轻人才流失问题。以 1981—2018 年间波兰永久性迁移为例，15—45 岁的青

〔1〕　World Health Organization, "Child and adolescent mental health policies and plans", *Mental
Health Policy & Service Guidance Package*.

〔2〕　Irena Namysłowska, "Mental health of children and adolescents in Poland-the state of the devel-
opment of psychiatric care and future goals", *Postępy Nauk Medycznych*, 2013, Vol. 26, No. 1.

壮年劳动力占外迁人口的72%（见图28）。此外，研究显示，常年定居海外的波兰人口中，受过良好教育和具有高技能的年轻人移民比例最大；[1] 波兰18—24岁年龄群体中，有64%的受访者正在考虑永久或长时间离开波兰。[2]

波兰人口大量外迁是国内国外综合因素决定的，主要有以下几点原因：一是自1989年波兰进行转型，在私有化和去工业化进程中，波兰的就业形势十分严峻。二是加入欧盟为波兰人涌入西方发达国家提供了便利条件。欧盟各国之间人口可以自由流动，具有开放的劳动力市场。由此，大批有技术能力的波兰人纷纷涌向西欧发达国家。三是与欧盟国家的贸易往来促进了人口外迁。如德国的投资额约占波兰外资总额的五分之一，是波兰最大的贸易伙伴。而波兰人外流至德国的比重一直居高不下，德国也成为波兰重要的移民目标国。

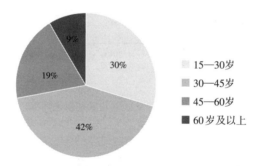

资料来源：2014—2019年《波兰人口统计年鉴》。

图28 波兰永久型移民外迁人口年龄分布图

（五）家庭政策偏向"母性化"

与全球平均水平相比，波兰女性劳动力市场参与率较高，而生育率较低。在应对生育率过低、婚育推迟和老龄化等人口风险的过程中，波兰的家

---

〔1〕 Z. Strzelecki, "The Demographic Situation in Poland. 2011–2012 Report", *Warszawa 2012*, pp. 8–10.

〔2〕 Bogdan Góralczyk, "Poland in the European Arena after Accession", *Yearbook of Polish European Studies*, 2014, p. 110.

庭政策逐渐呈现出一种"母性化"的趋势特征，即将妇女视为家庭的主要照顾者，支持妇女回归家庭，承担家庭照料责任。[1]

20 世纪 90 年代，波兰为应对社会剧烈转型变迁下的高失业率，对家庭政策进行了改革。如表 2 所示，新的家庭政策主要包括家庭现金福利金、产假及育儿假政策、公立儿童保育设施三方面。值得注意的是，改革后的家庭政策福利准入标准极为严苛，而且给付有限，国家希望通过推动女性回到家庭的方式来减轻就业压力，但并没有提供相应的社会福利保障。家庭政策本质上属于国家福利体系的组成部分，其范围涉及儿童保育、产假和家庭支持、失业和劳动力市场政策、退休及堕胎法律等诸多方面。不同国家采取的家庭政策明显不同。[2] 以瑞典为代表的北欧国家是典型的以支持工作-家庭平衡为家庭政策导向的国家，其政策效果较好，瑞典的生育率在欧洲处于较高水平；而波兰则是典型的传统家庭分工模式，鼓励恢复传统的男主外女主内的两性分工，女性承担家庭照顾者角色而不参与到市场就业中，从家庭政策实施效果来看，提高生育率的作用有限。

表 2　波兰家庭政策与实施情况

家庭政策类别	具体内容	实施情况
家庭现金福利金	家庭津贴：孩子出生时的一次性补助金、育儿假期间的儿童抚育津贴、单身父母补助金、多子家庭补助金、残疾儿童复健补助金、社区提供的学年启动补助金及孩子离家在外上学补助金。	额度较小、给付有限、准入门槛高、对家庭收入贡献不大。
	照料津贴：看护保障和护理津贴。	

---

〔1〕 马春华：《后社会主义国家的家庭政策和性别平等：1989 年后的匈牙利和波兰》，载《妇女研究论丛》，2014 年第 5 期，第 85—93 页。

〔2〕 吴帆：《生育意愿研究：理论与实证》，载《社会学研究》，2020 年第 4 期，第 218—240，246 页。

续表

家庭政策类别	具体内容	实施情况
假期政策	产假：24 周，其中 14 周是强制性的，10 周可以转给父亲；只有参加社会保险的女性雇员和自雇者才可以享受产假；津贴为平均工资的 100%。	并非普惠制，要求严格，工作和保险为必备条件。
	育儿假：36 个月，工作超过半年的可享受，低收入家庭可领取抚育津贴，但是支付时间只有 24 个月。	生育津贴较难获得。
公立儿童保育设施	0—2 岁：2011 年，3%在日托中心接受照料；3—6 岁：2011 年，43%进入公立儿童托育机构。[1]	公共儿童保育设施不充足，未提供针对 0—2 岁儿童的公立保育设施。

三、结论与启示

在人口发展方面，波兰人口性别结构较为均衡，失业率不断走低，入学率稳步增长，性别差距不断缩小，婴儿死亡率和孕产妇死亡率位于低水平。总体而言，波兰的就业、教育、女性权益和健康状况呈现良好的发展态势。但在人口变迁上显现出生育率持续低迷、老龄化不断加剧、人才长期外流等问题。此外，波兰还存在家庭政策整体偏向母职化，以及儿童生理和心理面临多重健康风险的问题。

（一）波兰长期陷入低生育水平，生育支持亟需增强

自 20 世纪 90 年代，波兰经济持续保持着 4%左右的高增长率，是欧盟

---

[1] Ministry of Labour and Social Policy of Poland, "Family Benefits", http：//www. mpips. gov. pl/en/social-security-systemcooperation/family-benefits/.

平均速度的两倍，但是人口增长率一直处于极低水平。其一方面表现为人口自然增长率逐步走低；另一方面表现为女性生育水平较低。结合波兰的经济社会发展状况可知，波兰女性的受教育水平和就业率持续攀升，相应的，为避免较重的工作–家庭负担，波兰女性的婚育年龄被不断推迟。人口低增长率不仅导致了波兰劳动力资源短缺，也进一步加剧了老龄化趋势。

为提高生育水平，波兰出台了"家庭500+"计划，为家庭提供较高的生育现金补贴，鼓励公民"向兔子学习"，促进生育，但是效果不佳。其家庭政策整体偏向"母职化"，鼓励女性回归家庭，承担照护者的身份。随着女性受教育程度和就业率的上升，传统的婚育观念和个人价值观念开始转变，"母职化"倾向的家庭政策对于提高生育水平的作用有限。生育水平会受到社会、经济、文化、制度等复杂环境的影响。面对低生育水平，可完善鼓励生育政策与经济社会配套政策的衔接，不断完善促进家庭发展的政策体系，支持女性职业发展。从制度、物质、文化等多方面提高生育支持力度，以提高并满足人们的生育意愿。

（二）人口老龄化不断凸显，养老产业面临"走出去"的战略机遇

波兰的性别结构总体上较为均衡，性别比处于1左右的水平。年龄结构总体呈纺锤体分布。但老龄人口增速较快，基于现有老龄人口规模的增长速度，波兰人口将于2025年迈入重度老龄化。多重因素造成了波兰人口老龄化不断加剧的局面，其一是生育水平的持续降低；其二是人口健康水平提升带来平均寿命延长；其三是年轻人口外流现象严重；其四是儿童健康面临着生理、心理多方威胁。面对不断加剧的老龄化，波兰推出了延迟退休年龄，鼓励生育，推动养老保险改革等一系列举措，如在现收现付制筹资方式的基础上引入了具有补充作用的私人积累制，有效缓解了养老金缺口问题。

人口老龄化是"一带一路"沿线国家面临的共同难题。[1] 在"一带一路"倡议下，中国和波兰可从养老保障制度设计、养老产业设施建设等多方面展开交流合作，共同防范养老风险。一方面，波兰的养老保险改革可为中国及沿线国家完善养老保障体系提供有益的经验借鉴；另一方面，"一带一路"倡议为养老产业的国际化发展带来了机遇和挑战。波兰可进一步培育高水平、专业化、国际化的养老企业和管理人才，从而将应对人口老龄化的经验融入产业发展中，促进养老产业优化和国际市场的开发，以推进"一带一路"国家养老共同体建设。

（三）人口回流农村趋势明显，国内人才流失状况严峻

波兰国内在 2000 年后出现逆城镇化现象，流动方向逐渐由"乡—城"流动转变为"城—乡"流动，并保持稳定。2018 年，在 10 万人以上的城镇中，人口呈净流入状态的不足 25%，并且 16 个省份中有超越一半的省份呈现人口净流出的状态。可见，波兰的区域发展仍呈现不均衡状态，城市配套设施建设和管理服务水平难以满足城市化发展过程中的快速人口集聚。为应对城市化产生的弊端，一方面加快城市内部基础设施建设，另一方面则是对郊区、农村的开发和建设加以重视，促进人口向郊区、农村的转移。随着乡村经济发展和结构转变，大量人口重新涌向乡村，尤其是大城市周边的中小城镇。在国际迁移上，外流人口更加偏向年轻化、技术化的高素质人群，人才外流形势严峻。这将会严重影响波兰国民经济和社会的健康长远发展。因此，波兰采取了对青年就业人员减免个税，将在本地工作的外籍工人同样纳入波兰的家庭福利计划等措施，以使年轻人口在本地稳定就业，并吸引外来移民。[2]

---

〔1〕 汪连杰：《"一带一路"、供需双侧改革与养老产业"走出去"战略研究》，载《当代经济管理》，2018 年第 7 期，第 54—61 页。

〔2〕 王晓菊：《苏东剧变后波兰的人口状况及移民趋势》，载《俄罗斯东欧中亚研究》，2018 年第 4 期，第 143—158 页。

在"一带一路"的背景下，面对人才外流的问题，首先，可加强波兰与"一带一路"沿线国家的人才培养与交流，深化和完善各国之间的高等教育合作体系。例如，在各国合作的重点学科和优势学科设立专项计划，降低学费标准，给予生活补贴，项目参与者在完成学业后需满足国家建设项目的服务年限等。其次，可建立好国家间高水平专业化人才输送渠道，通过政策进行人才引流，如针对中波重点合作的经济产业，波兰可以简化人才引进的申请程序，加大对外来人才的工作、生活保障力度等。

（四）性别平等状况属全球较高水平

在 2020 年全球性别差距指数中，波兰在世界 153 个国家中位列第 40，属于较高水平。尤其是在健康与生存这一分析指数上波兰位于第一，说明波兰女性健康与生存状况得到较好保障，性别健康差异较小。通过对教育和就业状况的分析可知，波兰女性的受教育水平和就业率都处于较高水平。波兰在妇女权益保障方面的措施具有较强的借鉴意义。例如，波兰的公司法规定了妇女在监事会、董事会中的合法参与比例，起到了较好保护作用，使得波兰的女性在立法者、高级管理人员、经理人比例中所占比例达到了 42.55%。经济上的性别平等可为政治上的平等打下坚实基础。其次，妇幼健康得到有效保障。近年来，波兰孕产妇死亡率在东欧各国中都较为稳定地处于低水平。但是，波兰女性面临着较大的"工作-家庭"的双重责任，家庭中的育儿责任仍向女性倾斜。

随着女性社会地位改善、教育水平和消费水平提高，女性对于"一带一路"沿线国家的文化、经济交流越发具有不容忽视的重要力量。波兰的妇女权益保障可为"一带一路"沿线国家提供借鉴和经验。增强波兰与中国及沿线国家在妇女领域的交流合作，有利于加强文化交流，促进沿线国家女性人力资本和整体素养的提升，密切国家间关系，推动各国民心相通。另外，在"一带一路"倡议的背景下，中国对沿线各国的直接对外投资有力拓展了女性就业渠道，提高了女性就业水平。[1] 在此机遇下，波兰可进一步加强女性的教育培训，提升女性的平均人力资本，以更好地适应"一带一路"建设的要求。

参考文献：

［1］库兹诺斯基，朱刚，刘瑛瑛.1950—1980 年间的波兰人口结构及主要演变过程［J］. 人口与经济，1989（1）.

［2］朱卓琳. 欧盟东扩后劳动力迁徙的现状和发展趋势［D］. 上海：东华大学，2011.

［3］陶希东，刘君德. 国外大城市郊区化的演变及对我国的启示［J］. 城市问题，2003（4）.

［4］刘进，林松月. "一带一路"沿线国家的高等教育现状与发展趋势研究（二十八）——以波兰为例［J］. 世界教育信息，2019（10）.

［5］单可. 波兰融入欧盟高等教育一体化的举措与启示［N］. 台州学院报，2019（5）.

［6］杨昌锐. 政治转型后波兰高等教育改革述评［J］. 外国教育研究，2009（2）.

［7］Piotrowski J. Marriage and marriage dissolution and the changing status of women：the case of Poland［C］//Demographic aspects of the changing status of women in Europe：Proceedings of the Second European Population Seminar The Hague. Boston：Springer，1978：49.

［8］孙永勇，李洋. 智利和秘鲁的养老保险制度改革比较［J］. 拉丁美洲研究，2016（3）.

［9］KUCHAR E，MIKIEWICZ K，SZENBORN L，et al. Respiratory tract infections in children in primary healthcare in Poland［J］. Advances in Experimental Medicine and Biology，2014，835（4）.

［10］CIEŚLA，et al. Health-related physical fitness，BMI，physical activity and time

---

〔1〕 韩沈超、徐姗：《中国 OFDI 促进了"一带一路"沿线国女性就业吗？——基于国别面板样本的实证研究》，载《投资研究》，2020 年第 3 期，第 20—34 页。

spent at a computer screen in 6 and 7-year-old children from rural areas in Poland ［J］. Annals of Agricultural & Environmental Medicine，2014，21（3）.

［11］IRENA NAMYSŁOWSKA. Mental health of children and adolescents in Poland-the state of the development of psychiatric care and future goals ［J］. Postępy Nauk Medycznych，2013，26（1）.

［12］STRZELECKI Z. The demographic situation in Poland 2011-2012 report ［R］. Warszawa，2012：8-10.

［13］BOGDAN G. Poland in the European Arena after Accession ［J］. Yearbook of Polish European Studies. Warsaw：University of Warsaw，2014：110.

［14］马春华. 后社会主义国家的家庭政策和性别平等：1989 年后的匈牙利和波兰 ［J］. 妇女研究论丛，2014（5）.

［15］张振. 中国人才流散与回流问题探析 ［J］. 天津大学学报（社会科学版），2018（1）.

［16］王辉耀，刘国福. 2014 中国国际移民报告 ［M］. 北京：社会科学文献出版社，2014.

［17］吴帆. 生育意愿研究：理论与实证 ［J］. 社会学研究，2020（4）.

［18］汪连杰. "一带一路"、供需双侧改革与养老产业"走出去"战略研究 ［J］. 当代经济管理，2018（7）.

［19］王晓菊. 苏东剧变后波兰的人口状况及移民趋势 ［J］. 俄罗斯东欧中亚研究，2018（4）.

［20］韩沈超，徐姗. 中国 OFDI 促进了"一带一路"沿线国女性就业吗？——基于国别面板样本的实证研究 ［J］. 投资研究，2020（3）.

罗马尼亚人口与发展状况报告

马　婧　高虑源　于紫琪　米　红*

摘要：近年来，罗马尼亚出现人口负增长、人口老龄化和人口迁移频繁的问题，这些人口问题的产生受到经济、历史发展、民族、宗教等多方面因素的影响。罗马尼亚人口与发展的特征是人口数量持续下降、人口结构性失衡、人口迁移频繁且人口流出远多于人口流入，这些特征预计在未来30年内仍将进一步加深。人口持续减少和结构性失衡给罗马尼亚的经济社会发展带来了挑战。根据罗马尼亚的经济、社会、文化状况和面临的人口问题，本文对"一带一路"倡议下中国与罗马尼亚如何在基础设施建设、资源开发利用、养老服务产业等方面加强贸易往来与合作，同时促进两国在文化、医疗卫生、移民管理、社会保障等领域的交流提出了建议。

关键词：罗马尼亚；"一带一路"；人口与发展；人口迁移

---

   * 马婧，浙江大学公共管理学院博士研究生，浙江大学民生保障与公共治理研究中心研究助理；高虑源，浙江大学公共管理学院硕士研究生，浙江大学民生保障与公共治理研究中心研究助理；于紫琪，浙江大学外语学院本科生，浙江大学民生保障与公共治理研究中心研究助理；米红，浙江大学公共管理学院教授，浙江大学国际组织与交流专业、非传统安全管理专业和应急管理专业博（硕）导，浙江大学公共管理学院人口大数据与政策仿真工作坊主任。

一、人口发展现状

（一）人口基本状况

罗马尼亚位于东南欧，巴尔干半岛东北部。北和东北分别与乌克兰和摩尔多瓦为邻，南接保加利亚，西南和西北分别与塞尔维亚和匈牙利接壤，东南临黑海。温带大陆性气候，四季分明。国土面积为 23.8 平方千米，其中平原、山地、丘陵各占国土面积的约三分之一。

1. 人口数量

根据中华人民共和国外交部的数据显示，2020 年罗马尼亚总人口约为 1932 万人。根据联合国《世界人口展望 2019》数据显示，2018 年罗马尼亚人口总量约为 1923.8 万人，其中男性约为 935.4 万人，女性约为 988.4 万人，性别比约为 0.95，人口密度约为 83.6 人/平方千米。从人口总量的发展趋势来看，1990 年后的罗马尼亚人口总量呈现不断减少的趋势，且这一趋势将在 2020—2050 年间持续发展（见图 1）。

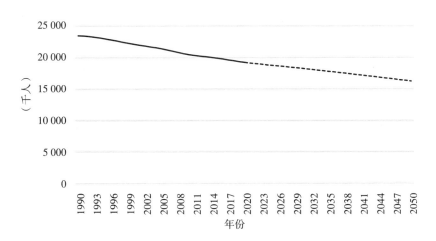

资料来源：联合国《世界人口展望 2019》。

图 1　1990—2050 年罗马尼亚人口总量变化趋势

观察罗马尼亚的人口增长率和人口自然增长率（见图2），2015—2020年，罗马尼亚的人口增长率约为 -0.7%，人口自然增长率为 -0.3%。在1990—1995年人口增长率和人口自然增长率由正转负，人口总量出现负增长。1990年之后，罗马尼亚人口总量呈现出长期负增长的趋势，且人口增长率小于人口自然增长率，人口的减少与人口迁移有关。

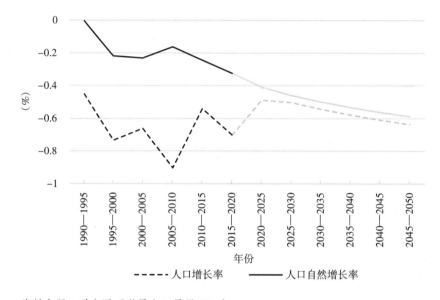

资料来源：联合国《世界人口展望2019》。

图2 1990—2050年罗马尼亚人口增长率及人口自然增长率变化趋势

从出生人口数量和死亡人口数量，以及出生率和死亡率来看，2015—2020年间罗马尼亚出生人口数仅为95.8万人。出生人口数自1990年起呈现波动下降的趋势，出生人口数量在2020年之后仍将继续减少。粗出生率从1990—1995年的1.13%波动下降为2015—2020年的0.98%，出生率相对较低且呈现持续降低的趋势，预计到2045—2050年将下降到0.92%。出生性别比基本稳定，长期保持在1.06。罗马尼亚的死亡人口数在1990—2020年间呈现略有下降，而粗死亡率由1990—1995年间的1.1%上升到2015—2020

年间的 1.3%，预计在 2020 年之后粗死亡率会持续增长，在 2045—2050 年间达到 1.5%。婴儿死亡率有所下降，由 1990—1995 年间的 2.3%持续下降为 2015—2020 年间的 0.7%，并将在 2020 年之后继续下降，这可能与人口结构变化和医疗水平提高息息相关。

罗马尼亚的总和生育率和净再生产率在 1990—2020 年间总体变化不大，总和生育率稳定在 1.5—1.6，净再生产率则维持在 0.6—0.8。总和生育率和净再生产率均维持在较低水平。

2. 人口结构

人口结构是衡量人口发展均衡性的重要指标。根据联合国《世界人口展望 2019》，罗马尼亚人口的年龄中位数从 1990 年的 32.6 持续上升到了 2020 年的 43.2，人口结构趋于老龄化。2020 年，罗马尼亚 0—14 岁、15—64 岁、65 岁及以上人口占比分别为 15.5%、65.3%、19.2%。从各年龄段人口数量的变化趋势来看，1990—2020 年 0—14 岁人口数量呈现出持续下降的趋势，该年龄段人口数从 1990 年的 557.8 万人逐年下降到 2020 年的 298.6 万人。15—64 岁人口数量在 1990—2020 年总体呈现上升趋势，但变化幅度相对较小。65 岁以上老年人口数量自 1990 年后持续上升，从 244.4 万人增加到约 370 万人，人口老龄化趋势明显。从各年龄段人口占总人口比例的变化趋势来看，1990—2020 年 0—14 岁人口占比呈现出持续下降的趋势，从 23.7%下降为 15.5%，15—64 岁人口占比基本不变，维持在 65%—69%之间，65 岁及以上人口占比大幅度增加，在 2020 年达到了 19.2%。据联合国人口司预测，老年人口数量及占比将在 2020 之后持续增加，在 2050 年达到 449.8 万人（27.7%）。罗马尼亚的老年人口占比远超过联合国 7%的老龄化标准，可以认为罗马尼亚存在严重的人口老龄化问题。

社会总抚养比的变化趋势也能够体现人口结构变化，1990—2020 年间总抚养比变化不大，这是由于儿童抚养比显著下降的同时，老年抚养比显著增加。从 1990 年的 15.8%上升到 2020 年的 29.4%，老年抚养比提高近两倍，并呈现持续上升的趋势，预计到 2050 年达到 47.8%。总体而言，当前罗马尼亚人口结构面临的最主要问题是人口老龄化带来的人口年龄结构性失衡。

图 3 是罗马尼亚 2020 年的人口金字塔。从整体形状来看，罗马尼亚的人口金字塔除最老年龄组外，其他各年龄组所在塔的宽度基本一致，塔尖处逐渐收缩，表明罗马尼亚的新生幼儿、青少年和成年各年龄组的数量分布较均衡，老龄人口占比较大，人口金字塔在未来有向缩减型变化的趋势。整体左右对称表明罗马尼亚人口各年龄阶段男女比例均衡，并未出现性别失调现象。

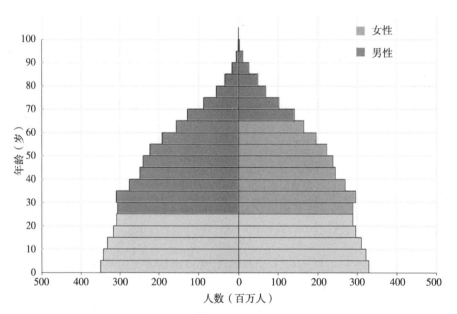

资料来源：联合国《世界人口展望 2019》。

图 3　2020 年罗马尼亚人口金字塔

3. 人口分布

人口分布反映了人口空间分布的均衡性。根据 2019 年的罗马尼亚统计年鉴，罗马尼亚国土面积 238 397 平方千米，分为 1 个直辖市和 41 个县，其中面积最大的是西部的蒂米什，面积最小的是罗马尼亚的首都布加勒斯特市。根据 2019 年人口统计的结果显示，罗马尼亚的人口和城市主要分布在东北部和南部地区，西部地区人口分布相对较少，这可能与人口迁移的方向和趋势有关。

4. 人口迁移

人口迁移也是影响人口数量和结构变化的重要因素。人口净迁移量是指某地区在一定时间内迁入人数与迁出人数之差，而净迁移率指的是一定时期内某地区迁入与迁出人数之差（即净迁移量）与该地区平均人口总数之比。2018 年罗马尼亚流出人口为 23.9 万人，流入人口为 18.1 万人，流入和流出人口数量均较多。如图 4 所示，2015—2020 年净迁移率为 -0.38%，净移民人数为约 -37 万人，人口净迁移率整体上呈现出波动下降的趋势，从 1990—1995 年间的 -0.45% 波动下降到 2005—2010 年间达到最低值 -0.74%，此后波动上升到 2015—2020 年间的 -0.38%。净移民人数的则在 1990—2020 年间略有上升，从 1990—1995 年间的约 -52 万人回升到 2015—2020 年间的约

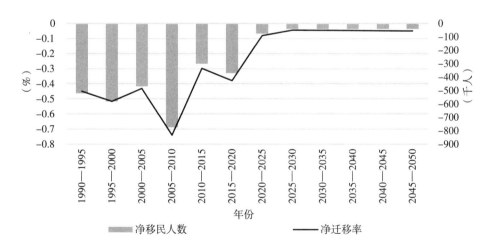

资料来源：联合国《世界人口展望 2019》。

图 4　1990—2050 年罗马尼亚人口迁移变化趋势

−37 万人。罗马尼亚人口迁移频繁，总体上人口流出大于人口流入，这使得人口总量呈现出长期减少的趋势。根据联合国《世界人口展望 2019》的预测，罗马尼亚的人口迁出在 2020 年之后会呈现下降趋势。

总体而言，罗马尼亚人口总量呈现长期负增长趋势，这与罗马尼亚出生率和总和生育率较低有关，也与人口迁移有关。罗马尼亚的人口结构呈现出较为严重的老龄化趋势，给社会抚养带来了较大压力。罗马尼亚当前面临的人口问题主要是人口长期负增长、人口老龄化不断加剧和频繁的人口跨国流迁。

（二）经济状况

1. 经济概况

20 世纪初，罗马尼亚是一个农业国，而在 30 年代后期，其经济结构开始转向工农业型，这种状态一直维持到 1990 年以后。1989 年东欧剧变后，罗马尼亚开始由计划经济向市场经济过渡。其经济发展经历了 90 年代缓慢下降，2000—2010 年间持续增长及 2010 年后受经济危机影响而波动的曲折又漫长的过程。罗马尼亚 2019 年的 GDP 约为 2500.8 亿美元，在欧洲 46 个国家中排名 19，GDP 增速为 4.1%，经济增速显著高于世界和欧盟平均水平，是欧盟国家中经济增长较快的国家之一，经济增长势头迅猛。图 5 展示了罗马尼亚 1990—2019 年间 GDP、经济增速及外债存量的变化过程，可以看出罗马尼亚近年来经济快速发展，经济增速保持在接近 5% 的较高水平，但罗马尼亚的经济增长始终伴随着较多的外债存量，这可能会给其经济发展带来一定风险。

2. 就业

国际劳工组织数据显示，2019 年罗马尼亚总就业率为 53%，相较于 2018 年上升了 0.3%，但仍低于 2000 年 59.9% 的就业率，其中男性就业率为 62.5%，女性就业率为 44%。罗马尼亚的就业率在男性和女性之间呈现较大差异，这在许多欧盟成员国中是一个较为普遍的现象。

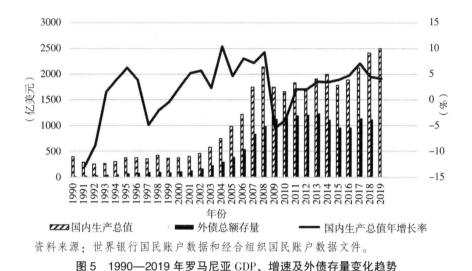

资料来源：世界银行国民账户数据和经合组织国民账户数据文件。

图5　1990—2019年罗马尼亚GDP、增速及外债存量变化趋势

罗马尼亚的青年失业率近年来呈现波动下降的趋势。2019年罗马尼亚的青年失业率约为16.8%，较前一年上升了0.6%，但相较于2010—2016年间稳定高于20%的失业率仍有下降的趋势，青年就业状况有所改善。

3. 城镇化现状

在城镇化发展方面，罗马尼亚的城镇化率近20年来略有上升，但总体变化幅度不大。根据联合国《世界城市化展望2018》的数据显示，截至2018年年中，罗马尼亚的城镇人口数量为1058.3万人，农村人口数量为900.8万人，城镇化率为54%。从数据来看，1990—2020年，罗马尼亚城镇化率从53.2%上升至54.2%，预计在2020—2050年间将持续上升到66.7%（见图6）。城镇化率上升的原因在于城市人口和农村人口均有小幅流失，农村人口流失速度更快。

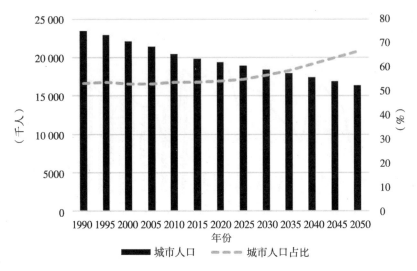

资料来源：联合国《世界城市化展望 2018》。

图 6　1990—2050 年罗马尼亚城镇人口及占比变化趋势

（三）社会状况

1. 教育状况

罗马尼亚现行教育体制分学龄前、小学、初中、高中、职业教育、高等教育和大学后教育，全国已普及 10 年制义务教育。根据中华人民共和国外交部数据，2021 年罗马尼亚教育预算为 59 亿欧元，约占国内生产总值的 2.6%。在学校和学生的数量方面，2017—2018 学年，罗马尼亚共有小学 5630 所，在校学生 168 万人，教师 11.7 万人；中学 1534 所，在校学生 63.7 万人，教师 5.4 万人；大学 97 所，在校学生 53.8 万人，教师 2.6 万人。根据联合国教科文组织统计研究所数据，从各级教育的毛入学率方面来看，2019 年罗马尼亚学前教育阶段至高中阶段的毛入学率均在85%以上，且性别差距不大。高等教育阶段的毛入学率为 51.4%，其中男性毛入学率为 45.1%，女性为 58%。

罗马尼亚重视国民体育素质的提升和体育人才的培养，竞赛体育成绩卓越。罗马尼亚国家足球队在国际比赛中经常取得亮眼成绩，女子体操方面也表现出色，培养了娜迪亚·科马内奇、奥兰达·巴拉斯、伊莉·纳斯塔斯等诸多优秀运动员。

总而言之，罗马尼亚各个教育阶段的毛入学率都相对较高，义务教育普及程度相对较高，性别对教育普及程度和入学率影响不大。

2. 健康状况

医疗水平的提升和健康状况的改善对于缓解人口老龄化、实现人口均衡发展具有重要价值。罗马尼亚约有综合性医院 576 家，病床 13.2 万张，医生 5.9 万人，平均寿命为男性 71.6 岁、女性 78.7 岁。根据世界卫生组织的数据显示，2017 年罗马尼亚孕产妇死亡率约为 19/10 万，相较于 2015 年和 2016 年有所下降。如图 7，联合国《世界人口展望 2019》的数据显示，罗马尼亚的婴儿死亡率和 5 岁及以下儿童死亡率在 1950—2020 年间呈下降趋势，婴儿死亡率从 9.1% 持续下降为 0.7%，5 岁及以下儿童死亡率由 11.3% 持续下降为 0.8%，婴儿死亡率和 5 岁及以下儿童死亡率在 1950—1990 年间下降

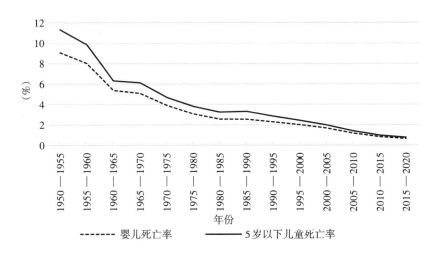

资料来源：联合国《世界人口展望 2019》。

图 7　1950—2020 年罗马尼亚婴儿及 5 岁及以下儿童死亡率变化趋势

迅速，而在 1990 年之后稳定在相对较低的水平。如图 8，1950—2020 年罗马尼亚的预期寿命呈现波动上升的趋势，人均预期寿命在 1950—1970 年间迅速上升，在 1970—1990 年间进步缓慢，在 1990 年之后继续呈现稳定上升的趋势，2020 年罗马尼亚的预期平均寿命已达到 75.8 岁，其中男性预期寿命为 72.4 岁，女性预期寿命为 79.3 岁。人均预期寿命的变化与经济发展趋势具有较大相关性。

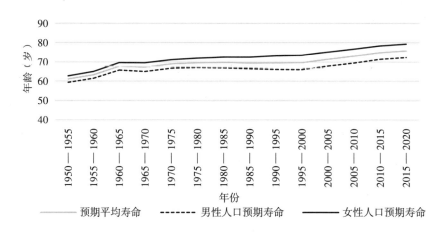

资料来源：联合国《世界人口展望 2019》。

图 8　1950—2020 年罗马尼亚人口预期寿命变化趋势

在生殖健康方面，2005 年在罗马尼亚 18—49 岁的人口中，避孕方法普及率为 69.8%，主要采用的避孕方法有避孕药、避孕套和周期性禁欲等。2015 年，罗马尼亚接受过产前检查的孕妇约占 76.3%，避孕方法的普及和避孕行为的增加可能是导致人口自然增长率降低的原因之一。

总体而言，在 1990—2020 年间，由于罗马尼亚的医疗水平提升，罗马尼亚的婴幼儿死亡率显著下降，平均预期寿命持续提高。

3. 贫困状况

2017 年罗马尼亚人均月收入约为 565 欧元，2018 年约为 622 欧元。2017

年，在国家贫困线下的人口占比为 23.6%，贫困人口占比在 2006—2017 年间没有太大变化，长期稳定在 23%—25% 之间。这在一定程度上说明了罗马尼亚贫困人口占比相对较大，且近年来没有减少的趋势，需要重视经济发展，解决贫困问题。

4. 性别平等状况

罗马尼亚各教育阶段的毛入学率没有呈现太大性别差异，甚至在多个教育阶段中，女性毛入学率高于男性。罗马尼亚在 2015—2020 年间出生人口性别比相对均衡，长期稳定在 1.06。2019 年，罗马尼亚女性在中高层管理人员中占比 34.2%，在国家议会中的席位占比为 21.9%，相较于 2005 年和 2010 年有较大提升，但女性的参政比例较男性偏低。根据联合国人口司的数据，罗马尼亚 2011 年男性平均结婚年龄是 29.8 岁，而女性年龄是 26.6 岁。这一数据相较于 2005 年有所推迟，但男性和女性的平均初婚年龄相对合理。通过对出生人口、教育、婚姻、就业等多个方面综合分析，可以认为罗马尼亚的性别平等状况良好。

（四）文化状况

1. 罗马尼亚民族宗教情况

罗马尼亚总人口中，主要民族罗马尼亚族占 88.6%，少数民族中匈牙利族占 6.5%，罗姆族（即吉卜赛人）占 3.2%，日耳曼族和乌克兰族各占 0.2%，其余民族为俄罗斯、土耳其、鞑靼等（见图 9）。官方语言为罗马尼亚语，主要少数民族语言为匈牙利语等。主要宗教有东正教（信仰人数占总人口数的 86.5%）、罗马天主教（4.6%）、新教（3.2%）。

（1）罗马尼亚少数民族情况

匈牙利族是罗马尼亚最大的少数民族。罗马尼亚与匈牙利接壤。一战结束后，罗马尼亚获得两国交界处特兰西瓦尼亚地区主权，一部分留居在该地区的匈牙利人也正式成为罗马尼亚国民。该地区的塞克利土地作为罗匈两国边境上匈牙利人集中的一个地区，长期以来都是两国摩擦的主要来源，当地

匈牙利族自 2012 年来不断向政府抗议要求获得自治权，成为罗马尼亚政界
和民间长期争论的话题。

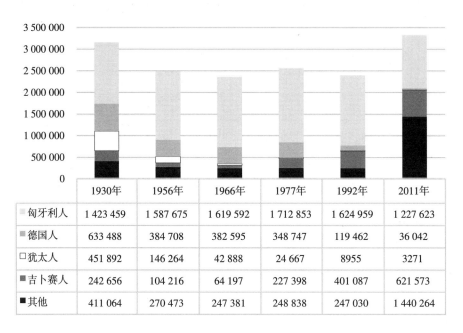

	1930年	1956年	1966年	1977年	1992年	2011年
匈牙利人	1 423 459	1 587 675	1 619 592	1 712 853	1 624 959	1 227 623
德国人	633 488	384 708	382 595	348 747	119 462	36 042
犹太人	451 892	146 264	42 888	24 667	8955	3271
吉卜赛人	242 656	104 216	64 197	227 398	401 087	621 573
其他	411 064	270 473	247 381	248 838	247 030	1 440 264

资料来源：Muresan，C（1996）；罗马尼亚统计局。

图 9　罗马尼亚少数民族人口变化

　　罗姆族，又被称为吉卜赛人，是罗马尼亚另一主要少数民族。罗姆人起
源于印度北部，从 14 世纪起作为奴隶被带入今天的罗马尼亚地区。罗姆人
在欧洲社会普遍面临歧视，帮助其融入社会也是欧盟关注的议题之一。

　　生活在罗马尼亚的日耳曼人、犹太人、斯拉夫人、土耳其人、塞尔维亚
人、斯洛伐克人、希腊人等，占总人口的 1.3% 左右。一战后，罗马尼亚通
过签订条约瓜分到许多额外的邻国割地，在领土扩张的同时，民族组成也更
加复杂。随着这些新领土而来的外族国民使罗马尼亚从几乎单一民族国家变
为三分之一为少数民族的多民族国家，与之俱来的还有日益频繁的边境
冲突。

二战后，罗马尼亚实行高压的民族主义政策，针对少数民族的社会不平等与歧视加剧。1989年东欧剧变后，大量少数民族迁离罗马尼亚。1990年，将近10万人迁出罗马尼亚，其中超过四分之三是少数民族，以日耳曼族为首（见图10）。近年来，罗马尼亚少数民族面临的状况有了很大改善。

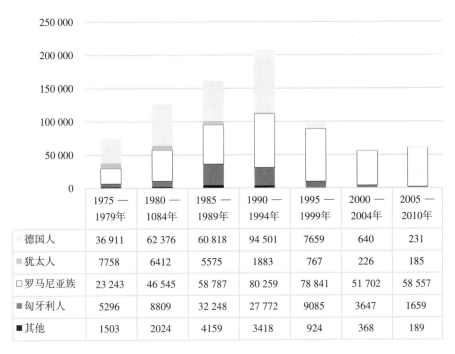

	1975— 1979年	1980— 1084年	1985— 1989年	1990— 1994年	1995— 1999年	2000— 2004年	2005— 2010年
德国人	36 911	62 376	60 818	94 501	7659	640	231
犹太人	7758	6412	5575	1883	767	226	185
罗马尼亚族	23 243	46 545	58 787	80 259	78 841	51 702	58 557
匈牙利人	5296	8809	32 248	27 772	9085	3647	1659
其他	1503	2024	4159	3418	924	368	189

资料来源：Muresan，C（1996）；罗马尼亚统计局。

图10　1975—2010年罗马尼亚各民族外迁移民人数变化

（2）宗教情况

罗马尼亚国民一直以来有比较虔诚的信教传统，大约十分之九的国民是东正教信徒。第一次世界大战后，随着大量少数民族加入，不同宗教也随之进入罗马尼亚发展。在匈牙利族和斯瓦比亚日耳曼人中，绝大多数为罗马天主教徒，另有一些匈牙利族和日耳曼人信奉新教。其他教会如一神论教会、长老会福音派教堂、浸信会等在罗马尼亚也有信徒。此外，罗马尼亚有少量的犹太教团体和伊斯兰教信徒。

二、人口发展主要特征

当前，罗马尼亚人口发展总体呈现人口数量持续减少、结构性失衡、人口金字塔由静止型向缩减型过渡、人口迁移频繁、人口流出远多于人口流入等特征。造成人口数量和结构失衡的原因与经济、历史发展、民族宗教等因素密不可分，未来也会影响经济社会与资源环境的可持续发展。

（一）人口发展的问题与挑战

1. 人口负增长

人口负增长是罗马尼亚在人口数量方面面临的最主要问题。如图11、图

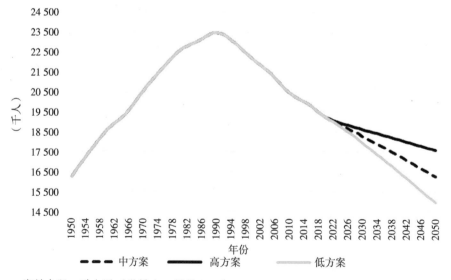

资料来源：联合国《世界人口展望 2019》。

图 11　1950—2050 年罗马尼亚总人口变化趋势

12 所示，根据联合国《世界人口展望 2019》对于罗马尼亚 1950—2050 年人口变化的分析及预测，罗马尼亚的总人口在 1990 年前后达到峰值，此后转为下降趋势，虽然在 2005 和 2015 年前后人口增长率有所起伏，但仍然呈现负增长。根据预测，在维持当前生育水平的前提下，2020 年之后罗马尼亚人口总量很有可能继续降低。

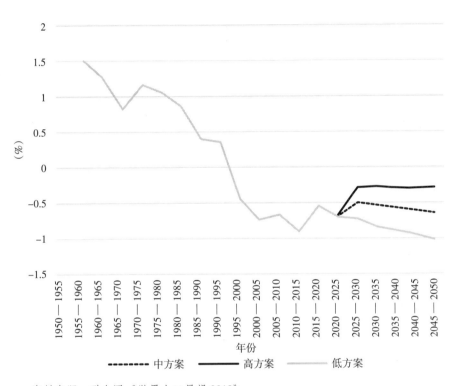

资料来源：联合国《世界人口展望 2019》。

图 12　1950—2050 年罗马尼亚人口增长率变化趋势

2. 人口老龄化

罗马尼亚的人口结构在 1990—2020 年间发生了巨大变化，65 岁及以上人口占比自1990年后持续上升，人口结构面临严重的老龄化问题，人口金字塔由年轻人占比较大的增长型逐渐向静止型发展。根据联合国人口司的预测，2020年后罗马尼亚的老年人口占比将进一步增加，人口金字塔将逐渐向缩减型发展。虽然东欧乃至整个欧洲地区人口老龄化问题都较为显著，但罗马尼亚是其中人口老龄化问题较为严重的国家之一。

3. 人口迁移

与欧洲、东欧及罗马尼亚周边国家的净迁移率对比（见图13），罗马尼亚的人口净迁移率呈负值，且远低于欧洲地区，说明罗马尼亚存在人口迁移频度较高的问题，迁移主要以人口流出为主。

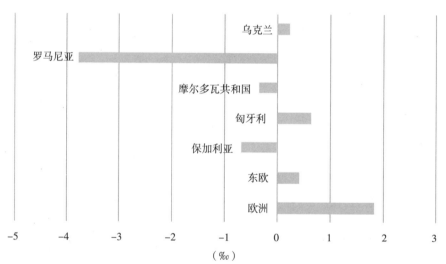

资料来源：联合国《世界人口展望2019》。

图13　2015—2020年欧洲、东欧及罗马尼亚周边国家人口净迁移率

（二）人口问题的成因及影响

1. 人口问题的成因

（1）人口负增长及老龄化问题的影响因素

罗马尼亚的人口负增长及老龄化问题受到人口自然增长率较低和人口负

迁移两方面的影响。出生人口数量较少，自然增长率偏低，人口增长动力不足；迁出人口多于迁入人口，青年人口大量流失，加剧人口负增长及老龄化。

①历史政策因素。罗马尼亚的人口增长率在1990年前后由正转负，人口数量同期开始下降，这与罗马尼亚历史上生育政策的转变有密不可分的联系。为了提高生育率，1966年，罗马尼亚政府颁布了严厉的禁止堕胎条令，任何堕胎和避孕行为都被视为违法行为。此外，罗马尼亚政府实施了向25岁以上无孩男女征特殊税、限制离婚等措施，以及随子女数增加提高家庭津贴等鼓励生育政策。生育政策的实施产生了效果，活产人数在1966—1967年间增长了92.8%。此后，为应对经济萧条和债务危机带来的人口出生率下降，罗马尼亚政府实施了降低法定结婚年龄等措施来激励生育。一系列政策使罗马尼亚的出生人口和总人口在1989年之前呈现较大幅度增长。1989年东欧剧变后，堕胎和避孕的禁令被解除，性教育和避孕观念开始普及，现代避孕和节育服务开始便于获得。罗马尼亚女性初婚年龄呈现推迟趋势，人口出生率下降到中等水平，这对产生人口负增长和人口老龄化现象有较为直接的影响。20世纪60年代后期数量庞大的一代新生儿如今即将步入老年，使人口年龄结构向高龄倾斜。

②经济因素。经济发展状况通常被认为是东欧国家人口变化最重要的影响因素之一。罗马尼亚的经济发展状况在东欧国家中相对较好，近年来经济增速也相对较快，2019年罗马尼亚GDP在欧洲46个国家中排名19。但从市场经济发展历程和发展情况来看，罗马尼亚经济仍存在一定问题。一方面，从GDP和人均国民总收入来看，尽管罗马尼亚的经济状况在东欧国家中较为良好（超过了周边的保加利亚、摩尔多瓦、塞尔维亚等国），但与西欧、中欧和南欧国家相比仍存在较大差距。罗马尼亚2019年人均国民总收入约为意大利的三分之一，德国的四分之一。另一方面，罗马尼亚经济转型与其加入欧盟的进程联系较为密切，当前罗马尼亚尚未与其他欧盟国家实现货币

一体化，伴随着经济危机，中东欧国家吸引和维持外资的能力明显下降，显著增加了罗马尼亚经济发展的脆弱性和不确定性，也加剧了罗马尼亚人对经济前景的担忧程度。在这种情况下，国民生育意愿下降，促使人口负增长和老龄化发展趋势产生。与此同时，医疗和生殖健康服务水平的提高使罗马尼亚人口预期寿命在1990年后显著提升，由1990年的69.6岁上升到2020年的75.8岁。人口预期寿命的提升使人口老龄化趋势更加严重。

③文化及教育因素。文化对人口出生率有较为复杂而深远的影响。教育因素对于人口数量和结构变化也产生了一定影响。一方面，在罗马尼亚传统观念中，婚姻和父母身份被认为是人生满足感的主要来源。罗马尼亚人比较排斥未婚先孕和非婚同居，并将离婚视为耻辱，因此罗马尼亚人对于婚姻和生育普遍保持较为慎重的态度。另一方面，随着罗马尼亚经济社会发展和教育水平提升，罗马尼亚女性的受教育水平得到很大程度的提高，受过高等教育的罗马尼亚女性更希望将时间和精力投入到工作中，倾向于无子女的婚姻模式或推迟婚姻、保持单身。地区间也存在差异，在文化现代性较强的地区生育意愿相对更低，而较为传统的东北部地区还维持着较高的生育率。总体上来说，受到传统观念和教育水平的影响，罗马尼亚育龄人口对于结婚和生育保持更加谨慎的态度，容易做出推迟结婚和生育年龄的选择，从而影响出生人口数量。

④人口迁移。除了人口的自然增长率变化之外，人口迁移也是导致罗马尼亚人口负增长和老龄化的重要因素。罗马尼亚长期以来是一个人口净迁出国家。2019年罗马尼亚迁移人口数量仍然保持在较高的水平，迁移人口多为劳动年龄人口，年龄分布集中于20—34岁，男性较女性略多，跨国就业是人口迁移的主要目的之一。34岁以下迁出人口明显多于迁入人口，35岁及以上人口迁入多于迁出。青年人口的大量流失进一步加剧人口负增长和人口老龄化。

（2）人口迁移的影响因素

①历史发展及政策因素。罗马尼亚的人口迁移一直是其人口发展过程中的重要问题，其形成与发展和历史上罗马尼亚的移民政策转变存在紧密关联。1989 年东欧剧变之后的 3 年内，在旅行自由化以及动荡的经济政治环境影响下，有 17 万人合法地从罗马尼亚移民出国。1990 年迁移人口达到顶峰，这一年共有 96 929 名罗马尼亚人移居国外。除了合法移民，20 世纪 90 年代的罗马尼亚一直是非正规移徙和人口贩卖的主要来源国和过境国。2002 年，国际移民组织估计每年从罗马尼亚被贩运的妇女多达 2 万名，根据其他一些估计，其中 10%—15% 是未成年人。打击非法移民和人口贩卖一直是罗马尼亚政府的难题。2007 年加入欧盟后，罗马尼亚的出入境政策和难民庇护政策与欧盟对接，边境更加开放。罗马尼亚与欧盟和欧洲经济共同区成员国之间的人员迁移取消了签证及时间限制，迁移自由促进了人口的跨国就业和国际迁徙。

②经济因素。更高的劳动报酬是促使罗马尼亚劳动力跨国就业的最直接因素。从罗马尼亚经济状况和人口迁移的历史发展来看，罗马尼亚的 GDP 增长率在 1997 年和 2008 年前后呈现较大幅度的负增长，前一次主要由于罗马尼亚政府实行了紧缩的货币政策和财政政策，后一次主要受到国际金融危机的影响。两次经济衰退时期，罗马尼亚的流出人口数量均有所上升。如图 14 所示，2013 年罗马尼亚迁移人口中排名前五的流入人口来源国分别是摩尔多瓦、意大利、保加利亚、西班牙和乌克兰，而排名前五的流出人口目的地国分别是意大利、西班牙、德国、匈牙利和美国。根据图 15，我们可以明显看出人口流出的目的地国家人均国民总收入明显多于罗马尼亚，而流入人口的来源国家的经济状况则大多不如罗马尼亚。罗马尼亚的迁移人口多集中分布于 20—34 岁区间，大多属于跨国就业的劳动力人口。因此可以认为经济因素对于罗马尼亚人口迁移具有极为重要的促进作用。

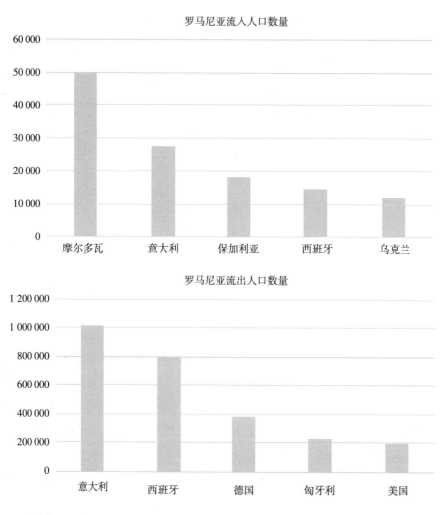

资料来源：联合国《国际移徙人口趋势：2013年修订》。

图14 2013年罗马尼亚流入及流出人口

③民族宗教因素。罗马尼亚的迁移人口中有一部分是少数民族人口，民族宗教因素对于罗马尼亚的人口迁移也有重要影响。一方面，罗马尼亚境内的匈牙利族、日耳曼族与匈牙利人、德国人的语言文化相对接近，这使得他们在人口迁移的过程中比较容易融入当地的生活和环境；另一方面，由于少数民族多保持本族传统的宗教和文化习俗，融入社会上层始终存在障碍，这

也促使少数民族人口不断流出。

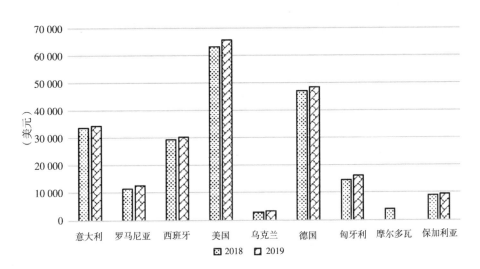

资料来源：世界银行国民账户数据和经合组织国民账户数据文件。

图 15　2018—2019 罗马尼亚及人口迁移频繁国家人均国民总收入

2. 人口问题的影响

罗马尼亚当前面临的人口负增长、人口老龄化与人口迁移问题的影响主要体现在人口数量红利与人口质量红利方面。一般来说，人口转变过程给经济增长带来的发展契机被称为"人口红利"。罗马尼亚的人口数量长期面临负增长，人口结构趋于老龄化，带来劳动年龄人口减少的问题，同时人口迁移使得大量劳动力资源外流，进一步加剧了劳动力短缺。当前罗马尼亚经济主要依靠农业和冶金、汽车制造、石油化工和仪器加工等工业。工农业发展需要大量劳动力，劳动力短缺会对经济发展产生较大影响。罗马尼亚迁移人口中很大一部分是受过高等教育的高素质人才，人才迁移严重影响罗马尼亚人口质量红利，阻碍罗马尼亚经济发展和现代化进程。

罗马尼亚自然资源十分丰富，据中国驻罗马尼亚大使馆经济商务处《罗马尼亚概况》显示，罗马尼亚主要矿藏有石油、天然气、煤和铝土矿，还有金、银、铁、锰、锑、盐、铀、铅等。但受制于经济和技术水平，其工业发展主要依靠冶金、石油化工等产业，能源和矿产资源利用效率相对较低。再加上技术人才大量流出，会影响罗马尼亚经济结构的稳定性和发展趋势。当前罗马尼亚一部分医务工作者或医学专业毕业生由于收入降低而选择前往其他欧盟国家就业，长此以往会使罗马尼亚医疗资源和医护力量不足，导致医疗服务水平下降。

人口迁移也会给经济带来一定的客观积极影响，例如促进文化的交流，创造新的贸易投资与合作机遇。

（三）人口问题的应对措施与效果

针对当前面临的人口负增长、人口老龄化及人口迁移问题，罗马尼亚政府采取了一定的生育和妇幼保健政策、养老及服务政策和移民管理措施。

1. 生育政策及妇幼保健政策

1989 年东欧剧变后，堕胎和避孕的禁令被解除，罗马尼亚政府开始进行性教育普及工作并延续生育奖励计划。2015 年，政府实施了妇幼健康相关措施，扩大产前、产中、产后护理及新生儿护理的覆盖率，扩大助产人员队伍，加强助产人员培训与管理，提高生育安全性，降低婴儿及孕产妇死亡率，进而提高人口出生率。根据世界卫生组织数据，2017 年罗马尼亚孕产妇死亡率约为 19/10 万，相较于 2015 年和 2016 年均有所下降，根据联合国《世界人口展望 2019》数据，罗马尼亚的婴儿死亡率和 5 岁及以下儿童死亡率在 1990—2020 年之间有所下降并稳定在相对较低的水平。

2. 罗马尼亚移民政策

2007 年加入欧盟后，为和欧盟保持一致，罗马尼亚对出入境制度作出调整，取消了罗马尼亚与欧盟和欧洲经济区成员国之间人口迁移的签证限制及时间限制。移民渠道更加畅通的同时也带来人口流动性增加、人口贩卖增加、社会安全风险增加等社会问题。对此，罗马尼亚制定了"国家移民战略 2007—2010"，在"移民是一个需要管理的过程，而不是一个需要解决的问题"这一原则指导下，罗马尼亚对标国际标准，管理和监测本国移民情况，采取一系列措施解决非正规移民问题，推进国际保护和庇护政策不断完善，促进外籍移民的社会融合。其中包括保障庇护申请程序渠道畅通、防止寻求庇护者受到虐待、促进劳动力移民的接收、促进外侨商贸活动、鼓励合法居住外籍移民参与社会文化活动等。

（1）加强劳务移民管理

根据欧盟规定，欧盟及欧洲经济共同体成员国之间，公民可以自由迁移及就业。除此之外，罗马尼亚一直和德国、葡萄牙、西班牙等国家签订双边雇佣协定，规定双方国家临时劳动力和合同劳动力移民的相关政策，保护移民工人在雇佣过程中的合法权益不受侵犯。罗马尼亚国家劳动家庭与社保部每年根据现有劳动力市场情况综合评估劳动力和岗位缺口，制定对外籍劳工的需求配额，国家移民局根据这一配额对来自欧盟及欧洲经济共同体成员国之外的外国人发放工作许可。只有在能补充本国人和欧盟及欧洲经济共同体成员国国民无法满足的劳动力缺口的情况下，第三国公民才能够进入罗马尼亚就业市场。

（2）放宽入籍政策

1991 年，罗马尼亚制定公民法，允许公民拥有双重国籍，允许在不同历史情况下失去或被迫放弃罗马尼亚国籍的个人及其子女重新获得国籍。这一政策放宽了对前罗马尼亚公民申请国籍的限制，鼓励移民出国的罗马尼亚侨民再回归。同时对外国在罗马尼亚投资较大的企业家放宽了入籍居住年限要求。这一政策实行后，申请入籍罗马尼亚的人数显著增加，2001 年和 2002 年均有超过 700 人申请罗马尼亚国籍，但仅有三分之一左右被批准入籍。之后申请入籍的人数逐年下降，批准数也没有显著提升。

（3）落实反歧视政策及少数族裔政策

罗马尼亚国家反歧视委员会成立于 2002 年，负责打击包括种族、国籍、民族在内的一切形式的社会歧视。2006 年，罗马尼亚政府通过了针对《关于预防和惩治一切形式歧视的条例》修订案，将长期以来因缺乏独立性而难以有效运作的国家反歧视委员会从政府的监督下转置于议会的监督之下，还将向委员会提出申诉的期限从六个月延长至一年。根据修订后的法律，歧视的受害者再也不必在上法庭之前向国家反歧视委员会提出诉讼。在欧盟推行的国家罗姆族融合计划的敦促下，罗马尼亚政府针对社会上存在的对罗姆人的歧视与暴力问题采取了一些措施。例如，教育部明令禁止针对罗姆族儿童的学校隔离，实行通过课后支持、辅导和家庭支持防止罗姆人辍学的方案。罗马尼亚承诺的措施还有培训和雇用罗姆族健康协调人，以帮助罗姆人获得医疗资源等。但一些反歧视和少数族裔保护政策有"雷声大雨点小"之嫌，落实起来存在困难。

3. 罗马尼亚老龄政策

（1）养老保险体系

罗马尼亚现行社会养老保险体系由三个支柱构成，分别是国家公共养老金、个人强制缴费养老金和针对高收入人群设置的个人账户自愿缴费。2018年以来，罗马尼亚对社会养老保险进行改革，并于2019年颁布新法律，其中对于缴费参数、最低养老金、提前退休保险和残障保险等作出了新规定。职工社保缴费率降低为25%，由个人和企业共同承担转为由职工个人承担，平均工资有所提升。2019年颁布新法规定，养老保险缴费满15年的最低养老金为全国平均工资的45%，这一比例随缴费年数增加，每多交一年提高1%，上限是75%。预计2050年，罗马尼亚总体养老支出将占GDP的14.4%，在2054年达到峰值。总体养老保险缴款占国民生产总值的比例将从2020年9.2%不断增加，至2070年达到峰值10.9%。

由于缴费人群数量不断缩减，养老保险国家财政也面临压力，罗马尼亚实行逐步延迟退休年龄的政策。2015年男性退休年龄从62周岁延迟至65周岁，女性退休年龄从57岁延迟至60岁，并将在2030年前逐渐延迟至63岁。对于提前退休者，发放的养老金将按比例折扣。

（2）医疗保险及服务

在罗马尼亚，参与医疗保险的老年人享受医院及诊所医疗护理、医疗设备及药品供给、体检、疗养院和家庭医护等服务。2007 年颁布的一项法律对社会养老服务提出更多要求，包括推进家庭养老、社区养老和日间照料机构的照护服务，日常活动支持，家庭设施改造，老年人社会融入等工作。但目前养老服务的开展依然存在公共服务不足、财政预算匮乏、公私机构合作欠缺、服务同质化等问题。

三、思考与启示

（一）总结与认识

通过对罗马尼亚人口、经济、社会、文化等多方面的研究和预测分析，罗马尼亚当前的人口发展问题主要是人口负增长、人口老龄化和人口迁出问题。人口数量减少、结构性失衡的趋势在未来 30 年内仍将进一步加深，而流出人口数量则会在 2035—2050 年之间趋于稳定。

人口数量、结构和迁移问题给经济社会发展带来了一定的影响和压力。人口负增长带来人口数量的下降和人口数量红利的逐渐消失，人口结构老龄化带来劳动年龄人口短缺，而人口向外迁移频繁使得高质量劳动力大量流出，影响了人口质量红利，进而影响资源利用率、产业结构的调整和经济社会的发展。

基于对罗马尼亚人口发展历史和现状的探究，可以认识到当前罗马尼亚人口问题受到经济、历史文化、民族宗教等因素的共同影响，既与生育政策的调整、性教育及避孕工具的普及相关，又受到经济收入、就业前景和育龄人口普遍生育观念的影响。同时，人口流动问题也加速了人口数量减少和老龄化趋势。

罗马尼亚当前的人口问题有其历史必然性，人口数量和结构失衡是经济、政策、民族、宗教等因素共同影响的结果。人口的均衡发展不仅是人口系统内部的均衡，也是人口与经济社会、资源环境等系统间的均衡，缓解和解决罗马尼亚的人口问题需要从多个角度进行思考和分析。

（二）中国与罗马尼亚针对国际移民的管理措施与社会保障制度对比分析

人口迁移是罗马尼亚当前面临的人口问题之一，罗马尼亚政府在国际移民管理和社会融入方面采取了一系列措施。通过对比分析中国与罗马尼亚的国际移民管理措施与社会保障制度，能够对人口迁移问题有更多了解和思考，对"一带一路"倡议下中国与罗马尼亚经贸合作与交流提出建议。

1. 罗马尼亚针对国际移民的管理措施与社会保障制度

罗马尼亚对外籍人士的管理由国家移民局统一负责。根据罗马尼亚与欧盟的协定，欧盟、欧洲经济共同体国家及瑞士的公民及其家庭成员可以凭借法律规定的居留合法性和连续性的证明文件，以及其他身份证明文件申请永久居住权，其他国家公民如在罗马尼亚连续居住五年可以申请长期居留权。留学、季节性务工、外交短期签证及政治庇护者无法申请长期居留权。

长期居留权拥有者在就业、受教育、社会保障、医疗服务、纳税等方面与罗马尼亚公民享受同等待遇。受保护的暂居外国人有权进入劳动力市场，可以享受失业保险制度和各种刺激就业措施的福利。对于非欧盟、欧洲经济共同体成员国及瑞士公民的工作许可证的发放有配额限制，但对拥有机关教育或专业资格的公民配额不受限制。他们可以通过每月缴纳医疗保险获得和罗马尼亚公民同等的医疗服务。

2004 年，罗马尼亚开始实施针对外籍人员的社会融入项目，为加入该项目的外籍人员提供为期一年的免费语言课、经济补助、文化调和、心理咨询等服务。如有需要，项目中心可为参与者提供价格优惠的食宿，并在结束项目后为参与者提供住宿资助。

2. 中国针对国际移民的管理措施与社会保障制度

在华外国人的出入境、永久居住权及就业等事项由公安部、外交部、人社部分别或联合部署，由国家移民管理局统一管理。外国人需凭签证入境。满足直接连续投资三年及以上、四年以上高层职务或职称、有重大贡献的外籍人士或其配偶、子女等条件的，方可申请永久居留。

在华外籍人士需在入境后取得《外国人就业证》和外国人居留证件，方可在中国境内就业。用人单位聘用外国人，须向行业主管部门提出申请，并提供有效证明文件。经行业主管部门批准后，用人单位需到地市级劳动行政部门办理核准手续。2011 年人社部发布《在中国境内就业的外国人参加社会保险暂行办法》规定，在华就业的外国人应当依法参加各类社会保险，由用人单位和本人按照规定缴纳社会保险费，依法享受社会保险待遇。2017年，国家实行外国人才签证签发，落实外国人才引进工作。

对比两国情况，从长期居留证发放审核上，中国对移民的要求更严格，移民就业门槛更高。对于外国人的社会融入工作，罗马尼亚亦有值得借鉴之处。在"一带一路"倡议背景下，随着中国国际地位不断提高，中国以更加开放的姿态面向世界，也吸引了越来越多外国人前往中国留学工作。针对外国人的社会融入和社会保障工作需加快开展。

（三）"一带一路"推进实施背景下的相关建议

罗马尼亚作为欧盟成员国，是中国同中东欧国家乃至整个欧洲合作的重要支点，也是"一带一路"倡议的重要沿线国家。因此，在中国"一带一路"倡议推进实施的背景下，针对罗马尼亚当前存在的人口问题，提出以下建议：

1. 充分挖掘和利用人才红利，推动贸易投资与合作

中国与罗马尼亚有着长期贸易往来的历史，近年来随着国际金融危机后罗马尼亚的经济恢复，中国与罗马尼亚的贸易发展迅速。2018 年，中罗双边贸易总额为 66.8 亿美元，同比增长 19.3%。中国是罗马尼亚排名第 20 位的

出口目的地和第六大进口来源地。在对罗马尼亚人口与发展现状进行分析的过程中发现，尽管罗马尼亚当前人口数量呈下降趋势，人口数量红利逐渐消失，但罗马尼亚的教育普及率较高，劳动力素质相对较高，并且与其他欧盟成员国相比劳动力成本较低，因此在与罗马尼亚通过"一带一路"开展投资与经贸合作的过程中，可以充分挖掘和利用当地的人口质量红利，一方面有利于解决当地劳动力就业问题，提高罗马尼亚居民收入，另一方面有利于推动和中国与罗马尼亚的贸易往来，深化两国间投资合作。

2. 关注基础设施建设与资源开发利用，提高资源利用效率

为进一步推动我国与罗马尼亚的贸易合作与投资，需要关注基础设施建设和资源环境领域的交流与合作。罗马尼亚当前基础设施建设在欧盟国家中处于较低水平，其交通基础设施主要包括公路、铁路、航空、港口四大领域，其中公路运输是罗马尼亚最主要的出行和运输方式。罗马尼亚统计局数据显示，截至 2017 年年底，罗马尼亚公共道路总里程约 8.7 万千米，现代化公路里程约 3.5 万千米，占 40.5%，现代化公路占比较低，公路存在路况较差、安全性较低等问题。基于这样的情况，罗马尼亚政府制定了 2014—2030 年交通基础设施发展规划，预计投入 454.5 亿欧元用于基础设施建设。除此之外，罗马尼亚能源和矿产资源丰富，但受生态环境和开采成本影响，矿产产量逐年下降，油气资源等不可再生资源也面临着储量下降的风险。在这种情况下，中国可以通过共建"一带一路"，与罗马尼亚在基础设施建设和资源开发利用方面开展交流与合作，帮助罗马尼亚提升基础设施建设水平，便于货物运输与贸易往来。同时，基于罗马尼亚资源优势，通过技术交流与合作，降低资源开发成本和环境风险，提高资源利用效率，实现人口与资源、环境均衡发展。

3. 推动养老服务和产业合作，积极应对人口老龄化

人口老龄化是罗马尼亚当前面临的主要人口问题之一，65 岁及以上人口占比在 2020 年已达到 19.2%，根据预测，这一比例还将不断扩大。人口老

龄化也是中国人口发展面临的问题，因此在"一带一路"持续推进的过程中可以推动两国在应对人口老龄化方面的经验交流与互鉴，推动两国养老服务及相关产业共同发展，促进养老服务领域的国际市场进一步扩大与完善。

4. 促进文化、医疗卫生、国际移民管理、社会保障等领域的交流

罗马尼亚的流入人口和流出人口都相对较多，在外籍人员管理和社会保障方面，罗马尼亚通过一系列制度和措施保障了流入人口在就业、受教育、社会保障、医疗服务、纳税等方面的合法待遇，并通过实施社会融入项目，帮助外籍人员融入罗马尼亚的社会和生活。随着"一带一路"倡议的推进实施，应促进两国在文化、医疗卫生等领域的交流与沟通，推动医疗资源、器械和中医技术的交流与传播，支持和鼓励旅游业的发展。除此之外，随着人口和劳动力的迁移将更加频繁，越来越多的外国人将前往中国留学、工作，因此在国际移民管理和社会保障措施方面，中国可以与罗马尼亚进行交流，经验互鉴。

参考文献：

［1］MURESAN C. L'évolution Démographique en Roumanie：Tendances Passées（1948－1994）et perspectives d'avenir（1995－2030）［J］. Population（French Edition），1996，51（4/5）：813-844.

［2］DÉNESSÁLYI. The Complicated Relationship Between Romania and Its Ethnic Minorities over the Last 100 Years［J］. Hungary Today，2018.

［3］KEITH ARNOLD HITCHINS. People in Romania［M］//Britannica，2020.

［4］MUREŞAN C. Impact of Induced Abortion on Fertility in Romania［J］. European Journal of population，2008，24：425-446.

［5］ŞOPRONI L，HORGA I. Societies in Transition［M］. Cham：Springer，2015：87-110.

［6］POTÂRCĂ C，MILLS M，LESNARD L. Family Formation Trajectories in Romania， the Russian Federation and France: Towards the Second Demographic Transition? [J]. European Journal of Population, 2013 (29): 69-101.

[7] 曲岩. 从欧盟四份报告看罗马尼亚宏观经济变化 [J]. 欧亚经济, 2017 (03): 58—61, 127.

[8] IANOS I. Global Change and Human Mobility [J]. Advances in Geographical and Environmental Sciences, 2016: 303-322.

[9] SUCIU Ş M, POPESCU C A, CIUMAGEANU M D, et al. Physician Migration at Its Roots: A Study on the Emigration Preferences and Plans among Medical Students in Romania [J]. Human Resources for Health, 2017, 15 (6).

[10] Building Migration Partnerships. Romania Extended Migration Profile [EB/OL].

[11] István H. Romania. Focus Migration Country Profile No. 9 [EB/OL].

[12] European Roma Rights Center. Romania's Anti-Discrimination Law Amended [EB/OL].

[13] European Commission. 2019 Report on National Roma Integration Strategies: Key Conclusions [R].

[14] 钱孟轩, 倪善芹, 于汶加, 刘仁华. 中国-罗马尼亚产能合作前景分析 [J]. 中国矿业, 2017, 26 (03): 66—71.

乌克兰人口与发展状况报告

金 鑫[*]

摘要: 乌克兰是拥有悠久历史和文明但又年轻的国家。从独立初期,乌克兰经济就保持持续增长,于 2008 年达到 20 年内的峰值。乌克兰人口在 20 世纪 90 年代达到顶峰(约 5150 万人)。但随后因受到国内经济发展模式和国际局势的影响,乌克兰经济陷入低迷。人口外流、人口健康水平下降及生育意愿持续走低,使乌克兰人口增长受到严重影响,呈下降趋势。目前,人口衰退和经济萧条相互影响,导致乌克兰的国民经济发展形势比苏联解体前更严峻。乌克兰人口和社会的可持续发展将面临人口持续下降和人口健康危机带来的挑战。2011 年中国与乌克兰建立战略伙伴关系,各领域双边务实合作不断深入,将中乌关系推向更高水平。基于目前乌克兰人口和社会经济发展状况,乌克兰仍具有投资吸引力和较大价值空间。但需要注意乌克兰局势的不确定性对于"一带一路"合作的影响。

关键词: 乌克兰;人口与发展;"一带一路"建设

---

* 金鑫,北京大学人口研究所博士,北京大学情报分析与信息素质教育馆员。

一、国家概况

乌克兰位于欧洲东部、亚速海北岸，南接黑海，是欧洲国土面积第二大国（60.37万平方千米），仅次于俄罗斯。其中约95%的国土为平原，陆地边界线长5631公里，海岸线长1959千米。乌克兰地理位置极为重要，北接白俄罗斯，东临俄罗斯，西连波兰、斯洛伐克、匈牙利，南沿黑海、亚速海并同罗马尼亚、摩尔多瓦等国家毗邻，是欧洲联盟与俄罗斯地缘政治的交叉点。

"乌克兰"一词最早查证于《罗斯史记》（1187年）。基辅罗斯在公元9世纪下半叶建立，作为古罗斯国家，其境内逐渐形成三个主要民族：乌克兰族、俄罗斯族和白俄罗斯族。1240年，蒙古帝国拔都率军西征占领基辅。1654年，哥萨克首领赫梅利尼茨基与沙俄签订《佩列亚斯拉夫和约》，乌俄两国由此合并。至近代的1917年12月，乌克兰建立苏维埃政权。1919年1月，乌克兰苏维埃社会主义共和国建立，后于1922年加入苏联（西部乌克兰1939年加入）。1990年7月16日，乌最高苏维埃通过《乌克兰国家主权宣言》。1991年8月24日，乌克兰宣布独立。1991年12月27日，中国承认乌克兰独立。1992年1月4日，两国正式建立外交关系。

历史上，乌克兰是基辅罗斯的核心地域，也是近代俄国资本主义发展最早的地区之一。全乌有24个州，一个自治共和国，两个直辖市，共27个行政区划。1996年6月28日，乌议会通过独立后首部宪法，确定乌为主权、独立、民主的共和国，总统为国家元首，最高拉达（议会）为立法机关，政府为行政机关，乌克兰语为官方语言。2004年12月8日，乌议会通过宪法修正案并规定自2006年1月1日起乌政体由总统议会制转变为议会总统制。2010年10月1日，乌宪法法院裁定2004年修宪案违宪，全面恢复1996年宪法效力，政体恢复总统议会制。2014年2月17日，乌议会决议恢复2004年宪法，政体再次变更为议会总统制。

2019 年乌克兰经济保持增长，实际 GDP 总计 36 757.3 亿格里夫纳（约合 1420 亿美元），同比增长 3.2%，通货膨胀率 4.1%，失业率 8.6%，属于联合国和世界贸易组织划分的中低收入国家序列。作为"一带一路"沿线国家，中资企业多年来参与乌克兰经济建设，投资主要集中在通讯、电子产品、农业、加工业、基础设施、机械行业、制造业等领域。据乌克兰海关统计，2019 年中乌的双边货物贸易额为 127.5 亿美元，增长 30%。

乌克兰共有 130 多个民族，乌克兰族约占 77%，其余为俄罗斯、白俄罗斯、犹太、克里米亚鞑靼、摩尔多瓦、波兰、匈牙利、罗马尼亚、希腊、德意志、保加利亚等民族。主要宗教为东正教和天主教。

本文将以乌克兰发展过程中人口系统中各要素的发展现状与社会、经济的联系为分析视角，尝试总结目前乌克兰在人口与发展过程中存在的问题和造成问题的原因，并分析解决问题的思路和方法。本文梳理乌克兰人口与发展过程中的经验和教训，以期对"一带一路"倡议下中乌两国人口与发展领域的交流与合作提供参考。

二、人口发展现状

（一）人口基本状况

1. 人口总量及变化趋势

乌克兰国家统计局公布数据显示，截至 2020 年 1 月 1 日，包含克里米亚地区[1]，乌克兰总人口约为 4370 万人，不含克里米亚地区总人口约为

---

〔1〕 克里米亚共和国位于俄罗斯西南部的克里米亚半岛，是一个自治共和国。克里米亚地区面积约为 2.55 万平方千米，俄罗斯人占主体，乌克兰人居次，还有少数克里米亚鞑靼人和白俄罗斯人等。当地居民主要说俄语，首府为辛菲罗波尔。俄罗斯与乌克兰在该地区存在主权争议，但相关国际组织统计数据时往往将乌克兰与克里米亚一并统计，受数据来源限制，也为采取统一统计口径以方便与"一带一路"其他国家进行对比，后文中的数据均包括克里米亚地区，在此一并说明。未包含克里米亚地区的数据将单独注明。

4190 万人，其中城市人口 2914 万人，占 69.5%；农村人口 1276 万人，占 30.5%。

乌克兰人口发展的突出问题是近年来人口总量下降趋势明显，最近 5 年人口减少约 102 万。根据联合国 2019 年世界人口展望数据库回溯和预测，乌克兰人口在 20 世纪 90 年代达到峰值（5150 万人）后，人口总量不断下降，且下降速度逐年加快。按照中等程度参数预测，2050 年乌克兰人口将减少至 3500 万人（见图 1、图 2）。

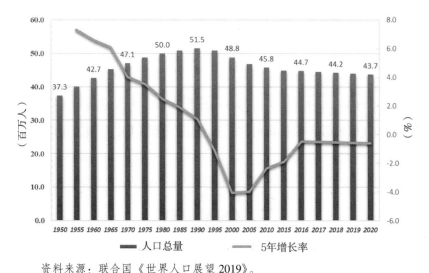

资料来源：联合国《世界人口展望 2019》。

图 1　乌克兰人口总量及增长率变化

乌克兰是欧洲国土面积第二大国家，但随着人口规模从 1990 年 5146 万人下降至 2020 年 4370 万人，其人口总量排名也从第 22 位降至第 32 位，人口密度全球排名降为第 33 位。与欧洲、东欧国家人口变动情况进行对比可以发现，欧洲整体人口变动趋势和乌克兰基本一致——都出现人口负增长现象，面临人口减少的危机（见图 3）。

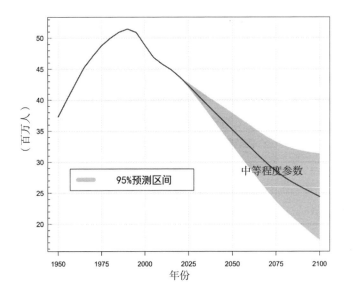

资料来源：联合国《世界人口展望 2019》。

图 2　乌克兰人口总量发展趋势

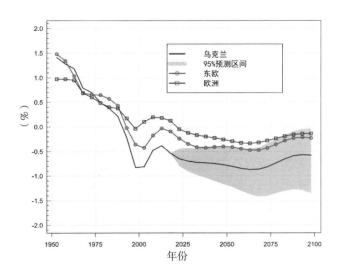

资料来源：联合国《世界人口展望 2019》。

图 3　乌克兰、欧洲和东欧年度人口变动百分比

2. 各年龄组的人口数量及变化

2018 年，乌克兰 0—14 岁人口仅占 15.8%，15—24 岁人口占 12.2%，年龄在 25—64 岁之间的人口占 55.6%，而 16.4% 的人口年龄在 65 岁及以上。根据联合国 2019 年世界人口展望数据库回溯和预测，乌克兰人口年龄结构中占比最高的 25—64 岁青壮年组人数下降最为明显，将由 1990 年的约 2800 万人降至 2050 年的约 1800 万人，降幅达 35.7%。乌克兰人口结构趋于老化，人口总量不断萎缩，65 岁及以上年龄组人口将在 2025—2055 年间先迎来短暂的上升，随后迅速下降。

3. 人口年龄及性别结构

如图 4 所示，2019 年乌克兰人口金字塔揭示了乌克兰人口年龄结构属于成年型。从图中可以看出，乌克兰女性人口远多于男性，总人口性别比失衡。1980 年以来，乌克兰女性人口始终比男性人口多 16% 左右。乌克兰人口数据显示，2020 年乌克兰男性人口约 1934 万人，占比 46.4%；女性约 2239

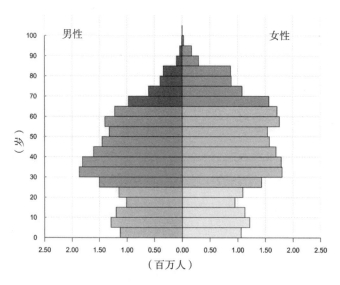

资料来源：联合国《世界人口展望 2019》。

图 4　2019 年乌克兰人口金字塔

万人，占比 53.6%。2020 年男女比例为 1∶1.16。虽然欧洲国家人口性别结构中女性普遍多于男性，但如乌克兰这般严重失调的性别比例，还是非常少见的。

图 5 是联合国《世界人口展望 2019》报告对乌克兰 2020—2100 年间人口金字塔的预测。重点关注 2020—2050 年变化发现，伴随着乌克兰人口减少及人口结构老龄化，其人口结构失衡问题将越发严重。另外，乌克兰老年人口增多，劳动力人口锐减，将加重经济下行压力，并给整个社会公共卫生体系和财政体系带来负面影响。

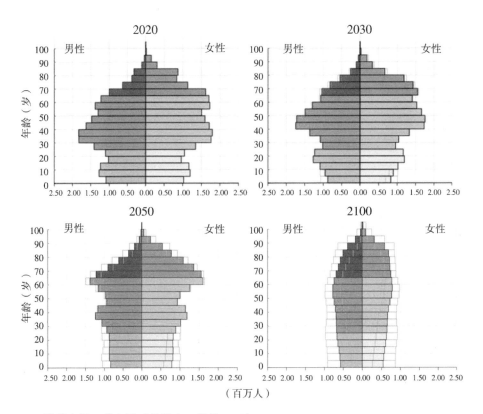

资料来源：联合国《世界人口展望 2019》。

图 5　2020—2100 年乌克兰人口金字塔

4. 出生率与死亡率

在不同地区和不同阶段，人口发展状况的主要影响因素不同。当死亡率下降到一定水平后，生育率成为影响人口发展的主要因素，主导着人口数量和结构变化。乌克兰的人口出生率水平在 2001 年低谷后有过阶段性回升，但也仅在 2016 年达到过峰值（见图 6）。目前，乌克兰人的生育意愿不断降低，1990 年乌克兰新生儿为 65.72 万人，2010 年降为 49.77 万人，到 2018 年进一步降为 46.14 万人。

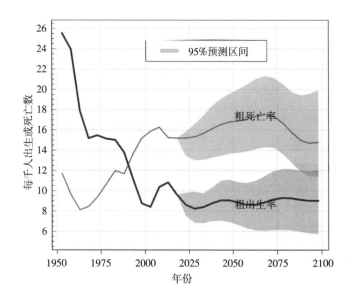

资料来源：联合国《世界人口展望 2019》。

图 6　1950—2100 年乌克兰人口粗出生率和粗死亡率变化情况

在早期人类发展的漫长历史过程中，死亡率曾经主宰人口变化的方向，历经数年乃至数十年累积的人口增长成果，可能被极短时间内的死亡率陡增席卷而去，导致人口数量长期徘徊不前，甚至迅速下降。乌克兰自 20 世纪 50 年代以来逐渐积累的人口规模，在 20 世纪 80 年代至 21 世纪初由于死亡率陡增及出生率大幅下降，进入规模上加速衰减的阶段。

按照人口统计学的国际标准，总和生育率低于 1.5 就属于超低生育水平，而一旦跌破 1.5，将很难再有显著回升。自 20 世纪 90 年代，乌克兰总和生育率跌至 1.5 以下，并于 21 世纪初达到最低值，其后虽有所回升，但总和生育率始终未达到更替水平。同时，乌克兰生育率变化也和欧洲整体下降趋势一致。根据联合国《世界人口展望 2019》中预测，乌克兰的人口减少趋势较难改变（见图 7）。目前，乌克兰人口形势还在不断恶化，人口减少的数量逐年增加，而更严重的是，乌克兰目前的生育率已经低到 1.4，要扭转人口下降趋势不断加速的事实，必须使生育率提高到 2.1 以上，目前情况来看，这几乎是不可能的。根据联合国经济和社会事务部的预测，到 2030 年乌克兰人口总量将降至 4088 万人，到 2050 年则会进一步减至 3500 万人。

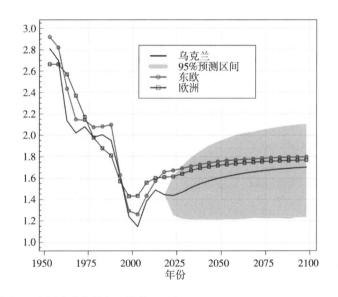

资料来源：联合国《世界人口展望 2019》。

图 7　1950—2100 年乌克兰总和生育率变化情况

5 岁及以下儿童死亡率是 2014 年公布的全科医学与社区卫生名词，是 5 岁及以下儿童（包括婴儿）死亡数与同年活产数的比值。70 多年来，乌克兰儿童死亡率整体呈明显下降趋势（见图 8），说明乌克兰整体妇幼卫生服务水平不断提高，但自 20 世纪 80 年代至今，乌克兰 5 岁及以下儿童死亡率明显高于欧洲平均水平，与欧洲部分发达国家相比仍存在一定程度的差距。

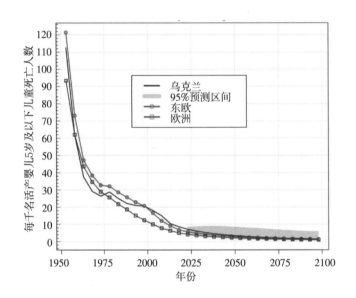

资料来源：联合国《世界人口展望 2019》。

图 8 1950—2100 年乌克兰、欧洲和东欧国家 5 岁及以下儿童死亡率变化情况

5. 人口迁移

从人口转变的历史过程来看，人口各要素在人口发展形势中发挥着明显不同的作用。当进入现代人口转变阶段后，死亡率和生育率都稳定在较低水平，因而对人口增长的影响相对有限，人口迁移顺其自然地成为影响人口发展状况的关键因素甚至决定性因素。当前，乌克兰已经进入这个时期，即人口迁移已经并将长期成为其人口变动趋势的决定性因素。

表 1　1991—2014 年乌克兰实际人口数、净自然增长人口数和净迁入人口数

(单位：千人)

年份	实际人口数	净自然增长人口数[a]	净迁入人口数[b]
1991	51 944. 4	−39. 1	151. 3
1992	52 056. 6	−100. 3	287. 8
1993	52 244. 1	−184. 2	54. 5
1994	52 114. 4	−243. 1	−142. 9
1995	51 728. 4	−299. 7	−131. 6
1996	51 297. 1	−309. 5	−169. 2
1997	50 818. 4	−311. 6	−136. 0
1998	50 370. 8	−300. 7	−152. 0
1999	49 918. 1	−350. 0	−138. 3
2000	49 429. 8	−373. 0	−133. 6
2001	48 923. 2	−369. 5	−152. 2
2002[c]	48 457. 1	−364. 2	−33. 8
2003	48 003. 5	−356. 8	−24. 2
2004	47 622. 4	−334. 0	−7. 6
2005	47 280. 8	−355. 9	4. 6
2006	46 929. 5	−297. 7	14. 2
2007	46 646. 0	−290. 2	16. 8
2008	46 372. 7	−243. 9	14. 9
2009	46 143. 7	−194. 2	13. 4
2010	45 962. 9	−200. 5	16. 1
2011	45 778. 5	−162. 0	17. 1
2012	45 633. 6	−1 42. 4	61. 8

年份	实际人口数	净自然增长人口数[a]	净迁入人口数[b]
2013	45 553.0	−158.7	31.9
2014[d]	45 426.2	−166.4	22.6

a：出生人口和死亡人口数量之差。

b：迁入人口和迁出人口数量之差。

c：2001 年乌克兰人口普查数据。

d：包含克里米亚人口数，2014 年克里米亚人口估计数为 2 353 100 人。

资料来源：乌克兰统计局。

乌克兰因其地缘位置的特殊性，存在相当数量的国际迁移人口。自 20 世纪 90 年代以来，乌克兰年均国际迁移人口在 450 万人以上（见图 9）。如图 10 显示，2019 年世界范围内国际迁移人口约占世界人口总数的 3.5%，乌克兰和欧洲国际人口迁移人次较高，乌克兰国际迁移人口占总人口比重达到了 11.3%。

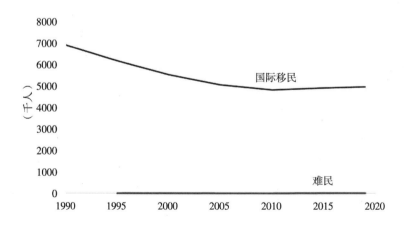

资料来源：联合国经济和社会事务部、联合国难民事务局高级专员公署、联合国难民救济工程局。

图 9　1990—2019 年乌克兰国际迁移人口情况

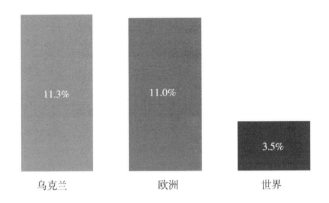

资料来源：联合国经济和社会事务部。

图 10　2019 年乌克兰、欧洲和世界国际迁移人口占总人口比重

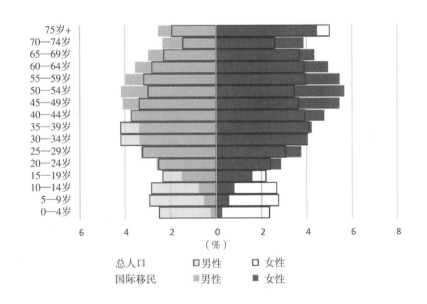

资料来源：联合国经济和社会事务部。

图 11　2019 年乌克兰总人口及国际迁移人口性别年龄结构分布

　　在人口绝对规模上，由生育和死亡共同决定的人口自然增长已经十分有限，甚至在可预期的时间内，乌克兰甚至周边欧洲国家总人口规模达到顶峰并已经步入了负增长时期，这个过程是确定的。在人口结构的变化上，乌克兰人口的整体结构将不断老化，这个发展轨迹也是确定的。唯一对人口增长，或更准确地说是对区域间人口变动具有无限影响潜力的，就是人口的流动。图11显示了2019年乌克兰国际迁移人口的性别年龄特征，来乌人口中，移民人口主要集中于15—64岁，女性占比高于男性。

此外，因乌克兰与俄罗斯的特殊渊源，即使在乌克兰危机爆发后，乌国内也有相当比例的俄罗斯国籍居民。乌克兰现有国际迁移人口主要来源国为俄罗斯，人数超过300万人，其他来源国包括白俄罗斯、摩尔多瓦、乌兹别克斯坦等（见图12）。

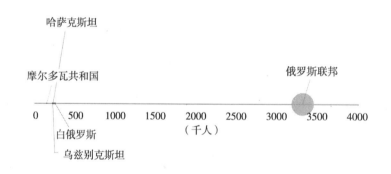

资料来源：联合国经济和社会事务部。

图12　2019年乌克兰国际迁移人口部分来源国情况

（二）经济状况

乌克兰是中国重要的战略伙伴国。中乌两国于2001年建立全面友好合作关系，于2011年共同宣布建立战略伙伴关系。目前，两国在各领域友好互利合作发展迅速。2013年，中国提出"丝绸之路经济带"倡议之后不久，乌克兰积极响应中国倡议，双方在2013年12月签署了《中乌战略伙伴关系发展规划（2014—2018年）》，成为较早响应中国推动"一带一路"倡议的国家之一，此举为中乌关系的发展确定了航向。在2017年12月举行的两国政府间合作委员会第三次会议上，双方签署了落实"新丝绸之路经济带"和"海上丝绸之路"路线图，这是中国与乌克兰关系发展的重要节点，中乌两国在"一带一路"倡议下的合作经历了从观念统一到行动落实的重要转折。[1]

自独立以来，乌克兰对外部资源的需求和依赖程度逐步提升，国内资本市场的规模和能力极其有限，资本短缺已严重制约国民经济发展。因此，积极引进外部资金成了历届乌克兰政府的首要对外政策目标。乌克兰基于其国家利益，制定了一系列吸引外资的法律和法规，主要包括《外国投资法》《鼓励外商在乌克兰投资国家纲要法》《外国投资管理办法》《乌克兰外国投资办法》等。[2]

然而，乌克兰经济增长潜力依然不容忽视，其主要经济指标（国内生产总值等）保持良好的增长态势，于2008年达到峰值。但2008年爆发的国际金融危机使乌克兰经济遭受重创，陷入衰退。2010年2月亚努科维奇总统上台后，通过延长俄罗斯黑海舰队基地租期协议时效换取俄罗斯天然气降价，当年的乌克兰经济出现好转，国内生产总值增长了4.1%，2011年的经济再增长5.2%，此后经济不断增长，直至2013年年末政治危机爆发，乌克兰经济再次遭受严重打击，经济发展态势雪上加霜（见图13）。

进入2016年，虽然乌克兰经济形势渐趋稳定，但目前仍是欧洲第二贫穷的国家，民众深受腐败和生活水平低下的困扰。同时，乌克兰还面临着西方国家的外交和经济打压。在此形势下，乌克兰进行了艰难的国家经济改革和政治反腐败。随着中国政府大力推进的"一带一路"建设打开局面，中国与"一带一路"参与国家的投资合作也稳步推进。于是，恢复与中国的合作

---

〔1〕 刘馨蔚：《乌克兰"4+1"战略吸引外资四大领域具前瞻性》，载《中国对外贸易》，2019年第11期，第78—79页。

〔2〕 张弘：《乌克兰的投资概况》，载李永全主编：《丝路列国志》，北京：社会科学文献出版社，2015年版，第428—442页。

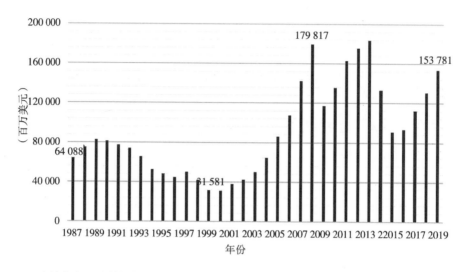

资料来源：世界银行。

图 13　1987—2019 年乌克兰国内生产总值变化情况

重新成为乌克兰外交热点之一。2015—2019 年，乌克兰经济形势开始趋于向好，乌克兰国内生产总值增长率由 2015 年的 - 9.77% 回升至 2019 年的 3.23%。

1. 就业

劳动力参与率是经济活动人口（包括就业者和失业者）占劳动年龄人口的比率，用于衡量劳动适龄人口参与经济活动状况。劳动力参与率通常反映潜在劳动者个人对于工作收入与闲暇的选择偏好，它一方面受到个人保持工资、家庭收入规模，以及性别、年龄等个人人口学特征的影响，另一方面受到社会保障覆盖率、社会保障水平和劳动力市场状况等宏观经济环境的影响。2019 年乌克兰劳动力总数为 1976 万人，比上年同比减少 23.14 万人，同比减少 1.17%（见图 14），劳动力总数呈逐渐下降趋势。

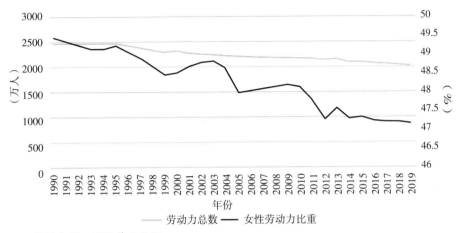

资料来源：国际劳工组织。

图 14 1990—2019 年乌克兰劳动力总数与女性劳动力比重变化情况

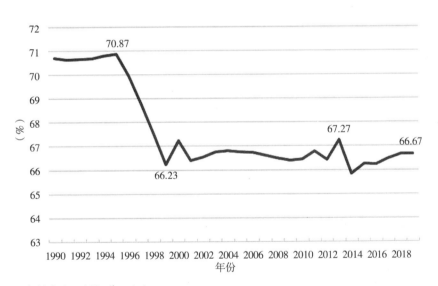

资料来源：国际劳工组织。

图 15 1990—2018 年乌克兰 15—64 岁劳动力参与率

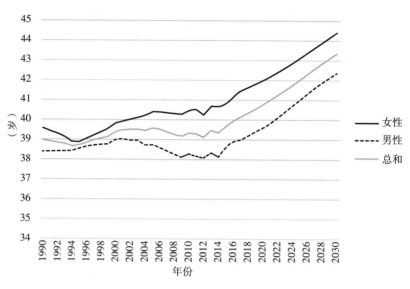

资料来源：国际劳工组织。

图 16　1990—2030 年乌克兰 15—64 岁劳动力年龄中位数

　　此外，由图 15、图 16 可知，15—64 岁人口劳动力参与率由 1995 年 70.87% 降至 2018 年的 66.67%；而全部人口的劳动力年龄中位数由 1990 年的 38.96 岁提升到 2019 年的 40.51 岁，预计 2030 年将提升至 43.31 岁，劳动力老龄化严重。2004—2019 年间，乌克兰总失业率维持在高位水平。2019 年达到 8.55%（见图 17）。

　　世界银行人力资本指数（HCI）是通过教育质量、健康状况、技能与就业和环境基础四项指标来衡量一国开发国民劳动力素质的能力。人力资本指数将健康与教育对下一代劳动者生产力的贡献进行量化。各国可以用这个指数来评估人力资本对收入差距的影响，如果立即采取行动，能把损失变成收益的时间缩短多少。

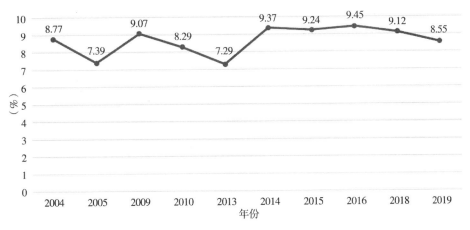

资料来源：国际劳工组织。

图 17　2010—2019 年乌克兰失业率走势

在 2010 年至 2020 年间，乌克兰的 HCI 大致保持在 0.63。这代表着，在此期间在乌克兰出生的孩子，如果能享受完整的教育和充分的健康，长大后的生产力将达到 63%。这一数值低于欧洲和中亚地区平均水平，但高于中低收入国家平均水平。2020 年，乌克兰在 150 个国家的世界人力资本指数排名处于中等偏上水平。

（三）社会状况

1. 教育状况

实行国家管理和社会自治相结合的教育管理体制。教育与科技部是国家教育主管部门，参与制定国家教育、科学和干部职业培训相关法规，制定教育发展纲要、国家教育标准和教育工作的具体政策，统筹全乌教育工作。地方教育由地方权力执行机构及地方自治机构负责管理并建有专门的管理机构，学前教育、基础教育、校外教育机构及中等师范学校均隶属上述机构。地方教育管理机构负责向其所属学校拨款，为教育工作者及青少年提供社会保障，为学生就近入学及接受教育创造必要条件。[1]

乌克兰教育体制主要由学前教育、普通中等教育、职业技术教育、高等教育组成，另外，还包括校外教育、继续教育和自学教育。截至 2020 年 1 月，乌克兰共有高校 664 所，其中私立高校约 200 所，在校学生约 250 万人。目前有来自 158 个国家的约 8 万名外国留学生在乌克兰 240 所高校进行本科、硕士及博士阶段的学习。著名高校有国立基辅大学、国立技术大学（基辅理工学院）、哈尔科夫国立大学、乌克兰音乐学院、国立美术与建筑学院、哈尔科夫国立理工大学、敖德萨国立理工大学、利沃夫国立大学、哈尔科夫国立航空航天大学、乌克兰国立航空大学等。

乌克兰重视教育，1971 年以来，乌克兰小学入学率一直维持在较高水平。结果显示，在乌克兰教育发展过程中，按照乌克兰教育部门小学学龄人

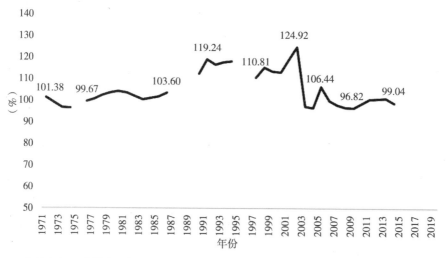

资料来源：世界发展指标。

图 18　乌克兰小学毛入学率

---

〔1〕《乌克兰概况》，http://www.chinadaily.com.cn/hqgj/2011-06/19/content_12730315_6.htm。

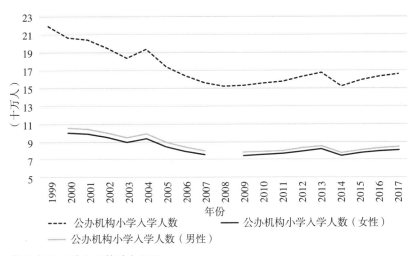

资料来源：联合国教科文组织。

图19 乌克兰公办机构小学入学人数年度变化

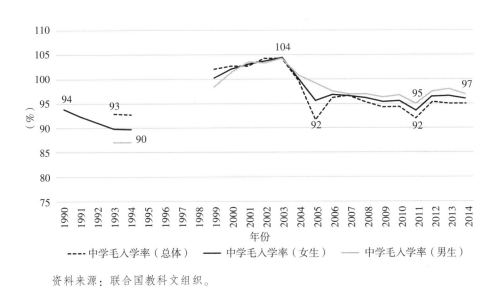

资料来源：联合国教科文组织。

图20 乌克兰公办机构中学入学人数年度变化

口的年龄范围统计，乌克兰小学毛入学率在多个年份超过了100%。在现实中，因小学阶段在校生的年龄可能并不完全都在其统计区间里，由于各种各样的原因，出现低龄或超龄小学学生，因此毛入学率在多个年份出现超过100%的情况，这在某种程度上反映出乌克兰"控辍保学"工作取得了一定成效（见图18）。

按照性别分类，乌克兰小学毛入学率不存在性别差异，一定程度上显示出乌克兰的教育公平性。此外，乌克兰公办机构小学入学人口和中学入学人口的性别比始终保持稳定，男性数量略高于女性。因出生人数减少，公办机构小学入学和中学入学人数呈现波动下降的趋势（见图19、图20）。

2. 健康状况

乌克兰拥有种类齐全的医院、诊所、医学科研机构和专业的医务人员。其医疗机构分为公立和私立两类，其中公立医院占多数，收费较低，为多数居民的首选。普通病房一般免费或只收取少量费用。通常情况下，医院会为住院病人开列一个免费用药单，其他用药则需自费。此外，参加苏联卫国战争的老战士、切尔诺贝利核事故受害者、伤残人员及部分退休人员可享受完全免费医疗。同时，乌克兰私立医院近年来发展迅速，但价格较昂贵。

据世界卫生组织统计，2011年乌克兰全国医疗卫生总支出占GDP的7.3%，按照购买力平价计算，人均医疗健康支出528美元。2006—2013年间，平均每万人拥有医生36人、护理和助产人员76人、牙医7人、药师1人；2006—2012年间，平均每万人拥有医院床位90张。

乌克兰目前处于人口转变后期，中低年龄组死亡率始终保持在较低水平，婴儿死亡率从20世纪90年代的17‰逐渐下降到目前的6‰。据联合国经济和社会事务部预测，2050年乌克兰婴儿死亡率将下降至3‰，随后将进一步下降至1‰（见图21）。

与东欧其他国家进行比较，乌克兰5岁及以下儿童死亡率自20世纪90年代21‰逐渐下降到目前的7‰，与东欧平均水平相当，并保持一致的下降趋势（见图22）。

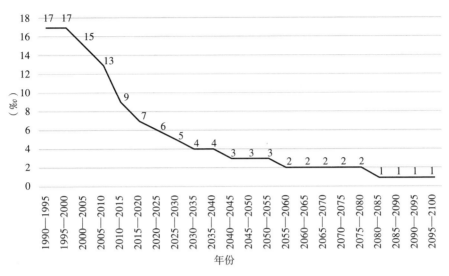

资料来源：联合国《世界人口展望 2019》。

图 21　乌克兰婴儿死亡率年度变化

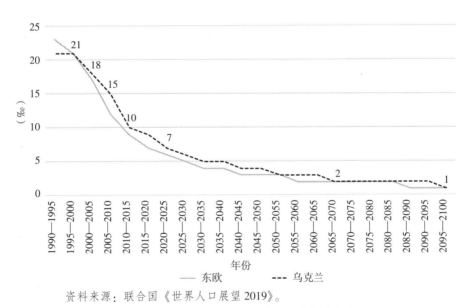

—— 东欧　　---- 乌克兰

资料来源：联合国《世界人口展望 2019》。

图 22　乌克兰 5 岁及以下儿童死亡率年度变化

近 30 年，乌克兰全部人口平均预期寿命由 1990—1995 年的 68.72 岁上升至2020—2025 年的72.5 岁，上涨3.78 岁。与人口生物发展规律和世界各国人口普遍情况一致，但乌克兰女性人口平均预期寿命高于男性约10 岁。根据联合国预测，在2050 年乌克兰男性和女性人口平均预期寿命差距将缩小至8 岁左右，2100 年缩小至5 岁左右（见图23）。

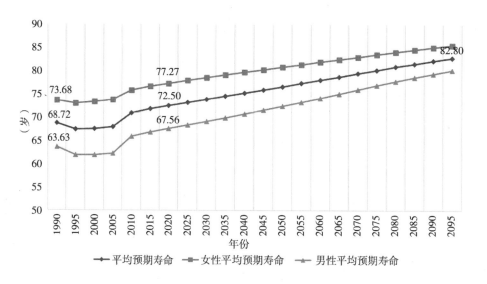

资料来源：联合国《世界人口展望2019》。

图23　乌克兰人口平均预期寿命年度变化

母婴健康及女性生殖健康等是可持续发展的重点。2019 年，全世界19 亿育龄妇女中，11 亿人有计划性生育需求，其中8.42 亿人能够使用避孕方法，还有2.7 亿人的避孕需求未得到满足。2000 年至2019 年间，全世界已婚育龄妇女的现代避孕方法普及率提高了2.1 个百分点，从55.0%增至57.1%。[1] 2012 年乌克兰68%的育龄女性能够通过现代方法满足计划性生育需求。这一数据高于世界平均水平，也高于欧洲和周边其他国家平均

―――――――――
〔1〕《185 个国家满足妇女避孕需求进展估算：一项分层贝叶斯模型研究》，https://journals. plos. org/plosmedicine/article？id=10. 1371/journal. pmed. 1003026。

水平。

孕妇在妊娠期间应接受由熟练医护人员提供的产前保健服务。世界卫生组织曾建议妊娠期间至少接受 4 次产前检查和 8 次产前保健，以减少围产期死亡，并改善妇女孕期接受保健服务的体验。如表 2 所示，自 1994 年以来，乌克兰产前保健覆盖率由 91% 波动下降至 2012 年的 87.2%，围产保健覆盖率也有所下降。而对于乌克兰来说，其国家卫生系统面临的主要挑战之一是改善孕妇产前保健服务体验。

表 2 产前保健覆盖率——至少 4 次就诊 （单位:%）

	1994—1999 年	2002—2007 年	2010—2012 年
产前保健覆盖率	91	74.8	87.2

资料来源：世界卫生组织。

通过计划性生育，个人和夫妇能够预计孩子数目和时间，并计划生育间隔。可以通过避孕和治疗不孕来实现生育计划，生育间隔和怀孕能力会对每次妊娠结果以及孕产妇健康和福祉产生直接作用。乌克兰避孕方法普及率存在年龄、受教育水平及城乡差异——年龄越大、经济水平或教育水平越高，则避孕方法的普及率就越高；城市地区避孕方法普及率高于非城市地区。这与世界上其他国家避孕方法普及率分布规律基本一致。

计划性生育需求未得到满足的比例是指有计划生育需求但未得到满足的妇女占已婚或同居育龄妇女的比例。有未满足需求的妇女通常性生活活跃、生殖力旺盛，没有使用任何避孕方法，但又想推迟生育或不再生育。世界卫生组织数据显示，乌克兰 20—49 岁年龄组家庭计划生育需求满足率明显高于 15—19 岁年龄组。2005 年至 2012 年，乌克兰 20—49 岁年龄组和 15—19 岁年龄组家庭计划生育需求满足率总体呈现上升趋势（见表 3）。

表3 避孕方法普及率——使用现代或传统方法　　　　（单位:%）

年龄组	2005 年	2007 年	2012 年
15—19 岁	63.63（46.3—78.03）	63.31（46.06—77.71）	77.79（51.46—92.05）
20—49 岁	85.34（82.2—88.01）	86.9（85.16—88.47）	93.1（91.58—94.36）

资料来源：世界卫生组织。

孕产妇死亡率（MMR）定义为，给定时期内每10万例活产中的孕产妇死亡人数。它描绘相对于活产婴儿数的产妇死亡风险，并从本质上捕获了单胎或单活产婴儿的死亡风险。2013 年，法国孕产妇死亡率水平为9/10 万，英国为8/10 万，日本为6/10 万，同年乌克兰孕产妇死亡率为23/10 万，是以上发达国家国家的近3 倍（见表4）。

表4 孕产妇死亡情况

年份	孕产妇死亡率（每10 万活产）	孕产妇死亡人数（人）
2000	35（30—41）	140（120—170）
2001	33（28—39）	130（110—160）
2002	33（27—38）	130（110—160）
2003	31（27—38）	130（110—150）
2004	33（27—39）	140（120—160）
2005	33（27—39）	140（120—170）
2006	31（26—36）	140（120—160）
2007	33（27—39）	150（130—180）
2008	33（27—39）	160（130—190）
2009	27（23—33）	140（110—160）
2010	25（21—30）	120（100—150）
2011	23（19—29）	120（95—140）

年份	孕产妇死亡率（每10万活产）	孕产妇死亡人数（人）
2012	24（19—29）	120（95—140）
2013	23（19—29）	110（90—140）
2014	24（19—31）	110（89—150）
2015	21（16—27）	97（74—130）
2016	20（15—26）	89（68—120）
2017	19（14—26）	83（62—110）

资料来源：世界卫生组织。

（四）文化状况

乌克兰共有 130 个民族。其中，乌克兰族占总人口的 77%，俄罗斯族占 20%，其他民族约占 3%。俄罗斯族在乌克兰一些地区居住较为集中，特别是在克里米亚自治共和国，俄罗斯族人占比高达 67%。[1]

乌克兰的官方语言为乌克兰语。但由于历史原因，俄语在乌克兰尤其是东部地区仍广泛使用。自 1991 年乌克兰独立以来，政府十分重视乌克兰语的推广普及，特别是在学校教育、媒体出版和政府公文等领域，乌克兰语占有明显优势。2014 年 2 月，反对派控制的议会通过法案取消俄语的官方语言地位，此举招致俄罗斯及乌境内俄语居民的强烈反对，时任乌代理总统图尔奇诺夫最终未签署该法案。

在乌克兰，按信徒人数统计，东正教、天主教、浸礼教、犹太教、马蒙教和新教为主要宗教，其中东正教又分为忠于莫斯科的俄罗斯东正教和忠于乌克兰的自主东正教。东正教约占信教人数的 85%，主要分布在东乌克兰和西乌克兰的广大城市和农村；天主教约占总人口的 10%，主要分布在西乌克

---

[1]《乌克兰概况》,http://www.chinadaily.com.cn/hqgj/2011-06-19/content_12730315_6.htm。

兰地区各州；浸礼教约占总人口的 5%，主要分布在东乌克兰地区的城市；犹太教约占总人口的 1.1%，主要为犹太人，分布在基辅市、敖德萨州、切尔诺维策州、哈尔科夫州、文尼察州等；马蒙教信徒和支持者约 1500 人，主要分布在顿涅茨克、敖德萨、基辅和哈尔科夫等地。

乌克兰宪法规定，国家实行宗教信仰自由，不干涉宗教活动。近年来，乌克兰信奉宗教的人数逐渐增加，与此同时，不同宗教派别之间的矛盾和冲突也有所增加。[1]

三、乌克兰的人口特征与趋势：过去、现在和未来

（一）过去：1990 年以前

1. 特定历史事件造成人口大量损失

乌克兰在 20 世纪上半叶经历了一连串造成人口发展大逆转的事件，其中包括两次世界大战、十月革命、饥荒等。这些事件接连发生，没有给乌克兰人口恢复留下时间，为乌克兰 20 世纪后半期的人口问题埋下了隐患。

表 5 列出了 1904 年至 2014 年间各种事件对乌克兰人口造成的损失。从表中可以看出，历次政治、军事及社会事件对乌克兰人口发展产生了极大影响。如果没有这些破坏事件发生，且出生率始终保持在特定水平，乌克兰的人口规模会是多少呢？表 6 给出了这个问题的答案。根据理想状态估计，在 1990 年乌克兰独立前夕，人口数量预计 8720 万人，而不是实际人口的 5190 万人。

---

〔1〕《对外投资合作国别（地区）指南：乌克兰（2020 年版）》，http://www.mofcom.gov.cn/dl/gbdqzn/upload/wukelan.pdf。

表5 基于特定破坏性事件造成乌克兰人口损失估计（1904—1990）

事件名称	人口损失数量（万人）	人口损失占比（％）
日俄战争（1904—1905）	1	0.02
霍乱疫情（1910）	20	0.8
第一次世界大战（1914—1917）	350	11.9
十月革命（1917—1921）	390	13.3
饥荒（1921—1923）	280	9.4
大饥荒（1932—1933）	500	16.9
经济危机（1932—1936）	40	1.4
苏联肃反运动（1937—1938）	2	0.1
第二次世界大战（1939—1945）	1040	35.3
饥荒（1946—1947）	150	5.1
死亡率危机（1969—1984）	170	5.8
总计	2940	100.0

资料来源：Ptoukha 人口和社会研究所。

表6 1990年乌克兰在特定条件下的实际人口和假设人口 （单位：百万人）

	男性	女性	总人口
实际人口	23.8	27.7	51.6
灾难造成的人口损失数	16.3	14.8	31.1
在假设没有人口迁移下的人口数	40.1	42.5	82.6
迁移造成的人口损失	2.3	2.3	4.6
估计人口数	42.4	44.8	87.2

资料来源：乌克兰国家统计局。

2.1950—1990年出生率、自然增长率呈下降趋势

自从1991年独立以来，乌克兰进入了新的人口下降阶段。在苏维埃时

期，乌克兰出生率一直下降。这一趋势持续到 2000 年，期间出生率最低降至 8‰（见图 6）。进入 21 世纪后，出生率略有增加，但维持在 11‰左右，仍属于较低水平。与其他国家不同的是，乌克兰社会至今存在的不良健康行为和社会环境，包括苏联工业化遗留的环境污染以及效率较低的卫生医疗系统，导致 21 世纪初期乌克兰地区的死亡率仍然维持在较高水平。

3. 1950—1990 年死亡水平呈上升趋势

近年来，乌克兰男性和女性预期寿命分别为 60 岁和 76 岁，这一数据明显低于欧洲平均水平。导致这一情况的主要原因是死亡率偏高，尤其是男性死亡率（见图 23）。此外，研究发现，乌克兰部分地区存在长期酗酒和吸烟的传统，疾病和意外事故极大地提高了男性死亡率。人口自然增长从独立前的正增长变为负增长。

20 世纪上半叶，乌克兰经历了一系列空前的人口灾难。它之所以能够经受住这些灾难，主要是因为高生育率（见图 6）。1950 年至 2000 年前后，乌克兰总和生育率呈现快速下降趋势，这给乌克兰自己带来了一场人口危机。在过去的 20 世纪，乌克兰经历了持续走低的生育率、净迁出人口较多，以及经济问题带来的死亡水平较高问题。改善这一趋势需要提高生育率，或者改善人口健康状况，尤其是男性健康状况。

（二）现在：1991—2020 年

1. 人口数量呈下降趋势

1990 年到 2000 年前后，乌克兰生育率下降趋势放缓，迁出人口数量也有所减少（见表 1），但基于对乌克兰人口年龄结构的观察分析，未来乌克兰总人口发展趋势仍不甚乐观。

当前，低生育率是导致乌克兰人口下降的最主要因素。1988 年到 2001 年，乌克兰总和生育率从 2.1 迅速下降到 1.1，在此期间，15—26 岁和 27—49 岁年龄组妇女的生育率也以大致相同的幅度迅速下降。

对乌克兰生育率趋势的解释需要注意乌克兰存在的两个社会经济因素：

一是"避孕革命"的兴起[1]。现代避孕方法虽然是生殖健康和计划性生育方面的重要进步，但在客观上降低了乌克兰的生育率，甚至带来生育率的负增长。二是乌克兰处于第二次人口转型阶段。例如，乌克兰出现结婚率下降、离婚率上升和非婚生育增多等现象。乌克兰独立后，社会文化风气趋于宽松，乌克兰社会的一些阶层，特别是位于基辅的城市精英，获得了更大的个人自主权，他们更倾向于选择推迟结婚。但是，社会制度崩解等巨大变迁导致大多数乌克兰人产生心理创伤和社会行为失范，使他们从有生活保障的就业状态突然被推到了要依靠政府救济的生活水平，这一转变带来结婚意愿和生育率的下降。简而言之，乌克兰最近的生育趋势更多地反映了社会紧张的环境，而不是在安全稳定环境下的自由选择。

其次，乌克兰死亡水平高于欧洲国家平均水平。乌克兰作为前重工业国家，遗留的环境污染及低效率医疗体系导致乌克兰死亡率高于欧洲平均水平。乌克兰近几年男、女性平均寿命分别约为 66 岁和 76 岁，低于西欧男性和女性近 10 年。部分学者分析乌克兰死亡率较高，尤其是男性死亡率过高的原因后认为，酗酒及其导致的意外、吸烟和生活压力都极大地提高了男性死亡率。[2]

20 世纪乌克兰的高出生率曾帮助乌克兰抵御了多次社会动荡和人口灾难。现在，生育率却给乌克兰带来了人口危机。

乌克兰政府已经出台三类政策缓解人口下降趋势。第一，关注年轻群体。减少年轻人意外或非意外的死亡，尤其避免因战争而导致的男性青年死亡和残疾。第二，平衡鼓励生育和发展经济之间的关系，提升育龄青年的生育意愿，提高生育率。第三，改善人群健康状况。

---

〔1〕 Tomá Sobotka and Éva Beaujouan, "Two Is Best? The Persistence of a Two-child Family Ideal/in Europe", *Population and Development Review*, Vol. 401, No. 3, 2014, pp. 391-419.

〔2〕 V. Hertrich and F. Mesle, "The health crisis in the Baltic countries: A common and varied experience", INED, 30 August-3 September, 1999.

2. 人口大量外流

人口净迁出造成人口不断减少。根据官方估计，在过去 20 年中，乌克兰人口净迁出超过 100 万人，主要是去西方发达国家或俄罗斯联邦工作（见图 13）。如果这些趋势延续下去，乌克兰将面临更大人口危机。毫无疑问，乌克兰需要关注年轻群体，制定措施促使移民外流速度放缓。

减缓移民外流速度可以从政治和经济两个方面考虑。政治局势正常化再加上经济实现复苏并保持一定的增长潜力，那么人口迁出的推力就会减弱。实际上，自 20 世纪 90 年代以来的大规模移民潮已经结束（见表 1）。波兰是一个很好的例子，但波兰也花了近 20 年的时间，才在经济上取得巨大成功，将净迁出人口减少至可控水平。但依靠经济减缓人口外流的方法在乌克兰却很难奏效，2014 年 6 月乌克兰与欧盟签署联系国协定经济部分，包括建立自由贸易区。这些协议的实施对乌克兰来说可谓喜忧参半。一方面，乌克兰和欧盟关系进一步加强，对于促进乌克兰经济复苏和繁荣有积极意义，尽管这些协议带来的影响不一定如欧盟所说全是好处。另一方面，由于经济实力和生活水平差异，其他强大的欧盟国家对于乌克兰劳动力人口有着强大的吸引力。同时，欧盟多数国家需要移民来支撑其劳动力市场和财政体系。

3. 生育观念固化

面对乌克兰人口困局，谨慎的观点是达到总和生育率 2.1 左右时的更替水平，虽能有力缓解乌克兰人口问题，但这将是缓慢而艰难的过程。一胎化的家庭计划观念历时已久，已经在乌克兰家庭生育文化中根深蒂固，要改变这一观念，乌克兰政府需要在年轻一代中进行广泛的努力。部分学者认为，乌克兰目前的低生育率和少生的生育文化是 20 世纪 90 年代经济混乱和政治动荡对人口结构影响的后效应表现。

有迹象表明，家庭中有两个孩子的模式对于西欧国家生育率的贡献是强健的。因此，一些新的政策理念也相继被提出，认为鼓励家庭生育两个孩子有助于提高生育率。然而，这些新政策的成功实践需建立在性别平等状况得到改善的基础上，尤其是以家庭为单位的性别平等状况。目前，乌克兰的女性仍然承担几乎全部的家庭生活事务和孩子抚养义务。因此，这些政策要发挥作用还需长期及深入的努力。

4. 缺乏稳定的外部环境

乌克兰人口发展缺乏稳定的外部环境。乌克兰地处亚欧大陆交汇地带，其复杂的地缘政治环境和国家安全问题加剧了种族对立、暴力冲突、战争等风险，影响着乌克兰的社会经济和人口发展。在由人口、政治、经济和社会构成的整个发展系统中，人口无法离开其他任何一个要素单独发展。当外部环境存在风险，政治和经济发展面临威胁时，势必难以为人口的长期发展营造稳定、安全的环境。

（三）未来：2020 年以后

1. 人口数量下降或将成为长期趋势

乌克兰人口在 20 世纪 90 年代达到顶峰后便长期处于人口负增长状态。这在实际上反映了乌克兰出生率下降、死亡率上升，以及人口大规模迁出的现象。若与周边国家的经济差距持续加大，未来乌克兰人口总量负增长现象恐难改善。根据联合国 2019 年世界人口展望报告中的数据，到 2024 年以前，人口将继续以年均 0.3% 的速度下降。

长远来看，乌克兰人口状况对经济的影响最为不利，如果任其发展，可能会陷入人口状况制约经济发展，经济状况反过来制约人口增长的恶性循环中。乌克兰当局可尝试进行经济结构改革，吸引外资，提高劳动生产率和劳动力参与率，以实现人口和经济的协同发展。

2. 人口健康状况或将面临严重危机

伴随着平均预期寿命的下降，提高居民健康水平已成为乌克兰人口政策的重要目标之一。乌克兰国内学者的研究结果表明，乌克兰大多数地区的大气层、土壤和水库的放射性和技术性污染可能会给乌克兰人带来极大的健康损害，增加基因突变的风险。其后果是出生率下降、新生儿畸形率增加、遗传性疾病蔓延等。此外，乌克兰三分之一的居民长期遭受大气污染的威胁，28%的居民呼吸着对生命有害的空气。根据乌克兰卫生部2017年的统计，乌克兰人因心血管疾病死亡的比例几近67%。乌克兰的人口生态安全仍然潜伏着灾难性的危机。

最后，解决乌克兰人口危机需要科学制定综合方案，在广泛的社会背景下实现人口发展。在家庭政策和生育问题上，主要目标是形成能够被社会普遍接受的公共价值体系，鼓励家庭生育两个孩子。在改善健康状况、提高人口预期寿命、降低死亡率方面，致力于提高生活质量，及时阻断有害和危险的环境因素蔓延，改善卫生和环境状况，改革医疗保健系统，促进人们行为和生活方式的积极变化。

四、思考与启示

"一带一路"倡议融合了投资、基础设施建设和金融等多领域的合作。习近平在论述"丝绸之路经济带"的"五通"模式时，将政策沟通列在首位，认为它是设施联通、贸易畅通、资金融通、民心相通的基础和保障。基于各国经济、社会和人口发展的实际，加强政策沟通是"一带一路"建设的重要保障，沿线各国可以就经济发展战略和对策进行充分交流对接，使政府间的经济发展战略、宏观经济政策、重大规划项目对接机制，形成趋向一致的战略、决策、政策和规则，结成更为巩固的"命运共同体"。[1]

整体而言，乌克兰投资环境存在的优势主要包括：第一，目前拥有东欧最大的市场，存在一定的消费潜力；第二，劳动力素质较高，其中IT专业人才总数位于世界前列；第三，地理位置优越，产品辐射独联体、欧盟、北

---

〔1〕《乌克兰私有化概况》，http：//www.mofcom.gov.cn/aarticle/bi/2002/0/2002/000045156.html。

非；第四，交通便利，拥有黑海周边优良海港及 4 条通往欧洲的交通走廊；第五，土地资源丰富，拥有世界三分之一的黑土地，农业较发达；第六，工业基础雄厚，装备制造业水平先进；第七，自然资源丰富，铁矿、煤炭等资源储量居世界前列。

但人口下降、劳动力锐减、军事对峙、缺乏透明、健全及稳定的税收制度、金融市场不稳定、生活水平低下、企业创新能力薄弱、官僚和腐败现象严重等不利因素共同作用，严重影响了乌克兰吸引外资的环境，破坏了国家吸引外资的良好形象。

制约乌克兰经济增长和中乌投资合作的因素主要包括以下几点：一是乌克兰地缘政治和国内民粹主义等因素导致政局动荡，国家发展战略缺乏延续性；二是经济结构单一，劳动力参与率及就业率不断下降，主导产业产品附加值低，竞争力弱；三是全球市场萎缩，世界经济持续低迷；四是乌克兰央行采取紧缩性财政政策以配合国际货币基金组织进行经济改革；五是巨额的财政支出使个人和企业面临巨大税负压力；六是企业产业升级困难，经济增长后劲严重不足。基础设施建设是"一带一路"倡议的重要合作领域，乌克兰危机后中国企业逐渐参与了乌克兰基础设施建设领域。一般而言，陈旧的基础设施，是无法支撑人口"大跃进"式的增长，但人口的大量和连续的衰减，也无法满足基础设施建设投资回报率。

"一带一路"建设过程中，中国和中国企业应注意防范乌克兰人口发展风险和政治风险。对于合作策略：第一，中国应主抓两国的商品贸易，注意防范人口下降带来需求变动的"黑天鹅"，同时推动其他贸易形式的发展。第二，要发挥两国政府的作用，推动两国经贸合作纵深发展，及时根据乌克兰政局和区域政治发展形势，在涉及经贸合作的重大问题上协调立场，采取互利共赢的行动，要落实已签署的各项经济合作协议和协定。第三，扩大人文和学术交流，中乌两国虽历史沿革和国家体制不同，但乌克兰人口发展经验和教训对中国人口发展现状具有重要参考价值。中国应预见并引导人口发展的后效应，有序调整生育政策，营造稳定、安全的人口发展环境，避免结构性人口衰退陷阱。

通过对乌克兰人口发展进行观察分析可以看出，推进国内人口发展和促进经济转型需兼顾内部和外部环境，保持中立立场，坚持独立自主的发展道路，提高国家抵御风险能力，保障本国经济可持续发展。贸易合作及科技交流同样受政治制约，在"一带一路"国际合作中，企业及个人应高度重视政治、经济风险，把握国际分工与合作的发展模式，坚持减少国际形势波动对本国国民经济和政治生态的影响。

参考文献：

［1］Demohrafichnasytuatsiia［EB/OL］. http：//myukraine. info/uk/country/people/demography.

［2］EDWARDS H W. Ukraine's future：will the past and present be overcome?［D］. 2011.

［3］GLADUN O M. OtsinkyhypotetychnykhvtratnaselenniaUkrainy za period 1897－2012（Estimates of hypothetical population losses in Ukraine for the period 1897－2012）［J］. Demography and Social Economy, 2013a, 2（20）：147-154.

［4］HERTRICH V, MESLE F. The health crisis in the Baltic countries：a common and varied experience［C］. Paris：INED, 1999.

［5］ILO. Free and open access to labour statistics［EB/OL］. https：//ilostat. ilo. org/data/.

［6］KANTOROVÁ V, WHELDON M C, UEFFING P, DASGUPTA Z. Estimating progress towards meeting women's contraceptive needs in 185 countries：a Bayesian hierarchical modelling study［J］. PLoS Medicine, 2020.

［7］LESTHAEGHE R. The unfolding story of the second demographic transition［J］. Population and Development Review, 2010, 36（2）：211-251.

［8］MARCUSROBERTS. Ukraine suffering population decline［J］. Lifssues Net, 2013.

［9］MYRSKYLÄ M, GOLDSTEIN J, CHENG Y. New cohort fertility forecasts for the developed world: rises, falls, and reversals［J］. Population and Development Review, 2013, 39 (1): 31-56.

［10］ROMANIUK A, GLADUN O, Demographic trends in ukraine: past, present, and future［J］. Population and Development Review, 2015, 41 (2): 315-337.

［11］SOBOTKA T, BEAUJOUAN E. Two is best? The persistence of a two-child family ideal in Europe［J］. Population and Development Review, 2014, 40 (3): 391-419.

［12］State Statistics Service of Ukraine. Demographic yearbook population of Ukraine［EB/OL］. http://database. ukrcensus. gov. ua/PXWEB2007/index. htm.

［13］State Statistics Service of Ukraine. СтатистичнийзбірникЧисельністьнаявногон аселенняУ країнина 1 січня 2020 року. http://database. ukrcensus. gov. ua/PXWEB2007/ukr/publ_ new1/2020/zb_ chuselnist%202019. pdf.

［14］SVYDLO H. Research dynamics and structure of the unemployed population in Ukraine［J］. Economics Finances Law, 2020 (4/3): 6-9.

［15］UN News. Service and Sacrifice: Honouring Nigeria's contribution to UN peacekeeping［EB/OL］. ［2020-08-24］. https://news. un. org/en/story/2018/02/1002901.

［16］UN World Population Prospect. Nigeria. 2019 Revision of world population prospects［EB/OL］. ［2019］. https://population. un. org/wpp/.

［17］UNESCO Institute for Statistics. School enrollment, primary and secondary (gross), gender parity index (GPI)［EB/OL］. ［2020-08-18］. https://data. worldbank. org/indicator/SE. ENR. PRSC. FM. ZS.

［18］United Nations. Human Trafficking［EB/OL］. ［2020-08-11］. https://www. unodc. org/unodc/en/human-trafficking/what-is-human-trafficking. html#What_is_Human_Trafficking.

［19］KAA D J. The idea of the second demographic transition in industrialized countries［EB/OL］. ［2002-01-29］. Tokyo: the Sixth Welfare Policy Seminar, National Institute of Population and Social Security.

［20］WHO. The global health observatory［EB/OL］. https://www. who. int/data/gho/data/themes/maternal-and-reproductive-health.

［21］СТРАНИЦА НЕ НАЙДЕНА, ПРОВЕРЬТЕ ПРАВИЛЬНОСТЬ ВАШЕЙ ССЫЛКИ? ［EB/OL］. https：//economistua. com/demograficheskaya-situatsiya-vukraine.

［22］段成荣，程梦瑶，冯乐安. 新时代人口发展战略研究：人口迁移流动议题前瞻 ［J］. 宁夏社会科学，2018（002）：103—107.

［23］王庆平. 中国与乌克兰经贸关系发展的策略分析 ［J］. 中国商论，2011（015）：215—216.

［24］徐林实，伊万诺夫. 乌克兰社会经济发展现状对投资环境影响分析 ［J］. 哈尔滨商业大学学报（社会科学版），2016（005）：29-47.

［25］刘馨蔚. 乌克兰"4+1"战略吸引外资四大领域具前瞻性 ［J］. 中国对外贸易，2019，641（11）：78—79.

［26］中国日报网. 乌克兰概况 ［EB/OL］.［2020-11-02］. http：//www. chinadaily. com. cn/hqgj/2011-06/19/content_ 12730315_ 6. htm.

［27］优丽娅. 东正教对乌克兰教育发展的影响 ［D］. 上海：上海师范大学，2015.

［28］王丽娟. "一带一路"政策沟通的三维成果 ［N］. 中国经济时报，2017-04-17.

智利人口与发展状况报告

郑雨馨　米　红[*]

摘要：智利是南美洲经济最发达的国家之一，也是南美洲第一个加入经济合作与发展组织（简称"OECD"）的国家。本文从智利人口变化情况、人口与经济发展情况，以及人口与社会发展状况的角度分析智利在人口增长、教育程度、卫生与健康水平、就业及城乡差异等方面的人口与发展状况。从开展"一带一路"国际合作的角度出发，对智利跨越中等收入陷阱、应对人口老龄化与改革养老保险制度的经验进行分析和总结。最后，结合"一带一路"建设分析智利和拉美地区的独特情况，并对中智两国进一步展开合作提出政策建议。

关键词：智利；人口与发展；社会保障；"一带一路"

＊ 郑雨馨，浙江大学公共管理学院人口学博士生，浙江大学民生保障与公共治理研究中心助理研究员；米红，博士、教授，浙江大学民生保障与公共治理研究中心研究员，浙江大学公共管理学院人口大数据与政策仿真工作坊主任，浙江大学非传统安全与和平发展研究中心常务副主任。

一、智利国家概况

智利共和国（18°—57°S，81.5°—68.5°W），位于南美洲西南部，东邻阿根廷，西临太平洋，北与玻利维亚和秘鲁接壤，南与南极洲隔海相望。因位于安第斯山脉西麓且地形狭长，整体地势北高南低，且处于南极洲板块与美洲板块交界地区，属于地震多发地带，北部多火山，南部则群岛密布，海岸线总长约1万千米。智利北部位于热带地区，气温高，再加上安第斯山脉阻挡东部的暖湿气流，西海岸强大的秘鲁寒流降温减湿，加剧了北部地区的干旱情况；使北部形成沙漠气候；中部地区受副热带高压的影响形成地中海气候；南方则常年受西风带控制形成温带海洋性气候。国土面积为756 715平方千米，共有16个大区，下设54个省和346个市。目前，智利总人口约1911万人，其中，约720万人都集中在智利中部的首都圣地亚哥，这里也因此成为智利人口最稠密的地区，人口密度为8470人/平方千米。

二、智利人口发展现状

（一）智利人口变化情况

1. 人口总量先增后减，自然增长率波动下降

根据联合国人口司2019年公布的数据来看，智利人口总量在1950年之后进入快速增长阶段。从图1智利总人口变化图的情况来看，在1990年至2035年智利人口增速下降，预计将进入人口缓慢增长时期，2035年之后智利可能会经历15年左右的人口稳定阶段，人口总量维持在2000万人口左右。从性别结构上看，智利人口性别结构较为均衡。数据显示，1965年之后女性人口始终多于男性，并且这一差距逐渐扩大，2015年智利女性比男性多28万人。2015年之后，女性与男性人口数量差距逐渐缩小，但仍保持10万

人左右的差距。根据 2019 年的数据显示，智利新生儿出生性别比为 97.3，女婴出生率高于男婴。另外，智利男性各年龄段的死亡率均高于女性，因此呈现女性人口多于男性的情况。

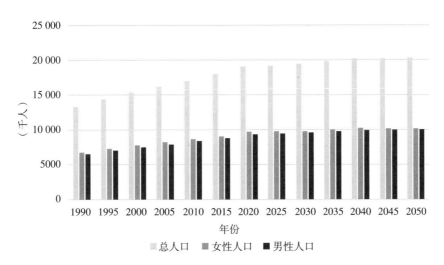

资料来源：联合国人口司。

图 1 1990—2050 年智利总人口、女性人口、男性人口变化图

根据图 2 中智利人口自然增长率的变化情况，在综合了出生率、死亡率以及净迁移率之后得出的智利人口自然增长率在 1990 年之后进入下降阶段，2010—2015 年间人口自然增长率下降到 10.3‰。2015—2020 年间，人口自然增长率经历小幅上升，预计此后又将经历快速下降阶段，2025 年将下降到 1.3‰左右。此后，人口自然增长率将在波动中呈不断下降趋势，2050 年迎来人口负增长拐点之后继续下降，并最终稳定在-4‰左右。

总体来看，智利人口总量在未来会首先经历一个缓慢上升期，预计在 2040 年突破 2000 万人口，然后会经历 10 年左右的稳定期，此后将面临人口总量的缓慢下降。

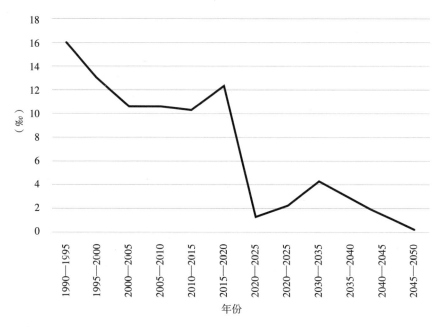

资料来源：联合国人口司。

图2　1990—2050年智利人口自然增长率变化图

　　如图3所示，智利粗出生率呈现和自然增长率类似的情况，1990年之后，粗出生率从21.4‰快速下降到2000年前后的15.5‰，此后进入缓慢下降阶段，预计将在2025年前后下降到11‰，之后将稳定在9‰上下。

　　通过对比智利和南美洲粗死亡率变化趋势可以看出，智利与南美洲整体粗死亡率变动方向基本一致。随着老龄化程度加深，智利死亡率在1990年之后缓慢上升，预计将在2050年前后达到9.7‰的水平。虽然智利和南美洲死亡率均呈现上升趋势，但智利人口老龄化程度高于南美洲平均水平，因此，智利粗死亡率上升速度高于南美洲平均水平。

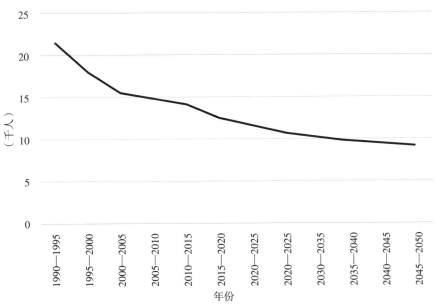

资料来源：联合国人口司。

图3 1990—2050 年智利粗生育率变化图

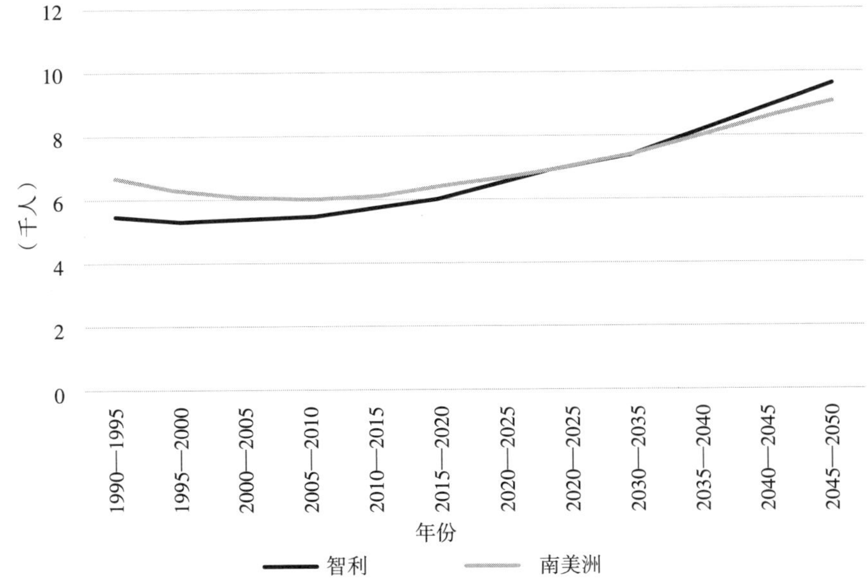

资料来源：联合国人口司。

图4 1990—2050 年智利和南美洲粗死亡率变化图

综合智利粗出生率、粗死亡率及自然增长率的变化趋势，智利人口增长状况首先经历了医疗卫生条件改善带来的死亡率下降，又经历了生育观念转变带来的生育率下降，并正在经历人口老龄化加剧带来的死亡率上升。因此，智利人口增长模式正在向低生育率—低死亡率—低自然增长率的"三低型"转变。

2. 人口生育水平下降趋势

智利总和生育率降低是其人口生育水平下降的原因之一。根据联合国人口司数据，从1950年开始，智利总和生育率就进入了下降阶段，在2000年前后低至生育更替水平2.1以下，2020年左右下降到1.6，预计此后将长期维持在这一水平上。

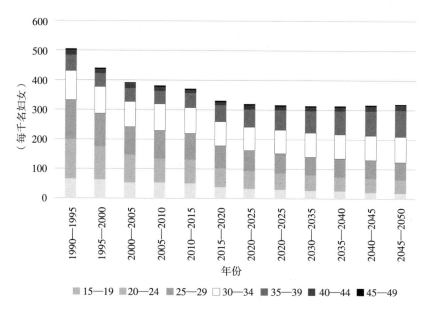

资料来源：联合国人口司。

图5　1990—2050年智利年龄组别生育率变化图

根据图5可看出，智利总和生育率明显下降的原因之一在于20—24岁、

25—29 岁以及 30—34 岁妇女生育率的降低。1990—1995 年间，三个年龄组每千名妇女平均生育数为 134、132 和 97.4，而在 2015—2020 年间则分别下降到 63.5、75.9 和 80.9。

同时，由于智利近年来较为重视针对青春期的生理健康教育，因此在控制青少年生育率方面取得明显进步。根据联合国《世界人口展望 2019》数据来看，智利青春期女性（15—19 岁）生育率为 40.2‰，低于世界平均水平 42‰，且远远低于巴西（57.8‰）和阿根廷（62.5‰）。

由图 6 可知，智利平均生育年龄推迟也是智利人口生育水平下降的原因之一。自 1995 年之后，智利平均生育年龄不断上升，在短短 20 年间由 27.34 岁增长到 28.82 岁，并预计在 2030 年左右突破 30 岁。平均生育年龄持续上升降低了人口代际更替速度，使代际间隔不断延伸。

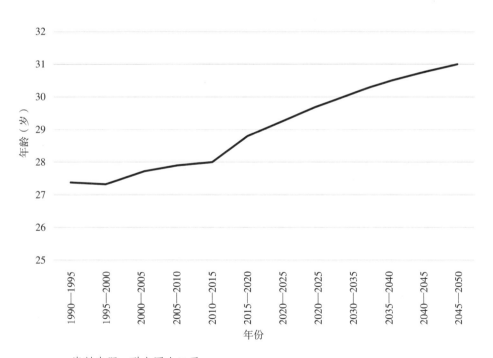

资料来源：联合国人口司。

图 6　1990—2050 年智利平均生育年龄变化图

3. 人口平均预期寿命不断延长，婴儿死亡率逐步降低

如图 7 所示，根据智利人口普查数据可知，智利人口的平均预期寿命呈不断上升趋势。其中，女性人口平均预期寿命在 2002 年突破 80 岁，预计在 2050 年达到 87.77 岁；男性人口平均预期寿命低于女性，预计在 2030 年突破 80 岁。根据世界卫生组织发布的 2019 年《世界卫生统计》报告，智利平均预期寿命 79.5 岁，是南美洲排名第一的国家，高于欧洲整体平均预期寿命，在众多国家中智利排在第 29 位，说明智利在人口健康方面处于世界领先水平。

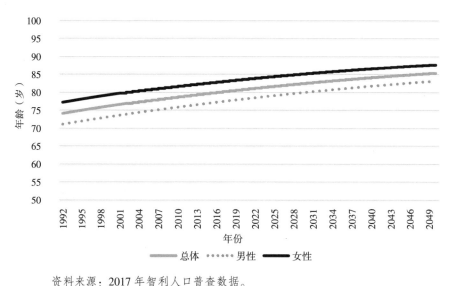

资料来源：2017 年智利人口普查数据。

图 7 1992—2049 年智利人口出生时平均预期寿命变化图

由图 8 可知，婴儿死亡率整体呈下降趋势，且远低于南美洲地区平均水平。这说明随着智利经济社会迅速发展和人民生活水平不断提高，其医疗卫生条件也相应改善，达到了南美洲领先水平。

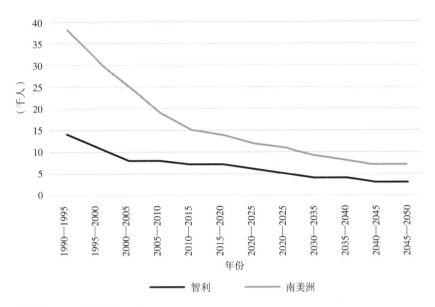

资料来源：联合国人口司。

图 8　1990—2050 年智利和南美洲婴儿死亡率变化图

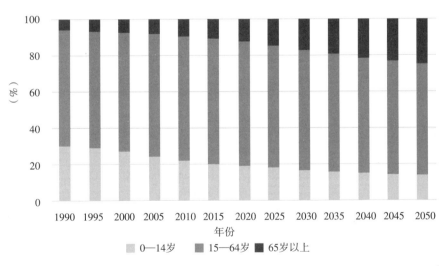

资料来源：联合国人口司。

图 9　1950—2100 年智利人口年龄结构变化图

4. 人口老龄化趋势加剧

通过智利人口年龄结构和人口金字塔变化图可以看出，智利正逐渐向低生育率—低死亡率—低自然增长率的"三低型"人口增长模式转变。由图9可知，智利65岁及以上人口数量在2000年时占到总人口的7%，标志着智利开始进入老龄化社会。此后20年间，智利老年人口比重不断加大。通过图10人口金字塔变化图可以看出，智利正处于重要的人口转型期，主要表现为出生人口规模收缩，老年人口占总人口比重加大，青少年人口规模变小，社会整体老龄化程度加深。

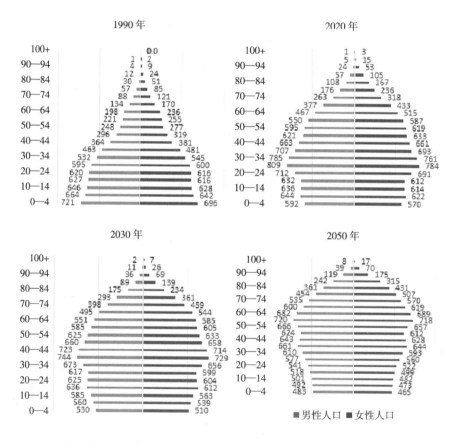

资料来源：联合国人口司。

图10　1990—2050年智利人口金字塔变化图

（二）智利人口与经济发展情况

1. 就业率城乡差异及性别差异情况

根据 2017 年智利人口普查数据，在参与调查的 1374 万人口中，15 岁及以上人口就业率为 57.7%，其中城市就业率为 58.4%，农村就业率为52.4%，总体上看，城乡差异较小。

但由图 11 和图 12 可知，2010—2019 年间，智利女性失业率整体高于总失业率和男性失业率；青年失业率明显超过总失业率；青年女性失业率整体高于上述各项指标，就业形势最为严峻。

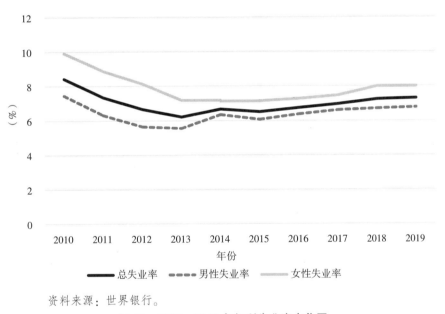

资料来源：世界银行。

图 11　2010—2019 年智利失业率变化图

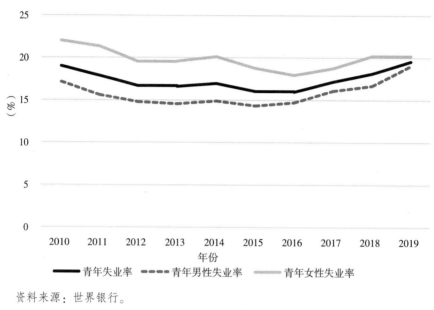

资料来源：世界银行。

图 12　2010—2019 年智利青年失业率变化图

2. 城市化水平较高，城乡人口分布地域差异大

根据 2010 年至 2019 年世界银行数据可知，智利城市化水平较高，城市化率达到 87%左右；100 万以上城市群人口占总人口比例由 2010 年的 36.74%下降到 2019 年的 35.47%，最大城市圣地亚哥人口占总城市人口的比例也由 2010 年的 42.19%下降到 2019 年的 40.47%，说明智利人口分布呈现由城市向外扩散的趋势。2017 年智利人口普查数据显示，城市人口最多的地区是圣地亚哥首都大区（96.3%）、安托法加斯塔大区（94.1%）和塔拉帕卡大区（93.8%），农村人口最多的地区是努布雷大区（30.6%）、阿劳卡尼亚大区（29.1%）和河流大区（28.3%）。由此可知，智利城乡人口分布的地域差异较大。

世界城市化的经验表明，随着城市化水平超过 50%，产业结构升级和现代化建设快速推进，整个社会经济系统进入高层次运行轨道，要求城市化从以人口数量扩张为主及时向以人口质量提升为主转变，以满足经济社会建设需求，实现经济社会协调发展。因此，智利应更加注重产业结构转型升级，带动就业市场和消费市场稳定协调发展，实现更高水平的城市化建设。

3. 总体经济水平较发达，收入分配不均现象长期存在

智利为拉丁美洲经济较为发达的国家之一，也是南美洲第一个 OECD 成员国。如图 13 所示，按国际贫困标准衡量，智利贫困人口占比自 2000 年以来呈下降趋势，2017 年贫困人口占比为 8.6%，远低于同处拉丁美洲的阿根廷（32%）。虽然贫困人口占比较低，但智利人口收入差距较大。如图 14，虽然 1987—2017 年间的调查数据显示，智利基尼系数呈下降趋势，表明国民收入差距问题有所改善，但截至 2017 年，智利基尼系数仍在 0.4 以上，意味着收入分配不均现象依旧存在。目前，这一问题已成为阻碍智利社会发展的主要障碍之一。智利《信使报》一项社会调查结果显示，2018 年智利仅有 8% 的人认为收入分配公平，而在其他拉美国家如厄瓜多尔、玻利维亚、尼加拉瓜、洪都拉斯，认为收入分配公平的人口比例均超过 20%。

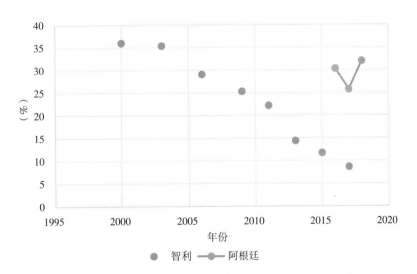

资料来源：智利 2000—2017 年人口普查数据、阿根廷 2016—2018 年人口普查数据。

图 13　智利与阿根廷贫困人口（按国际贫困标准衡量）比例对比图

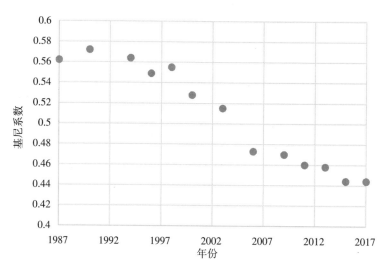

资料来源：智利1987—2017年人口普查数据。

图14　1987—2017年智利基尼系数变化图

（三）智利人口与社会发展情况

1. 教育普及率较高，男女受教育机会基本平等

目前，智利教育体系由学前教育（0—5岁）、基础教育（6—14岁）、中等教育（15—18岁）和高等教育（18—23岁）组成，12年义务教育包括基础教育和中等教育阶段，其中，中等教育阶段实行双轨制，即基础教育毕业后，学生可以选择进入普通高中或职业高中。

总体来说，智利教育水平较为发达，突出表现为基础教育普及率高。智利政府规定，智利公民最低必须接受12年义务教育。如表1所示，智利基础教育初级阶段完成率为99%；基础教育中级阶段完成率为98%；中等教育高级阶段毛入学率为97%，完成率为86%。88%的高等教育毛入学率表明，智利高等教育普及程度较高。

表1 智利教育体系部分阶段毛入学率及完成率 （单位:%）

教育阶段	毛入学率	完成率
基础教育初级阶段	101.43	99
基础教育中级阶段	102	98
中等教育高级阶段	97	86
高等教育	88	－

资料来源：联合国教科文组织。

2017年，智利基础教育阶段入学人口性别比为0.972，中等教育阶段为1.004，高等教育阶段为1.148。这表明，智利男女受教育机会基本平等，女性接受高等教育的人数更多。

2. 妇幼健康服务与保障水平提升

1993年，智利95%的围产期妇女接受产前护理。1993年至今，在熟练医护人员护理下分娩的孕产妇比例保持在97.5%以上。如图15所示，2000年以来，智利孕产期妇女死亡率逐年降低，说明智利的医疗服务系统不断完善，人民生活质量逐步提升，从而降低了孕产期妇女的死亡风险。

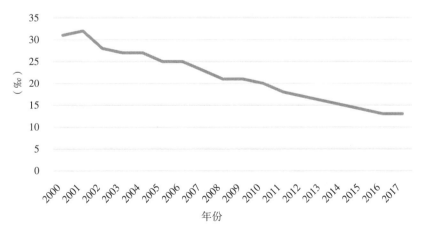

资料来源：智利2000—2017年人口普查数据。

图15 智利孕产妇死亡率变化图

智利新生儿死亡率从 1950—1955 年间的 123‰下降到 2015—2020 年间的 7‰，这一变化不仅正面反映了智利在新生儿医疗救助技术方面的进步，同时侧面体现出智利在孕期检查技术上的提升，从而降低了新生儿死亡风险。智利 5 岁及以下儿童死亡率也呈持续下降趋势，1950—1955 年间，5 岁及以下儿童死亡率超过 150‰，2015—2020 年间，已低至 10‰以下，反映出智利儿童安全管理水平的提高。智利新生儿预期寿命得到大幅提升，1950—1955 年间仅为 54.58 岁，而 2015—2020 年间的数据为 79.76 岁。

3. 人口迁移水平随经济政治局势波动，人口分布集中于圣地亚哥首都大区

智利的人口迁移经历了较大变动。1970 年至 1990 年，由于国内局势动荡，人口以迁出为主。随着国内局势相对稳定，经济政策向好变化，原来迁往西班牙、英国、德国等欧洲国家的人口大量回流。再加上智利在南美洲的经济发展水平较高，吸引一些南美洲其他国家的人口迁入智利。因此，1990 年以后，智利人口净迁移率[1]呈上升趋势。

但是由于智利国内长期存在收入分配不公平问题，自 2019 年年底开始出现大规模游行示威及其他社会骚乱，再加上全球新冠肺炎疫情的强烈冲击进一步影响家庭收入水平，使智利出现人口外流，人口净迁移率迅速下降。

由图 16 可以看出，来自南美洲地区的国际移民占智利国际移民总人数的 80%以上。其中来自秘鲁的移民占比最高，达到 25.2%，其次是哥伦比亚（14.1%）和委内瑞拉（11.1%）。来自中国的移民数量相对较少，占 1.2%。

―――――――――

〔1〕 人口净迁移率取决于一定时期内迁入人口与迁出人口之差与该地区平均人口数之比，主要反映因迁移而带来的人口数量增减程度。

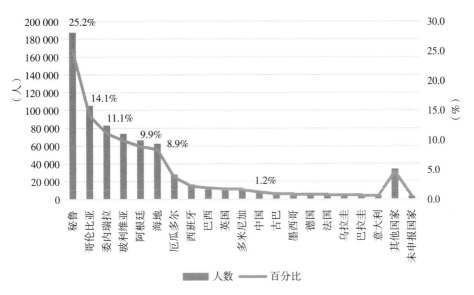

资料来源：智利 2017 年人口普查数据。

图 16　2017 年智利国际移民来源国统计图

从人口分布情况来看，2017 年圣地亚哥首都大区人口占总人口的 40%，其次是瓦尔帕莱索大区和比奥比奥大区。移民分布情况稍有不同，65% 的移民人口集中在圣地亚哥首都大区，移民人数排名第二的则是北部的安托法加斯塔大区，在全球名列前茅的大型露天铜矿丘基卡马塔铜矿就坐落于此。该大区移民人口平均年龄 30.9 岁，移民结构相对年轻。塔拉帕卡大区排名第三，其首府伊基克市拥有美洲第二、南美洲最大的自由贸易区——ZOFRI 自由贸易区，是南美洲各国同太平洋国家之间的主要贸易集散地之一。

4. 女性劳动力参与率逐步提升，但仍有上升空间

在工作机会方面，智利女性劳动力参与率逐年上升，2019 年，智利 15 岁及以上女性劳动力参与率为 51.9%，但仍远低于 15 岁及以上男性劳动力参与率。2019 年，智利女性劳动力占总劳动力的百分比为 42.2%，高于 1990 年的 31.2%。智利女性劳动力参与率低于男性的原因可能与社会性别分工观念有关，女性花费在家庭中无报酬的家务和护理上的时间比例更多。数

据显示，2015年智利女性花费在无偿护理和家务劳动上的时间占22.1%，而男性仅为9.8%，说明智利女性仍是照顾家庭的主力，成为女性参与经济活动的制约因素。

5. 以印欧混血种人和天主教为主

智利人口中有75%属于印欧混血种人，有20%是欧洲移民后裔，此外还包括一些土著居民。根据2017年人口普查数据，智利土著居民约218.58万，约占总人口的12.8%。其中马普切人数量最多，约占土著居民总人口的79.8%；其次是阿夷马拉人，约15.68万人，占7.2%；第三位是迪亚吉塔人，约88 474人，占4.1%。

在宗教方面，智利以天主教为主，天主教徒约占66.7%，其次是福音派或新教徒约16.4%，无宗教信仰者占11.5%。西班牙殖民统治期间，在智利创办了多所天主教大学以扩大其文化影响，前总统皮涅拉就曾经就读于智利天主教大学。

6. 国际移民规模日益扩大，受到多维贫困威胁

从16世纪大航海时代开始，欧洲多国人口迁往南美洲并与当地土著人、印加人等融合。20世纪90年代以来，智利政治相对稳定，经济基础好，采矿工业、渔业以及庄园生产发达，吸引了许多来自南美地区其他国家的移民。据智利国家社会经济调查（Casen）统计，智利常住外国人中大多数来自秘鲁、委内瑞拉和海地。

根据2020年3月智利国家统计局（INE）提供的数据，20岁至39岁的移民人口最多，占58.9%；男性移民占多数，女性移民占比小幅上升；外来移民平均受教育年限和劳动力市场参与度均高于智利本土人口。但是，移民的整体贫困率仍高于智利人，特别是在2020年，受新冠肺炎疫情影响，许多工厂停工、城市封锁，使主要从事临时性、非正式工作的移民群体就业环境受到极大冲击。智利国家统计局（INE）调查显示，30%的移民在疫情期间失去工作。此外，外来移民在获得平等对待、社会支持度和参与度、卫生系统覆盖等方面，均不如智利本地人，也是造成多维贫困状况的因素之一。

7. 华裔移民历史悠久

在智利的华裔移民最早可追溯到 19 世纪中叶，太平天国起义失败之后约有 3 万太平军逃亡海外，成为奴隶制废除后南美洲的新兴劳动力。后来，他们前往智利从事铁路建设和硝酸盐提取等工作，从而在智利北部逐渐形成了华人社区。

近年来，中国与拉美地区深化交流，中国与拉美的经贸合作成果丰硕，在文化方面也不断开展跨文化交流与合作，不仅增进了两国人民的相互了解，也为世界经济作出了卓越贡献。

（四）对未来智利人口发展趋势的展望

综合智利人口、社会、经济发展情况对智利未来人口趋势进行展望，短期内智利人口还会继续增长，但增长速度放缓。因此，智利应注意老龄化程度变化并及时出台公共服务政策。长期来看，智利正在向低生育率-低死亡率-低自然增长率的"三低型"人口增长模式转变，因此人口增长速度将持续下降，但是由于智利经济发展程度高，能够吸引国际移民，因此应做好长期接纳国际移民的准备。

参照智利人口普查及联合国《世界人口展望 2019》数据关于智利的人口变化指标，利用 Padis-int 软件预测智利未来 30 年的人口状况，发现人口总量和老龄化程度均高于联合国预测结果，说明智利可能面临更严重的老龄化程度和国际移民压力，因此应及时做好相应制度设计并提升基本公共服务供给效率。（见图 17、表 2）

收入差距大、收入分配不均及地区发展差距大的问题一直给智利发展造成阻碍。因此智利在未来的发展过程中应该进一步正视该问题的根源，利用智利人口受教育程度高、卫生健康保障水平高以及多民族文化交流融合程度高的优势特点，及时出台能够协调社会经济发展差距的相关政策，缓解资源配置过程中的低效率、低水平问题，探索长期高质量的发展路径。

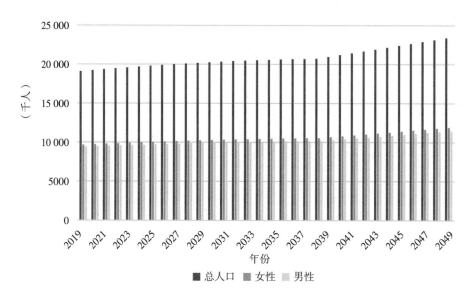

资料来源：浙江大学人口大数据与政策仿真工作坊自制。

图 17　2019—2050 年智利人口变化图

表 2　2020—2050 年智利 65 岁以上老年人口比例变化图　　　（单位:%）

年份	男性	女性	总人口
2020	10.71	13.78	12.27
2025	12.92	16.22	14.60
2030	15.35	18.85	17.13
2050	21.83	25.29	23.59

资料来源：浙江大学人口大数据与政策仿真工作坊自制。

三、智利人口与发展主要特征

（一）智利跨越中等收入陷阱的问题与挑战

1. 智利人均国民收入在拉美地区的水平

世界银行将人均国民收入介于 4000—10 000 美元的国家界定为中等收入

国家，并认为如果某国家在人均国民收入达到 4000 美元之后十年左右不能突破 10 000 美元，则被困于中等收入陷阱之中。

智利人均国民收入在 1995 年突破 4000 美元，13 年之后突破 10 000 美元。虽然 2008 年国际金融危机的冲击使人均国民收入出现波动，但相比巴西（15 年）、委内瑞拉（28 年）、阿根廷（19 年）超越中等收入陷阱的时间，智利用时最短，秘鲁和哥伦比亚至今仍然维持在中等收入国家的水平。受制于工业发展进程，拉美地区多数国家仍然依靠低经济附加值的工业和农业发展本国经济，再加上国内政局变动、腐败严重、贫富差距扩大、城乡发展不平衡等问题，使得对内难以释放消费潜力，形成强大国内市场，对外难以形成竞争优势开拓国际市场，造成拉美许多国家长期无法突破中等收入陷阱。

2. 智利经济改革

智利经济能够在众多拉美国家中脱颖而出得益于 1973 年后历任政府实施的经济体制改革，包括财政政策、汇率政策、存款政策等，帮助智利实现经济可持续增长，摆脱中等收入陷阱。1973—1990 年间，智利皮诺切特军政府大刀阔斧实行经济结构改革，通过国有企业私有化、大幅削减政府开支、鼓励出口和吸引外资等措施实现智利由国家主导型经济向市场经济转型，建立起自由的国内市场环境并融入国际贸易体系。1990 年，新上台的艾尔文政府决定延续前政府的经济治理理念，从各个方面解决通货膨胀与贫困问题，具体措施包括调整财政政策、发展公共服务业等。1994—2000 年间，智利的主要问题在于通货膨胀严重，主要治理手段为降低关税。2000 年后，拉戈斯政府制定并实施"智利团结"计划，为穷人提供教育与培训；并加强对外经贸合作，与加拿大和美国签订自由贸易协定，为解决贫困问题作出了极大贡献。到了皮涅拉时代，政府总结并吸取经验教训，继续贯彻外向型经济治理理念，从稳定公共财政、扩大国内投资、改善投资环境和加强贸易监管方面进行全面科学的改革，不仅实现了经济增长，而且促进了社会公平。智利学者认为，尽管 1990 年后的智利经济政策在各届民主政府的推动下有所改动，但总体来看，这些方案目标一致，有较强的延续性，较好地继承已有的经济改革成果，有效地防止了转型中的"钟摆现象"——从一个极端走向另一个极端。

这些政策在实际上对政府治理能力提出要求。政府的有效治理可以使改革政策高效落实，并达到预期效果，从而使经济社会发展进入良性循环，使国家经济治理体系不断完善。

3. 智利跨越中等收入陷阱后的挑战

总体而言，作为发展中国家，智利已走出中等收入陷阱，迈入高收入国家（地区）行列。然而，经济快速稳定增长掩盖不了贫富分化的鸿沟，智利仍存在社会收入分配方面的问题。智利的贫富分化主要表现在：财富向处于金字塔顶端的收入群体高度聚集；城乡贫富差距的问题仍需重视。智利社会严峻的贫富分化问题也给医疗和教育公平带来了问题和挑战。

在医疗领域，智利国家健康基金计划覆盖 68%的人口，商业保险计划覆盖 17%的人口，其余由非营利机构提供医保。这种医疗保险体系显示出智利医疗卫生资源配置方面的极大不公平。公立和私立医疗机构权利义务不对等，公立医疗资源紧缺。

在教育领域，智利的"教育券"制度使家长可以使用政府补贴自由择校。因此，高收入群体的家长有能力将孩子送入高质量私立学校，而低收入群体的家长则多因选择范围有限而只能将孩子送入公立学校。这种机会不公的循环导致教育分化越来越严重。

为使国民的尊严和自由得到保障，智利政府陆续出台一系列社会政策。比如，在公立医院无法满足需求的情况下，国家出资支付低收入家庭成员在私立医疗机构的手术费用；在公立及合营托儿所无法满足需要的情况下，由国家支付低收入家庭子女在私立托儿所的费用；同时，地震受灾家庭租房补贴、低收入家庭妇女就业补贴及低收入家庭优秀学生奖学金等低收入群体保障政策具有维护社会稳定、促进机会公平的激励作用。智利政府强调有限责任的同时，鼓励国民通过奋斗获得更好的生活条件。

综上，智利虽已跨越中等收入陷阱，但仍存在收入分配、社会公平等方面的问题。智利当局正在努力通过一系列政策机制，缩小目标与实际的差距。解决社会分化及公共治理问题对智利未来的经济与人口健康发展有重要意义。

（二）智利人口老龄化与养老保险制度的问题与挑战

1. 智利养老保险制度在拉美地区的水平

20 世纪二三十年代，拉美地区一些国家受到欧洲现收现付制社会保险统筹模式的影响，开始在本国进行养老保险模式的行业试点。但是进入 20 世纪 70 年代，拉美经济发展受阻，就业市场受到严重冲击，许多劳动者无法达到现收现付制要求的缴费标准和缴费年限；再加上受到新自由主义思潮影响，许多国家开始实行养老金私有化改革。智利是最先开始的国家，于 1981 年建立了完全积累型的个人账户制养老保险制度，代替原来的现收现付型公共账户模式。后来，拉美地区其他国家在养老保险结构化改革中形成了个人账户与公共账户自由选择的"平行模式"，以及个人账户与公共账户并存的"混合模式"。拉美地区的养老金私有化改革也对其他一些 OECD 国家养老金制度改革产生一定程度的积极影响。但是对新自由主义的反思以及拉美地区人口老龄化进程的加快，掀起了新的养老保险制度改革浪潮。2008 年国际金融危机之后，智利通过了综合性养老金法案，由国家财政支持公共养老金给付，为社会弱势群体如老年人、残疾人、非正式就业者等提供养老保障，实现与完全积累制养老保险制度的平滑衔接。另外还通过减税和政府额外补贴的方式激励公民自愿缴纳养老年金。阿根廷和玻利维亚则将个人账户收归国有，继续奉行原来的现收现付制度。

智利从 20 世纪 80 年代初开始实行养老保障制度，此后虽然经历了政局动荡，但仍能保持较高的覆盖率。据国际劳工组织估计，2016 年智利 78.6%

的人口能够在达到法定退休年龄后享受养老金待遇，高于拉美地区整体水平（70.8%）和南美洲地区整体水平（73.2%）。说明智利养老保险制度适合本国经济社会情况，属于拉美地区发展较成熟的养老保险制度。

2. 智利养老保险制度存在的问题

虽然智利养老保险制度在拉美地区有独特优势，但依然面临以下三方面问题：首先，参与养老保险须基于稳定的劳动关系。在智利目前的就业市场中，只有一半左右具有稳定劳动关系和长期劳动合同的劳动者能够缴纳保险金，其余劳动者则属于自雇人士，多从事兼职或分包工作。第二，随着智利人口老龄化程度加深和平均预期寿命延长，越来越多的老年人被慢性病和失能问题困扰，私营的养老保险难以满足老年人长期护理需求。第三，智利就业市场中存在薪资性别不平等问题。相同岗位中，女性的薪资普遍低于男性，而且这一差距随着年龄增加而扩大。女性退休年龄（60岁）早于男性（65岁），且女性平均预期寿命比男性长，使得老年女性人口更易受到贫困的威胁。

3. 智利养老保险制度的特色与发展方向

智利引用养老保险基金管理公司经营养老金，并设计不同风险的投资档位，由个人进行选择并缴纳一定的管理费用。但由于受到信息披露规则的约束，基金管理公司的风险和收益都很难得到民众监督和社会监管。智利在养老金投资领域拥有更大的市场自由度，因此其养老金保值增值能力强于其他投资方式单一的国家，可以更好地应对未来老龄化压力的挑战。智利拥有丰富的铜矿资源，国际铜价的不断上涨为智利GDP增长作出贡献。智利也基于铜矿业的发展建立了主权基金，包括养老储备基金及经济和社会稳定基金。这两种基金分别由中央银行（65%）和第三方机构（35%）进行管理。设立主权养老金为智利提高公民养老保障待遇、应对人口老龄化等人口结构变化争取了更多主动权。

2018年，智利出台关于外来务工人员支取养老金的法案，保障所有在智利签订正式劳动合同的外来务工人员在离开智利时能够提取存储在养老保险基金管理公司中的个人积蓄。新冠肺炎疫情期间，智利政府出台宪法改革法案，允许公民提前支取养老金的10%以解决中产阶层消费能力不足的难题。

综上，由于智利在经济发展水平、资源占有量及人口规模方面具有相对优势，因此在推行养老金制度改革时阻力较小。但仍应从国家层面着手，提高养老金制度覆盖率并降低管理费用，以实现社会公平和性别平等。智利从本国优势出发制定了满足本国需求的养老金制度，在面对重大政治经济波动时，采取稳健接续的过渡方式应对老龄化危机和养老金保值增值问题，减少民众压力。智利形成了一种能够通过多样化投资提高收益、规避风险且支取相对灵活的养老金管理模式。因此中国可以在部分地区试点，尝试分散投资、灵活支取的养老金管理模式，以缓解养老金投资效率低、流动人口支取养老金困难等问题，并提高社会整体应对危机的能力。

四、思考与启示

中国与智利一直以来都有密切的商贸和外交往来，特别是在"一带一路"合作开展之后，在中智双方的共同努力下，两国关系发展取得了丰硕成果。政治交往和人文交流越来越多，经贸合作越来越密切，为两国人民带来了实实在在的好处。特别是在疫情期间，智利大规模接种了中国疫苗，在预防有症状感染、减少住院治疗、避免重症和死亡方面取得了非常有效的成果。未来中智两国开展"一带一路"合作，会促进两国关系进一步发展，更好地惠及两国人民，共同应对国际国内的不确定性风险，带动内外双循环模式升级发展。

（一）战略研究——开展公共服务均等化合作，开发老年劳动力市场

智利地区发展差异较大，公共资源分配不均衡，因此在智利发展的过程中存在巨大的公共服务需求。中国在推进"一带一路"合作的过程中，可以

在教育、就业、医疗卫生、社会保障及交通设施等方面与智利进行交流与合作，共同推进公共服务均等化。

目前，智利老龄化趋势日渐加剧，老龄化会带来人口结构失衡、老年人口贫困及老年人口健康服务缺失等风险。因此，智利在发展过程中应着重解决人口老龄化问题，不仅从养老保险方面增加其社会福利，而且可以增加适合其年龄阶段的就业岗位。在"一带一路"倡议的大背景下，两方可加强沟通协作，开发老年劳动力市场，通过渐进式延迟退休政策或者设计多项选择性延迟退休精算模式，从多角度解决人口老龄化带来的劳动力短缺、年轻人压力增大等问题。除此之外，智利也应完善公共卫生服务体系，加强对慢性病等老年疾病的管理，中国在"一带一路"的建设过程中，与智利相互沟通、取长补短，在长期护理保险、医疗保障等领域开展多样化合作。

（二）交流合作——加强文化交流，维护商贸互信

从联合国教科文组织的调查报告中得出，智利公民整体受教育水平较高，且在推动教育公平改革的过程中，智利使用"教育券"等方式使绝大多数公民享受教育机会，这些政策均值得交流与学习。目前智利与中国均存在教育公平问题，在"一带一路"背景下，两国可就此问题进行探讨，经验互鉴。两国之间也可大力推进教育领域的交流合作项目，加强两国间师生的学术、教学交流，也可赴当地感受国别文化与风土人情。同时，中国可在"一带一路"背景下与智利进行商贸合作，开展多渠道的贸易投资，帮助智利增加就业岗位，缓解失业率高的社会问题。

自20世纪80年代以来，迁入智利的中国人主要来自广东、福建和浙江，他们一直以贸易商和企业家的身份在智利从事生产经营活动。中国移民人口的增长速度仅次于秘鲁和哥伦比亚。因此，双方在"一带一路"交流与合作中应增进文化互信，互相尊重彼此行为习惯，共建并维护商业友好交流的环境，从而追求文化认同与民心相通。

（三）经济投资——构建多样化、可持续的合作生态

1. 促进产业投资多元化，推动产业转型升级

在"一带一路"倡议背景下，中国在拉美和加勒比地区投资或参与建设的许多基础设施建设计划都已取得很好的成绩。玻利维亚的蒙特罗-布洛布洛铁路、秘鲁和巴西的两洋铁路、阿根廷的贝尔格拉诺货运铁路以及智利的跨太平洋光缆等基础设施项目的实施，实现了"一带一路"倡议中政策沟通、道路联通、贸易畅通、货币流通和民心相通的发展目标。这些基础设施所连接的地方有些并未正式纳入"一带一路"倡议，但确实享受了由其带来的各项便利。自 2013 年"一带一路"倡议提出以来，中国对拉美地区直接投资从 2009—2013 年的 170 亿美元上涨到了 2014—2018 年的 205 亿美元，同期并购金额从 284 亿美元上涨到了 404 亿美元。但是中国的投资主要针对能源、矿业和公用事业领域，投资模式和投资方向较为单一，而且项目建设周期长，涉及跨部门管理和调度。因此，在未来"一带一路"建设过程中，中国可以发挥在通讯、保险、新媒体及文化旅游等方面的优势，开拓多元投资渠道，形成多元化投资模式，切实提高投资效率并促进产业转型升级。

2. 警惕拉美地区动荡局势，构建可持续经济合作

21 世纪初拉美地区曾经历经济迅速增长的黄金时期，但由于本国政治局势动荡、社会不稳定因素过多及国际资本大量撤出等，拉美地区在 2008 年国际金融危机之后经济增速放缓。所以在拉美地区开展"一带一路"合作时既要看到其拥有广大的国内市场，又要明确拉美地区正处在异质化程度高的发展阶段。智利、巴西、玻利维亚及阿根廷等许多拉美地区政府高级官员被撤职、调离或主动辞职的事情时有发生。另外许多拉美国家的监管环境、招标程序及征税环节十分复杂，给中国的中小企业在当地投资合作带来一定困难。因此在"一带一路"倡议建设过程中，应与拉美国家建立健全的合作管理机制，保证项目运行效率，共同构建可持续发展的经济合作环境。

参考文献

［1］中国领事服务网［EB/OL］. http：//cs. mfa. gov. cn/zggmcg/ljmdd/nmz_657827/zl_658573/gqjj_658581/t9597. shtml.

［2］DAMMERT L, Erlandsen M. Migración, Miedos y Medios en la Elección Presidencial en Chile［M］. Colombia：Universidad Icesi, 2017.

［3］CABIESES B, Tunstall H, Pickett K. Understanding the Socioeconomic Status of International Immigrants in Chile Through Hierarchical Cluster Analysis：a Population－Based Study［J/OL］. International Migration, 2015, 53（2）.

［4］HU－DEHART E. Chinese Coolie Labor in Cuba in the Nineteenth Century：Free Labor of Neoslavery. Contributions in Black Studies, 1994, 12（1）.

［5］CHOU D L. Chile y China：Inmigración y Relaciones Bilaterales, 1845－1970［M］. Santiago：Pontificia Universidad Católica de Chile, 2004.

［6］VEGA N. La Inmigración Europea En Chile 1882 a 1895［M］. Paris：Agencia General de Colonización Del Gobierno de Chile, 1896.

［7］CHAN C. Imagining and Linking Latin America：Chinese Regional Mobilities and Social Networks in Chile［J］. Journal of Latin American Geography, 2018, 17（2）.

［8］LABARCA C, Ni hao Mr. Pérez, Buenos Días Mr. Li：Chile y China：Cultura, Negocios y Confianza en la Era Global［M］. Santiago：Ediciones UC, 2015.

［9］CAROLINA R. Making Community under Shared Conditions of Insecurity：The Negotiation of Ethnic Borders in a Multicultural Commercial Neighbourhood in Santiago, Chile［J］. Journal of Ethnic & Migration Studies, 2018, 46（13）.

［10］AGOSIN M R. Comercioy Crecimiento en Chile［M］. Santiago de Chile：Revistade la CEPAL, 1999.

［11］SIERRA, JEREMY J, et al. Attitudes and Emotions As Determinants of Nostalgia Purchases：An Application of Social Identity Theory［J］. Journal of Marketing Theory & Practice, 2007, 15（2）.

［12］ALFONSO D. Trying to Stay ahead of the Curve in Chile's Economic Development：Exploring A Way out of the Middle－Income Trap through Pragmatic Export Development［J］.

Development Policy Review，2016，5（2）.

［13］BRANDT N. Reducing Poverty in Chile：Cash Transfers and Better Jobs ［J］. OECD Economics Department Working Papers，2012：951.

［14］EICHENGREEN B，PARK D，SHIN K. Growth Slowdowns Redux：New Evidence on the Middle-Income Trap ［J］. National Bureau of Economic Research，2013.

［15］VANDENBERG P，ZHUANG J. How Can China avoid the Middle-Income Trap？［J］. Journal of Women's Health，2011，23（5）.

［16］GILL I S，et al. Keeping the Promise of Old Age Income Security in Latin America ［J］. World Bank Other Operational Studies，2004.

［17］张占力. 第二轮养老金改革的兴起与个人账户制度渐行渐远——拉美养老金私有化改革 30 年之反思 ［J］. 社会保障研究，2012.

［18］拉丁美洲和加勒比经济委员会数据统计 ［EB/OL］. https：//cepalstat-prod. cepal. org/cepalstat/tabulador/ConsultaIntegradaProc_ HTML. asp.

［19］MATUS A. The End of the Chilean Fantasy ［J］. Dissent，2020，67（2）.

［21］COMUNIDAD M. Género，Educación y Trabajo：la Brecha Persistente ［EB/OL］.

［22］MORAGA J，Reparto Comunitario y Gasto Agonístico：Diferenciaciones y Hegemonías entre Antiguos y Nuevos Migrantes Chinos en Chile ［J］. Rumbos TS，2018，17（2）.

［23］CHAN C，CAROLINA R，STEFONI C. Negotiating Precarious Labour Relations：Dynamics of Vulnerability and Reciprocity Between Chinese Employers and Their Migrant Workers in Santiago，Chile ［J］. Ethnic and Racial Studies，2019，42（9）.

［24］United Nations Economic Commission for Latin America and the Caribbean（ECLAC）［EB/OL］. Investing for the future in Latin America and the Caribbean ［R/OL］.

［25］发展中国家三参数模型生命表数据库（DCMD）［DB/OL］. http：//www. life-tables. org.

［26］LI N，MI H，GERLAND P. Using Child，Adult，and Old-Age Mortality to Establish a Developing Countries Mortality Database（DCMD）［M］//Demography and Health Issues The Springer Series on Demographic Methods and Population Analysis，2018：51-62.

［27］LI N，MI H，TANG XT. Using the Developing Countries Mortality Database（DC-MD）to Probabilistically Evaluate the Completeness of Death Registration at Old Ages ［J］. Demography of Population Health，Aging and Health Expenditures，2020.

［28］LI N，MI H，FAN J. The Single-year Life Tables in the Developing Countries Mortality Database（DCMD）［J］. Communications in Statistics Case Studies Data Analysis & Applications，2019，5（1）.

［29］LI N，MI H，GERLAND P，LI C，SUN L X. Establishing a Developing Countries Mortality Database（DCMD）on the Empirical Basis of Child，Adult，and Old-age Mortality ［R］. 2018.

古巴人口与发展状况报告

唐晓平　李　孜　赵雪琴　王　露　姜春云　唐重刚　钱思汶　文贝童[*]

【摘要】本文从人口、经济、社会和文化四个维度深入探讨了古巴的人口与发展状况。古巴作为一个发展中国家，早在 1975—1980 年期间就实现了人口转变，其婴儿死亡率、5 岁及以下儿童死亡率和人均预期寿命等体现人口质量方面的指标，几乎等同于世界发达国家的平均水平。古巴对教育的重视、对医疗卫生的投入，是使其独具特色的重要原因。为了推进"一带一路"倡议，中古两国经贸互利合作取得了可喜成果，古巴将成为中国与拉丁美洲及加勒比海地区合作的桥梁。

【关键词】古巴；"一带一路"；人口与发展；加勒比海地区

---

　* 唐晓平，人口学博士，重庆工商大学公共管理学院副教授；李孜，医学博士，重庆工商大学公共管理学院教授；赵雪琴、王露、姜春云、唐重刚、钱思汶、文贝童，重庆工商大学公共管理学院人口学研究生。

一、古巴概况

古巴共和国（Republic of Cuba），位于北美洲加勒比海西北部，西经74°08′—84°58′、北纬19°48′—23°12′之间。国土面积为109 884平方千米，由古巴岛和青年岛（原松树岛）等1600多个大小岛屿组成。其中古巴岛104 555.61平方千米，四周环绕岛群3 126.43平方千米。古巴东与海地相望，南距牙买加140千米，北距美国佛罗里达半岛南端217千米。古巴大部分是平坦或略呈波状的平原，山地只占总面积的四分之一。主要山脉为马埃斯特腊山，其主峰图尔基诺峰海拔1974米，是全国最高峰。古巴有200多条河流，最大河流为考托河，流经平原中部，雨季容易泛滥。全境大部分地区属热带雨林气候，仅西南部沿岸背风坡为热带草原气候，年平均气温为25.5℃。6—10月常遭飓风侵袭，其他月份为旱季。除少数地区外，年降水量在1000毫米以上。[1]

全国分为14个省和1个特区（青年岛特区），省下设168个市。各省名称如下：比那尔德里奥、哈瓦那、哈瓦那市（首都，为省级市建制）、马坦萨斯、西恩富戈斯、比亚克拉拉、圣斯皮里图斯、谢戈德阿维拉、卡马圭、拉斯图纳斯、奥尔金、格拉玛、圣地亚哥、关塔那摩和青年岛特区。

古巴2018年总人口为1133.8万。其中，白人占66%，黑人占11%，混血种人占22%，华人占1%。主要信奉天主教、非洲教、新教、古巴教、犹太教等。西班牙语为官方语言。[2]

古巴是社会主义国家。古巴全国人民政权代表大会是最高权力机关。现行宪法于1976年由全民公决通过，经过1992年、2002年和2018年三次修

---

[1] https://www.fmprc.gov.cn/web/gjhdq_676201/gj_676203/bmz_679954/1206_680302/1206x0_680304.

[2] 同上。

改，于 2019 年 4 月颁布实施。古巴共产党是马蒂思想[1]、马克思列宁主义的先锋组织，是古巴社会及国家的最高领导力量。现任古巴共产党中央委员会第一书记为迪亚斯-卡内尔（Miguel Díaz-Canel Bermúdez, 1960—），他在 2021 年 4 月召开的古巴共产党第八次代表大会上，接替劳尔·卡斯特罗·鲁斯（Raúl Modesto Castro Ruz, 1931—）当选为现职。

制糖业、镍出口和旅游是古巴的重要经济支柱。古巴是世界主要产糖国之一，被誉为"世界糖罐"。工业以制糖业为主，其产糖量占世界总产量的 7% 以上，人均产糖量居世界首位，蔗糖的年产值约占国民收入的 40%。主要农产品为甘蔗，甘蔗的种植面积占全国可耕地面积的 55%。其次是水稻、烟草、热带水果、咖啡、可可等，古巴雪茄烟享誉世界。矿业资源以钴、铬、镍为主，此外还有锰、铜等。钴矿藏量 80 万吨，铬 200 万吨，镍 1460 万吨。古巴森林覆盖率约 21%，盛产贵重的硬木。古巴旅游资源丰富，明媚的阳光、清澈的海水、白沙海滩等自然风光使这个享有"加勒比明珠"美誉的岛国成为世界一流的旅游和疗养胜地。近年来，古巴充分利用这些独特的优势大力发展旅游业，使其成为国民经济的第一大支柱产业。

二、人口发展现状

（一）人口基本状况

1. 人口发展的历史回顾

1492 年哥伦布（Christopher Columbus, 1452—1506）第一次航行美洲到达古巴时，古巴岛上居住着约 10 万印第安人[2]。后来在西班牙殖民时期，

---

〔1〕 何塞·马蒂（José Julián Martí Pérez, 1853—1895），古巴诗人、民族英雄、思想家。马蒂去世后，成为古巴民族的英雄和象征，马蒂的思想最高写入了古巴共产党党纲和古巴共和国宪法，成为古巴党、国家和社会的指导思想。

〔2〕 徐世澄、贺钦：《古巴》（第 2 版），北京：社会科学文献出版社，2018 年版，第 47 页。

对印第安人进行大肆屠杀，大量进口非洲黑奴从事劳役，进行奴隶买卖，使得古巴成为整个美洲的黑奴集散地，黑人因此几乎占古巴总人口的一半，其他大多是西班牙人后裔。古巴曾经有一些华裔，主要集中在首都哈瓦那，但是大部分在菲德尔·卡斯特罗上位之后移居美国。

19世纪初起，古巴人口的增长速度开始加快，1899年10月10日，古巴首次进行人口普查时，全国人口为157.3万人。古巴革命胜利的1959年，古巴人口为701万人。到了1981年古巴第八次人口普查，结果显示全国人口有970万人。1901—1981年80年间，古巴人口增长了6倍多[1]。从图1可知，古巴人口在20世纪80年代以前持续较快增长，之后增长水平略有降低，1984年以后，古巴人口基本保持在1000万人以上。

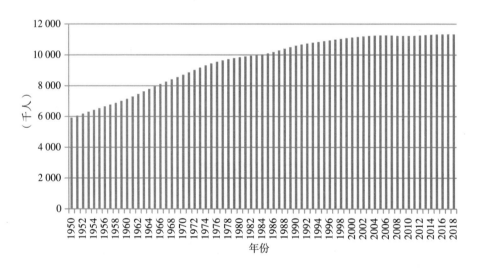

资料来源：《联合国世界人口展望2019》。

图1 古巴人口发展的历史（1950—2018年）

---

［1］ 杨仲林：《古巴的人口问题》，载《人口与经济》，1985年第5期。

2. 生育、死亡和人口增长

人口增长是自然增长和机械增长二者综合作用的结果。联合国《世界人口展望2019》提供了1950—2018年各个国家（地区）历年的人口粗出生率（Crude Birth Rate，CBR）、人口粗死亡率（Crude Death Rate，CDR）、人口自然增长率（Rate of Natural Increase，RNI）、总和生育率（Total Fertility Rate，TFR）、总人口增长率（Total Population Growth Rate，TR），通过总人口增长率和人口自然增长率可计算得到净迁移率（Net Migration Rate，NMR），从而了解古巴人口的增长机制（参见图2、图3、表1）。[1]

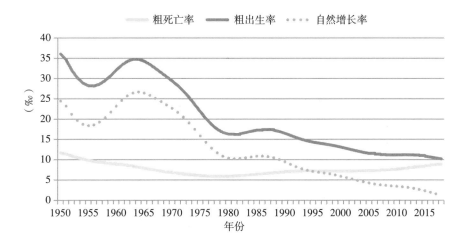

资料来源：联合国《世界人口展望2019》。

图2　古巴人口粗出生率、粗死亡率与自然增长率（1950—2018年）

从图2可以看出，古巴的人口出生率总体上呈下降趋势，从1950年的36.07‰下降到1977年的18.66‰，直至最后降至2018年的10.17‰。当然这种下降是波动性的，譬如在1960—1964年有一个较大幅度的回升，这主要是古巴革命胜利后和平年代的开始和社会经济的发展所致。而古巴的人口

---

〔1〕　陶涛等：《世界人口负增长：特征、趋势和应对》，载《人口研究》，2020年第4期。

死亡率则有一个先降后升的过程，除革命胜利前死亡率水平较高外，总体上水平很低。

　　古巴的人口出生率在发展中国家中算是相当低的，主要是由古巴革命胜利后政府政策转变所致。在革命胜利前期，古巴大量发展社会经济使得劳动力一度短缺，为此采取了限制避孕药具生产和发放的措施，使得 20 世纪 60 年代出生率上升，然而到了 20 世纪 70 年代国内经济发展遭遇困难，经济增长开始放缓，于是又将政策转为控制出生率，鼓励夫妇采取避孕措施，导致人口增长率不断下降。

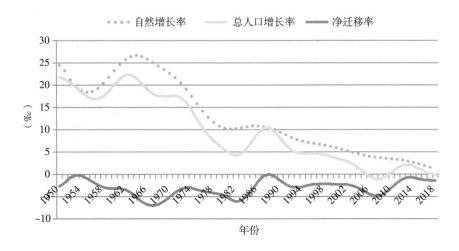

资料来源：联合国《世界人口展望 2019》。

图 3　古巴人口自然增长率、总人口增长率和净迁移率（1950—2018 年）

　　从图 3 可知，古巴总人口增长率有 4 年出现了负增长，即 2006—2009 年以及 2018 年；其次，除 1988 年以外，古巴总人口增长率长期低于其人口自然增长率，因此古巴人口的净迁移率长期对应为负值（1988 年为 0）。也就是说，古巴的国际迁移表现为迁出人口大于迁入人口，主要是迁往美国。其中，净迁移率最高的年份 1964—1969 年和 1982 年，净迁移率的绝对值都大于 6‰。前者表现为 1962 年古巴导弹危机（Cuban Missile Crisis）导致的人口外流狂潮，后者表现为 1980 年"六名古巴人进入秘鲁驻哈瓦那大使馆避难事件"引发的移民浪潮。[1]

古巴的总人口增长率之所以比较低，甚至接近发达国家的水平，其中一个重要原因是 20 世纪 70 年代以来社会经济的发展、卫生事业的进步和文化教育的发展。

国际移民也是导致其总人口增长率极低的一个重要因素。古巴人的移民史可谓波澜壮阔，自 1959 年以来，大约有超过 100 万古巴人移民到其他国家，其中绝大部分迁往美国。[2] 除了美属波多黎各外，没有其他任何一个加勒比海国家在这么短的时期内经历如此巨大的移民浪潮。从人口学的角度看，这种大规模的人口迁移不仅会降低人口增长率，而且对人口的性别、年龄、结构、人口的再生产和经济的发展等都会带来潜在和深远的影响。

表 1　主要年份的古巴人口指标（1950—2018）

年份	总人口（千人）	死亡率（‰）	出生率（‰）	自然增长率（‰）	总人口增长率（‰）	净迁移率（‰）	总和生育率（‰）	人均预期寿命（岁）
1950	5920	11.64	36.07	24.427	21.75	-2.68	4.76	58.23
1955	6539	9.82	28.21	18.395	17.45	-0.95	3.68	60.87
1960	7141	8.83	32.05	23.212	20.02	-3.19	4.19	63.83
1965	7958	7.88	34.31	26.426	20.26	-6.17	4.55	66.96
1970	8713	6.73	29.38	22.65	17.6	-5.05	3.94	69.81
1975	9446	6.01	21.83	15.82	12.36	-3.46	2.82	72.14

---

〔1〕　王留栓：《1980 年的古巴：一个神话的破灭——古巴革命后二十年留下了什么?》，载《拉丁美洲丛刊》，1981 年第 3 期。

〔2〕　http://www.pinlue.com/article/2018/09/1421/227158303459.html.

续表

年份	总人口（千人）	死亡率（‰）	出生率（‰）	自然增长率（‰）	总人口增长率（‰）	净迁移率（‰）	总和生育率（‰）	人均预期寿命（岁）
1980	9849	5.93	16.28	10.35	5.49	-4.86	1.90	73.79
1985	10 098	6.45	17.28	10.83	7.53	-3.3	1.84	74.51
1990	10 597	7.05	16.49	9.44	8.01	-1.43	1.71	74.64
1995	10 888	7.22	14.3	7.09	4.63	-2.46	1.58	75.41
2000	11 126	7.17	13.07	5.9	3.6	-2.3	1.60	76.70
2005	11 262	7.29	11.53	4.24	0.48	-3.76	1.57	77.69
2010	11 226	7.72	11.16	3.44	0.44	-3	1.65	78.34
2011	11 237	7.86	11.18	3.32	1.39	-1.93	1.67	78.40
2012	11 257	8.02	11.17	3.15	2.04	-1.11	1.68	78.45
2013	11 283	8.18	11.11	2.93	2.21	-0.72	1.69	78.49
2014	11 307	8.34	10.99	2.65	1.86	-0.79	1.69	78.52
2015	11 325	8.5	10.82	2.32	1.25	-1.07	1.67	78.56
2016	11 335	8.67	10.61	1.95	0.64	-1.31	1.66	78.61
2017	11 339	8.83	10.39	1.56	0.13	-1.43	1.64	78.66
2018	11 338	8.99	10.17	1.18	-0.25	-1.43	1.62	78.73

资料来源：联合国《世界人口展望2019》。

从表2可以看出，古巴的人口死亡率很低且人均预期寿命很高。古巴作为社会主义国家，拥有一套完整的医疗救助体系。穷人看不起病这种情况在古巴很少出现。古巴的人口死亡率（2018年为8.99‰）和人均预期寿命（2018年为78.73岁），接近发达国家水平（2018年分别为10.02‰和79.32岁）。

3. 人口的性别和年龄结构

古巴人口的性别比（以每 100 位女性所对应的男性数为标准）比较异常，从图 4 可以看出，1980 年古巴人口的性别比与世界水平相当（101.2：101.0），但之前古巴人口的性别比明显偏高（如 1950 年为 106.8：99.7），而之后古巴人口性别比又明显偏低（如 2020 年为 98.6：101.7）。当然，与加勒比海地区的平均水平相比，古巴人口的性别比一直是偏高的，前期偏高较多（如 1950 年高 6.1），后期偏高较少（如 2020 年高 1.1）。

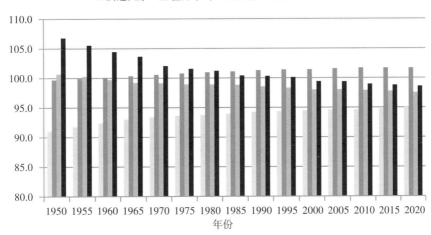

资料来源：联合国《世界人口展望 2019》。

图 4　古巴人口的性别结构及其比较（1950—2020 年）

详细比较各年龄段古巴与世界人口的性别比（见表 2）发现，对于 0—14 的少儿人口，古巴和世界水平相差不大；对于 15—64 岁的劳动年龄人口，出现了显著差异，在 20 世纪 70 年代，古巴从高于世界水平迅速转为低于世界水平；对于 65 岁及以上的老年人口，古巴更是远高于世界水平，近年已经逐步向发达国家水平靠拢。

表 2　古巴与世界人口的性别结构比较（1950—2020 年）

年份	总人口		0—14 岁人口		15—64 岁人口		65 岁+人口	
	古巴	世界	古巴	世界	古巴	世界	古巴	世界
1950	106.8	99.7	104.0	104.5	107.8	99.0	117.4	78.4
1955	105.6	99.9	103.9	104.4	105.4	99.5	121.5	76.3
1960	104.5	100.1	103.6	104.4	103.8	99.9	120.6	74.4
1965	103.7	100.3	103.7	104.6	102.5	100.4	118.3	73.1
1970	102.1	100.6	101.5	104.4	101.4	101.1	112.8	72.7
1975	101.6	100.8	102.5	104.4	100.5	101.7	105.1	72.5
1980	101.2	101.0	103.6	104.6	100.3	102.1	99.2	72.8
1985	100.4	101.1	104.6	104.9	99.3	102.2	95.9	73.2
1990	100.3	101.3	105.2	105.2	99.9	102.4	92.1	74.0
1995	100.1	101.4	104.9	105.8	100.2	102.3	89.3	75.8
2000	99.4	101.4	105.0	106.4	99.5	102.1	87.8	77.2
2005	99.4	101.6	106.0	106.9	99.7	102.2	87.0	78.6
2010	99.0	101.7	105.8	107.1	99.7	102.4	86.3	79.6
2015	98.8	101.7	105.7	107.0	100.1	102.6	85.3	80.4
2020	98.6	101.7	105.7	106.7	100.8	103.0	83.6	81.5

资料来源：联合国《世界人口展望 2019》。

考虑到古巴的移民人数较多，古巴人口的性别比异常是否与移民有关？根据《国际移民报告 2019》中移民目的地的相关数据，可以分别绘出世界和美国（古巴移民的主要目的地）人口的性别比数据表，见表 3。

表3 世界和美国的国际移民的性别结构比较

年份	总人口		0—14 岁人口		15—64 岁人口		65 岁+人口	
	世界	美国	世界	美国	世界	美国	世界	美国
1990	103.07	95.75	102.17	107.06	108.13	100.51	76.92	66.18
1995	102.58	97.32	101.87	98.71	107.41	101.81	77.18	67.43
2000	102.89	98.9	103.41	106.47	107.53	103.15	77.78	66.54
2005	104.38	99.85	105.54	108.26	108.91	104.05	78.16	68.17
2010	106.88	96.46	104	106.11	112.22	100.93	78.29	66.4
2015	107.39	94.8	104.19	101.4	112.44	99.08	81.09	72.33
2019	108.71	93.56	107.32	100.09	113.62	98.06	81.92	71.14

资料来源：联合国《国际移民报告 2019》。

假定迁出古巴的国际移民全部迁往美国并且其性别比也等同美国的全部国际移民性别比，则迁出古巴的国际移民性别比与古巴同期人口性别比相比，除 2005 年高出后者 0.45 外，其他时期均低于后者，主要是由于迁出古巴的 65 岁及以上老年男性人口数量较多。

此外，由于迁入古巴的国际移民的数量特别少，从 1990 年的 34 555 人（占古巴总人口的 0.33%），到 2019 年的 4886 人（占古巴总人口的 0.04%），所以其性别结构对古巴总人口性别结构的影响基本可以忽略。

由此，我们可以推测出：古巴人口性别比从高于世界水平到低于世界水平，且近年来男性赤字越来越严重，这种异常情况也许并不是古巴人口的国际迁移造成的。当然，这个结论是建立在上述假设之上。

考虑到古巴 0—14 岁人口的性别比也在正常范围（不同于 0 岁人口即出生婴儿性别比正常值 105±2），并与国际水平接近，且 0—14 岁的少儿人口比重和世界水平相差不大，因此可推测出，古巴人口男性赤字越来越严重的主要原因，可能是古巴成年人口和老年人口中男性的死亡率显著高于女性的死亡率。

古巴是最早面临人口老龄化问题的发展中国家之一，[1] 目前人口老龄化程度已居世界前列。从表4可以看出，0—14岁的少儿人口占比自1975年以后开始逐年降低，到1980年降低了近6%，之后降幅开始逐渐减缓；而65岁及以上的老龄人口占比逐年增加，1980年超过7%，即开始进入老龄化社会，到2018年高达15.6%，这个数值在世界各国老龄化人口占比中已相当高，表明古巴人口老龄化程度较严重并呈逐年加深趋势。

表4　古巴人口年龄结构 （单位:%）

年份	0—14岁	15—64岁	65岁及以上
1960	35.06	60.3	4.7
1965	36.9	58.1	5.0
1970	37.0	57.1	5.9
1975	37.3	56.0	6.7
1980	31.7	60.5	7.8
1985	26.7	64.7	8.7
1990	23.3	67.8	9.0
1995	22.4	68.3	9.4
2000	21.6	68.6	9.9
2005	19.2	67.0	10.9
2010	17.7	69.7	12.6
2015	16.7	69.3	14.1
2018	16.0	68.4	15.6

资料来源：联合国《世界人口展望2019》。

---

〔1〕 贺钦：《古巴应对人口老龄化的经验与启思》，载《拉丁美洲研究》，2020年第4期。

从古巴人口金字塔（用 1 岁年龄组的数据绘制）中可以发现（见图 5），古巴人口在低年龄段（30 岁以下）已经初步呈现出缩减的形态，说明从总体上看，古巴人口将不断减少。

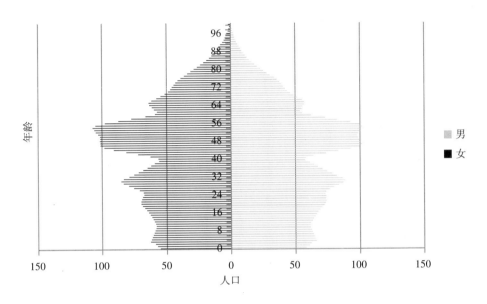

资料来源：联合国《世界人口展望 2019》。

图 5　古巴人口金字塔（2018 年）

根据联合国《世界人口展望 2019》的预测中方案，古巴人口将呈衰减态势，2053 年后总人口将在 1000 万人以下，2065 年后将低于 900 万人，2079 年后将少于 800 万人，2095 年后将在 700 万人以下。与此同时，其人口老龄化速度加快，到 2025 年将成为拉美地区人口老龄化最严重的国家。

4. 人口分布与人口迁移

（1）人口分布现状

根据 2019 年世界银行统计数据，古巴人口主要分布在古巴岛和青年岛上，除某些重点地区的旅游中心外，其余群岛人口稀少；总人口中约有 80%

居住在古巴岛西部的首都哈瓦那省和中部的比亚克拉拉省、西恩富戈斯省、圣斯皮里图斯省，以及东部的拉斯图纳斯省、格拉玛省、奥尔金省、圣地亚哥省和关塔那摩省。自1971年起，古巴农村人口开始进入负增长，大量的农村人口涌入城市，导致了现在农村人口不足全国人口的23%，并且这个趋势还在不断加强。由此可知，古巴国内人口分布呈现出一种明显的不平衡态势。

（2）人口迁移

①人口的国际迁移。古巴在移民输出国中是独一无二的，表现为：古巴的移民数量极其庞大，同时其本身的人口种族构成较为复杂。根据统计，古巴的人口增长率常年呈现一种下行的趋势，在2006—2009年间第一次出现人口负增长，2018年开始出现第二次人口负增长。

根据数据的对比我们发现，古巴的人口增长与其移民率有很大的契合关系。1980—1990年的10年里，古巴人口总增长率在前5年发生较大的下滑，但在后5年的时间内又回升至相当水平。从联合国《世界人口展望2019》的数据来看，2015—2020年古巴的净移民率（某时期内迁入移民数减去迁出移民数，除以该时期内接收国人口总数，表示每千人年均净移民数）已经降到了-1.3。我们通常认为，影响人口增长率的主要原因为人口出生率及死亡率，但对于古巴来说，人口的外流也是造成人口负增长的一个重要因素（见图6）。

古巴历来是接受外来移民的国家（尽管接受移民的数量日益减少，到20世纪中期其对人口增长率的影响已无足轻重），但是1959年古巴革命胜利后，情况发生了根本的变化。一大批敌视、害怕现政权，或对革命不甚理解的人纷纷外流。自此，古巴开始了大规模人口外迁，而美国则是接受古巴移民最多的国家。并且，在美国，古巴人通常被认为是更为"成功"的移民群体。为此，许多移民研究学者将古巴的美国移民单独作为一个课题来探讨。

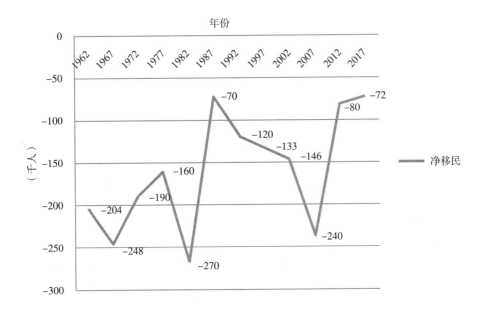

资料来源：世界银行。

图 6　古巴的移民状况（1962—2017 年）

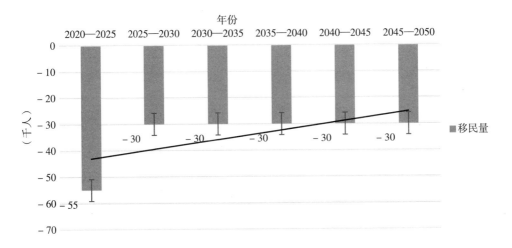

资料来源：联合国经济和社会事务部。

图 7　古巴移民数据预测（2020—2050 年）

　　但是调查数据显示，古巴的外迁移民增长率已经进入了负增长模式，外迁移民数量在不断减少，越来越多的古巴人选择留在自己的国家。据统计，自 2005 年开始，古巴净移民量持续回升，到 2015—2020 年，古巴净移民量为-7.2 万人。根据预测，在未来的 30 年里，古巴的外迁移民量还会减少，但会稳定在一定数值（见图 7）。

　　根据《国际移民报告 2019》的数据，古巴外迁国际移民的主要目的地一直是美国（虽然美国占比有所降低），而移民总量在经历了 20 世纪 60 年代的移民浪潮以后，到 1990 年有了大幅减少。

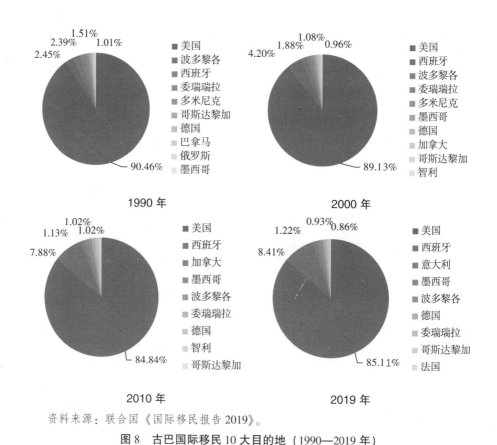

资料来源：联合国《国际移民报告 2019》。

图 8　古巴国际移民 10 大目的地（1990—2019 年）

图 8 显示了 1990—2019 年古巴国际移民 10 大目的地移民人数占比情况。1990 年古巴国际移民 10 大目的地的移民人数为 38.80 万人（其中美国 35.10 万人），占该年古巴国际移民总人数 39.92 万人的 97.19%；2000 年古巴国际移民 10 大目的地的移民人数为 48.22 万人（其中美国 42.98 万人），占该年古巴国际移民总人数 50.03 万人的 96.38%；2010 年古巴国际移民 10 大目的地的移民人数为 59.22 万人（其中美国 50.24 万人），占该年古巴国际移民总人数 61.73 万人的 95.93%；2019 年古巴国际移民 10 大目的地的移民人数为 74.02 万人（其中美国 63.00 万人），占该年古巴国际移民总人数 76.90 万人的 96.25%。

根据《移民概况——通用指标集 2014》数据可以看出，古巴移民群体还具有显著且特殊的年龄结构特征，在移民人口中，65 岁及以上的人口占有绝对性优势，同时女性移民要多于男性。在可预见的将来，在人口老龄化进程影响下，青年移民将占移民群体的主导地位，同时移民女性化的特征将更加明显。[1]

②人口的国内迁移。在古巴，国内的人口迁移主要体现在从农村到城市和从城市到城市，后者的迁移更占主导。但是，古巴国内人口迁移受到政府计划的制约，政府出台计划和政策限制哈瓦那和圣地亚哥的发展，并通过专项扶持采矿和旅游业等促进中小城市和一些新的增长地区的发展。

在城市人口不断增长的同时，古巴农村人口的比重逐渐下降。农村人口占全国人口的比例从 1953 年的 43% 降至 2019 年的 22%（见图 9）。此后农村人口的绝对数也开始下降，1970 年全国农村人口为 333 万人，2019 年只有 259 万人，这表明，农村中有很大一部分人口流入城市，主要是流向首都。

〔1〕 Antonio Aja Díaz, María Ofelia Rodríguez Soriano, Rebeca Orosa Busutil, et al., "La migración internacional de cubanos", *Escenarios actuales*, Vol. 13, No. 26, 2017, pp. 40-57.

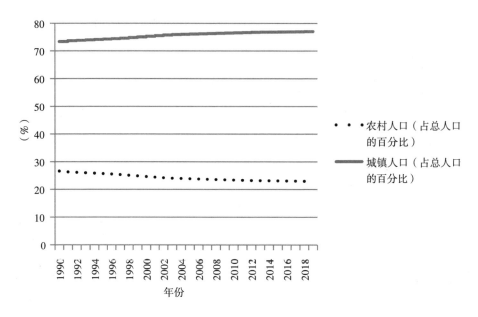

资料来源：世界银行。

图 9　古巴的人口城市化进程 (1990—2018 年)

(二) 经济发展状况

1. 经济发展状况

(1) GDP 总量和人均 GDP 整体呈上升趋势

国内生产总值 (GDP) 是衡量经济发展状况的关键指标之一, 能够综合衡量一个国家或地区的经济实力和市场规模。图 10 反映的是 1990—2018 年古巴 GDP 总量和增长率的变化趋势。从 GDP 总量来看, 整体呈现上升趋势, 1990 年的近 0.04 万亿美元增长到 2018 年的近 0.10 万亿美元。从 GDP 增长率来看, 1993 年 GDP 增长率低至 -14.9%, 而在 2006 年达到 12.1%。整体来看, 古巴的 GDP 增长波动较大, 近 5 年的 GDP 增长率均处于 5% 以下, 并仍然呈现不稳定状态。

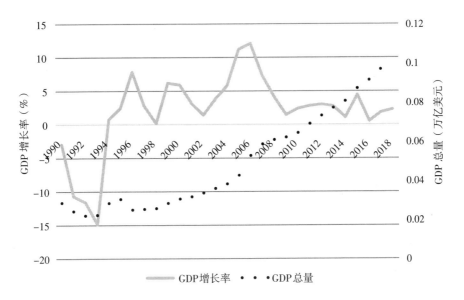

资料来源：世界银行。

图 10　1990—2018 年古巴 GDP 总量及 GDP 增长率变化

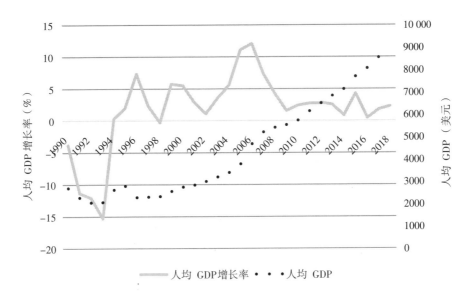

资料来源：世界银行。

图 11　1990—2018 年古巴人均 GDP 及人均 GDP 增长率变化

图 11 反映的是 1990—2018 年古巴人均 GDP 及其增长率的变化趋势，与 GDP 总量及其增长率的变化相似。其中，人均 GDP 从 1990 年的 2703 美元稳步上升到 2018 年的 8822 美元。同时，人均 GDP 增长率在 1990—2018 年之间同样波动较大，1993 年人均 GDP 增长率低至-15.3%，而在 2006 年达到 12.1%。整体来看，古巴的人均 GDP 年增长也呈现极不稳定的态势，近 5 年的人均 GDP 增长率均处于 5%以下，并仍然呈现不稳定状态。上述分析表明，古巴的整体经济状况没有呈现良好的运行状态，存在影响国家经济发展不稳定因素。

1990—1993 年古巴处于"双重经济封锁时期"，古巴过度依赖外部经济援助的经济发展模式受到重创，[1] GDP 和人均 GDP 增长率出现明显下降。1993—1996 年古巴实施重大经济改革措施，1994 年古巴经济开始复苏，在 1996 年 GDP 和人均 GDP 增长率分别达到 7.8%和 7.3%。但是，古巴政府实行的调整措施并没有使得古巴走向稳定且可持续的发展道路，大部分导致古巴经济低迷的结构性因素未能得到解决，反而又造成后续经济发展的不稳定。古巴的经济增速在 2006 年达到顶峰，得益于其 10 个主要贸易伙伴的经济表现。但是此后，这一指标逐渐下降，古巴经济出现下滑。2012 年，古巴正式推行"更新"经济模式，刺激古巴 GDP 和人均 GDP 在波动中上升，在 2015 年分别达到 4.4%和 4.3%。[2] 然而，2016—2018 年古巴的经济增速再次出现波动。这说明过度依赖贸易伙伴的经济发展模式以及所有制结构调整缺乏连续性不利于古巴经济的稳定发展，其整体经济未发生历史性改善。

（2）三次产业结构较为合理且稳定发展

图 12 反映的是 1996—2018 年古巴三次产业增加值占国内生产总值比重情况。总体来看，古巴的三次产业结构趋于合理且稳定。具体来看，自 1996

---

〔1〕 卡多·托雷斯·佩雷兹、贺钦：《经济模式更新：十年回顾与反思》，载《当代世界社会主义问题》，2018 年第 2 期。

〔2〕 李嘉：《古巴社会主义"更新"经济模式研究》，载《政治经济学评论》，2019 年第 1 期。

年起，古巴的三次产业增加值均表现为服务业增加值>工业增加值>农业增加值。并且，近10年来服务业增加值基本稳定在70.0%及以上，工业增加值基本稳定在22.0%以上，农业增加值基本稳定在4.0%以下。以上数据描述反映出，虽然古巴的经济总量受制于国土面积和外部环境而处于相对较差的状态，但是其能够持续保持相对合理的经济增长和产业发展结构。

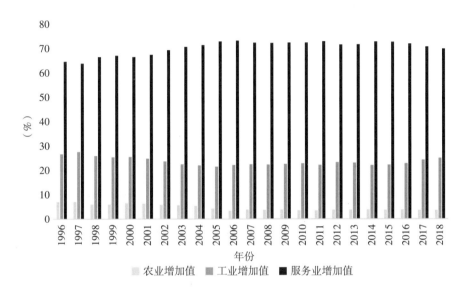

资料来源：世界银行。

图12 1996—2018年古巴三次产业增加值占国内生产总值比重

2. 劳动力与就业

（1）总体劳动力参与率稳定，但性别差异明显

图13反映的是1990—2019年古巴的总体劳动力参与率及分性别劳动力参与率的变化趋势。总体来看，古巴的总体劳动力参与率、男性劳动力参与率和女性劳动力参与率的变化趋势基本一致，均为平稳上升后缓慢下降，整体变化幅度较小。从古巴的总体劳动力参与率的变化情况来看，从1990年的50.8%平稳上升至2009年的55.5%，而后缓慢下降到2019年的53.6%。

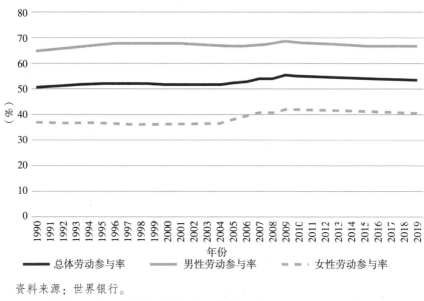

资料来源：世界银行。

图13 古巴的劳动力参与率及其性别差异（1990—2019年）

从分性别劳动力参与率的结果来看：一方面，从1990年到2019年，古巴男性劳动力参与率始终高于女性。具体来看，1990年男性劳动力参与率高达64.8%，同年女性劳动力参与率仅为37.0%；2019年男性劳动力参与率为66.8%，同年女性劳动力参与率只有40.7%，其他年份的情况亦是如此（见图13）。

另一方面，古巴劳动力参与率的性别差距略有缩小趋势，从1990年的27.8%缩小到2019年的26.1%。虽然如此，但是两者之间的差距依旧明显，这说明在古巴依然存在传统的性别角色分工模式，并且由于政局不稳定和经济发展整体滞后，导致先前颁布的"家庭法典"和减轻女性家庭负担的公共服务均没有得到贯彻，[1] 从而使得差距没有得到有效弥合。

---

〔1〕 Jerónimo Kersh and Daliany, "Women's Small-Scale, Home-Based Informal Employment during Cuba's Special Period", *Latin American Perspectives*, Vol. 45, No. 1, 2018.

（2）青年劳动力参与率及其性别差距在波动中保持稳定，女性青年劳动力参与率较低值得关注

图 14 反映的是 1991—2019 年古巴青年[1]劳动力参与率及其性别差异的变化情况。整体来看，古巴青年的劳动力参与率在波动中保持稳定。从 1991 年的 35.2% 下降到 2002 年的 31.2%，再上升到 2010 年的 39.4%，最后回落到 2019 年的 35.9%。

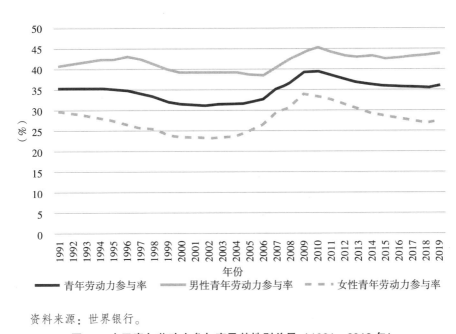

资料来源：世界银行。

图14　古巴青年劳动力参与率及其性别差异（1991—2019 年）

从分性别青年劳动力参与率的结果来看，一方面，从 1991 年到 2019 年，古巴男性青年劳动力参与率始终高于女性青年。具体来看，1991 年古巴男性青年劳动力参与率高达 40.6%，同年女性青年仅有 29.6%；2019 年男性青年劳动力参与率为 43.8%，同年女性青年为 27.6%，其他年份的情况亦

[1]　世界银行关于"青年"的年龄划分为 15—24 岁。

是如此。女性青年劳动力参与率低表明年轻人力资源尚有闲置，其所蕴含的性别红利效应未得到合理释放。另一方面，古巴青年劳动力参与率性别差距存在扩大的趋势，从 1991 年的 11.0%，扩大到 1997 年的 16.6%，从 2009 年的 10.3%，扩大到 2019 年的 16.2%。按照古巴青年劳动力参与率的历史变化趋势，接下来几年，古巴青年劳动力参与率的性别差距仍会有小幅增加。

（3）服务业就业比例最高，三大产业中男女就业结构较为合理

图 15 反映的是 2019 年古巴三大产业就业人口占总就业人口的比例及其性别差异。整体来看，2019 年古巴农业就业人口比例达到 17.5%，工业就业人口比例达到 16.9%，服务业就业人口比例达到 65.6%。从三大产业就业人口的性别分布来看，男女就业结构较为合理。农业就业人口中，男性比例高于女性，达到 23.9%；工业就业人口中，男性比例高于女性，达到 21.0%；服务业就业人口中，女性比例高于男性，达到 82.5%。

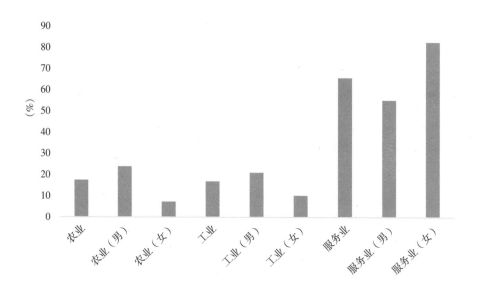

资料来源：世界银行。

图 15　2019 年古巴三大产业的就业比例及其性别差异

3. 城镇化水平

(1) 城镇化水平较高，进入城镇化后期发展阶段

图 16 反映的是古巴的城镇化率变化趋势。从整体来看，目前古巴的城镇化水平已处于城镇化发展的后期阶段（城镇化率大于 70%），城镇化水平总体较高，2018 年城镇化率达 77%。根据对后续年份的预测，古巴的城镇化率将继续逐年上升，2050 年将高达 84%，城市化水平稳步提升。

在此后的很长一段时期内，古巴都将处于城镇化发展的后期阶段。虽然古巴在经济发展方面处于较低水平，但是其在城镇化发展过程中注重人文关怀，重视城市文化、生态环境、公共健康和社会公平，[1] 使其城镇化水平一直处于较高水平，这对中国城镇化发展具有较强的借鉴价值。

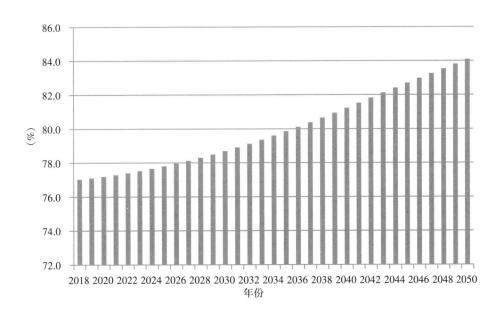

资料来源：联合国《世界城市化展望（2018 年修订版）》。

图 16　古巴城镇化水平的变化趋势预测（2018—2050 年）

---

〔1〕　任晓莉、刘文昊：《城市化发展的反思与转型——以加拿大、墨西哥和古巴为分析例证》，载《中州学刊》，2017 年第 3 期。

（2）城镇化水平稳定，存在明显区域差异

图 17 反映的是 1950—2035 年古巴 30 万人口以上城市的城镇人口百分比情况。

在古巴人口超过 30 万人的城市仅有 3 个——卡马圭、哈瓦那和圣地亚哥。其中，哈瓦那作为古巴的首都，其城镇人口占比自 1950 年到 2035 年一直居于首位，呈现先缓慢上升、后迅速下降、再稳定发展的趋势，具体体现为：从 1950 年 34.1% 缓慢上升到 1960 年的 34.4%，后迅速下降到 2015 年的 24.1%，预计会稳定维持到 2035 年。

圣地亚哥的城镇人口占比高于卡马圭，但是两者在整体上变化幅度不大，在 2015 年分别达到 4.9% 和 3.5%，并且这一比例预计也会稳定维持到 2035 年，这些数据说明古巴的城镇化水平较为稳定。但是，从每年三大城市城镇人口占比的比较来看，其城镇化存在明显区域差异，城镇化体系存在不合理性。

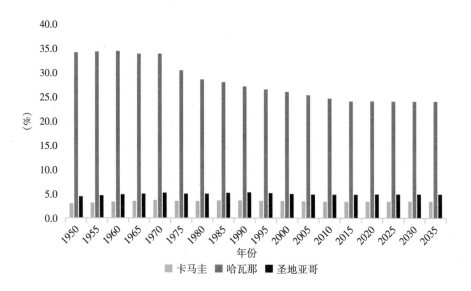

资料来源：联合国《世界城市化展望 2018》（修订版）。

图 17　古巴 30 万人口以上城市的城镇人口百分比（1950—2035 年）

（三）社会发展状况

1. 卫生与健康

2020年年初全球暴发新冠肺炎疫情后，古巴相继向意大利、西班牙、委内瑞拉等30多个国家派出医疗队，并积极研制抗病毒药物，广受国际赞誉。[1] 医疗外交不仅成为古巴推进对外关系、抵御美国封锁的重要支柱，也充分展示了古巴自身的医疗建设水平，对促进南南合作及国际医疗合作具有积极意义。

第一，古巴注重疾病预防和医疗能力建设。作为一个国际生存环境恶劣、经济发展受困的社会主义国家，古巴政府高度重视培养本国民众的疾病预防及保健意识，以减少长期的公费医药支出。古巴医学院校的学生在毕业前都要通过一门有关疾病预防的考试。古巴所有社区都设有家庭诊所，每个医生负责为所在社区的家庭提供诊疗、保健、疾病预防和营养等方面的服务和咨询。通过沟通，医生可以有效地帮助民众预防疾病的发生。

根据联合国人口基金和《世界人口展望2019》的统计数据，2014年，古巴医疗卫生投入占GDP的11.1%，远高于中等收入国家5.8%的水平，接近高收入国家12.3%的水平。1950年，古巴人口人均预期寿命为58.23岁；到了1980年，预期寿命增长到73.79岁；到了2018年，预期寿命更是增长到78.73岁，这反映了古巴较好的医疗卫生水平。

第二，充沛的医疗人才和先进的医疗水平是古巴卫生事业不断发展的基础。古巴政府高度重视国民健康和医疗事业的发展。《古巴宪法》特别强调，健康是公民的基本权利和国家的责任。菲德尔·卡斯特罗曾表示需要不断对医学加以关注和研究。

---

〔1〕《古巴医疗队助59国抗疫，其中包括意大利委内瑞拉等国》，载《环球时报》，2020年3月26日。

1959 年古巴革命胜利伊始，大批医生因政局动荡而流亡美国，公立医院设施不足，医疗系统濒于崩溃。对此，政府进行了大刀阔斧的改革。1960年，古巴成立了公共卫生部，取代了之前的卫生和医院福利部，建立了以医院、综合诊所及农村医疗中心为组成部分的分级医疗服务系统。社区医疗保健服务及预防性教育达到高质量水平。

1980 年，随着一种新的初级保健模式——"家庭医生"的建立，社区医疗保健和预防咨询达到了更高的质量水平。"家庭医生"服务除满足一般医疗需求外，还能够确保有系统地监测慢性病患者，并及时关注孕妇、老人和儿童等特殊群体的健康需求。随着古巴政府持续改革医疗部门并加强医学教育，到 20 世纪 80 年代时，古巴培养的医生已经超出了其国内需要的数量，医疗外交得以有效持续展开。1958 年，古巴每 1 万名居民中只有 9.2 名医生，到了 2009 年，每 1000 名居民中就有 6.67 名医生。可以看出，古巴的医疗服务事业建设取得了明显成效。目前，古巴已成为世界上单位人口拥有医生数量最多的国家之一，2017 年每 1000 名古巴居民中有 8.30 名医生（见表 5）。

表 5　古巴医疗卫生条件情况表（2000—2017 年）

年份	卫生支出占 GDP 比重（%）	人均卫生支出（美元）	每千人医院床位数（张）	每千人护士和助产士数（人）	每千人医生数（人）
2000	6.58	180.42	–	–	5.93
2001	6.98	197.75	–	–	5.94
2002	7.11	213.04	–	7.49	5.99
2003	7.10	226.77	4.9	–	6.06
2004	6.83	231.65	–	–	6.20
2005	8.76	330.87	4.9	–	6.27

年份	卫生支出占 GDP 比重（%）	人均卫生支出（美元）	每千人医院床位数（张）	每千人护士和助产士数（人）	每千人医生数（人）
2006	8.27	386.22	4.9	-	6.35
2007	10.97	568.61	4.9	8.69	6.44
2008	11.31	608.30	6.0	-	6.63
2009	12.29	674.11	5.9	-	6.67
2010	10.69	606.67	5.9	9.18	6.82
2011	11.31	692.56	5.1	-	7.00
2012	9.30	597.57	5.3	8.18	7.29
2013	10.43	705.15	5.1	7.83	7.42
2014	12.14	856.02	5.2	8.03	7.57
2015	12.81	974.97	-	-	7.77
2016	12.22	972.76	-	7.86	7.95
2017	11.71	987.63	-	7.73	8.30

资料来源：世界银行。

古巴尽管常年遭受美国封锁，却达到了发达国家的健康水平（2018 年人均预期寿命 78.73 岁，新生儿死亡率 0.42%），人类发展指数常年处于全球较高水平。古巴民众死亡的三大主要原因与发达国家大致相同，为心脏疾病、癌症和脑血管疾病。该国的新生儿脊髓灰质炎、白喉、破伤风，以及麻疹、风疹、腮腺炎等疾病基本得到控制。2015 年，古巴被世界卫生组织宣布为世界上第一个消除了艾滋病和梅毒母婴传播的国家。[1]

第三，古巴在医学领域坚持自主创新。冷战时期，古巴曾派遣专家团赴

---

[1] 曹廷：《古巴医疗外交的特点、动因与意义——兼论新冠肺炎疫情给古巴医疗外交带来的契机》，载《拉丁美洲研究》，2020 年第 3 期。

芬兰学习干扰素等药物研发技术，很大程度上带动了本国制药研发队伍的发展。东欧剧变、苏联解体后，古巴将资源集中投入制药业，解决了进口来源中断造成的药物短缺问题，进一步推动了制药技术的发展。近年来，古巴在眼科、矫形术等方面的专业技术水平超过了许多发达国家，同时高科技和生物医药继续迅速发展，尤其是疫苗、干扰素和降血脂药物研制技术已处于世界领先水平。高超的医学技术和充沛的医疗人才成为古巴对外医疗合作的重要资源保障。

2. 贫困问题

冷战结束以前，古巴外交曾以与苏联等社会主义国家发展关系为重点，对外经贸发展倚重中东欧地区。鉴于此，古巴有效应对了美国的封锁，基本保障了国家内部发展。然而，东欧剧变和苏联解体使得古巴经济发展失去重要依托。东欧剧变之前，古巴生产的蔗糖几乎全部出口给苏联和东欧，并从苏联和东欧进口全部的石油和80%的机械及零件。苏联解体之后，古巴的外贸总额急剧下降到1989年水平的四分之一；GDP在1989年至1993年间下降了40%左右；财政赤字达到37%，全国失去了大约50%的购买力，与国际信贷来源隔绝。[1] 由于缺乏石油等能源，工厂只能维持15%开工率；公共汽车全面停运，农产品无法从乡下运到城里，马车上了街，生活倒退回农业社会时代。古巴为此从中国进口了大量自行车，以解决汽油缺乏带来的交通问题。

1992年美国通过对古巴的经济制裁法案，法案规定禁止美国公司和古巴开展贸易，同时还规定任何船只如果在古巴港口停靠过，其后6个月之内就不能在美国港口停泊。古巴进出口的运输成本因此上升了40%，食品等生活必需品极为短缺，开始实行严格的配给制。

---

〔1〕 Rolando García Quiñones, Juan Carlos Albizu-Campos Espiñeira, Marisol Alfonso de Armas, Coyuntura económica, procesos demográficos y salud, La experiencia cubana, 2014, X（20）: 73-86.

古巴的经济自20世纪90年代以来几近停顿。为应对国内经济困境与对外战略遇冷的双重挑战，古巴领导人劳尔·卡斯特罗主政后，力推古巴经济社会"更新"政策，为内部经济发展注入了活力，也为其外交主动出击奠定了有利的内部基础。国内"更新"进程增加了对外资的需求，改善了经济外交所需的国际化投资环境。2013年以来，为进一步吸引外资、发展国内经济，古巴颁布实施新版《马列尔发展特区法》《外国投资法》等经济法规，降低国家投资风险；转变依靠行政命令或单纯依靠领袖外交、双边外交吸引外资的传统模式，实施符合国际惯例的立法性保护，发展多方吸引外资的新模式；在保障国家在经济生活中发挥主导性作用的同时，规范国家干预手段；实现个体经济合法化，实施以国有制为主体、公私合营与个体经济共同发展的路线，实现市场的部分开放。这些举措的实施顺应了国际市场与投资发展的需要。古巴一系列新政策法规的相继出台，标志着古巴"更新"进程进入全面深化阶段，一系列涉外经济政策法规的颁布，使外资规模与投资领域实现了双发展，马里埃尔特区建设得到了来自地区内外的大力支持，推动了古巴经济的增长。2015年古巴GDP实现了约4%的增长，人均GDP升至7149.5美元。[1]

3. 美国古巴移民问题

从总体上看，在1950—2020年的整个历史时期，从古巴移民到其他国家的人数始终超过从其他国家移民到古巴的人数。1960—1965年，古巴净移民人数达到第一个历史高峰，迁出移民数比迁入移民数多20.4万人，见表6。

---

[1] 韩晗：《浅析古巴经济模式"更新"以来外交政策的发展》，载《拉丁美洲研究》，2017年第5期。

表6 1950—2020年古巴净移民人数

	1950—1955年	1955—1960年	1960—1965年	1965—1970年	1970—1975年	1975—1980年
净移民人数（千人）	−30	−55	−204	−248	−190	−160
	1985—1990年	1990—1995年	1995—2000年	2000—2005年	2005—2010年	2010—2015年
净移民人数（千人）	−70	−120	−133	−146	−240	−80

资料来源：联合国《世界人口展望2019》。

从当前来看，和其他毗邻美国的发展中国家一样，古巴有大批人口出于经济目的移民美国。在美国众多移民群体中，当代古巴移民地位相当特殊。从美国角度看，他们都是逃离一个社会主义政权的政治、经济难民。古巴流亡者事实上成了美国外交政策的工具，他们的到来具有重要的现实和象征意义。从古巴角度看，移民外迁一方面可以实现古巴移民家庭团聚，另一方面可以起到巩固新生政权、维护国内稳定的作用。不过在移民外迁的过程中，古巴流失了一大批知识分子和社会精英，为今后社会经济与科技发展埋下隐患。

从历史上来看，古巴爆发了多次移民潮，如表7所示。1959年，在菲德尔·卡斯特罗领导下，古巴取得社会主义革命胜利，古巴社会发生了一系列深刻变化，也形成了古巴有史以来最大规模的难民潮，在出逃的古巴人当中，绝大多数人将美国作为自己的首选目的地。

20世纪60年代中期，古巴制定了新的发展战略，扩大工农业生产，限制消费品生产，造成生活物资短缺，人民生活水平急剧下滑，导致大量古巴人口外流。仅1965年，就有约10万名古巴人通过每天两次的"自由航班"从哈瓦那赴美。在1980年的"马列尔偷渡事件"中，有15万古巴人渡海北上。跟 20 世纪 60 年代的移民不同的是，这批难民中的大多数都很贫穷，其中既有数以千计的罪犯，也有不少的精神病患者。

20 世纪 80 年代末 90 年代初，东欧剧变、苏联解体，社会主义国家遭受重创。在政治松动、经济下滑的情况下，古巴人大规模向美国逃亡。1994年，上万名古巴人乘坐简易船只涌向佛罗里达州。为了防止"马列尔偷渡事件"重演，克林顿政府出台法律修正案，宣布在海上被拦截的古巴人将不被带往美国，而是送至关塔那摩基地或巴拿马。在从 1994 年夏天开始的 8 个月时间里，有超过 3 万名古巴人被拦截，并被送往美国本土之外的营地。其间，1994 年 9 月 9 日，美国与古巴就移民问题达成协议：规定美国将按照法律将古巴难民安置在美国本土之外安全的避难所，古巴也承诺阻止其国民偷渡，此外美国将每年接受两万名合法古巴移民。

表 7　革命后美国古巴移民阶段

阶　段	年　份	移民人数（万人）
黄金移民时期	1959—1962	21.5
自由飞行时期	1965	10
马列尔难民时期	1980	15
克林顿政府时期	1994	3

资料来源：《美国古巴移民研究（1959—1980）》。

2012 年 10 月古巴通过了 302 号法令，修订了之前的移民法案。具体明确了在考虑国家安全的条件下，移民身份的界定、政治待遇等内容。这也为古巴与美国之间人口的正常流动奠定了基础。2014 年 12 月美国与古巴宣布外交关系正常化，古巴向美国移民的人数又出现了明显增长。2015 年有 43

159 名古巴人移民美国，比 2014 年高出 78%；[1] 2016 年前 10 个月，有 46 635 名古巴人移民美国，超过 2015 年 8%。根据美国人口普查局的数据，2017 年美国居住着 200 多万古巴裔美国人，其中 70%生活在佛罗里达州，大部分生活在迈阿密–戴德县。在这些人中，将近 120 万人（57%）出生在古巴；其余出生在美国。其中，47%出生在古巴的人已经在这个北方国家生活了 20 多年[2]。

4. 婚姻、家庭与性别平等

从最初的殖民时期起，拉丁美洲男女之间的关系就受大男子主义思想的支配，这种大男子主义是一种混杂着骑士气概和将妇女降到屈从地位想法和行为。法律体系和罗马天主教教义都强调了妇女低下的地位。但伴随着城市化、工业化和现代化的巨大力量，男女平等的观念及制度已越来越普及。古巴的性别平等观念也符合该地区总的趋势。

古巴政府对离婚问题控制不严格，根据法律，男女任何一方提出离婚，法律都可同意。社会仍然存在的男女不平等现象、宗教势力影响的逐渐消失、经济状况的恶化，都造成古巴相对较高的离婚率。根据联合国 2018 年人口统计年鉴数据，2014 年到 2018 年，古巴全国的粗离婚率（年度离婚数与总人口之比）接近 3.0‰的水平（见表 8）。同时，粗离婚率在城乡之间差异巨大，城市地区的粗离婚率远高于农村地区，且高于全国平均水平。

表 8　古巴粗离婚率状况（2014—2018 年）　　　　　　　（单位:‰）

地区	2014 年	2015 年	2016 年	2017 年	2018 年
全国	2.9	3	2.8	2.9	2.7

〔1〕　Antonio Aja Díaz, María Ofelia Rodríguez Soriano, "Cuban international migration: current scenarios", *Novedades en Población*, Vol. 60, 2017, p. 54.

〔2〕　Antonio Aja Díaz, María Ofelia Rodríguez Soriano, "Cuban international migration: current scenarios", *Novedades en Población*, Vol. 60, 2017, p. 55.

地区	2014 年	2015 年	2016 年	2017 年	2018 年
城市地区	3.6	3.6	3.4	3.5	–
农村地区	0.8	0.8	0.8	0.8	–

资料来源：联合国 2018 年人口统计年鉴。

长久以来，古巴人一直以同居作为婚姻的替代形式。尤其在新时期，年轻人之间未婚同居的生活方式更为常见，这种行为类似于欧美国家的婚姻模式。虽然社会文化及后现代主义思想被认为是导致婚姻制度削弱的主要原因，但在古巴，离婚率高则是受到与物质有关的限制性经济和社会条件的制约，[1] 而古巴农村地区受经济条件约束，人们更倾向于维持原有的婚姻关系。

在拉丁美洲各个国家中，古巴平均结婚年龄最小，目前初婚的平均年龄接近 22 岁。20 世纪 70 年代到 80 年代，古巴家庭的组建、解散、重组模式都经历了逐渐低龄化的过程。同时，每名妇女的平均子女数量低于更替水平（2.11），这被认为偏离了人口转变的一般模式。在之后经济危机的加剧阶段，初婚的平均年龄经历了快速增长（平均每年增长 3 个月），这种趋势持续 20 年之久。[2] 结婚这一行为被推迟，取而代之的是未婚同居及较为自由的婚姻选择。

随着人口老龄化、生育率下降等因素的影响，古巴家庭结构也发生了深刻变化。根据古巴 2002 年的人口和住房普查，古巴平均每个家庭有 3.2 人，其中 1.35 人年龄在 60 岁以上。非核心家庭的比例已达 32%，这在拉丁美洲

---

〔1〕 Rolando García Quiñones, Juan Carlos Albizu – Campos Espiñeira, Marisol Alfonso de Armas, "Coyuntura económica, procesos demográficos y salud", *La experiencia Cubana*, 2014, X（20）: 83.

〔2〕 Juan Carlos Albizu–Campos, "Fertility, GDP and Average Real Wage in Cuba", *Medicc Review*, Vol. 18, 2016, pp. 71–76.

地区属于相对较高水平。[1]

根据古巴国家信息统计局人口与发展研究中心 2016 年 4 月发布的《2015—2030 年古巴家庭预测》，在整个预测期间，古巴的家庭数量一直在增长，从 2015 年的 390 万增加到 2030 年的 420 万，平均每年增长 2 万多。在 2015 年，17.7% 的家庭户主年龄在 70 及 70 岁以上，到 2030 年，这一数据将上升到 25.5%。在 2015 年，全国仍然有 53.8% 的家庭户主是男性，但是预测报告显示，在未来的 15 年，这个比例将降低，大概在 2024 年，家庭男性户主率与女性户主率将持平，到 2030 年，女性户主家庭的比例将达到 52.5%。

到 2030 年，各个省份的家庭成员平均数将减少，预计将由 2015 年的每户 2.91 人下降到 2030 年的每户 2.72 人。在此期间，1 人或 2 人家庭数量将增加，占比为 19.7%—27.9% 的 3 人组家庭比重将逐步降低，直至降到 24%，同样，4 人组家庭比重也将降低，将从 17.5% 降到 16%。[2]

（四）文化状况

1. 文化与教育

古巴非常重视公民的教育。古巴将发展教育、实现教育公平作为革命和社会主义建设的重要目标和任务。菲德尔·卡斯特罗认为"没有教育就没有革命"，"没有革命就没有教育、没有社会公正和社会主义"。古巴 1976 年宪法规定，公民享有平等的受教育权，必须接受免费的九年义务教育。并且保证每个人不论种族、性别、家庭出身等都享有受教育的机会。[3]

1953 年古巴革命战争爆发，这一年，10 岁以上的人中有 23.6% 是文盲，

〔1〕 Rolando García Quiñones, Juan Carlos Albizu‑Campos Espiñeira, Marisol Alfonso de Armas. Coyuntura económica, procesos demográficos y salud. La experiencia Cubana. 2014, X（20）: 73-86.

〔2〕《在 2030 年古巴家庭，谁将是指挥人？男人还是女人？》，载《古巴贸易通》，2017 年 4 月。

〔3〕 佚名:《古巴:拉美乃至世界一流的义务教育》，载《教育》，2007 年第 4 期，第 59 页。

6—14 岁儿童入学率只有 55.6%。1959 年古巴政府颁布了《教育改革法》，确立了教育的 4 项原则：教育公平入学；教育公有化；免费教育；教会与教育分离，并随后将私立教育机构国有化。革命后古巴的教育系统得到了长足发展，公民的受教育权得到充分实现，在世界也享有嘉誉。[1]

古巴政府对国民教育体系不同发展层次的教育作出重要部署。古巴的教育系统由政府 100% 补贴，整个教育系统都是免费提供服务的。古巴的教育系统分为初级教育（6 年）、基础中等教育（3 年）、大学预科中等教育（3 年）及高等教育（5 年或 6 年，视专业而定），此外还有技术与专业教育、成人教育、特殊教育等。在 2018—2019 年，古巴共有 10 598 所学校和 284 885 名教师（见表 9）。

表 9　古巴一般教育指标

指标	1989 年	2013 年	2016 年	2017 年	2018 年
学校	12 908	10 564	10 561	10 584	10 598
教学人员	241 923	306 165	299 572	289 003	284 885
注册人数	2 562 913	2 083 912	2 030 432	2 016 574	2 012 703
毕业人数	522 862	469 288	394 885	–	–

资料来源：古巴统计局 1985—2018 年教育数据。

古巴大力发展学前教育，1958 年古巴有 38 所托儿所，在册儿童 1600 名。到了 2018 年，古巴托儿所共有 1088 所，在册儿童 134 276 名。

---

[1] 姜平平：《古巴特色社会主义探析》，吉林大学硕士论文，2012 年 4 月。

表10 古巴各年托儿中心的一般指标

指　标	1989年	2015年	2016年	2017年	2018年
托儿所数量	1072	1083	1084	1084	1088
在册儿童数量	149 309	137 454	135 851	136 060	134 276
教育人员数量	26 690	23 010	22 032	20 476	20 843
参与"教育您的孩子"计划的孩子数量	-	464 055	454 265	463 393	458 528

资料来源：古巴统计局1985—2018年教育数据。

此外，古巴注重发展非教育机构，通过实施"教育您的孩子"计划，指导家庭对没有进入教育机构的儿童进行教育。2018年，古巴共有458 528名儿童参与了这一计划（见表10）。

古巴推行全面九年义务教育。2017—2018年，古巴小学（6—11岁）毛入学率达103.9%，净入学率达99.7%；中等教育（12—17岁）毛入学率达100.8%，净入学率达83.9%。

表11 2017—2018年古巴小学和中等教育基础教育指标

指　标	学龄人口（人）	毛入学率（%）	净入学率（%）	毛入学率中性别均等指数(%)	净入学率中性别均等指数(%)
小学教育（6—11岁）	713 199	103.9	99.7	99.7	99.7
中等教育（12—17岁）	788 405	100.8	83.9	102	106

资料来源：古巴统计局1985—2018年教育数据。

2017—2018年，小学保留率（毕业人数/入小学一年级人数）为99.7%（见表11）；基础中学保留率（毕业人数/入基础中学一年级人数）为93.6%；大学预科保留率（毕业人数/入大学预料人数）为83.4%（见表12）。

表 12　古巴各年度各阶段教育保留率　　　　（单位:%）

指标	2013—2014 年	2014—2015 年	2015—2016 年	2016—2017 年	2017—2018 年
小学	99.1	99.4	99.2	99.7	99.7
基础中学	94.0	94.0	93.5	93.1	93.6
大学预科	82.6	80.3	82.3	83.6	83.4

资料来源：古巴统计局 1985—2018 年教育数据。

普及义务教育后，古巴注重发展大学预备教育（高中）、高等教育和职业教育。在 1976—1980 年，大学预备学校毕业生达到 105 000 人，师范学校毕业生达到 67 900 人，分别是上一个五年计划的 4.4 倍和 3.6 倍。在 2010—2011 年，大学预备学校入学人数达 179 279 人。高等教育学校数量由 1959 年的 3 所增长到了 1980 年的 39 所，在校学生人数从 1.5 万人增长到了 20 多万人。在 2017—2018 学年，高等教育毛入学率达到 24.9%，高等教育招生人数达 224 944 人（见表 13）。

表 13　古巴各年度高等教育招生人数　　　　（单位：人）

指标	1988—1989 年	1998—1999 年	2008—2009 年	2017—2018 年	2018—2019 年
高等教育	250 604	115 816	710 978	224 944	240 813
职业教育	348 917	254 800	280 503	192 086	191 431
其中:技术人员	296 266	190 798	254 538	134 019	141 676
其中:熟练工人	52 651	64 002	25 965	58 067	49 755

资料来源：古巴统计局 1985—2018 年教育数据。

古巴注重发展特殊教育。菲德尔·卡斯特罗说，"革命绝不把任何人忘记，无论是盲人还是聋哑人都不忘记。"1959 年古巴只有 8 所特殊教育中心，到 2010—2011 学年，古巴有 381 所特殊教育学校，学生 40 176 人。古巴注重成人教育。革命后开展了遍及全国的扫盲教育，到 1961 年，古巴文盲率下降到了 3.9%。根据联合国开发计划署 2018 年的统计报告，古巴识字率为 99.8%。

古巴对教育投入很高。根据拉加经委会（ECLAC）报告，2018 年，古巴教育支出总额占古巴 GDP 的 4.29%，高于拉丁美洲和加勒比地区的平均值（3.9%）。古巴注重推行教育公平。1970 年菲德尔·卡斯特罗推行的"乡村中的绝大多数，城市中的极少数"计划，使农村地区初级学校的师生比超过了城市初级学校的师生比，极大缩小了城乡教育差距。目前，古巴城乡教育差距很小；教学设施配置实现标准化和均衡化；教师由国家统一调配，教师的质量由政府保障。古巴基础教育实施就近入学和小班化教育，小学每班不超过 15 人，中学每班不超过 20 人。小学和中学实施教师包班制，要求一个教师负责一个班学生的全面发展。

古巴坚持教育和劳动相结合，针对不同年龄提出不同的劳动要求和劳动形式。比如 1972 年开始推行的农村寄宿学校，实施半天劳动半天学习的教学制度。城市学生不但要参与学校日常劳动，而且每年还要参加 30 天到 7 周的下乡劳动。古巴学校还设置了绘图、雕刻、木工、缝纫等劳动教育课程。

古巴的教育系统目前也面临很多挑战。根据美洲人权委员会（IACHR）调查，目前，古巴学校基础设施严重老化；教师工资低；大量优秀教师移民海外，师资短缺。鉴于此，古巴宣布一项政策，给班级学生人数超标的教师涨薪。此外，政府在 2019 年 7 月宣布，给 5000 多名重新复职的教师涨薪。目前，古巴很多学校已经无法维持每个班级小于 20 名学生的制度。

2. 民族与宗教

古巴有着深厚的天主教传统文化。1957 年，在古巴农村大概有 52% 的人信仰天主教。古巴革命后一度打压过宗教。1992 年，古巴人民政权代表大会修改了 1976 年宪法，规定国家承认、尊重和保障公民宗教信仰自由，同时也允许信教者入党。

古巴十分注意弘扬和发展社会主义文化。成立了文化局指导和监督国家和政府的文化政策实施，此外，还建立了一批文化机构弘扬社会主义文化。比如古巴的国家芭蕾舞团、国家舞剧团和民间舞剧团等一流文化团体，长期保持了很高的艺术水准，获得了国际好评和几十种国际奖。1985 年，全国有 319 家公共图书馆，3200 个学校图书馆，222 个专业图书馆和 70 个大学图书馆。平均每年出版 4000 万册书。[1]

三、国际比较与人口发展主要特征

(一) 古巴与加勒比海地区诸国人口比较分析

加勒比海地区位于中美洲，包括古巴、多米尼克、多米尼加共和国、海地、牙买加、巴巴多斯、安提瓜和巴布达、阿鲁巴、巴哈马、英属维尔京群岛、开曼群岛、格林纳达、瓜德罗普、马提尼克、蒙特塞拉特、荷属安的列斯群岛、圣基茨和尼维斯、圣卢西亚、波多黎各、圣文森特和格林纳丁斯群岛、特立尼达和多巴哥、特克斯和凯科斯群岛，以及美属维尔京群岛。加勒比国家联盟成立于 1994 年 7 月 24 日，成员共 37 个，包括加勒比地区所有国家和未独立的岛屿，总面积达 500 多万平方千米，总人口为 4404 多万人，其中黑人为主要群体，特别是牙买加、海地、多米尼加、格林纳达。

古巴是加勒比海地区人口最多的国家，也是唯一的社会主义国家。由于加勒比海地区国家众多，并且主要是一些很小的岛国，考虑到人口规模太少在很大程度缺乏人口学意义，因此我们选取人口规模最大的 6 个国家进行人

---

〔1〕 徐世澄:《古巴社会主义的文化理论和实践》，载《拉丁美洲研究》，2013 年第 3 期，第 8 页。

口比较分析（见表 14）。

表 14 2018 年加勒比海地区 6 国人口比较

指标	古巴	多米尼加	海地	牙买加	波多黎各	特立尼达和多巴哥
人口（千人）	11 338.146	10 627.147	11 123.183	2934.853	3039.598	1389.841
总和生育率	1.62	2.35	2.94	1.98	1.22	1.73
人均预期寿命（岁）	78.726	73.892	63.66	74.368	79.952	73.38
婴儿死亡率（‰）	4.444	25.532	53.75	11.714	5.378	21.831
5 岁及以下儿童死亡率（‰）	5.522	28.514	80.215	14.841	5.801	25.694
出生率（‰）	10.166	19.506	24.349	16.103	7.258	12.937
死亡率（‰）	8.988	6.15	8.534	7.573	9.426	8.375
自然增长率（‰）	1.178	13.356	15.815	8.53	-2.168	4.562

资料来源：联合国《世界人口展望 2019》。

首先，从人口规模来看，古巴、多米尼加和海地相差无几，尽管这 3 国在加勒比海地区是"大国"，但从全世界的视角来看，是名副其实的"小国"。波多黎各、牙买加及特立尼达和多巴哥人口规模更小，但在加勒比海地区属于中等规模的国家。

其次，从生育水平来看，总和生育率最低的是波多黎各，为 1.22，处于世界较低水平。古巴、特立尼达和多巴哥及牙买加 3 个国家的总和生育率也低于更替水平（2.11）。而海地和多米尼加的总和生育率则高于更替水平，特别是海地，接近 3。这从粗出生率、粗死亡率和自然增长率 3 个简单的生命指标也可以看出。波多黎各的人口为负增长，而古巴则为 1‰左右这样一个极低的水平。

为了更清楚地说明这一点，我们通过加勒比海地区主要国家 1950—2020

年总和生育率的变动情况来考察它们的人口转变[1]（生育率转变）历程
（见图18）。

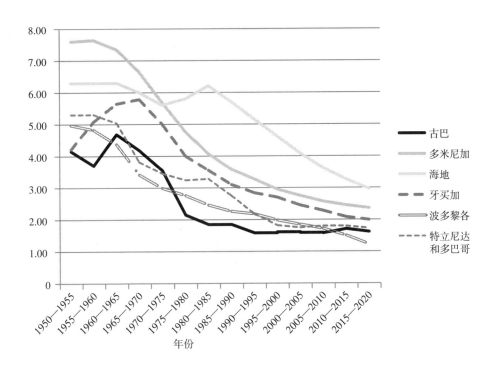

资料来源：联合国《世界人口展望 2019》。

图 18　加勒比海地区 6 国妇女总和生育率变动情况（1950—2020 年）

我们可以发现，尽管近年波多黎各的生育水平是加勒比海地区几个主要
国家中最低的，但率先完成人口转变的是古巴——早在 1975—1980 年期间，
就低于更替水平，波多黎各则是到 20 世纪 90 年代才完成人口转变，特立尼
达和多巴哥也是同一时期实现了人口转变，牙买加则更晚一些。

最后，从人口质量来看，即通过婴儿死亡率、5 岁及以下儿童死亡率和

————————

[1]　人口转变是指一个国家的人口由高出生率、高死亡率和低自然率增长率转变为低出生率、
低死亡率和低自然增长率的过程。

人均预期寿命这 3 个指标从不同的侧面来反映这一点。从表 14 可知，2018 年古巴和波多黎各这两个国家婴儿死亡率较低，分别为 4.4‰和 5.4‰，已经远远低于世界平均水平的 28.84‰，特别是古巴作为一个发展中国家已经等同于世界发达国家水平；同时，人均预期寿命分别为 78.73 岁和 79.95 岁，已经超过世界平均水平的 72.39 岁，接近或高于发达国家水平的 79.32 岁。而 2018 年多米尼加的婴儿死亡率和人均预期寿命基本等同于世界平均水平；海地的婴儿死亡率和人均预期寿命远低于世界平均水平。

古巴人口增长及其生育水平的百年变动趋势，见图 19。

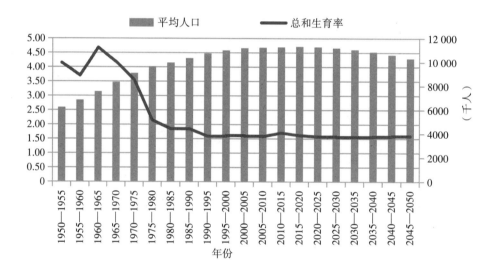

资料来源：联合国《世界人口展望 2019》。

图 19 古巴人口增长及其生育水平的变动趋势（1950—2050 年）

20 世纪 50 年代初期，古巴人口的总和生育率维持在 4.5 左右的高位，1953—1959 年期间突然回落，这段时期正好是 1959 年古巴革命胜利前夕的巴蒂斯塔独裁统治时期。革命胜利后的 20 世纪 60 年代，古巴人口的生育水平有一段高峰期，20 世纪 70 年代开始发生人口转变，到 1979 年其总和生育率下降到 1.99，低于 2.11 的更替水平。近年古巴人口的总和生育率长期徘徊在 1.60 左右的低水平，但由于人口老龄化的因素，古巴总人口直到 2017 年才达到峰值 1134 万人，此后古巴总人口缓慢下降，到 2050 年估计为 1016 万人。

古巴作为加勒比海地区的一个重要而独特的国家，在人口转变上发挥着引领的作用，在人口数量上占有十足的分量，同时它不断加深的老龄化状况和经济社会发展问题也始终影响着加勒比海地区其他国家和整个地区的发展。

（二）古巴人口预测与人口政策

1. 联合国对古巴人口的预测

根据联合国《世界人口展望 2019》公布的最新数据，2018 年古巴的人口数量为 1133.81 万人，其中男性人数为 563.13 万人，女性人数为 570.68

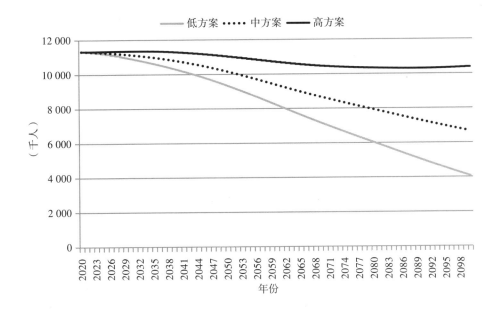

资料来源：联合国《世界人口展望 2019》。

图 25　联合国对古巴人口的预测

万人。根据古巴以往的人口数据并结合其经济社会的发展情况，联合国对古巴 2019—2100 年的人口数据进行了预测，见图 25。

预测中方案显示，古巴的人口将在 2018 年 1133.81 万人的基础上持续负增长，2050 年为 1016.24 万人，其中男性人口为 506.21 万人，女性人口为 510.03 万人。2050 年总人口比 2018 年减少 117.57 万人，增幅为 −10.37%。到 2100 年，预测古巴总人口数量降至 667.15 万人，相当于 2018 年古巴人口数的 58.84%，其中男性人口为 336.91 万人，女性人口为 330.24 万人。

按预测中方案，古巴未来主要年份的人口指标（年度指标）和未来人口的主要指标（时期指标），见表 15、表 16。

表 15 古巴未来主要年份的人口指标（2020—2050 年）

年度指标	2020 年	2025 年	2030 年	2035 年	2040 年	2045 年	2050 年
总人口（千人）	11 326	11 257	11 142	10 981	10 765	10 492	10 162
男性人口	5623	5584	5525	5446	5343	5215	5062
女性人口	5703	5673	5617	5535	5422	5277	5100
性别比（女=100）	98.60	98.44	98.35	98.39	98.54	98.81	99.25
年龄中位数（岁）	42.21	43.35	44.69	46.57	48.11	49.28	50.25
总抚养比（%）	46.66	48.80	55.92	64.34	72.26	72.29	73.89
少儿抚养比（%）	23.35	22.75	22.15	22.15	22.47	22.07	22.01
老年抚养比（%）	23.31	26.05	33.77	42.18	49.78	50.22	51.87

资料来源：联合国《世界人口展望 2019》。

表 16 古巴未来人口的主要指标（2020—2050 年）

时期指标	2020—2025 年	2025—2030 年	2030—2035 年	2035—2040 年	2040—2045 年	2045—2050 年
出生率（‰）	9.41	8.83	8.52	8.33	8.15	7.99
死亡率（‰）	9.67	10.35	10.89	11.75	12.72	13.79
自然增长率（‰）	-0.26	-1.52	-2.37	-3.42	-4.57	-5.80
总和生育率	1.57	1.56	1.56	1.57	1.59	1.61
婴儿死亡率（‰）	4.11	3.68	3.17	2.86	2.60	2.37
5 岁及以下儿童死亡率（‰）	5.12	4.58	3.94	3.57	3.25	2.98
人均预期寿命（岁）	79.18	79.95	80.99	81.73	82.46	83.18
男性人均预期寿命（岁）	77.25	78.11	79.30	80.17	81.04	81.90
女性人均预期寿命（岁）	81.12	81.79	82.66	83.28	83.88	84.46
净国际迁移率（‰）	-0.97	-0.54	-0.54	-0.55	-0.57	-0.58

资料来源：联合国《世界人口展望 2019》。

预测低方案显示，古巴从 2020 年开始人口呈逐年下降趋势，到 2100 年古巴总人口为 406.83 万人，其中男性人口为 203.66 万人，女性人口为 203.17 万人，总人口较 2018 年减少了 64.12%。

预测高方案显示，古巴总人口将会在 2031 年达到人口峰值后开始逐年下降。到 2031 年古巴总人口为 1135.34 万人，其中男性人口为 563.37 万人，女性人口为 571.97 万人。到 2100 年古巴总人口为 1039.06 万人，其中男性人口为 527.47 万人，女性人口为 511.59 万人，总人口较 2018 年减少了 8.36%。

2. 古巴人口转变及其人口政策

从联合国《世界人口展望 2019》的数据可以看出，古巴的人口密度呈先增后减的趋势。古巴的总人口在 1950—2017 年呈逐年增长趋势，2017 年以后呈逐年减少趋势。

1950 年古巴总人口为 592 万人，人口密度为每平方千米 55.62 人。2017 年古巴总人口为 1133.93 万人，人口密度为每平方千米 106.53 人，人口年均增长率为 0.04%。古巴人口年均增长率自 1989 年后都低于 1%，有的年份甚至为负增长。从世界银行公布的近 5 年数据来看，古巴的劳动力人数日益减少。2015 年古巴劳动力人数为 5 110 937 人，2019 年劳动力人数降为 5 098 407 人。古巴的老年人口抚养比呈逐年上升态势。2010 年古巴老年人口抚养比为 17.99%，2019 年老年人口抚养比增为 22.76%。老年人口抚养比的上升意味着人口老龄化的严重，将会增加社会福利负担，不利于国家的财政建设。

古巴政府没有一项明显干预人口增长和生育的政策。古巴政府相信，人口的自然增长应通过促进社会经济发展和降低死亡率尤其是婴幼儿死亡率来调节。在 1974 年布加勒斯特人口会议上，古巴就强调人口与资源的矛盾只能靠发展经济而不是干预生育来解决。只要物质水平没有大的提高，人口生育行为不可能发生变化，控制生育从长期来看是无效的。

当然，政府对人口问题并不是无所作为。20 世纪 60 年代，政府注意到人口过快增长所带来的问题，并采取实际行动。1966 年，政府提供免费家庭生育计划服务。1974 年，古巴政府同联合国人口基金达成协议，致力于实现百分之百满足人们有关计划生育需求的目标。古巴政府认为生育问题属于人口问题，广义的人口政策除了生育政策，还包括：保证全体劳动人口就业，保证妇女参加社会经济活动，保证全民教育和医疗服务等。

2017 年古巴政府发布 7 号特别公报，公布了旨在保护妇女生育权益的两项法令和四个决议以鼓励生育。古巴国务委员会发布的关于产假的第 339 号法令规定，育龄妇女在产前与产后假结束后决定重返工作岗位的，在子女未满一周岁前，可在获得工资的基础上继续领取生育社会保障金。第 340 号法令修订了几项关于妇女权益保障的特别法，规定古巴妇女在生育、伤病和其他法律规定的情况期间可免于纳税。古巴财政价格部与教育部联合出台第 1/2017 号决议，对生育两个孩子以上的家庭实行幼儿园保育费减半的政策。新出台的第 6/2017 号决议规定，若一个 11 个月大的婴儿已经学会走路，不需要等到满一周岁才能送托儿所，而托儿所的托管期由原来的每两月一期更改为每月一期。此规定适用于所有国有企业、私营企业或个体户的女职工。第 5/2017 号决议对寄宿制和走读制小学及幼儿园的入学作出新规定，在报名中赋予地方教育机构更大权限。第 26/2017 号决议对非国有企业女职工的纳税额作出规定：有两个以上 17 周岁以内孩子的母亲可享受个人所得税减半的优惠政策。[1]

（三）古巴人口的主要特征

综上所述，我们可以总结出几点古巴人口的主要特征：

第一，古巴是最早完成人口转变的发展中国家之一。古巴早在 1975—1980 年期间就完成了人口转变，并且一直维持一个很低的生育率水平上。古巴不仅在加勒比海地区率先完成人口转变，而且在世界所有发展中国家中也遥遥领先，甚至早于严格实行计划生育政策又同为社会主义国家的中国。

古巴如此早就实现人口转变，其原因不外乎人均教育水平的提高、医疗技术的进步和在社会福利事业的发展等。

古巴在部分年份已经出现了人口负增长（2006—2009 年以及 2018 年）。根据联合国《世界人口展望 2019》的预测中方案，2018 年后，古巴人口将一直处于负增长状态，其人口自然增长率将从 2020—2025 年的 -0.26‰进一步下降到 2045—2050 年的 -5.80‰，同时，人口的净国际迁移率也是负值，

---

〔1〕 https://data.worldbank.org.cn/country/cuba.

从2020—2025年的-0.97‰，到2045—2050年的-0.58‰。

另一方面，古巴虽然率先实现了人口转变，已接近发达国家的人口形态，但也要承受像发达国家那样由过度低的生育水平导致的后果（古巴妇女的总和生育率一直处在1.5左右的低水平）。

第二，古巴在人口质量方面（主要从人均预期寿命、婴儿死亡率和5岁及以下儿童死亡率看）接近世界发达国家的平均水平。

由于美国对古巴进行几十年的经济封锁，民众维持生活有诸多困难，但凭借着78.73的平均寿命和99%的识字率（2018年），古巴的人类发展指数连续数年维持在很高水平。

在人均预期寿命方面，2015—2020年期间，古巴为78.69岁，发达国家为79.24岁。按联合国人口预测的中方案，2020—2025年期间，古巴为79.18岁，发达国家为79.87岁；2045—2050年期间，古巴为83.18岁，发达国家为83.44岁。

在婴儿死亡率方面，2015—2020年期间，古巴为4.49‰，发达国家为4.46‰。而按联合国人口预测的中方案，2020—2025年期间，古巴为4.11‰，发达国家为3.94‰；2045—2050年期间，古巴为2.37‰，发达国家为2.08‰。

在5岁及以下儿童死亡率方面，2015—2020年期间，古巴为5.57‰，发达国家为5.34‰。按联合国人口预测的中方案，2020—2025年期间，古巴为5.12‰，发达国家为4.92‰；2045—2050年期间，古巴为2.98‰，发达国家为2.67‰。

第三，在人口年龄结构方面，古巴已经进入了世界人口老龄化社会的前列。

在20世纪70年代古巴完成人口转变的几年以后，65岁及以上的人口占总人口的比重就超过了7%，即进入老龄化社会。据联合国的预测，到2025年古巴将成为拉美人口老龄化最严重的国家。到2050年，古巴人口的老龄化水平甚至将超过发达国家的平均水平。

0—14 岁的少儿人口比重，古巴与世界水平相差不大；但 15—64 岁的劳动年龄人口出现了显著差异，在 20 世纪 70 年代，古巴从高于世界平均水平迅速降到低于世界平均水平；65 岁及以上的老年人口比重，古巴更是远高于世界平均水平，近年已经逐步向发达国家水平靠拢。比较来看，2015 年世界平均为 8.23%，古巴为 14.05%，欠发达国家为 6.32%，发达国家为 17.57%。而按联合国人口预测的中方案，2020 年世界平均为 9.33%，古巴为 15.89%，欠发达国家为 7.39%，发达国家为 19.29%；2050 年世界平均为 15.91%，古巴为 29.83%，欠发达国家为 14.24%，发达国家为 26.94%。

第四，在人口性别结构方面，古巴人口的性别比较为异常，1980 年古巴人口的性别比与世界平均水平相当，但之前古巴人口性别比明显偏高，而之后古巴人口性别比明显偏低。

研究发现，近年来男性赤字越来越严重，主要并不是古巴人口的国际迁移造成的。考虑到古巴 0—14 岁人口的性别比也在正常范围，并与国际水平接近，且 0—14 岁的少儿人口比重和世界平均水平相差不大，由此可推断出，古巴人口男性赤字越来越严重的原因主要可能是古巴成年人口和老年人口中男性死亡率显著高于女性人口。

第五，在人口迁移方面，古巴人口的城市化水平非常高，人口分布主要集中在几个大城市，国际移民数量庞大，特别是"美国的古巴移民"已经成为一个现象。

2019 年古巴城镇人口占总人口的 77%，并且人口主要集中在哈瓦那、卡马圭和圣地亚哥等大城市。在 1950—2020 年的整个历史时期，从古巴移民到其他国家的人数始终超过从其他国家移民到古巴的人数。1960—1965 年，古巴净移民人数达到第一个历史高峰。根据《2019 年国际移民报告》的数据，古巴外迁的国际移民的主要目的地是美国，但美国所占的比重也有所降低，而移民总量在经历了 20 世纪 60 年代的"移民浪潮"后，到 1990 年下降比较多，近年来有较大回升。

此外，古巴移民群体还具有显著且特殊的年龄结构特征，在移民人口中，65 岁以上的人群占有绝对性优势，同时女性移民要多于男性。

古巴的国际移民值得深入研究。至于是否也是导致其人口增长率极低的一个重要因素，尚没有明确的结论。从人口学的角度看，这种大规模的人口迁移不仅会降低人口增长率，而且对人口的性别、年龄、结构、人口的再生产和经济的发展等都会带来潜在和深远的影响。

第六，在人口政策（生育政策）方面，古巴政府没有一项明显干预人口增长和生育的政策（有部分柔性的、非强制的政策），但在人口发展上却取得了良好的效果。

在近年不断严重的人口老龄化以及"低生育陷阱"的双重压力下，2017年古巴政府开始出台鼓励生育的人口政策，公布了旨在保护妇女生育权益的两项法令和四个决议，包括生育社会保障金、幼儿园保育费减半、个人所得税减半等。

第七，在经济方面，受制于美国长期的经济封锁，古巴经济发展状况并不乐观。古巴近 5 年的 GDP 增长率均处于 5% 以下，并仍然呈现不稳定状态。古巴人均 GDP 及其增长率的变化趋势，与 GDP 总量及其增长率的变化呈现相近的趋势。其中，古巴的人均 GDP 从 1990 年的 2703 美元稳步上升到 2018 年的 8822 美元。

第八，在社会方面，古巴作为一个社会主义国家，拥有一套完整的医疗救助体系，医疗卫生事业非常发达，在经济发展水平不高的发展中国家，几乎是一个奇迹。

第九，在文化与教育方面，古巴将发展教育、实现教育公平作为革命和社会主义建设的重要目标和任务。古巴人甚至认为没有教育就没有革命，而没有革命就没有社会公正和社会主义。

四、思考与启示

(一) 中古经贸与往来

中国与古巴同为社会主义国家，社会制度相同，为两国各领域交往合作奠定了坚实基础。两国经济互补性强，通过双方政府的积极推动和企业的共同努力，中古互利经贸合作取得了可喜成果，双边贸易稳步发展，经济技术合作不断扩大和深化。目前，双方的经贸合作渠道不断增加和完善，合作领域持续扩展，参与的企业不断增多。在中国提出"一带一路"倡议的背景下，古巴将成为中国与拉丁美洲及加勒比海地区合作的桥梁。2019 年 4 月率团参加第二届"一带一路"高峰论坛的古巴国务委员会副主席兼总审计长格拉迪斯·贝赫拉诺·波尔特拉 (Gladys Bejerano Portela) 表示，"一带一路"是一项面向未来的重要倡议，包括古巴在内的参与国都将从中受益。[1]

从历史上看，1959 年，古巴取得社会主义革命胜利，中国于 1960 年 9 月 28 日正式与古巴建立外交关系，是首批承认古巴主权国家地位并建交的国家。古巴也是首个与中国建立外交关系的拉美及加勒比国家。

考虑到地缘政治因素，古巴取得的对外关系在很大程度上受到与美国关系的影响。奥巴马当选美国总统后，美国与古巴于 2015 年恢复了外交关系，为中国与古巴关系的发展提供了良好的机遇。在近年国际格局加速演变的背景下，以"一带一路"为桥梁，中国与古巴仍然保持着友好、密切的合作。由中国商务部公布的资料可以看到，2014—2018 年，中国与古巴的双边贸易处于上下波动状态，中国始终处于对古巴的贸易顺差地位。

截至 2019 年，中国已成为古巴第一大货物贸易伙伴，古巴是中国在加

---

〔1〕《以"一带一路"高峰论坛为契机，古巴深化与中国合作》，http://fec.mofcom.gov.cn/article/fwydyl/zgzx/201904/2019040285899/.shtml。

勒比地区第二大贸易伙伴，并已成为共建"一带一路"倡议在拉美的积极践行者。2019年，中古贸易额为12.62亿美元，其中中方进口4.83亿美元，出口7.79亿美元，同比分别增长-14.5%、6.5%和-23.8%。中国主要出口机电、高新技术、轻纺类和化工产品等，主要进口镍矿、食糖、酒类、废金属等。

根据外交部公布的信息，截至2020年9月，中国与古巴已签署16项重要双边协议，涉及旅游、教育、新兴技术、外贸投资等多个领域。2020年新冠肺炎疫情暴发以来，中国与古巴积极开展抗疫合作。中国发生疫情后，古共中央第一书记劳尔、古巴国家主席迪亚斯-卡内尔分别向中共中央总书记、国家主席习近平致慰问电，古巴还向中国捐赠抗疫物资。古巴出现新冠肺炎疫情后，中国向古巴援助多批抗疫物资并分享诊疗经验。[1]

（二）政策建议

古巴是世界上5个社会主义国家（中国、朝鲜、古巴、越南、老挝）之一，而且是美洲唯一的社会主义国家。

古巴作为发展中国家，早在1975—1980年期间就实现了人口转变。在婴儿死亡率、5岁及以下儿童死亡率和人均预期寿命等体现人口质量的指标方面，几乎等同于世界发达国家的平均水平。古巴对教育的重视、对医疗卫生的投入，是使其独具特色的重要原因。

古巴人口发展的独特性值得人口学术界深入探讨：到底哪一种人口政策是良性的？古巴的免费教育、医疗和住房制度，以及社会主义旗帜下的广泛普及与公平性，值得发展中国家借鉴。古巴很早就实现人口转变，是否与其是社会主义国家有关，以及有多大的关系，社会制度对生育水平的作用机理等等，都值得深入研究。

---

〔1〕《中国同古巴的关系》，https://www.fmprc.gov.cn/web/gjhdq_676201/gj_676203/bmz_679954/1206_680302/sbgx_680306。

在当今世界中美竞争对抗加剧的百年未有之大变局的背景下，古巴作为离美国很近的国家，与中国同属社会主义国家，我们就如何发展与古巴的关系提出以下建议参考。

在经贸关系上，要深化双边和多边合作，提升贸易额水平，争取在近年内互相成为地区第一大贸易伙伴。同时，两国还要推动优势企业的双向投资，特别是加大中国对古巴的投资。

在基础设施建设方面，古巴作为积极响应"一带一路"倡议的国家之一，其在基础设施建设的能力方面存在明显的劣势。而中国基础设施建设的实力在世界上居于前列，应该展现出大国担当和责任，加强对古巴基础设施的投资和建设。通过对相关基础设施的投资和建设，也能够为古巴创造大量的就业机会，从而在一定程度上缓解就业压力和带动经济增长。

在医疗卫生领域方面，中古两国需要在医疗卫生领域开展更加广泛的合作，在传染病防控、医疗人才培养、紧急医疗援助及健康产业发展等方面深化合作。双方各有优势，取长补短，借鉴对方的制度优势，发展自己的医疗卫生事业和医疗保障事业。

在人文交流方面，要继续巩固和扩大两国文化往来，加强古巴文化在中国的传播，扩大中国文化在古巴的影响力，甚至可将古巴作为中国文化在加勒比海地区传播的中转站。

参考文献：

[1] 仲林. 古巴的人口问题 [J]. 人口与经济，1985（5）.

[2] 多·托雷斯·佩雷兹，贺钦. 经济模式更新：十年回顾与反思 [J]. 当代世界社会主义问题，2018（2）.

[3] 李嘉. 古巴社会主义"更新"经济模式研究 [J]. 政治经济学评论，2019（1）.

[4] 任晓莉，刘文昊. 城市化发展的反思与转型——以加拿大、墨西哥和古巴为分

析例证［J］．中州学刊，2017（3）．

［5］曹廷．古巴医疗外交的特点、动因与意义——兼论新冠肺炎疫情给古巴医疗外交带来的契机［J］．拉丁美洲研究，2020（3）．

［6］韩晗．浅析古巴经济模式"更新"以来外交政策的发展［J］．拉丁美洲研究，2017（5）．

［7］姚鑫贤．美国古巴移民研究（1959—1980）［D］．上海：复旦大学，2010．

［8］金亮．浅论当代古巴社会主义制度——社会主义制度下的古巴教育［J］．中国校外教育，2012（2）．

［9］姜平平．古巴特色社会主义探析［D］．长春：吉林大学，2012．

［10］黄南婷．古巴劳动教育的意义［J］．外国中小学教育，2010（4）．

［11］胡柳娟，张军．古巴共产党处理宗教问题的主要做法［J］．当代世界与社会主义，2016（2）．

［12］徐世澄．古巴社会主义的文化理论和实践［J］．拉丁美洲研究，2013（3）。

［13］徐世澄，贺钦．古巴［M］．北京：社会科学文献出版社，2018．

［14］戈特．《古巴史》［M］．杨家玲，译．北京：中国大百科全书出版社，2013．

［15］毛相麟，杨建民．古巴社会主义研究（修订版）［M］．北京：社会科学文献出版社，2019．

［16］吴白乙．拉丁美洲和加勒比发展报告（2015—2016）［M］．北京：社会科学文献出版社，2016．

［17］Fernando Portuondo del Prado. Historia de Cuba［M］. Editorial Nacional de Cuba, 1965.

［18］Antonio Aja Díaz, María Ofelia Rodríguez Soriano, Rebeca Orosa Busutil, et al. La migración internacional de cubanos［J］. Escenarios actuales, 2017, 13（26）：40-57.

［19］Jerónimo Kersh, Daliany. Women's small-scale, home-based informal employment during Cuba's Special Period［J］. Latin American perspectives, 2018, 45（1）.

［20］Rolando García Quiñones, Juan Carlos Albizu-Campos Espiñeira, Marisol Alfonso de Armas. Coyuntura económica, procesos demográficos y salud［J］. La experiencia Cubana, 2014, 10（20）：73-86.

［21］ Antonio Aja Díaz, María Ofelia Rodríguez Soriano. Cuban international migration: current scenarios ［J］. Novedades en población, 2017, 60: 52.

［22］ United Nations. Department of Economic and Social Affairs. Population Division. World population prospects 2019 ［R］. New York: UN, 2019.

［23］ United Nations. Department of Economic and Social Affairs. Population Division. World urbanization prospects: The 2018 revision ［R］. New York: UN, 2018.

［24］ Juan Carlos Albizu‐Campos Espiñeira. Escenarios demográficos hacia 2030 Cuba ［J］, 2015, 11 (21): 1-25.

［25］ Antonio Aja Díaz, María Ofelia Rodríguez Soriano, Rebeca Orosa Busutil, et al. La migración internacional de Cubanos ［J］. Escenarios actuales. 2017, 13 (26): 40-57.

［26］ Juan Carlos Albizu‐Campos Espiñeira. La fecundidad, el PIB y el salario medio real ［J］. 2014, 10 (19): 84-103.

［27］ Juan Carlos Albizu‐Campos Espiñeira. Fertility, GDP and average real wage in Cuba ［J］. Medicc review, 2016, 18, (1-2): 71-76.

［28］ Libia Margarita López Nistal, Miriam Alicia Gran Álvarez, Juan Carlos Albizu‐Campos Espiñeira, et al. Diferencias de mortalidad entre sexos en Cuba en el contexto internacional ［J］. Revista Cubana De Salud Pública, 2013, 39 (1): 32-44.

［29］ Grisell Rodríguez Gómez, Juan Carlos Albizu‐Campos Espiñeira. La población de Cuba hoy ［J］, 2015.

秘鲁人口与发展状况报告

李逸超　陈　晨　姚型浩　米　红[*]

摘要： 本报告通过对秘鲁人口与社会、经济和环境发展历程进行历史回顾、现状分析与未来展望，归纳出秘鲁以下人口发展变迁特征：在人口结构方面，秘鲁虽然已经进入人口老龄化社会，但是老龄化程度较轻。在人口均衡发展方面，秘鲁在贫困治理、发展教育与提升母婴健康水平方面取得了一定成就，但仍需在跨越"中等收入陷阱"、改善生态环境、控制人口肥胖程度及移民治理方面展开重点工作。基于秘鲁的人口与经济发展状况，报告提出中国与秘鲁可以基于"一带一路"倡议，通过深入构建中国-秘鲁公共服务建设合作、加强中方投资秘鲁产业发展、推动中国-秘鲁免签旅游、加强抗击新冠肺炎疫情国际合作等途径实现中国与秘鲁未来的双赢发展。

关键词： 秘鲁；人口与发展；人口老龄化；"中等收入陷阱"；"一带一路"

---

* 李逸超，博士研究生，浙江大学民生保障与公共治理研究中心研究助理；陈晨，博士研究生，浙江大学民生保障与公共治理研究中心研究助理；姚型浩，硕士研究生，浙江大学民生保障与公共治理研究中心研究助理；米红，浙江大学民生保障与公共治理研究中心研究员，浙江大学公共管理学院教授。

一、人口发展现状与变迁

秘鲁位于南美洲西部，太平洋东岸。秘鲁的 5 个陆上邻国分别是北边的厄瓜多尔、哥伦比亚，东边的巴西，南边的智利，东南的玻利维亚。秘鲁多高原山地，安第斯山纵贯南北，从西部到东部大概可以分为以下几个地形区：西部沿海是狭长的干旱地带，属热带沙漠气候，平原断续分布，拥有发达的灌溉农业，城市集中，人口密布；中部为山地高原，主要位于安第斯山中段，平均海拔 4300 米以上，是亚马逊河的发源地；东部为热带雨林地区，终年高温多雨，森林与河网密布，降水充沛但地广人稀。

（一）人口状况

1960 年以来，秘鲁于 1961 年、1972 年、1981 年、1993 年、2005 年、2007 年与 2017 年共进行 7 次人口普查。7 次人口普查的总人口数如表 1 所示。2017 年人口普查数据显示，秘鲁总人口数为 2938 万人，男性人口占比 50.35%，女性人口占比 49.65%。与 2007 年人口普查数据相比较，10 年间秘鲁人口年均增长率不到 1%。从年龄结构看，秘鲁 0 岁至 14 岁、15 岁至 59 岁、60 岁以上人口分别占 26.4%、61.7%、11.9%。而根据联合国人口司数据，2020 年秘鲁人口数约为 3300 万人，其中 14 岁以下人口占比约为 24.7%，65 岁以上人口占比为 8.7%，这表明秘鲁已经进入老龄化社会。从 1961 年到 2017 年秘鲁人口增长数量达到 2000 万人以上，年均增长率约为 0.02%，而过去 60 年内世界人口年均增长率峰值仅为 2.2%。因此，在过去 60 年间，秘鲁人口增速高于世界平均水平。

表 1 秘鲁历次人口普查数据表

	1961 年	1972 年	1981 年	1993 年	2005 年	2007 年	2017 年
总人口（人）	9 906 746	13 538 208	17 005 210	22 048 356	26 152 265	27 412 157	29 381 884

资料来源：联合国统计司普查数据库。

本文基于联合国《世界人口展望 2019》中秘鲁 1990—2020 年间的人口估计数据，以及 2020—2050 年间的人口预测数据来把握未来秘鲁人口总量的变动趋势。图 1 中的灰色部分呈现了联合国《世界人口展望 2019》对秘鲁人口低、高生育方案下的预测区间。数据显示，秘鲁人口规模将持续处于增长状态，但其增速会逐渐下降。在中生育方案条件下，预计 2050 年时秘鲁人口将会突破 4000 万人。

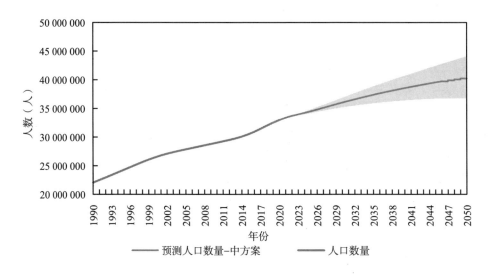

资料来源：联合国《世界人口展望 2019》。

图 1 秘鲁国内人口数量变动趋势图

图 2 显示的是秘鲁从 1990 年到 2050 年 60 年间的出生率和死亡率总体情

况，图中数据表示秘鲁每 5 年的出生率和死亡率。联合国《世界人口展望2019》数据显示，1990 年以来，秘鲁出生率逐渐下降，从 1990—1995 年间的 28.8‰下降到 2015—2020 年间的 18.1‰。近年来虽然出生率下降趋势有所放缓，但是据中方案预测，未来秘鲁的出生率仍旧呈下降趋势。秘鲁出生率不断下降是秘鲁近年来人口增长速度放缓的原因之一。

秘鲁人口死亡率也在过去有所下降，从 1990—1995 年的 6.5‰下降到2015—2020 年的 5.5‰。2005—2015 年间，秘鲁死亡率达到 1990 年以来的最低水平，为 5.3‰。综上，1960 年以来，秘鲁人口转变从第二阶段（高出生率、低死亡率、高自然增长率）向第三阶段（低出生率、低死亡率、低自然增长率）过渡。在 2020 年时，秘鲁已基本体现出人口转变第三阶段特征。

资料来源：联合国《世界人口展望 2019》。

图 2　秘鲁出生率和死亡率对比图

1960 年秘鲁总和生育率为 6.941，是秘鲁近 60 年总和生育率的峰值。自 1990 年以来，秘鲁总和生育率总体呈现下降趋势。2015—2020 年间，秘鲁总和生育率为 2.27，仍高于自然更替水平。与世界平均水平相比，在过去几十年间秘鲁总和生育率下降幅度更大（见图 3）。

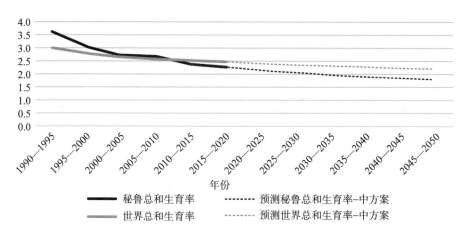

资料来源：联合国《世界人口展望2019》。

图3　世界与秘鲁总和生育率对比图

　　图4展示了1990年秘鲁人口金字塔，从整体形状来看，秘鲁人口金字塔底部较宽，有明显的塔尖存在，是较为典型的扩张型人口金字塔形状。秘鲁人口金字塔整体左右对称，这表明秘鲁人口各年龄阶段男女比例均衡，并未出现性别失调的现象。根据联合国《世界人口展望2019》数据，秘鲁60岁以下人口占秘鲁总人口的绝大多数，其中0岁到14岁人口占比为39.0%，15岁到59岁人口占比为54.9%。针对老年组，60岁及以上人口占比为6.1%，65岁及以上人口占比为4.0%。这表明1990年时秘鲁还未进入老龄化社会，但较大比例的劳动年龄人口预示着秘鲁未来老龄人口数量将逐渐上升。

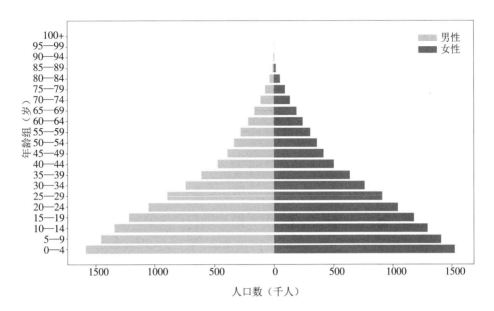

资料来源：联合国《世界人口展望 2019》。

图 4　1990 年秘鲁人口金字塔

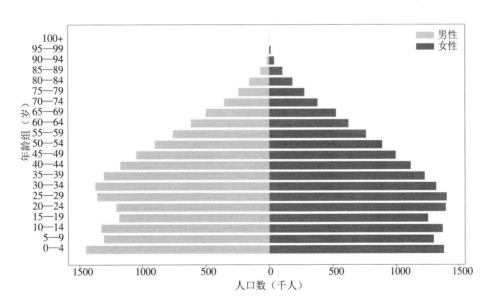

资料来源：联合国《世界人口展望 2019》。

图 5　2020 年秘鲁人口金字塔

图 5 展示了 2020 年秘鲁人口金字塔，从整体形状来看，秘鲁人口金字塔仍呈现出下宽上窄的形状，属于增长型人口金字塔形状。具体来看，2050 年秘鲁 0—14 岁人口占总人口的比重为 24.7%，15—59 岁人口占比为 62.8%，其中 0—14 岁人口占比与 1990 年相比下降较为明显，15—59 岁人口占比略有提升。针对老年组，60 岁及以上人口占比为 12.5%，65 岁及以上人口占比为 8.7%。这表明 2020 年时秘鲁已经开始进入老龄化社会。

图 6 展示了 2050 年秘鲁人口金字塔，从整体形状来看，秘鲁人口金字塔底部较窄，塔身与塔尖较宽，属于静止型人口金字塔形状。具体来看，2050 年秘鲁 0—14 岁人口占总人口的比重为 18.0%，15—59 岁人口占比为 57.1%，其中 0—14 岁人口占比与 1990 年相比大幅下降，15—59 岁人口占比略有提升。针对老年组，60 岁及以上人口占比为 24.9%，65 岁及以上人口占比为 18.1%。这表明 2050 年时秘鲁已经完全进入老龄化社会。若秘鲁未来人口生育水平有所下降，则其人口金字塔将呈现收缩型状态，整个社会的养老压力将会继续增加。

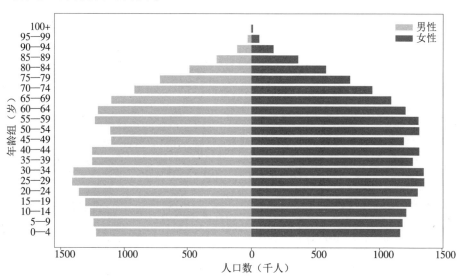

资料来源：联合国《世界人口展望 2019》。

图 6 2050 年秘鲁人口金字塔

过去 50 年内，秘鲁人口抚养比始终处于较高水平。从图 7 可以看出，自 1990 年到 2020 年秘鲁社会总抚养比一直在下降，但是始终没有跌破 50% 的人口红利窗口，处于人口负债期。考虑到秘鲁的人口转变进程，当前秘鲁的人口负债是由于儿童抚养比提升引起的，可以将其看作秘鲁国内人力资本积累的过程。

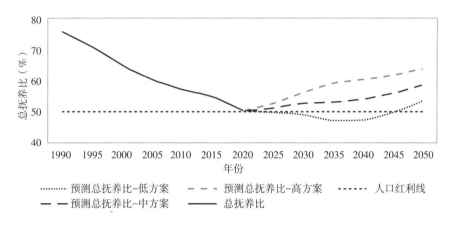

资料来源：联合国《世界人口展望 2019》。

图 7 秘鲁社会总抚养比变动趋势图

根据联合国《世界人口展望 2019》数据，2020—2050 年间，在中生育方案条件与高生育方案条件下，秘鲁将不会出现人口红利期，秘鲁总抚养比会持续处于上升状态。在低生育方案条件下，秘鲁在 2025—2045 年之间会出现人口红利期，之后总抚养比将再次超过 50%。虽然秘鲁过去的人口负债未必会使秘鲁进入人口红利窗口期，但是未来的十几年已经是秘鲁人口总抚养比的相对低点，且十分接近 50% 的人口红利线。所以针对秘鲁本国人口与经济发展而言，把握未来短期内的"相对人口红利"期，利用本国劳动力供给相对充足的优势培育主导产业，是秘鲁实现经济增长的重要路径。

针对秘鲁国内人口迁移状况，目前秘鲁国内人口流迁趋势为东部人口向西部迁移，农村地区人口向城市地区迁移，主要影响因素是经济。秘鲁西部地区人口密度一直高于东部地区，这里分布着秘鲁的主要城市，经济发达，农业基础、工业基础良好，无论是本国人口还是外来人口都在向秘鲁西部地区集中。为应对秘鲁西部地区气候干燥、沙漠广布等恶劣的自然条件，秘鲁政府展开了"东水西送"工程，即将东部地区丰富的水资源输送至人口稠密、气候干旱的西部地区。可以预见，未来秘鲁国内的人口仍旧会向西部地区集中。

针对秘鲁国际人口迁移状况，本文从净移民数量与移民流向两个方面进行分析。图8描绘了秘鲁从1950年到2020年间每5年内净移民数量（迁入秘鲁的人口数量减去迁出秘鲁的人口数量）。从1960年到2015年间，秘鲁一直呈现净迁出状态。1995年之前，秘鲁的人口流失数逐步提升，从1995年到2000年间，秘鲁人口净迁出数量略有下降，较前5年要少流失近10万人。而从2000年后，秘鲁人口净迁出数量陡然增加，在2005年到2010年间，秘鲁的人口净迁出数量达到峰值。从2015年到2020年，秘鲁迁移人口由净迁出转为净迁入。

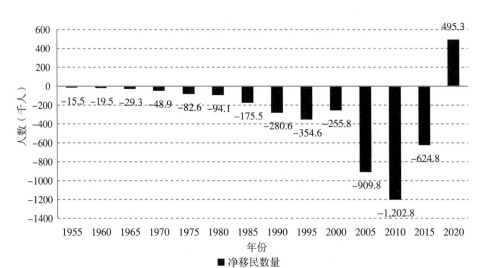

资料来源：联合国《世界人口展望2019》。

图8　秘鲁净移民数量变化图

通过分析联合国《世界人口展望2019》国际移民流向数据可知：1990年秘鲁迁出人口数量为31.49万人，人口迁移的主要目的地是北美、南欧、南美与东亚地区；2019年秘鲁迁出人口数量为154.42万人，主要迁出地为北美、南美、欧洲、中美与东亚地区，其中在中国居住的秘鲁人口数量为14 211人。总体来看，从1990年到2019年秘鲁的人口迁出数量一直在增加，但是移民目的地几乎没有改变。2015年迁入秘鲁人口数量最多的5个来源国为委内瑞拉、美国、中国、玻利维亚、阿根廷。选择迁移至中国的秘鲁人在增加。此外，2015年从委内瑞拉迁入秘鲁的人口数量为4129人，2019年则为60.26万人，近5年增长了将近15倍。本文认为，这与委内瑞拉国内恶劣的经济环境有关。

（二）经济状况

作为依靠初级产品出口带动经济增长的发展中国家，因受到本国历史文化传统、自然资源条件、经济发展模式、经济社会制度与国际经济环境等因素的影响，秘鲁的经济增长与经济发展速度在2000年之前比较缓慢。2000年后，得益于国内经济体制改革，秘鲁的经济发展水平明显提升，成为拉丁美洲的中等收入国家。

在1821年秘鲁宣布独立之前，秘鲁经济受历史上西班牙殖民的影响，主要以白银出口贸易为主。19世纪中期的"鸟粪经济"模式开创了秘鲁历史上第一个经济高速发展的时代。秘鲁上升流使得秘鲁渔场成为世界著名渔场，从而为鸟类的生存提供了环境，秘鲁也因此获得了丰裕的鸟粪储备。由于当时世界迫切需要提高农业生产效率，鸟粪作为一种优质农作物化肥受到各国青睐。在1840年到1880年间，秘鲁依靠向欧洲国家出口鸟粪成功实现了秘鲁国内财富的积累，史称秘鲁的"鸟粪时代"。"鸟粪经济"不仅支撑了秘鲁国内市场的发展，同时也降低了秘鲁在国际金融市场中的信用风险，使得债权人愿意向秘鲁大规模借贷并配套相应的偿还债务的激励措施，一定程度解决了秘鲁独立后因为频繁战争举债而形成的主权债务危机。鸟粪开采带来的大量劳动力需求使得包括华人劳工在内的大量世界劳工移民秘鲁。随着氮肥的出现以及秘鲁鸟粪储量的降低，加之秘鲁于太平洋战争中败给智利，秘鲁以鸟粪出口为支撑的经济发展模式开始崩溃。1876年，秘鲁宣布拒绝履行一切债务。此后，秘鲁依托国内的自然资源优势拓宽了出口初级产品的类型，增强了经济发展的韧性，在世界经济大萧条前提振了经济。

伴随着大萧条后的经济恢复与曲折的工业化进程，秘鲁历经了一个相对稳定的经济增长阶段。从图9可以看出，在1960—1987年间，秘鲁GDP呈现缓慢增长趋势。由于出口导向的发展模式无法支撑国内高经济增长目标，秘鲁的累计负债数额于1990年达到138亿美元且偿债能力不断下降，最终造成了1988—1989年秘鲁经济严重下滑、严重通货膨胀、外汇储备耗尽的经济危机。在1980—2000年间，受秘鲁经济危机的影响，秘鲁的GDP在500—1000亿美元间波动。同时期内，秘鲁人均GDP也呈现了波动下降的趋势，从1982年时的3798美元下降到了1992年时的2589美元。

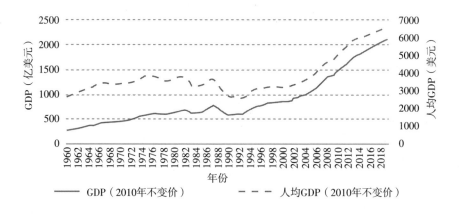

资料来源：世界银行数据库。

图9　1960—2019年秘鲁GDP与人均GDP变动趋势

20 世纪 90 年代，秘鲁采取了一系列控制财政赤字与通货膨胀的措施后，秘鲁的经济重新焕发活力，实现了高速增长。秘鲁自 1990 年起执行谨慎的财政与货币政策，于 1991 年颁布《中央储备银行组织法》，保证了货币政策的独立性，并于 1999 年 12 月颁布了《财政责任与透明法》，规定财政赤字占 GDP 比重以及公共支出年增幅上限分别为 1% 和 3%，以控制公共债务水平。在宏观经济政策的作用下，秘鲁在实现国内生产总值提升的同时，着力改善国内民生问题。在收入分配方面，国富民穷、贫富差距大曾是 20 世纪末秘鲁重要的国民经济特征。1997 年，秘鲁的基尼系数为 0.53，2018 年下降到了 0.43。2004 年，秘鲁有 58.7% 的人口处于贫困线以下，为绝对贫困人口。而如今，秘鲁已成为拉美国家中减少贫困最有成绩的国家之一，2018 年秘鲁按国家贫困线衡量的贫困人口率降低到了 20.5%。从图 10 可知，近年来秘鲁的贫困人口比例随时间变化不断下降，从 2004 年的 58.7% 降到 2018 年的 20.5%，说明秘鲁的经济实现了稳步的增长，人民生活的水平得到提高，处于国家贫困线之下的人口不断减少。此外能够看出，2010 年前脱贫速度较快，2010 年后速度变缓，出现细微的波动，直到 2018 年达到最低值。与处于同一地区的其他南美国家相比，秘鲁的贫困人口比例处于中上水平，总体低于贫困人口比例最高的玻利维亚、洪都拉斯等国，总体高于贫困人口比例最低的牙买加、乌拉圭等国。国际上与秘鲁贫困人口比例变化过程和变化水平相近的国家有格鲁吉亚、哥斯达黎加等。总体来说，秘鲁的贫困人口比例，略高于拉美地区国家平均水平，略低于其他中高等收入国家水平。初级产品国际价格的上涨是秘鲁经济改善的重要原因之一，尽管很多依赖初级产品出口的拉美国家（巴西、阿根廷、委内瑞拉）都出现经济的严重衰退，秘鲁却表现出超群的抗压力。究其原因，在于相比走向经济民粹主义的诸多邻国，秘鲁选择了更自由的经济政策。

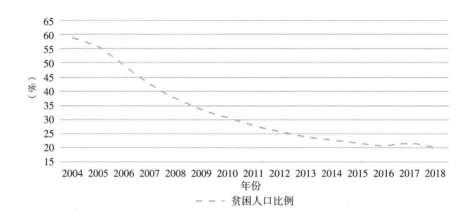

资料来源：世界银行数据库。

图 10　秘鲁贫困人口比例（国家贫困线以下）

秘鲁虽然是传统的工农业国家，但是近年来秘鲁的产业结构已经逐渐升级为以第三产业为主的形式。其中，秘鲁本国的第三产业以旅游服务业与矿产服务业为主，仍然能够体现秘鲁作为沿海的传统工农业国家的行业特点与产业优势。在产业结构与贸易结构的共同作用下，2013 年以来，受到国际大宗产品价格大幅下降的影响，秘鲁的经济增长速度出现下滑趋势。根据伦敦期货交易所（LME）国际铜价历史数据分析可知，国家铜价买入价在 2011年至 2016 年间出现大幅下滑，从每吨超过 1 万美元下跌至每吨不足 5000 美元。作为世界第二大产铜国，国际铜价的下跌会对秘鲁国际贸易出口交易额产生直接影响。如何克服近年来经济增长下行压力以及国际市场的不确定性，找寻稳定的经济增长动力是秘鲁政府面临的重要课题。

在就业方面，如图 11 所示，秘鲁虽然在劳动力参与率上仍然存在较为严重的性别不平等，但是在 1991—2019 年间劳动力参与率的性别差异在不断减小。随着经济的稳定增长，男性与女性的失业率在过去 20 年内均有所下降，2019 年时，女性与男性的失业率差距相较于 2008 年时也有所降低。虽然秘鲁的学校教育在不断发展，但由于其庞大的人口规模与年轻化的人口结构，儿童和青年劳动力参与率仍然很高。

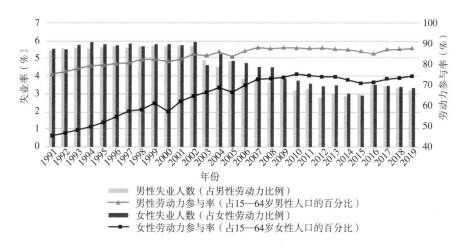

男性失业人数（占男性劳动力比例）

男性劳动力参与率（占15—64岁男性人口的百分比）

女性失业人数（占女性劳动力比例）

女性劳动力参与率（占15—64岁女性人口的百分比）

资料来源：世界银行数据库。

图 11　1991—2019 年秘鲁分性别失业率与劳动力参与率变动趋势

粮食安全是社会发展与国民生计的重要保障。本报告用谷类产量来反映秘鲁的粮食产量。由图 12 可知，秘鲁的粮食产量随着时间的推移不断增长，

谷类产量

资料来源：联合国粮农组织。

图 12　1961—2017 年秘鲁谷类粮食产量

从1970年的每公顷1.75吨左右增长到2018年的每公顷4.3吨左右。但其间一直在经历上下波动，可能是受气候、经济、政治等多方面因素的影响。因此总体来看，随着经济水平的提高和农业技术的提高，秘鲁粮食产量是波动上升的。与其他国家的粮食产量变化情况相比，秘鲁的粮食产量在20世纪90年代以前低于中高等收入国家的平均水平，此后逐渐持平；同时一直高于拉丁美洲和加勒比海地区国家的平均水平。

（三）社会状况

秘鲁政府近年来不断重视发展教育事业。目前秘鲁的现行教育体制为：学前教育1年至2年，小学6年，中学6年，大学5年。从图13可知，秘鲁的小学净入学率随着时间的推移不断提高，从1970年的74%左右逐步提高到2018年的95%左右。秘鲁的中学净入学率随着时间的推移不断提高，从1970年的25%左右逐步提高到2018年的89%左右。结合图13可知，秘鲁的中学入学率水平一直低于小学入学率水平。秘鲁的大学净入学率随着时间的推移不断提高，从1970年的10%左右逐步提高到2018年的70%左右。秘鲁的大学入学率水平一直低于秘鲁的小学、中学的入学率水平。

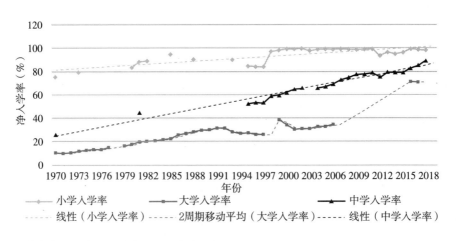

资料来源：联合国教科文组织统计研究所。

图13　1970—2018年秘鲁小学、中学、大学净入学率

秘鲁的妇幼健康状况近年来有所改善。由图 14 与图 15 可知，秘鲁的婴儿死亡数和婴儿死亡率随着时间的推移不断下降，死亡数从 1960 年的 62 837 人下降到 2019 年的 5876 人，死亡率从 1960 年的 136.0‰降到 2019 年的 10.3‰。这说明秘鲁的婴儿健康水平和社会经济发展水平不断提升，特别是医疗条件不断提高。与其他国家相比，秘鲁的婴儿死亡率在 2000 年之后低于拉美地区其他国家的水平，并达到中高等收入国家的平均水平。

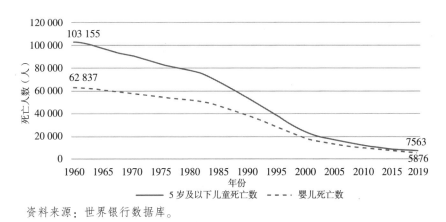

资料来源：世界银行数据库。

图 14　1960—2019 年秘鲁 5 岁及以下儿童死亡数和婴儿死亡数

除了婴儿死亡状况外，秘鲁近年来低龄组儿童死亡数量与死亡率也呈现下降态势。从图 14 和图 15 可知，秘鲁低龄组儿童健康水平不断提升，5 岁及以下儿童死亡数和死亡率随着时间的推移均不断下降，死亡数从 1960 年的 10.3 万人下降到 2019 年的 7563 人，死亡率从 1960 年的 227.6‰下降到 2019 年的 13.2‰。在 2015 年前后，秘鲁 5 岁及以下儿童死亡率开始与中高等收入国家的水平持平。

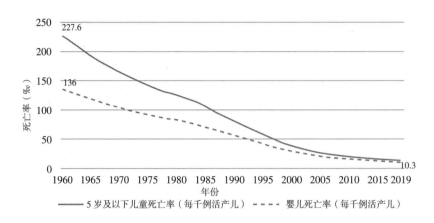

资料来源：世界银行数据库。

图 15　1960—2019 年秘鲁 5 岁及以下儿童死亡率和婴儿死亡率

（四）文化状况

在宗教文化方面，秘鲁有 96% 的居民信奉民众天主教。民众天主教对国内政治发展产生了深远的影响：民众天主教主张唯灵论，通过某些信仰和仪式保持现状，并为这种状况辩护；对于目前国内还存在的统治性和歧视性结构，它在民众中提倡友好团结和在上帝面前人人平等；它帮助民众保持其同一性、保持自己的组织形式，而这些组织形式往往对天主教会的统一组织具有反对意义；它曾多次并以多种方式起到过动员民众的作用。

此外，秘鲁结合不同的信仰、习俗，设立了将近 3000 个年度热门节日，包括守护神节、游行、狂欢和宗教典礼，以此表达对上帝的信仰、对大自然的尊重以及对自由的庆贺。这些节日对于秘鲁人民来说有着神秘的一面，其中大部分来自天主教与前西班牙宗教传统的融合。"回报大地母亲"是所有地区庆祝活动的主要部分，旨在对大地母亲（Pachamama）的无尽慷慨予以报答和赞赏。在民族文化方面，秘鲁是多种族国家，在过去 5 个世纪由不同族群融合而成。印第安人在西班牙人殖民统治之前已在秘鲁土地聚居数千年，但由于传染病散播，人口从 16 世纪 20 年代的约 900 万人下降到 1620 年的 60 万人。西班牙人和非洲人在殖民统治期间大量涌入，与原住民互相融合。秘鲁独立后逐渐有来自英国、法国、德国、意大利和西班牙的欧洲移民定居秘鲁。奴隶制取消后，中国人在 19 世纪 50 年代开始流入该国，并成为有较大影响力的族群。2008 年秘鲁华人约占 10%，多为广东和福建等地移民，部分已不懂中文。其他移民包括阿拉伯人和日本人。

秘鲁人口为 3081 万人（截至 2014 年 8 月），其中印第安人占 45%，印欧混血种人占 37%，白人占 15%，其他人种占 3%。秘鲁古代伟大文明的另一种佐证，就是诞生于这片土地的多种语言。西班牙语是秘鲁的官方语言，并在国家的大部分地区使用。同时，其他语言也被宪法承认，如：克丘亚语，该语言的多种变体在安第斯山脉地区广泛使用，另外还有艾玛拉语，该语言主要在安第斯山脉南部使用。斯匹布语、阿沙宁卡语和阿瓜鲁纳语是亚马孙地区所使用的语言，而这仅仅是秘鲁 43 种母语的一小部分。

自秘鲁摆脱西班牙的殖民统治以来，虽然国家获得独立，但由于受到殖民主义思想根深蒂固的影响，国家的主流文化依然承袭以西班牙为代表的欧洲白人文化，秘鲁政府和主流社会对土著民族文化的基本态度是不认可甚至歧视，在很多政治、经济和文化政策的制定和实施过程中很少考虑土著民族的传统文化，甚至试图以文化发展为名采取各种措施来同化土著民族，这是土著民族无法在秘鲁社会得到尊重、其基本权益无法得到彻底保障的根本原因，也是造成土著民族与秘鲁政府和主流社会隔阂甚至冲突的主要原因。

近年来，秘鲁的土著民族也开始积极争取民族文化权利，开展民族文化权利运动。以安第斯山区土著为例，由于该地区自然条件恶劣、生态环境脆弱，近年来气候变化导致自然灾害频发，给当地土著民族的传统生计方式和生存环境带来了极大的风险和挑战。为此，安第斯山普诺地区的土著民族，积极利用传统文化和知识应对气候变化带来的影响，并在此基础上争取民族文化权利。土著民族的传统文化不仅在应对气候变化中有着珍贵的价值，而且对秘鲁构建多元文化社会有着重要的意义。

（五）人口、资源与环境协调发展状况

人口发展、资源开发与环境保护三者相互影响、相互制约。矿产资源开发与农业资源利用强度会影响生态环境状况，二者又共同决定了人口承载上限。秘鲁矿产资源丰富，金银铜等有色金属的开发利用是秘鲁国民经济的重要部分。其中，铜是秘鲁的优势矿种，根据美国地质调查局统计数据，2020年时秘鲁铜储量为8700万吨，仅次于智利，与澳大利亚并列位居世界第二位。2018年、2019年秘鲁铜金属产量分别为244万吨、240万吨，仅次于智利，居世界第二位[1]。秘鲁银矿资源丰富，开采历史悠久，是南美第二、世界第三大产银国。银储量86 790吨，其中证实储量33 821吨，可信储量52 969吨。秘鲁是南美第一、世界第六大黄金生产国，储量1878吨，其中证实储量674吨，可信储量1204吨。2012年时，秘鲁矿业直接雇员20.6万人，与矿业活动有关的人员达到330万人。秘鲁渔业资源丰富，水产品捕捞量主要来自秘鲁渔场的海洋渔业资源，主要以鱼粉形式出口。世界粮农组织发布的《2020年全球渔业与水产养殖状况公报》显示，2018年，秘鲁的捕捞渔获量占世界总捕捞渔获量的7%[2]，排名仅次于中国与印尼，居世界第三，是世界海水产品供给的重要构成部分。

得益于优越的气候条件与开放的地理位置，秘鲁的生态环境质量总体良好，局部沿海地区的自然环境尤其优越，也因此吸引着国际游客前来观光旅游。但自然资源的长期开发利用对生态环境造成了一定影响。耶鲁大学公布的环境绩效指数（EPI）显示，2020年，秘鲁环境绩效指数值为44，与2010年相比下降了0.8，在180个参评国家中居第90位，[3] 说明过去10年中秘鲁总体环境状况略有下滑。温室气体与其他废气排放量增加是引起秘鲁环境绩效降低的重要原因。从图16可以看出，秘鲁二氧化碳排放量呈现出

---

〔1〕 https：//pubs. usgs. gov/periodicals/mcs2020/mcs2020. pdf.

〔2〕 http：//www. fao. org/publications/sofia/2020/en/.

〔3〕 https：//epi. yale. edu/epi-results/2020/country/per.

逐年上升的态势，尤其是 2000 年以来增速有所加快。一氧化碳、二氧化硫两类气体的排放量变化波动较大，近年来呈现出排放量收缩的态势。甲烷、氨气与氮氧化物的排放量始终保持平缓的增长态势。

除此之外，秘鲁近年来黑碳（BC）排放量激增，从 2000 年时的 14 千吨上升至 2010 年时的 20.92 千吨。2010—2020 年间黑碳排放量增长率在世界 180 个参评国家中排名第 155 位[1]。究其原因，秘鲁发达的矿业是导致秘鲁污染物排放量逐年攀升的重要原因。以秘鲁城市塞罗德帕斯科（Cerro de Pasco）为例，由于数百年来的矿业开发，这个城市已经被《时代》杂志列为世界上污染最严重的地区之一。2009 年在塞罗德帕斯科进行的一项研究显示，在水源中检测到的某些金属浓度高出世卫组织限值的 1000 倍，而如果采用 WHO 的标准，几乎所有人都会因血液中重金属含量过高而接受紧急住院治疗。[2] 由于人类活动对于自然环境的严重危害，当地的生态环境已经不足以承载现有的人口数量，当地居民不得不选择远离污染严重的区域以保障其基本的生命健康。

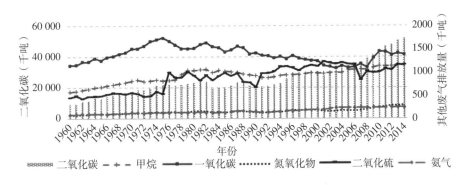

资料来源：社区排放数据系统（EDS）数据库。

图 16　1960—2014 年秘鲁温室气体与其他气态污染物排放量变动趋势

〔1〕 https：//epi. yale. edu/epi-results/2020/country/per.

〔2〕 https：//www. globalgiving. org/projects/restore-environmental-health-in-cerro-de-pasco/；https：//zhuanlan. zhihu. com/p/143104513.

依据足迹网络（Footprintnetwork）数据库，如图 17 所示，秘鲁的人均生态足迹在 1961 年至 2015 年间没有发生剧烈变化，即秘鲁人均消费活动利用的生态资源并未发生明显改变。但是生态承载力却从 1961 年开始以较高的速度下降。

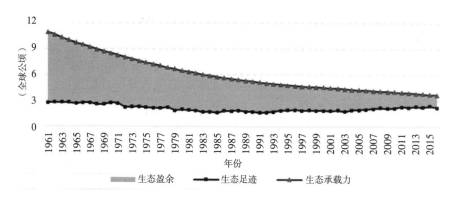

资料来源：足迹网络（Footprintnetwork）数据库。

图 17　1961—2015 年秘鲁人均生态足迹、生态承载力与生态盈余变动趋势

2015 年，秘鲁人均生态承载力为 3.68 全球公顷，远低于 1961 年时的10.90 全球公顷。可以看出，随着秘鲁人类活动强度的提升，其对资源环境的利用使得秘鲁的生态供给能力急剧下降，为此需更加重视人口、资源与环境系统的可持续性。

二、人口发展问题与挑战

（一）人口老龄化

秘鲁的人口正在逐步老龄化。人口老龄化问题将是秘鲁及许多发展中国家未来人口发展过程中面临的严峻挑战。21 世纪上半叶，世界各国都将逐渐迈向老龄社会，人类将面临人口老龄化所带来的前所未有的经济、社会、政治等方面的问题。老龄化进程可从广度、深度与速度进行理解。据联合国的统计标准，如果一个国家60岁及以上老年人口达到总人口数的10%，或65岁及以上老年人口占人口总数的7%以上，这个国家就属于人口老龄化国家。依此标准，秘鲁在2015年便进入了老龄化社会，且老龄化程度在不断加深。受人口结构的影响，老龄化进程将会随着劳动年龄人口的推移不断加快。对秘鲁而言，如图18所示，在过去30年及未来30年中，秘鲁的老年人口数量在不断攀升，且增长速度在不断加快。从2000年以来，秘鲁60岁、65岁及以上人口数量都迎来了快速增长。2000年时，秘鲁60岁及以上人口数量为190.7万人。到了2020年，秘鲁60岁及以上的人口数量快速增长到412.4万人。根据联合国的预测，到2050年时，秘鲁60岁及以上老年人口数量将达到1005.4万人。

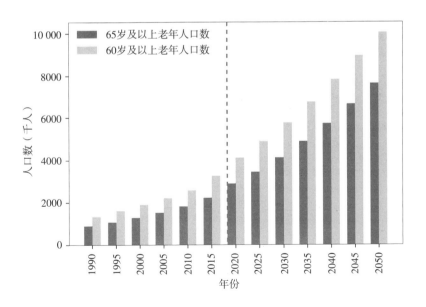

资料来源：联合国《世界人口展望2019》。

图18　秘鲁60岁及以上与65岁及以上老年人口数量

无论是采用 60 岁的标准还是采用 65 岁的标准，秘鲁都已在 2015 年跨进了老龄化社会的门槛，并且老龄化的程度在逐渐加深。图 19 显示，在 2010—2015 年间，秘鲁达到了人口老龄化社会的门槛。且在 2010 年后，秘鲁人口老龄化进程开始加快。根据联合国的预测，在未来 30 年中，秘鲁老年人口占比将会持续提升。到 2050 年时，秘鲁 60 岁及以上老年人口占比将达到 24.90%，65 岁及以上老年人口占比将达到 18.93%。研究数据说明，秘鲁未来深度人口老龄化问题值得研究关注，同时需要采取适当措施应对人口老龄化带来的社会经济问题。

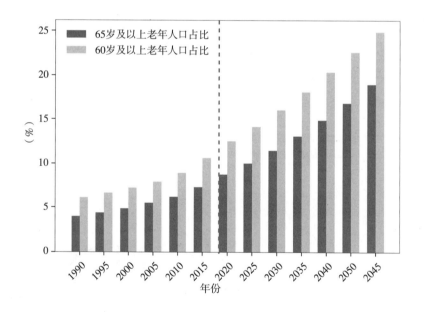

资料来源：联合国《世界人口展望 2019》。

图 19　秘鲁 60 岁及以上与 65 岁及以上老年人口占总人口的比重

将秘鲁的老龄化程度和南美洲整体的老龄化程度进行对比后可知（见图 20），南美洲整体人口老龄化程度比秘鲁严重，且步入人口老龄化社会的年份早于秘鲁。在 2010 年时，南美洲 65 岁及以上老年人口比重便达到

7.09%，此时秘鲁65岁及以上人口比重为6.18%。通过与南美洲整体人口状况对比可知，虽然秘鲁步入了老龄化社会，但当前人口老龄化相对缓和，承受着相对较低的经济发展与社会养老服务压力。

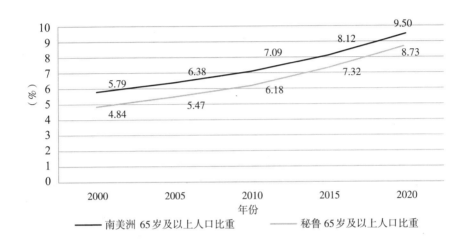

资料来源：联合国《世界人口展望2019》。

图20　秘鲁和南美洲65岁及以上人口比重对比图

从65岁及以上老年人口抚养比指标出发，对南美洲、秘鲁以及中国进行对比分析可知（见图21），在2020年以前，秘鲁人口老龄化程度仍低于中国与南美洲整体水平。与南美洲相比，秘鲁老年人口抚养比增速与南美洲较为接近。与中国相比，在2015年之后，由于中国人口呈现"渐富快老"的趋势，秘鲁与中国的人口老龄化速度差距呈现增大趋势。

生育率和死亡率是老年人口数量变化趋势的决定因素。从出生队列角度进行分析，1950年前拥有高生育率的国家在2010—2015年的老年人口数量增长更快。联合国《世界人口展望2019》的数据显示，在1955—1960年间，秘鲁人口出生率为47.4‰，妇女总和生育率水平为6.95。这一部分人将在2025全部进入老年状态，这意味着未来秘鲁的老龄化程度会进一步加深。但是与其他国家不同，到目前为止秘鲁仍旧有较高的生育率，年轻人口占比仍旧不低，这表明秘鲁在进入老龄化的同时，依然有不低于正常水平的新生婴幼儿补充进来。

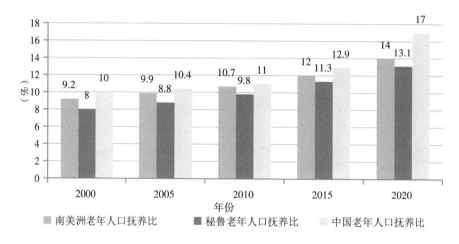

资料来源：联合国《世界人口展望2019》。

图21　南美洲、秘鲁、中国65岁及以上老年人口抚养比对比图

秘鲁社会养老保险制度建设对秘鲁应对人口老龄化至关重要。脱离葡萄牙殖民统治后，秘鲁于1936年便建立了现收现付的社会养老保险制度，养老保险由国民年金办公室进行管理。1993年秘鲁在保留原有国民养老金制度的同时，建立了一个私营性质的积累型个人账户制度，所有新参加工作的人都可以选择参加其中任意一个。2004年，秘鲁又进一步允许国民在两种养老保险模式之间自由转换。2008年国际金融危机以后，秘鲁的养老保险制度改革使其覆盖面更广，个人养老保险账户管理成本更低，养老保险基金投资更多样化。但是随着秘鲁老龄化日益严重，秘鲁政府仍旧要思考如何确保养老保险制度与时俱进，使养老保险制度更有活力和弹性，以解决人口老龄化带来的新问题。

（二）中等收入陷阱问题

中等收入陷阱是世界银行在分析东亚国家经济增长特征时提出的概念，指发展中国家在经济发展过程中面临重重阻力，特别是从落后国家进入中等收入国家以后有可能失去发展动力，陷入长期经济停滞。[1] 现有文献中关于中等收入陷阱的诱发机制主要体现在以下几类：国内收入分配严重失衡；国内市场产能过剩与过度依赖国际市场；产业结构失衡与城市化进程失衡；人口红利消失；自主研发乏力造成的后发优势丧失以及政府腐败因素。

秘鲁作为世界银行划分的中等偏上收入国家，近年来经济增长速度呈现出了明显的放缓趋势，同其他拉美国家一样，表现出了落入中等收入陷阱的发展趋势。秘鲁的经济发展特征与上述多条可能导致落入中等收入陷阱的机制特征相符。首先，秘鲁以第二产业与生产服务业为主导产业的产业结构造成了秘鲁国内产能过剩的问题，大宗商品出口贸易驱动的外向型经济使得秘鲁对国际市场价格变动十分敏感。近年国际大宗商品价格的下降使得秘鲁的贸易条件恶化，进而减缓了经济增长。第二，秘鲁过度城市化与城市公共服务供给能力失衡也使得秘鲁暴露于中等收入陷阱之下。2019 年时，秘鲁的城镇化率已经高达 78.1%（如图 22）。这种高水平的城镇化率是农业人口向城市过度转移的结果，表现为一种畸形的城镇化。这使得秘鲁被中等收入陷阱锁定前首先落入了"人口城镇化陷阱"，加剧了秘鲁经济发展动力不足以及经济发展停滞的问题。第三，秘鲁偏低的社会流动性使得秘鲁人民缺乏跨越阶层向上流动的机会，这阻碍了秘鲁进一步释放经济社会发展活力，是秘鲁面临中等收入陷阱威胁的一大重要因素。世界经济论坛公布的《2020 年全球社会流动指数》显示，秘鲁的社会流动总体状况低于中等偏上收入国家组的平均水平，其中在社会保障、教育质量与公平、技术获取维度上与中等偏

---

〔1〕 Gill, I. S., Kharas, H., eds., *An East Asian renaissance: ideas for economic growth*, 2007.

上收入国家有较大差距。[1] 这不利于秘鲁国内人力资本积累与技术进步，导致秘鲁经济增长缺乏动力。

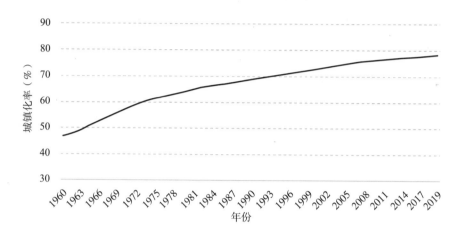

资料来源：世界银行数据库。

图 22　秘鲁人口城镇化率变动趋势图

受到外部经济环境恶化与本国经济路径依赖的制约，在 2019 年，秘鲁的经济增长速度放缓。在新冠肺炎疫情发生后，受到本国疫情严重冲击，秘鲁经济受到重创。2020 年上半年，该国经济较 2019 年上半年同比萎缩 17.37%[2]。2020 年第二季度，秘鲁失业率为 8.8%，全国有 672 万人因受新冠肺炎疫情影响而失去工作，特别是在首都利马都会区，就业人口同比减少了 40.2%[3]。由于秘鲁并不存在绝对意义上的人口红利，这可能会使得中等收入陷阱问题更加严重。所以，秘鲁需通过自身产业转型与内生技术进步寻求新的经济增长优势，以降低秘鲁劳动人口失业率，稳定工资收入，缩

---

〔1〕《2020 年全球社会流动大指数》：http：//www.weforum.org/docs/Global_ Social_ Mobility_ Report.pdf。

〔2〕 https：//cj.sina.com.cn/articles/view/1733360754/6750fc7202000r57g? from=finance.

〔3〕 http：//www.br-cn.com/news/nm_ news/20200818/153387.html.

小贫富差距。

（三）居民健康与青少年肥胖问题

泛美卫生组织的调查数据显示，秘鲁超过 66% 的死亡原因是心血管疾病、糖尿病和癌症，这些疾病的治疗花费了秘鲁 4% 的国内生产总值。秘鲁超过 70% 的人口存在超重和肥胖的问题。据世界卫生组织《食品与营养安全展望 2018》数据，5 岁至 9 岁儿童的肥胖比例，从 2008 年的 7.3% 上升到 2014 年的 14.8%。秘鲁超重及肥胖人口比例的增加，尤其是 9 岁以下肥胖儿童比例的快速增加，需要引起秘鲁全社会的高度重视。儿童时期超重和肥胖，将不可避免带来糖尿病、心血管疾病和癌症等非传染性疾病提早发生的潜在威胁。

不良的饮食习惯和缺乏运动是导致超重及肥胖的主要原因。秘鲁是南美国家中快餐食品增加速度最快的国家。2000 年至 2013 年，南美国家快餐食品的平均增长比例为 29%，而秘鲁达到 275%。同时，母乳喂养比例下降、高糖分和超加工食品消费增长，以及新鲜蔬菜和水果、谷类食物消费下降等，都是不良饮食习惯的表现。据统计，在 10 个人当中，只有 1 人每天的蔬菜、水果的摄取量是符合健康标准的。

在《食品与营养安全展望》中，秘鲁是拉美地区儿童肥胖发病率第二高的国家。为了解决青少年肥胖的问题，秘鲁于 2013 年 5 月 17 日（乌马拉政府时期）颁布了《健康饮食法》，当时秘鲁 24% 的 5 岁至 11 岁的儿童患有肥胖。法令旨在降低秘鲁人（尤其是青少年和儿童）的肥胖率，在国家层面上推广和宣传食用健康食品，培养儿童和未成年健康饮食习惯，并向消费者普及有关加工食品有害成分的信息。法令指出，生产商需要在加工食品包装上标注含有钠、糖和饱和脂肪含量的警示图标，图标为黑白相间的八角形，必须位于产品包装的正面，标示含量的字迹要清晰明显，易于理解。

法令的实施大大提高了秘鲁民众的健康水平。医学杂志柳叶刀（The Lancet）公布的一项研究表明，在所有拉美国家中，秘鲁是因饮食结构不良导致死亡人数最少的国家，每 10 万人中仅有 106.9 人因该问题死亡，在参与调查的 195 个国家和地区中，位列全球第 9 名。秘鲁网站"agendasetting-diario. com"2019 年 4 月 7 日报道称，在拉美地区，因饮食结构不良导致死亡人数最多的国家是海地（每 10 万人中有 425.3 人），随后是洪都拉斯（每 10 万人中有 271.1 人）、多米尼加（每 10 万人中有 256.4 人）、玻利维亚（每 10 万人中有 249.3 人）和委内瑞拉（每 10 万人中有 239 人）。

（四）妇幼健康问题

秘鲁普遍存在童婚及青少年早婚早育的现象，其中青少年早婚早育的现象尤为严重。根据联合国人口基金数据，2003—2018 年，秘鲁 15—19 岁女孩的生育率为 44‰，2005—2019 年按 18 岁年龄段划分的童婚率为 17%。结合图 23 可知，秘鲁的青少年母亲比例一直在 11%—14% 之间徘徊，1992 年前后达到最低值 11.4%，2008 年前后达到最高值 13.7%。这说明秘鲁需要进一步普及教育并促进教育公平，同时需要加强对青少年的性教育。为应对该领域挑战，秘鲁近年来采取过两项措施：实行"生育健康和计划生育方案"（PNSRPF）；保护并促进母乳喂养。

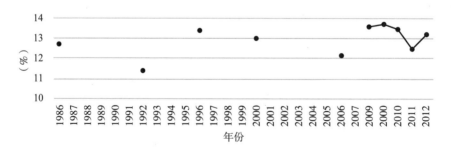

资料来源：联合国儿童死亡率评估机构间组织。

图 23　1986—2012 年秘鲁 15—19 岁青少年母亲占青少年女性人口比例

秘鲁在 20 世纪 90 年代的婴儿死亡率[1]和新生儿死亡率[2]很高（1994 年分别为 45.8‰和 23.5‰），5 岁及以下儿童长期营养不良的比例也很高（1996 年为 25.8%），为此，1996—2000 年期间，秘鲁实施了"生育健康和计划生育方案"，其目的是通过降低生育率来解决该国普遍存在的贫困问题。作为一项综合的计划生育政策，该方案提供各类节育和妇幼保健办法，但最主要的是首次实现自愿手术节育（VSC）合法化，且由公共卫生部门免费提供。这一举措体现了秘鲁对生育健康和相关权利的关注，使得妇女避孕率显著上升、儿童死亡率显著下降，对儿童健康水平具有提升作用。与未实施项目的地区相比，项目实施地区的妇女选择避孕的可能性高 9.9 个百分点。此外，项目实施地区的新生儿和婴儿的死亡率下降了 5%—6%。这些结果可以部分地解释为，在项目实施地区，母乳喂养的持续时间更长（比对照组高出 18.5 个百分点，大约 3 周）。医学研究表明，母乳喂养可能会降低因腹泻和急性呼吸道感染导致的婴儿死亡率。母乳喂养每增加一个月，新生儿死亡率平均降低 2 个百分点，婴儿死亡率平均降低 1.6 个百分点。

为此，秘鲁在 2013—2021 年实行促进并保护母乳喂养的多部门战略性计划，深化落实现行婴儿喂养规定，确保在工作场所设有母乳喂养室，并对以前被认定为"爱母爱婴"的医院重新进行评估，确认这些医院仍然支持母乳喂养。

从全球情况看，大约 38% 的婴儿得到了 6 个月纯母乳喂养。在秘鲁，20 世纪 90 年代期间的纯母乳喂养率出现了大幅上升，从 1992 年的不足 20% 提高到 2000 年的超过 57%，原因是秘鲁在全国开展卫生工作人员培训，并落实世卫组织/联合国儿童基金会爱婴医院行动，该行动对支持母乳喂养的机构作出认证。秘鲁纯母乳喂养率因而大大高于全球平均值，但在过去几年这

---

〔1〕 婴儿死亡率指婴儿出生后不满周岁死亡人数同出生人数的比率。
〔2〕 新生儿死亡率指妊娠 28 周后出生的活产儿，从出生到生后 28 天之内死亡人数同出生人数的比率。

方面的进展有些放缓，这在大都为城市的某些地区得到了印证。

（五）人口净迁出趋势问题及原因

根据上文分析，秘鲁 1960—2015 年间每 5 年内净移民人数一直为负，即每 5 年内移出秘鲁的人口数量要大于移入秘鲁的人口数量，这主要与秘鲁经济发展状况相关。在 2015—2020 年间，秘鲁净移民数量增加到 49.5 万人，除了经济向好增加了对外国移民的吸引力之外，很大程度归因于委内瑞拉难民的大量迁入。委内瑞拉中央银行的记录显示，2018 年第三季度，委内瑞拉国内生产总值较上年同期萎缩了 22.5%[1]。严重的失业问题、收入的减少加上失去控制的通货膨胀，使得大多数委内瑞拉人每天都面临着生存危机。根据对委内瑞拉 4 所大学进行的调研，2018 年，94%的家庭处于贫困线以下。在这样的环境下，许多委内瑞拉人不得不另寻生计。大多数人都选择前往拉丁美洲的邻近国家，包括哥伦比亚、秘鲁和厄瓜多尔等。截至 2019 年，迁入秘鲁的人口数量为 78.22 万人，其中来自委内瑞拉的人口有 60.26 万人；而 2015 年，迁入秘鲁生活的委内瑞拉移民仅为 4129 人。从人口迁移引力理论来讲，委内瑞拉移民选择迁入秘鲁的原因并非仅为秘鲁经济发展产生的移民吸引力，也可能是由委内瑞拉国民生计低迷及两国地理位置相近、语言相通造就的低迁移成本所致。对于秘鲁来说，如何留住外来移民人才、吸引务工人员、缓和老龄化趋势是秘鲁人口与发展的重要议题。

（六）印第安人的歧视问题

秘鲁是一个多民族国家，也是拉美国家中少数几个印第安原住民占多数的国家，印第安人占总人口的 41%，梅斯蒂索人（白种人与印第安人混血）占 36%，白种人占 19%，黑人、中国人、日本人和非西班牙欧洲裔居民共占 4%。秘鲁的土著印第安人不仅开发和建设了这片土地，而且孕育和形成了秘鲁民族特性中最本质的要素。至今，秘鲁的现代化进程已走过了近 170

---

〔1〕 https://edition.cnn.com/2019/05/29/economy/venezuela-inflation-intl/index.html.

年，现代化进程迟缓，全国的贫困问题严重，其中印第安居民尤为贫困。殖民时期和独立后的白人、混血人种长期歧视印第安人，使其处于社会的最底层。长期生活在农村或者边远地区的印第安人并未完全融入国家经济、社会、政治发展的进程。

由于历史上对印第安人的杀戮，印第安人大多聚居在山区高原地带。这些地区资源丰富，有25万种植物可供大力开发，但大多数人仍然生活在贫困之中，缺乏基础卫生设施、供水排水设施等，还面临着河水污染、湖泊污染、土地遭到破坏并日益贫瘠的问题。因此，在印第安人长期受到歧视的背景下，秘鲁民族隔阂较深，时常与政府爆发冲突。秘鲁要实现现代化发展，必须要正视和解决印第安人面临的问题，加快印第安人的现代化步伐。

（七）新冠肺炎疫情背景下的秘鲁国民身体与精神健康问题

秘鲁卫生部和泛美卫生组织联合开展的一项研究表明，在新冠肺炎疫情期间，每10名秘鲁成年人中就有7人出现精神健康问题。对此，秘鲁精神病学家指出，当焦虑或压力过大时，自我调节和精神健康急救至关重要。据报道，共有约5.7万名秘鲁成年人参与了这一研究项目，结果显示，在疫情期间，睡眠障碍（55.7%）是秘鲁成年人最常见的精神症状，其次是感到疲倦或精神不振（44%）、食欲不振（42.8%）、注意力不集中（35.5%）和出现自杀想法（13.1%）。[1] 此外，以秘鲁为代表的拉美国家由于长期低迷的增长态势、脆弱的经济结构以及相对羸弱的社会治理能力，面对疫情难有招架之力，经济前景亦不容乐观。

三、小结、思考与启示

（一）小结

本文通过系统分析秘鲁的人口发展过程与未来人口发展趋势，将秘鲁人

---

〔1〕 https://m.chinanews.com/wap/detail/zw/gj/2020/08-12/9263153.shtml.

口变动特征小结如下：

1. 2020年秘鲁拥有3300万人口，其总人口在未来仍旧呈上升趋势，且人口增速高于世界人口平均增速。据预测，2050年时，秘鲁人口将会突破4000万人。秘鲁已经进入到老龄化社会，并且老龄化速度在加快。

2. 秘鲁当前处于由人口转变第二阶段中儿童抚养比上升造成的人口负债期，未来将会过渡到由人口转变第三阶段中老年人口抚养比上升造成的人口负债期。2050年前，秘鲁在中生育率和高生育率方案条件下不会存在绝对意义上的人口红利期，而在低生育率方案条件下将存在人口红利期。

3. 秘鲁在2015—2020年呈现人口净流入状态，改变了1960年以来秘鲁人口净流出局面，为秘鲁缓解国内人口老龄化程度、促进秘鲁社会经济发展带来机遇。

4. 在人口与经济发展方面，秘鲁的贫困率大幅下降，贫困治理取得成效。受到产能过剩、贸易条件恶化、过度城市化与城市公共服务供给能力失衡等因素的影响，秘鲁经济增长速度放缓，呈现出落入中等收入陷阱的特征。

5. 在人口健康方面，秘鲁提升母婴健康水平的公共政策取得了一定成效，但秘鲁居民肥胖问题相对严重。在新冠肺炎疫情的影响下，秘鲁国民身体健康与精神健康状况均受到了负面冲击。

（二）思考与启示

同作为发展中国家，秘鲁当前的人口发展特征与改革开放后中国的人口发展特征具有诸多相似之处。首先，中国改革开放后的高速经济增长离不开当时国内丰富的劳动年龄人口的供给，而秘鲁目前也仍旧处于劳动年龄人口供给相对充分的人口发展阶段。其次，中国改革开放后的经济高速增长离不开初级加工产品的出口贸易以及对外商直接投资的吸引，而秘鲁当前的贸易格局也仍以农产品与初级加工品出口贸易为主，在吸引外资方面也比较积极。在减贫治理方面，中国于2021年正式宣布消除绝对贫困，而秘鲁在21

世纪的减贫工作也取得了突出进展。为此，中国过去几十年来人口发展进程中的诸多宝贵经验可以供秘鲁参考借鉴，为解决当前秘鲁人口发展面临的各类突出问题提供路径选择。

在新冠肺炎疫情大流行的全球背景下，当前秘鲁的社会经济发展存在现实难题。秘鲁作为"一带一路"沿线国家以及与中国签订自由贸易协定的国家，与中国的国际合作、经贸往来十分密切。在分析了秘鲁人口发展现状与未来趋势后，报告认为秘鲁可以通过深化中国-秘鲁公共服务建设合作、加强中方投资秘鲁产业发展、推动中国-秘鲁免签旅游、加强抗击新冠肺炎疫情双边合作等途径，借助"一带一路"平台，寻求与中国开展合作的新支点，从而推动中秘两国经贸往来，助力秘鲁摆脱中等收入陷阱，共同打造政治互信、经济互融、文化互鉴的利益共同体、命运共同体和责任共同体。

1. 深化中国-秘鲁公共服务建设合作

过度城市化是造成秘鲁等拉美国家落入中等收入陷阱的一个重要原因，表现为高城市化水平下城市公共服务建设滞后，大量在城市居住的人口无法获得均等的公共服务，从而造成诸如贫民窟、城中村等现实社会问题以及产业结构失衡的经济问题。中国伴随着城市治理水平的提高，基本公共服务均等化已经总体实现。基于此，中国可以通过与秘鲁开展深层次的城市教育、医疗、托幼、养老等公共服务建设合作，建立"一带一路"框架下城市人口治理经验共享机制，通过向秘鲁输送相对先进的城市公共服务管理经验与技术服务，助力秘鲁城市公共服务体系建设，为提高秘鲁人民的公共服务获得感、提升秘鲁城市公共服务供给质量并提高城市服务业发展水平带来新的契机，推动秘鲁实现中等收入陷阱的跨越。

2. 加强中方投资秘鲁渔业、矿业发展

得天独厚的自然资源优势使得秘鲁渔业与矿业生产在全球处于重要地位。当前在国际贸易方面，中国巨大的国内市场使得中国成为秘鲁重要的水产品出口国与矿产出口国。在"一带一路"倡议下，秘鲁除了可以进一步加强与中国的贸易往来，还可以通过吸引中企在秘鲁设厂投资，深入参与秘鲁的渔业与矿业生产，从而获得更为先进的生产管理经验并提高产品质量，同时带动本国劳动年龄人口就业水平提升。对中国来说，加大对秘鲁渔业生产的投资力度，可以为中国国民提供更为实惠的新鲜海产品，满足国民的生活需要；加大对秘鲁矿业生产的投资力度，可以助力中国供给侧结构性改革，推动国内产业转型。此外，随着秘鲁近年来严格的环境规制，秘鲁国内的矿业生产面临更高的减排要求。而中国在污水、废气处理成本方面拥有比较优势，从而促使中国与秘鲁在矿产投资合作方面实现互惠共赢。

2019年1月，中远海运港口以2.25亿美元向秘鲁火山矿业收购秘鲁钱凯码头（Terminales Portuarios Chancay S. A.）60%的股权，一期建成后港口年吞吐能力达100万标准箱及600万吨散杂货。该项目将推动共建"一带一路"倡议走深走实，促进中国同秘鲁及南美西海岸其他地区之间运输联系的改善。[1] 基于当前已经建成的中远海运秘鲁钱凯码头，秘鲁可以通过吸引中国企业在秘鲁矿区投资设厂、签订中国-秘鲁矿产能源收购协议等方式加强与中国的矿产与能源贸易及矿产能源基础设施建设合作。

3. 推动中国-秘鲁免签旅游

绵长的海岸线为秘鲁的滨海旅游业发展提供了自然条件，使得旅游服务业成为秘鲁第三产业中的重要部分。随着全球疫情防控进入常态化后，国际游客仍会成为秘鲁国内旅游业回升的重要拉动力，其中不乏来自中国的游客。当前，中国针对秘鲁采取有条件免签，即持有有效期半年以上的美国、加拿大、英国、澳大利亚或欧盟申根成员国等国家签证的中国国民可以免签入境秘鲁。在"一带一路"合作框架下，中国与秘鲁可以参照中国与毛里求斯，签订旅游免签政策，或签订落地签证、电子签证条约，进一步减少中国游客前往秘鲁旅游的流程干扰，促进中国与秘鲁的双边旅游合作，同时带动

---

〔1〕 https：//www.thepaper.cn/newsDetail_ forward_ 2896649.

秘鲁服务行业的整体性发展。

4. 加强抗击新冠肺炎疫情合作

中国通过及时的疫情防控措施遏制住了中国国内新冠肺炎疫情发展，为世界提供了抗疫模板。截至 2021 年 5 月 10 日，秘鲁国内新冠肺炎累计感染人数已过 185 万人[1]，高新冠感染率需要秘鲁采取更有效的抗疫举措。中国可以通过向秘鲁援建方舱医院、指导社交隔离措施、提供医疗援助等方式展开抗疫合作。此外，中国与秘鲁可以继续加强新冠疫苗研发与应用合作。中国生产的新冠疫苗于 2020 年在秘鲁展开了三期临床试验，为国药集团生产的新冠灭活疫苗有效率检验提供了宝贵的数据。[2] 中国可以通过"一带一路"合作框架，加大国产新冠疫苗向秘鲁的出口力度，为秘鲁抗击疫情并恢复经济生产活动提供助力。

参考文献：

[1] 韩琦. 秘鲁现代化迟缓原因探析 [J]. 世界历史，2003（4）.

[2] CRAWFORD，JAHNCKE R J J. Comparison of trends in abundance of guano-producing seabirds in Peru and southern Africa [J]. African journal of marine science，1999，21（1）：145-156.

[3] VIZCARRA，GUANO C. Credible commitments，and sovereign debt repayment in nineteenth-century Peru [J]. The journal of economic history，2009，69（02）：358-387.

[4] 何美兰. 从被动谋生到主动融入：中国移民初入秘鲁之研究（1849—1900）[J]. 河北学刊，2017（2）.

[5] 周子勤. 秘鲁 1988 至 1989 年经济危机 [J]. 拉丁美洲研究，1990（3）.

[6] 李婕. 21 世纪以来秘鲁经济走势及原因初探 [J]. 拉丁美洲研究，2013（4）.

[7] 刘瑜. 经济政策取向与新兴民主的稳固 [J]. 探索与争鸣，2019（8）.

---

〔1〕 https：//www. chinanews. com/gj/2021/05-11/9474851. shtml.

〔2〕 http：//jx. people. com. cn/n2/2020/0821/c186330-34241700. html.

［8］赵丽芳. 中国-秘鲁自贸区的发展及升级对策分析［J］. 经济问题，2017（5）.

［9］PATRINOS，PSACHAROPOULOS H A，G. Family size，schooling and child labor in Peru—an empirical analysis［J］. Journal of population economics，1997，10（4）：387-405.

［10］Cook，Noble David. Demographic collapse：Indian Peru，1520-1620［M］. Cambridge：Cambridge University Press，2004.

［11］ORLOW，ELIZABETH. Silent killers of the new world［M/OL］//The European conquest of the new world. http：//www. millersville. edu/columbus/papers/orlow-e. html.

［12］VÁZQUEZ，MARIO C. Immigration and mestizaje in nineteenth - century Peru［M］// Race and class in Latin America，1970：73-95.

［13］MÖRNER，MAGNUS. Race mixture in the history of Latin America［M］. Boston Little，Brown and Co. ，1967：131.

［14］陈玉明，陈秀法，赵宏军. 秘鲁的矿产资源和矿业开发［J］. 中国矿业，2015（1）.

［15］李慕菡，郝瑞姣，张黎. "一带一路"背景下中国——秘鲁渔业合作基础与展望［J］. 农业展望，2017（12）.

［16］田天园. 拉美养老基金投资基础设施的案例研究及中国启示［D］. 成都：西南财经大学，2014.

［17］孙永勇，李洋. 智利和秘鲁的养老保险制度改革比较［J］. 拉丁美洲研究，2016（3）.

［18］郑秉文. "中等收入陷阱"与中国发展道路——基于国际经验教训的视角［J］. 中国人口科学，2011（1）：2-15，111.

［19］刘伟. 突破"中等收入陷阱"的关键在于转变发展方式［J］. 上海行政学院学报，2011（1）.

［20］楼继伟. 中国经济的未来15年：风险，动力和政策挑战［J］. 比较，2010（6）.

［21］蔡昉. "中等收入陷阱"的理论、经验与针对性［J］. 经济学动态，2011（12）.

［22］张德荣. "中等收入陷阱"发生机理与中国经济增长的阶段性动力［J］. 经济

研究，2013（9）.

［23］田雪原. 警惕人口城市化中的"拉美陷阱"［J］. 宏观经济研究，2006（2）.

［24］BYKER，TANYA，ITALO A. Gutierrez. Fertility and family well-being effects of an aggressive family planning policy in Peru in the 1990s：Population Studies Center research report ［R］，2012：12-765.

［25］CHAKRAVARTY，ABHISHEK. Gender-biased breastfeeding in Egypt：Examining the fertility preference hypotheses of Jayachandran and Kuziemko ［J］. Journal of applied econometrics 30. 5，2015：848-855.

［26］张寒. 秘鲁现代化进程中的印第安人问题 ［J］. 赤峰学院学报：汉方哲学社会科学版，2013（7）.

［27］埃莲娜·卡尔普·德托莱多. 秘鲁土著居民的困惑：丰富的资源与极端贫困 ［J］. 拉丁美洲研究，2004（3）.

［28］BERNAL，NOELIA，CARPIO M，et al. The effects of access to health insurance for informally employed individuals in Peru ［M］. Social Science Electronic Publishing，2015.

绘人口版图，享互惠共赢

——《"一带一路"人口与发展（第一辑）》后记

随着世界全球化程度的日益加深，各国之间的经济、政治、文化交流达到了前所未有的高度。然而，自 2008 年国际金融危机以来，欧美等西方国家不断掀起逆全球化、保护主义、民粹主义浪潮，对全球化发展产生了不利影响。面对世界领导力赤字和全球化逆流的现象，中国审时度势地提出了"构建人类命运共同体"的倡议，不仅展现了大国的责任与担当，更为未来世界发展提供了中国智慧和中国方案。2020 年新冠肺炎疫情的全球大流行、世界经济的持续低迷更是为各国敲响了警钟：在人类社会发展面前，任何国家都无法独善其身，唯有合作交流，方能长远发展。

"一带一路"建设的开启既是破解新形势下全球治理难题的重要举措，也为构建人类命运共同体理念落地提供了现实平台。截至 2021 年 1 月底，中国已与 140 个国家和 31 个国际组织签署了 205 份共建"一带一路"合作文件。从亚投行的设立到中欧班列的顺利开行，从自贸区的规划到汉学大会的成功举办，"一带一路"秉承共商、共享、共建的原则，不断推进沿线国家的多领域、全方位合作。

人口既是重要的劳动力资源，也是一个国家发展的基础性、全局性与战略性要素。每一个国家的人口政策都具有独特性，是一国历史、文化、经济、政治的综合反映。"一带一路"沿线国家有着不同的文明起源，处于不同的发展阶段，人口类型转变呈现出不同的特点。认识到这些国家人口国情的差异及由此产生的不同发展诉求是推动"一带一路"建设向纵深发展的前提和保障。

人口问题不是孤立存在的，它与经济社会的方方面面息息相关。从人口学视角全方位审视"一带一路"沿线国家的人口与发展现状，绘制一幅全景式的"一带一路"人口版图，有助于加深对沿线国家人口现状与趋势的了解，为今后"一带一路"建设开辟更加广阔的合作领域奠定基础、指引方向。

基于上述愿景，中国人口与发展研究中心近年来依托人口与发展南南合作平台，开展了一系列"一带一路"沿线国家的人口与发展国际交流活动，并筹划撰写本书，希望更加系统性地总结"一带一路"沿线各国的人口与发展现状，为政府、企业、商界和学界提供与人口动态有关的数据资料、专题分析和决策咨询。

长期以来，中国人口学由于自身任务繁重，往往偏重对自身人口问题的探讨，对国外人口问题的关注较为欠缺，且学术文章多是"请进来"而非"走出去"。在全球化日益深入的今天，中国人口与发展研究需要放眼国际，这既是未来学术发展的趋势，也符合现实的需要。需要看到，随着"一带一路"建设深入推进，跨国人口流动愈加频繁。人口流动给各国注入人力资源活力的同时也带来了人口安全隐患，移民安置、城市管理、公共服务和社会融合将成为"一带一路"沿线国家未来一段时间需要重点关注的问题；此外，人口增长与老龄化、人口健康与贫困、人口红利等也是"一带一路"沿线国家共同面临的议题，而"一带一路"建设恰好为各国交流人口与发展经验提供了良好的平台。举例来说，中国利用人口红利实现了经济的快速发展，而近三分之二的"一带一路"沿线国家正处于人口红利的窗口期，中国可与其他国家分享人口红利期的政策经验，同时也可依托"一带一路"合作框架，利用他国人口红利优势开展投资合作，谋求共赢发展。2020年新冠肺炎疫情大流行使一些沿线合作项目遭受冲击，"一带一路"建设面临新的阻力与挑战。在艰难的抗疫时期，中国向许多国家提供医疗物资援助、派遣医疗队、传递抗疫经验，展现了中国维护国际团结的决心和力量。随着全球疫情逐渐得到控制，"一带一路"沿线国家的合作项目将陆续重启。如何在后疫情时代借助"一带一路"合作平台进一步加强卫生和医疗合作，协力完善全球公共卫生安全治理，是每个沿线国家需要思考的。全球化是大势所趋，各国人民的命运紧密相连，唯有交流互鉴，方能促进人类文明发展进步。《"一带一路"人口与发展（第一辑）》立足国际视野，广泛吸纳汇集国内外人口与发展领域专家的研究成果，既深刻论述了沿线国家的人口问题，又以发展的眼光指出中国与这些国家未来合作的可能方向，开拓了中国人口学的研究视野，传递了"各美其美、美美与共"的发展观。

项目筹备初期，诸多人口学界的学者积极响应，在报告征稿期间踊跃参与投稿，在此对这些学者表示衷心的感谢。同时感谢顾宝昌、胡宏桃、贾国平、李建新、乔晓春老师在项目筹备前期对本书的定位、内容、立意及编撰原则提出的宝贵建议。感谢报告作者们、诸位报告评审专家及中心工作人员为书稿付出的辛勤努力。本书编撰较为仓促，不足之处恳请各位读者朋友们指正谅解。

未来，我们将持续关注"一带一路"沿线国家的人口与发展，为夯实"一带一路"互惠共赢之路贡献力量。

中国人口与发展研究中心

2022年1月